U0476674

“开放的思想”丛书　第六卷

周易之门

对话《周易》作者

The Door of the Book of Changes

Dialogues with the Authors of the Book of Changes

李华平　著

出版社

图书在版编目（CIP）数据

周易之门：对话《周易》作者 / 李华平著．--北京：世界知识出版社，2021.9

（开放的思想丛书；第 6 卷）

ISBN 978-7-5012-6409-4

Ⅰ.①周… Ⅱ.①李… Ⅲ.①《周易》—研究 Ⅳ.①B221.5

中国版本图书馆 CIP 数据核字（2021）第 179498 号

责任编辑 狄安略
责任出版 赵 玥
责任校对 陈可望

书　　名 周易之门：对话《周易》作者
Zhouyi Zhi Men：Duihua Zhouyi Zuozhe
作　　者 李华平

出版发行 世界知识出版社
地址邮编 北京市东城区干面胡同 51 号（100010）
网　　址 www.ishizhi.cn
电　　话 010-65233525（编辑部）
010-65265923（发行）　010-85119023（邮购）
经　　销 新华书店
印　　刷 北京虎彩文化传播有限公司
开本印张 710 毫米×1000 毫米　1/16　33¾印张
字　　数 460 千字
版次印次 2021 年 9 月第一版　2021 年 9 月第一次印刷
标准书号 ISBN 978-7-5012-6409-4
定　　价 68.00 元

献给我的父亲、母亲

出版说明

我们生活在一个中西文化交融碰撞的时代，东西方的先哲们以不同的方式剖析人性、解释世界，而不同时空中的文明间也有很多思想文化上的共通之处，如重视道德、追求科学、强调理性等。“未经审视的人生是不值得过的”。人们今天还在代代纪念和传诵那些令人敬重的先贤，不是因为他们的权位和财富，而是因为他们的学识和思想，是因为他们对人类文明的进步所做出的卓越贡献。在人类历史的夜空中，他们犹如一颗颗散落着的熠熠生辉的繁星，永远闪耀着启迪后人、泽被万世的智慧之光。而对于正在加速进化的中国来说，只有秉承中华优秀传统文化，开放包容地吸纳世界各民族的先进文明成果，用全人类的智慧武装国民，才能屹立于世界民族之林。

先哲思想中的人文关怀能提升阅读者的修养和境界，然而阅读经典时，艰涩的大部头专著令人望而生畏，普及性的读物又往往浮光掠影。在当今名著阅读遇冷，人文研究深闺“象牙塔”的情况下，“开放的思想”丛书的作者李华平先生凭借自己的才华和想象力，以超越时空的“对话”形式深入浅出地对东西方百余位先贤哲人的思想观点进行了诠释和解读。作者和那些先哲们在一起，聆听教诲，参与辩论，与这些思想大师、文化巨人进行灵魂深处的交流的同时，也展示了自己对世界、人生的深邃思考。

丛书内容精练、语言通俗易懂，富于哲理，把高深的理论通俗化，大师的思想精华化，可谓“博采众长”“集思广益”。在对话中，作者也具有很强的批判和自我批判意识。“可爱者不可信，可信者不可爱”，作者对这些思想家们持有取舍的疑信态度。一问一答的思辨过程中，夹杂着疑问与批判，碰撞出思想的火花。那些生活在遥远时代和地域的思想家似在咫尺，作者向他们的提问直击自己乃至广大读者心中的很多疑惑，而大师们的回答则鲜活质朴又耐人寻味，友好的交锋中透露着机智诙谐。一场心灵的时空旅行过后，人们豁然开朗。

著作是作者二十余年来对哲学、刑法学、政治经济学、国际关系学等学科笃志研究、日积月累撰写而成的。作者著有《超越 2012——世界危机与人类的选择》《论天下》《跨越时空的对话》《改造中国》《中国之路》《宇宙是活的》《思想二十年》《大国论》《智慧年代》《人性的曙光》《梵之音》等十几部著作，引发较大的社会反响，在读者中具有一定的影响力。其中，《论天下》于2013年2月被中央外宣办指定为其公务员考试三本必考书之一，而另外两本分别是史学大家钱穆先生的《国史大纲》和著名哲学家冯友兰的《中国哲学简史》，足见李华平先生著作的理论深度和现实价值。

作者勇于创新，大胆挑战。著作对于世界著名思想家思想的介绍和解读，涵盖政治学、哲学、法学、历史学、经济学、物理学、化学、生物学等多领域的学术思想和研究成果。这种长时段、多学科、跨领域的研究冲破了彼此不同的各个学术界别的藩篱，展示了作者多年所积累的丰富的阅读量和渊博的知识储备，也体现了社会科学和自然科学在人类的发展进步和前途命运问题上的共通和共鸣。看似“班门弄斧”的研究，实际达到了“举一反三”“触类旁通”的广度和深度。

作者与时俱进，关注现实。著作把握现当代西方科学研究的学术前沿，如对哲学家福柯、物理学家霍金、经济学家保罗·克鲁格曼、环境学家洛夫洛克等人的思想观点进行了评析和介绍。作者既系统研究历史上对人类产生过重要影响的思想家的观念及其发展历程，同时又对国家的进步与发展倾注了高度情怀与深刻关切。“古为今用，洋为中用”，任何一个国家的文明都是世界文明的不可分割的有机组成部分，任何国家的发展也都需要思想的开放、视野的扩大、观念的更新，需要批判地吸收历史上起过重要作用的其他国家的文化和思想。

列宁曾说：“只有用人类创造的全部知识财富来丰富自己的头脑，才能成为共产主义者。”民族文化的发展离不开世界文化，回顾人类文明历程不难发现，人类经历了从原始的闭塞、孤立和分散逐步向开放、依存和联系的世界转变的过程。再先进的民族文化，其发展与繁荣也不能舍弃对世界文化营养的汲取。

在新的时代，人类思想的交流在时间和空间上、深度和广度上都达到了空前的速度和规模。了解和学习世界各国、各民族的先进文化，可以让我们博采众长，知古鉴今。唯有在思想和智慧层面占据人类之巅峰的民族才有可能成为先进民族，拥有广博知识的国民自然也是现代社会得以发展进步的基石。熔中外文化之长于一炉，碰撞出绚烂夺目的火花，这个时代赋予了我们广阔的舞台，也赋予了我们传承和创新的历史使命。

Introductory Notes

We are living in an era of cultural collision and cultural fusion between China and the West. Sages of the past, both from China and the West, went to great lengths to explore the substance of human nature and tried to understand the world surrounding them. Civilizations in different space and time share some commonalities in belief and culture, like emphasizing moralities, pursuing science, and cherishing rationality, among other things. The unexamined life is not worth living. Today, people remember and pay tribute to those sages of the past, not because of their power and wealth but due to their knowledge, thoughts and the outstanding contribution they made to the progress of human civilization. On the dark sky of human history, they are like scattered shining stars that guide the later generations with their wisdom. China is experiencing exponential changes. Only by inheriting the excellent traditional Chinese culture, absorbing the advanced achievements of world civilization with open-mindedness, and changing the mind of our citizens with wisdom from the whole world can we stand firmly in the family of nations.

The thoughts of sages of the past, especially the human solicitude in their works, can help the readers improve their inner wellbeing. For most people, however, reading those big and indigestible classic books is a daunting challenge. On the other hand, those interpretative books about classics tend to fall short of depth. Today, people lost their enthusiasm to read classics and humanities research is confined to the Ivory Tower. Under such a circumstance, Mr. Li Huaping authored the Open Thought Series with his unmatched talents and imagination. By conducting "dialogues" with 100-plus sages and philosophers both of the east and the west, the author travels back to history and make in-depth interpretations of their thoughts with simple language. In this series of books, the author "sit" side by side with those sages and philosophers, "listen" to their preaching, and "engage" in their debates. Through in-depth exchanges with those philosophical and cultural giants, the author shares his profound views on the world and life.

This series of books is outstanding with its succinct content and simple language, by which the author interprets those abstract and philosophical theories and makes the quintessence of classics more understandable to ordinary readers. In this process, the author is open and inclusive to very diverse arguments. In these dialogues, the author shows his strong inclination toward critical thinking and the awareness of self-criticism. As one saying goes, those that look nice might not be trustworthy while those that are trustworthy might not look nice. The author does not take the arguments of sages for granted but scrutinize them with critical thinking. With a One Question One Response format, the author's skepticism and critical thinking generate many sparks of thought. The author did a great job by narrowing the distance between the readers and those great thinkers who once lived in the remote past. He asks them questions that have long baffled him and possibly many like-minded readers. The "responses" from these great thinkers, on the other hand, are simple but thought-provoking. In these generally friendly exchanges, readers can detect the wit and wisdom of the sages and the author. What an enlightening journey!

This series of books is based on the author's painstaking researches on philosophy, criminology, political economy, and international relations in the past two decades. The author has published a list of influential books including *Beyond 2012: The World Crisis and Choices of Humankind*, *Under the Heaven*, *Dialogues with History*, *Reforming China*, *The Chinese Road*, *The Universe is Alive*, *My Thinking in the Past Two Decades*, *On Big Powers*, *and The Era of Wisdom* etc. In particular, *Under the Heaven* was designated by the International Communication Office of the CPC Central Committee as one of the three must-read books for civil service exam while the other two books are respectively *The Guideline of Chinese History* by Mr. Qian Mu and *A Short History of Chinese Philosophy* by Feng Youlan, a famous Chinese philosopher. Such an honor attests to the theoretical contributions and practical values of Mr. Li Huaping's works.

The author is an innovative and courageous challenger. In this series of books, he introduces and interprets the thoughts of some world-class thinkers, straddling a wide range of disciplines including political science, philosophy, the history, economics, physics, chemistry, and biology, etc. The author's research focuses on the long history and is interdisciplinary indeed. By so doing, he helps break the fences among different disciplines. Such a methodology attests to his tremendous amounts of reading and extensive knowledge on the one hand and demonstrates the shared concerns for the progress and fate of the humankind by social sciences and natural science on the other. At first glance, the author's research seems unprofessional. As it turns out, however, he tremendously extends the scope and depth of his research through inference and analogy. The author is sensitive to the trend of this era and the reality. He concentrates on the latest academic development in the west. For example, he introduces and comments on the thought of Foucault (a philosopher), Hawking (a physician), Paul Krugman (an economist) and Lovelock (an environmentalist). Focusing on the thoughts of those thinkers who once influenced the trajectory of humankind and with an eye on the evolution of their ideas, the author is deeply concerned with the progress and development of China. As one saying goes, we should adapt ancient things for present purposes on the one hand and learn from foreign countries for China's benefits on the other. The culture of each nation is an integral component of the human civilization. Only through emancipating the minds, broadening the perspectives, refreshing the ideas, and critically learning from the cultures and thoughts of other nations that once made a difference in history can one country develop itself.

Lenin once argues that you can become a Communist only when you enrich your mind with a knowledge of all the treasure created by mankind. The culture of a nation cannot separate itself from the human civilization. In retrospect, we can see the evolution of human civilization from the closeness, isolation, and dislocation of the primitive era to the openness and interdependence of today. The culture of a nation, no matter how advanced it could be, must nourish itself from the positive elements of the world culture; otherwise, it cannot develop and prosper.

We are entering a new era, in which idea exchanges among the people are becoming unprecedentedly extensive, in-depth and instant. We should know more about and learn from the advanced cultures of other nations. By so doing, we can absorb the merits of others and then better understand both the history and ourselves. Only those nations that enjoy the world-class thoughts and wisdom can become pacesetters in the world. The development and progress of modern society would become impossible if the nationals of a country are kept ignorant. This new era endows us a promising prospect to integrate the Chinese and foreign cultures and enjoy the abundant fruits of cultural collision. It is also our historical mission to inherit and refresh our culture.

Biography of the Author

Li Huaping was born in Shuyang County, Jiangsu Province in 1965. He got the bachelor degree of laws from the Political Education Department of Nanjing Normal University in June 1988. In January 1991, he got a master degree of laws from the Law Department of China University of Political Science and Law. He once worked for the General Office of the CPC Central Committee and Xinhua News Agency, among other things. As a lawyer, Li Huaping is also a member of China Law Society.

With academic interests in a list of fields like political science, the history, philosophy, jurisprudence, criminology, religious studies, intellectual history, sociology, natural science, and archeology etc., he has published over 20 articles on some Chinese Social Sciences Citation Index journals like *Tribune of Political Science and Law*, *Legal Science*, *Science of Law*, *Law Science Magazine* etc. One of his magnum opuses is *Several Issues on Human Rights: A Perspective from Philosophy of Right.*

Li Huaping is the author to a list of books, including *Reforming China*, *The Chinese Road*, *Beyond 2012: The World Crisis and Choices of Humankind*, *Under the Heaven*, *Dialogues with History*, *My Thinking in the Past Two Decades*, *The Universe is Alive*, *On Big Powers: A Dialogue with History*, *The Era of Wisdom*, and Open Thought Series (15 Volumes).

序一：普及·探索·开放

李华平先生出的书已经有十几本了，我曾经为他的《跨越时空的对话》写了序。如今，他写的十五卷本“开放的思想”丛书又将问世，他希望我为他的这部宏卷写序，我欣然答应。

这十五卷本的新书还是采用“跨越时空的对话”的方式，作者采用这种方式写的书已经是第五本了。用现代人和历史上著名人物对话的形式国外也有，但在中国是颇为罕见的，尤其是涉及政治领域的话题，更多人视为危途，鲜有涉猎。另外，这种写作形式，要求作者通晓历史人物的思想观点、学术性格乃至生平经历。一两个历史人物比较好写，像本丛书这样涉及近200名各国不同时代的著名历史人物，其博学之深，若非有成竹在胸的自信，一般人是不敢涉足的。

通观这十五卷本的巨著，我感觉体现了这六个字的精神：普及、探索、开放。

首先是普及。我曾经翻阅过李华平先生的《智慧年代——“访谈”20位古希腊哲学家》，在20万字的书里，作者访谈了20位古希腊哲学家，把握了他们的主要思想观点，介绍了他们的平生经历，阅读了60余本文献资料，使得我们读者能概括地了解20位古希腊哲学家的思想，这不是一本很好的普及读物吗？人的知识分为两种：一种是专业知识，另一种是非专业知识。对于非专业知识，涉及面非常广，一个人的时间有限，不可能深入涉及，这就需要普及，而“开放的思想”，正是以这种引人入胜的方式解决知识的普及问题！

其次是探索。探索就是“探求真理”，被采访的著名历史人物都对人类思想文明做出过巨大贡献，应该说，他们每一个人都在探求真理的漫漫长路上留下了闪光的足迹，但谁都不能说他们已探求到了真理。在当时已经探索的真理中，今天看来，有的还有些价值，有的已经缩了水，有的已经被推翻。“开放的思想”

可以用今人的眼光来审视历史人物的贡献。历史在不断的前进和发展，历史也是探求真理的试金石。

最后是开放。纵观中国的历史，令我们刻骨铭心的是属于闭关锁国的历史，“自给自足、丰衣足食”几乎成为华夏文明的历史脉络。改革开放四十年来，对西方先进文化的引进，也更多注重在科学技术方面。对西方的社会科学，更多是质疑与防范。近代历史证明，西方的自然科学远远胜于中国的传统自然科学；而西方的人文科学诸如哲学、政治学、社会学、经济学、法学、伦理学、心理学等，相较中国传统的儒学也有独到的见解和科学亮点。作者在这十五卷与历史著名人物的对话中，更多的是介绍西方的人文科学，让人们更多了解西方的文明成就。

李华平先生是中国政法大学的毕业生，中国政法大学的毕业生中像他这样倾心致力于世界哲学与思想研究并著书立说的学子是很少见的，我为他感到骄傲！

是为序。

2017 年 12 月 1 日

序二：独立与自由：学术进步之源泉

作为华平的老师，我知道他一直在从事着某种研究工作，但因我忙于修订自己的刑法专著，以便出版社及早出版，加之身体方面的原因，也就没有过细关注他的研究工作，自然也就谈不上对他的研究给予什么指导。每想到这，作为老师，心中不免有些淡淡的遗憾。

我与华平属于忘年之交，亦师亦友，情同手足。他请我给他推出的15卷本“开放的思想”丛书作序，我非常高兴。华平的学术起点是历史与哲学，其研究生时期的方向是刑法，但他从未把自己的兴趣与研究局限在某个具体的领域。他的研究涉及哲学、法哲学、刑法学、人类学、思想史、历史学、宗教学、社会学。即便是对于非常专业化的自然科学他也认真学习过、研究过、思考过。他出版的《宇宙是活的》，就是一个证明。这本书涉及基因理论、双螺旋理论、相对论、量子力学，如果不具有一定的自然科学功底和学术勇气，是不敢下笔的。

与华平接触久了，了解也便多些。我发现华平天资聪慧，尤其是博览群书，过目不忘。他的勤奋与刻苦，更是惊人，三四十年如一日，天天看好几万字的书，每天都推出一两篇文章，令人叹为观止。他的视野非常广阔，人们看他的著作，就如在读一部百科全书，内容涉及古今中外，上下五千年，纵横千万里。但知识的丰富性远不是华平著作的最大特点，他著作的最大特点就是时时处处都能体现出一种独立思考的精神。他不唯书、不唯权威，不人云亦云，不趋炎附势。他每个字都是在讲“理”，彻底的理性主义精神贯彻其著作的始终。华平的著作肯定存在许多不正确之处，但没有一处不是他认真而独立思考的产物。撒谎与谄媚，是学术的天敌，华平一直对此深恶痛绝。我希望他继续坚持这种独立思考的精神，逐步完善他的学术体系，去修正那些经不住历史和时间检验的结论，为思想界贡献出具有卓越影响力的精品力作。

我与华平的研究虽然侧重点不同，但我们信奉的学术精神是相同的，那就是独立、自由、理性、开放。我依托这种精神在刑法学方面提出了我的法人犯罪论、人权防卫论、犯罪构成系统论等理论体系。我的刑法理论，受到国内外学者的高度重视和赞扬，并被翻译成英、日、俄、法四国语言，法兰西共和国总统给我授予骑士荣誉勋章，是肯定，是鼓舞，更是鞭策。耄耋之年，我依然笔耕不停，一日不敢懈怠，生命不息，研究绝不停止。有生之年，看到自己的学生茁壮成长，那份欣喜与安慰发自心田。我希望华平也能用这种精神，把他的研究推到一个又一个历史的高峰。

最后，我要强调指出，中国已经进入一个空前美好的时代，改革、开放、自由、民主、包容、理性、多元化。我曾经说过："自由是科学的本性，创新是科学的生命。没有自由，科学将沦为奴婢，没有创新，科学将枯萎死亡。"一切最优秀的科学著作，都是当今时代的产物，吾辈并期盼后生们能高举新时代之大旗，创造出更多优秀的作品，为民族之复兴，为全人类之进化与繁荣，做出自己应有的贡献！

2018年9月6日于北京静斋

本卷导读

研究《周易》或《易经》的书，随便走进一家书店，你会发现有很多很多，可谓琳琅满目，汗牛充栋。我原本也不必去凑这个热闹，再多加一本的。但在研究西方哲学的源头时，我把苏格拉底、柏拉图、亚里士多德及其言论和著作作为欧洲思想的标志性人物和标志性文献，顺乎相同的逻辑，我便努力从中国文化典籍或古代思想家中寻找一部代表中国思想的典籍或某个人，选来选去，《周易》便成为当仁不让的选择。既然关于苏格拉底、柏拉图、亚里士多德思想的著作——《认识你自己：对话古希腊三哲》已经交由出版社编辑出版，那么关于《周易》思想的研究和写作，自然也应该提上议事日程，且应该提速推进。

必须如实交代，在写作本书之前，我从未认真看过《周易》，想来有点不应该。坊间都说《周易》是玄学，书难看，意思更不好理解。根据我的体会，造成《周易》给人留下难阅读、不好懂的原因，主要是《周易》以符号来说道理，比较抽象，人们很难把那些符号与《周易》中的那些解释一一对应起来，很多人把大量时间用到琢磨那些符号背后的意思上去了。

《周易》也称《易》《易经》，是中国传统思想文化中自然哲学与人文实践的理论根源，是古代汉民族思想、智慧的结晶，被誉为“大道之源”“群经之首”“设教（教化）之书”。“周易”一词的解释众说纷纭，但归纳起来主要有二种：一种认为《周易》是周代占卜之书；一种认为《周易》是讲变化的书，英文中 *The Book of Changes* 的译文就是取此义。《周易》既是一部哲学著作，也是一部自然科学著作，更是一部中国古代百科全书。

《周易》经文分为上下两卷，上经三十卦，下经三十四卦，共有六十四卦。六十四卦则由八卦［乾（☰）、坤（☷）、震（☳）、艮（☶）、离（☲）、坎（☵）、兑（☱）、巽（☴）］上下相叠演绎而成，即分上卦和下卦（又称外卦和内卦），各取八卦中的某一卦。每卦由卦象、卦名、卦辞、爻辞四部分组成。

卦象又称卦画，即卦的符号，每个卦象由六条线组成，其中连线“━”俗称阳爻，断线“╍”俗称阴爻。每条线为一爻，每卦共六爻，六爻自下而上，象征人和事物从低到高、从小到大、从始至终的发展过程。以“九”为阳数的最高位数，表示阳爻；以“六”为阴数的中位数，表示阴爻。六爻有不同的爻题，例如，未济卦之诸爻自下而上依次是阴、阳、阴、阳、阴、阳，其爻题即各为“初六”“九二”“六三”“九四”“六五”“上九”。在六爻中，初、三、五爻属刚，为阳位；二、四、上爻属柔，居阴位。

卦名，即卦的主题，是对卦象最简要的说明，如乾卦，“乾”就是卦名。

卦辞，即对一卦六爻总的说明，如乾卦的卦辞是“元亨，利贞”。

爻辞，即每卦爻题后所系的文辞，是对爻义所做的说明。其中，乾卦多出一条爻辞曰“用九”，坤卦多出一条爻辞曰“用六”。除乾坤两卦有七句爻辞外，其他每卦均有六句爻辞，因此《周易》共三百八十六爻。以下以六十四卦首尾两卦“乾卦”和“未济卦”为例，读者可有直观的了解。

乾卦 ䷀

乾：元亨，利贞。

初九：潜龙勿用。

九二：见龙在田，利见大人。

九三：君子终日乾乾，夕惕若，厉，无咎。

九四：或跃在渊，无咎。

九五：飞龙在天，利见大人。

上九：亢龙有悔。

用九：见群龙无首，吉。

未济卦 ䷿

未济：亨。小狐汔济，濡其尾，无攸利。

初六：濡其尾，吝。

九二：曳其轮，贞吉。

六三：未济，征凶，利涉大川。

九四：贞吉，悔亡，震用伐鬼方，三年有赏于大国。

六五：贞吉，无悔，君子之光，有孚，吉。

上九：有孚于饮酒，无咎。濡其首，有孚失是。

《周易》真正的作者究竟何人，长期以来备受争议。司马迁《报任安书》中写到“文王拘而演《周易》”，因此很多人认为《周易》是周文王姬昌所作。实际上，关于《周易》作者最早的阐释，是班固在《汉书·艺文志》里的记载："易道深矣，人更三圣，世历三古。”意为《周易》不是在某个历史朝代由某个作者单独写出来的，而是经历了上古、中古和下古三个时代，分别由三位圣人——伏羲、周文王和孔子共同完成的。此外，“周初说”“春秋中期说”“战国说”“西汉说”等不同观点皆有相关考据和论断。事实上，集中体现孔子及儒家思想的《论语》也是成于多人之手，即由孔子的弟子及再传弟子编写而成。因此，本卷“对话”的是“《周易》作者”，而非具体的某一派或某个人，对话之中，我们也不难看出不同派别思想观点的渊源和印记。

《淮南子》研究专家陈广忠教授说《周易》是一部集科学、人文哲学与预测学原理于一体的经典之作，我赞同这个说法。《周易》早于古希腊以泰勒斯为代表的那些自然哲学家数百年，企图以某一种或某几种物质或力量来对大千世界给出一以贯之的统一性解读，是一种最原始的科学思维。《周易》的作者们与古希腊的自然哲学家一样，甚至说要比那些“世界本原”自然哲学家更加辩证，他们力图用阴阳这两种力量来对宇宙万物、人类自身，甚至是人类的心灵现象做出彻底的一元化解读。不仅如此，《周易》还鼓励人们用某种看得见、摸得着的结果来对这些理论解读予以检验。在实验科学不知为何物的时代，这是相当了不起的。我相信，没有《周易》，就不会有后来科学实验性报告文献《周易参同契》的出现。《周易》时时处处捍卫着某种伦理价值，这种价值就是正义、中庸、诚信，并以这些价值评判人间政治，评判君子小人。这与西方哲学家苏格拉底、柏拉图所开创的以正义评判一切的传统是惊人的相似。关于《周易》所具有的预测功能，同样不应该遭遇妖魔化的诟病。这是一种“重视个人”的哲学，体现的是一种温馨的人道精神，应该对其批判性地加以看待。

易学专家常秉义先生则从语言文字学的角度解释了《周易》的独特价值。在常秉义先生看来，汉字起源于易卦干支，没有《周易》就没有汉字的诞生。两者相伴而生，可见《周易》对中华文明的深远影响。

以上这些说法都有一定的道理，但即便这些说法都是正确的，也不足以点透《周易》所具有的对于中华文明的价值。那这种价值到底是什么呢？笔者在“开放的思想”丛书第三卷《春秋精神：中华民族文化之基石》中，把以“百花齐放，百家争鸣”为特点的“春秋精神”定位为“中华民族文化的基石”，而《周易》作为“群经之首”，恰恰是培养和孕育春秋战国时期各个思想流派，以及作为其群体价值标志的“春秋精神”的源头和摇篮。最起码说，《周易》与前春秋战国时期几部伟大的历史文献，如倡导民本思想的《尚书》、反映社会生活中“饥者歌其食，劳者歌其事”的《诗经》等，一起担负起了这个历史性的角色。没有《周易》，没有《尚书》，没有《诗经》，我相信就不会有后来诸子百家的出现，就不会有代表着中华文明群体精神的“春秋精神”的出现。

当然，这些三千年前出现的历史文献，存在着诸多大大小小的瑕疵和毛病，这是完全可以理解的，也不必苛求古人。如何完善和修正这些错误，是我们后来者的责任。还有，我们肯定这些历史文献的价值，并不意味着主张必须要对这些文献顶礼膜拜。后人要以批判性的眼光看待这些东西，要以创新的态度看待这些东西，面对任何思想，都应当如此，否则，还不如没有这些东西好。

笔者无意在这篇短文中详细论证刚刚说过的那些命题，只是希望与读者们一起学习、研究《周易》，一起来领悟《周易》对于中华文明发展所具有的历史价值。

需要承认的是，《周易》研究的著述汗牛充栋，本书的创新性必然有限。较多关注《周易》本身的语文研究，而较少在思想方面进行探索，便是本书的“特色”，自然也是本书最大的短板！

本书的写作建立在对下列著作学习和研究的基础上，没有这些著作作为支撑，就不可能有本书的面世，在此必须特别致谢！

这些著作分别是：商务印书馆 2009 年版《周易》，冯国超译注；上海古籍出版社 2017 年版《周易全解》，金景芳、吕绍纲著；社会科学文献出版社 2016 年版《〈易经〉对话录》，孙映逵、杨亦鸣著；江西科学技术出版社 2012 年版《图解易经》，高水平著；重庆出版社 2016 年版《周易》，金永著；中华书局 2014 年版《周易》，杨天才、张善文译注；中国人民大学出版社 2010 年版《周易解读》，杨庆中编著；东方出版社 2012 年版《傅佩荣译解易经》，傅佩荣著；中央编译出版社 2009 年版《周易与汉字》，常秉义著；商务印书馆 2005 年版《周易今注今译》，陈鼓应、赵建伟译注；齐鲁书社 2013 年版《国学四大经典今释》，郑张欢著；中华书局 2016 年版《周易译注》（上下卷），黄寿祺、张善文撰；等等。

目　录

《周易》上经

第一章　乾卦䷀：论进取之道 …… 3
第二章　坤卦䷁：论柔顺之道 …… 11
第三章　屯卦䷂：论创始之难 …… 24
第四章　蒙卦䷃：论教育与启蒙 …… 34
第五章　需卦䷄：论时机之等待 …… 45
第六章　讼卦䷅：论止讼免争 …… 54
第七章　师卦䷆：论战争之道 …… 64
第八章　比卦䷇：论人际关系 …… 73
第九章　小畜卦䷈：论财富之积累 …… 81
第十章　履卦䷉：论立身行事 …… 89
第十一章　泰卦䷊：论天地和合 …… 97
第十二章　否卦䷋：论天地不交 …… 104
第十三章　同人卦䷌：论同心同德 …… 112
第十四章　大有卦䷍：论守富之道 …… 119
第十五章　谦卦䷎：论谦虚谨慎 …… 126
第十六章　豫卦䷏：论安乐之道 …… 132
第十七章　随卦䷐：论顺势而为 …… 140
第十八章　蛊卦䷑：论治弊之道 …… 148
第十九章　临卦䷒：论政治之术 …… 158
第二十章　观卦䷓：论观察之道 …… 166

第二十一章　噬嗑卦䷔：论刑罚之适用 …… 174
第二十二章　贲卦䷕：论文饰之道 …… 181
第二十三章　剥卦䷖：论衰世待变之道 …… 191
第二十四章　复卦䷗：论正气复生 …… 199
第二十五章　无妄卦䷘：论虚妄之行 …… 207
第二十六章　大畜卦䷙：论养贤蓄德 …… 214
第二十七章　颐卦䷚：论养生之道 …… 221
第二十八章　大过卦䷛：论阳刚过度 …… 229
第二十九章　坎卦䷜：论人生之难 …… 237
第三十章　离卦䷝：论依附之道 …… 245

《周易》下经

第三十一章　咸卦䷞：论男女之爱 …… 255
第三十二章　恒卦䷟：论守恒之道 …… 264
第三十三章　遁卦䷠：论进退之道 …… 271
第三十四章　大壮卦䷡：论慎用强力 …… 278
第三十五章　晋卦䷢：论晋进之道 …… 285
第三十六章　明夷卦䷣：论求吉之道 …… 292
第三十七章　家人卦䷤：论治家之道 …… 299
第三十八章　睽卦䷥：论分合之道 …… 305
第三十九章　蹇卦䷦：论匡济艰难 …… 314
第四十章　解卦䷧：论解险之道 …… 320
第四十一章　损卦䷨：论损下益上 …… 326
第四十二章　益卦䷩：论损上益下 …… 333
第四十三章　夬卦䷪：论锄奸之道 …… 342
第四十四章　姤卦䷫：论相遇之道 …… 350
第四十五章　萃卦䷬：论会聚之道 …… 358
第四十六章　升卦䷭：论顺势而升 …… 367
第四十七章　困卦䷮：论解困之道 …… 374

第四十八章　井卦䷯：论修身养性 …… 382
第四十九章　革卦䷰：论变革之道 …… 389
第五十章　鼎卦䷱：论革故鼎新 …… 397
第五十一章　震卦䷲：论处乱不惊 …… 404
第五十二章　艮卦䷳：论自我管控 …… 411
第五十三章　渐卦䷴：论循序渐进 …… 417
第五十四章　归妹卦䷵：论婚嫁之道 …… 425
第五十五章　丰卦䷶：论盛衰之间 …… 431
第五十六章　旅卦䷷：论行旅之难 …… 439
第五十七章　巽卦䷸：论顺从之道 …… 448
第五十八章　兑卦䷹：论相处之道 …… 455
第五十九章　涣卦䷺：论聚散之道 …… 460
第六十章　节卦䷻：论节制之道 …… 466
第六十一章　中孚卦䷼：论恪守诚信 …… 472
第六十二章　小过卦䷽：论小有过失 …… 480
第六十三章　既济卦䷾：论慎终如始 …… 488
第六十四章　未济卦䷿：论慎始慎终 …… 499

著后记：人生与思想 …… 509

《周易》

上经

第一章　乾卦䷀：论进取之道

引　子

乾卦由八卦中的两个乾卦上下相叠组合而成，它是《周易》六十四卦之第一卦，也是六十四卦中最重要的一卦。根据《易传》（狭义来说，《周易》指的就是《易经》；广义来说，《周易》包括《易经》和《易传》。《易传》共七种十篇，这十篇也被称为《十翼》，相传是孔子专门用来解释《周易》的作品。）记载，乾象征天，是万物的创生者。

《周易》的作者们说，乾卦由两个单卦乾卦相叠加，寓意“刚健加刚健”，其特征是刚健有为、运行不息。有志之人、有德之人当法天而行，积极有为。“天行健，君子以自强不息”，乃是对这种精神的经典表述。

当然，也有一些后世学者对乾卦寓意做了一些另类解释，即乾卦是百分百纯阳卦，有成于刚健也容易失于刚健之可能。身处逆境，刚健无疑是迎风的火把；进入顺境时，这种精神也容易让人忘乎所以、得意忘形，进而刚愎自用、独断专行，导致功败垂成。本书作者认为此种提醒并非多余，当为君子们铭记在心。

一　关于乾卦之卦辞

记者：

乾卦的卦辞是：“元亨，利贞。”请你解读一下。

《周易》作者：

我们分几个层面来说吧。

记者：

好。

《周易》作者：

“乾”是卦名，象征天，意义是阳刚、刚健。“元亨”，“元”指大，“亨”指通达、通畅。

记者：

也有人把“元”的意思解读为万物之始、万物之源。据我所知，在西方哲学中，人们用“元素”“原子”或“根”来表达类似的意思。

《周易》作者：

类似的解读很多，一百个人就有一百部《周易》的。

记者：

明白。那“利贞”二字当如何理解？

《周易》作者：

“利”，就是对一切事物都有好处，都有利无害；“贞”意思是占卜问事，咨询未来；“利贞”的意思就是有利于占卜问事、咨询未来。把这句话整体顺一下，意思就是：大为亨通，寓意咨询之事非常顺利，一切皆和谐无比。

记者：

总体感觉乾卦充满了兴盛强健，非常正能量。

《周易》作者：

是的。但愿你占卜问事、咨询未来，经常得遇此卦。

二　关于乾卦之初九爻

记者：

感谢你对乾卦卦辞的解释，下面该请你接着对构成乾卦的六个爻的爻辞做一下解释了。

《周易》作者：

卦辞是对本卦总体特点的静态性说明，爻辞则是从运动、变化的动态中对该卦的总体特征再次予以阐述。就乾卦来说，卦辞以天为象征，而其爻辞则以龙为象征。

记者：

在西方哲学中，天就是自然，自然就是天。以天为象征，去阐述存在所拥有的终极价值，无论是东方人还是西方人都会明白的，但龙就不同了——我研究西方哲学几十年，对印度乃至中西亚的哲学也有些研究，但从未见过龙这种神秘的喻示。以龙作为象征物来阐述存在之意义，估计只有咱们中国人才能明白。

《周易》作者：

或许是吧。龙在中国文化里是高贵、神圣、伟大生命力的化身，是祥瑞的象征，是中国人的图腾，在西方，则是凶残肆虐的怪物，邪恶、灾难的代名词。中国人把龙作为天的象征，也就是天地大自然的象征，西方人自然是不太明白的。

记者：

没错。

《周易》作者：

关于龙，需要强调两点：其一，龙是神话中最高贵的动物，有人会说龙的形象太狰狞，但中国人怕蛇怕鬼却不怕龙。龙这种神话动物，在我们的文化中颇具某种至高无上的地位……

记者：

是的。龙在中国人的文化心理中地位至高无上是无可置疑的，简言之，在国人的心目中，龙已经固化为一种神圣的图腾。

《周易》作者：

其二，龙是一种善变的动物，它既能潜游于水下，行走于大地，也能翱翔于蓝天之上。龙，海陆空三栖，到哪都能活得神气活现，故龙也寓意运动、变化，灵活自如，且是万能的。

记者：

依你之见，那能不能说：构成乾卦的六个爻的爻辞，就是以龙为象征，而对万物与存在发展变化中若干阶段的阐释？

《周易》作者：

没错，是深入一步的阐释，细化层面的阐释。这六个阶段是：潜龙阶段、见龙阶段、惕龙阶段、跃龙阶段、飞龙阶段、亢龙阶段。且容我慢慢给你解释。

记者：

第一句爻辞，即“潜龙勿用”，如何解释？

《周易》作者：

第一爻是初九爻，“初九”，乃爻题也。初，表示爻的位置，由于爻是由下往上数的，所以各个爻的位置依次是：初、二、三、四、五、上。

记者：

“九”是什么意思？

《周易》作者：

“九”代表阳爻，顺便说一下，“六”代表阴爻。

记者：

“潜龙”，当是潜伏在水中的龙，是吧？

《周易》作者：

可以这么理解。“潜龙”就是指龙潜伏于深渊之中，潜龙在渊与飞龙在天是相对的。“潜龙勿用”，寓意当是：此阶段的事物，阳气初升，位卑力薄，一切都刚刚开始，需要蓄集力量，万不可跃跃欲试、企图成就什么大业。草率行事，轻者碰得头破血流，重则会折戟沉沙、惨不忍睹的。

三　关于乾卦之九二爻

记者：

第一爻解释完了，该解释第二爻的爻辞了。

《周易》作者：

第二爻即九二爻的爻辞是：“见龙在田，利见大人。”此处的第一个“见”，就是出现的意思，此处的“田”，就是地、大地。潜伏于深渊之处的龙，已经出现到地面，暗示着大展宏图的时刻来到了……

记者：

“利见大人”，是什么意思呢？

《周易》作者：

“大人”，就是贵人，可以指君主，也可以指大臣。“利见大人”中的“见”，表达的与第一个“见”不是一个意思。

记者：

那此处的“见”是什么意思？

《周易》作者：

此处的“见”，就是见到。“利见大人”，意思是：见到贵人、见到贤人一定是有利的，意思是指遇到贵人，一定可以获得进一步的提升和历练。

四　关于乾卦之九三爻

记者：

请解释第三爻的爻辞吧。

《周易》作者：

第三爻的爻辞是：“君子终日乾乾，夕惕若，厉，无咎。”这句爻辞中的“乾乾”，意为勤勉、勤奋不息；“夕”指夜间；“惕”指警惕、反省。

记者：

此处的“若”是什么意思？

《周易》作者：

“若”，语助词，大意是“如此”吧。此句中的“厉”是危险的意思，“咎”是祸害的意思。综合如上的解释，第三爻爻辞的意思是：作为一个君子，当整天勤奋不息，即便是在夜间，也当保持警惕之心，若能做到这样，即便是遭遇危险，结局也不会糟糕到哪里去。

记者：

可否结合人生的一些体验，再解释解释？

《周易》作者：

人生处于潜龙阶段，当养精蓄锐、卧薪尝胆，不可轻易出手。人生到了见龙阶段，便到了人生的起跑线，若时逢贵人相助，则会步入人生坦途。但即便如此，也当谨言慎行、时时在意、处处小心。唯有如此，方可逢凶化吉，转危为安。有志之人必须有此思想准备。

五　关于乾卦之九四爻

记者：

第三爻的爻辞解释完了，该请你解释第四爻的爻辞了。

《周易》作者：

好。第四爻的爻辞是："或跃在渊，无咎。"此处的"或"，表示不确定；"跃"的意思是说人既然步入发展的起跑线，虽然有所狐疑，但也理当跃跃欲试而有所作为。当然啦，如果条件不成熟，也可学习那些潜伏在渊的龙一样，安居不动，静观其变，等待时机，再有作为。不能明知不可为而为之，盲目行事。

六　关于乾卦之九五爻

记者：

请解释第五爻的爻辞。

《周易》作者：

第五爻的爻辞是："飞龙在天，利见大人。"九五之爻乃阳爻，居于阳位，且处于上卦之正中位，故此爻位在所有卦里都是最吉利的。古时称此爻为"君位"。

记者：

国人习惯于把皇帝称为"九五之尊"，是不是与此有关？

《周易》作者：

正是。此爻辞说人一旦到达此阶段，其地位、品德、才智都达到某种极致，皆尽善尽美，而别的爻位之人难以望其项背。

记者：

人已经到达九五之尊的位置，已经可以一飞冲天、大展宏图了。到了这个阶段，何需再"利见大人"，而期盼贵人的襄助呢？

《周易》作者：

天外有天，山外有山，人外有人。即便是那些荣登九五之尊之人，也需要得到贤能之人的辅助。一个好汉三个帮，即便是君主也不例外。

七　关于乾卦之上九爻

记者：

乾卦上九爻的爻辞是："亢龙有悔。"如何解读？

《周易》作者：

这句爻辞中的“亢”，意为极高。这句爻辞用白话说就是：龙一旦飞得太高，必有后悔之事发生。

记者：

寓意何在？

《周易》作者：

人到达九五之位，应该知道见好就收、适可而止。到了这个阶段，客观形势不允许他继续前进，主观上这种人也容易过分自负而难以自控。所谓“物极必反”，就是这个意思。

记者：

绝大多数人都是这样。

《周易》作者：

这个阶段的人，应当不断给自己泼泼冷水，如果不知道见好就收，一味冒进，必然受到物极必反规律的惩罚而走向衰落，到那时再后悔也来不及了。此爻也是对那些春风得意、不知进退之人的一种善意提醒。

八 关于乾卦之用九爻

记者：

我在学习和研究乾卦的过程中，发现其比其他卦多出了一个用九爻，不知道是什么意思？

《周易》作者：

实际上，在“坤卦”中也有一个与“用九爻”相类似的爻，那就是“用六爻”。

记者：

请先解读一下乾卦用九爻的意思吧。

《周易》作者：

乾卦的用九爻一句是这么说的：“见群龙无首，吉。”这一句不是与本卦其他六爻相并列的一个爻，而是对乾卦作为一个整体所做的总结性说明，其功能与卦辞基本相同，也可以说是相互补充，将它们结合起来理解最好。

记者：

那如何解释这句爻辞呢？

《周易》作者：

通俗解释应该是：乾卦由六个完全相同、不分伯仲的阳爻所构成，六个阳爻平起平坐，足见群龙无首，各爻各龙皆能做到顺时而变、随位而成。它们无首尾之分，无上下之分，无先后之分，无本末之分，无贵贱之分，无尊卑之分。一句话，上下平等，互相平衡，相得益彰。

记者：

能做到这样，也委实不易，所以赞之“吉”。

《周易》作者：

正是。人，虽然刚强有力，但不去争强好胜；人虽然身居高位，但不傲慢自大，而是平等待人。如此一来，必然是强者如云，且大家能同舟共济，齐心协力，如能这样，何愁什么事干不成啊！

第二章　坤卦䷁：论柔顺之道

引　子

坤卦由八卦中的两个坤卦所组成，其重要性在《周易》中仅次于乾卦。根据《易传》，坤象征大地，是万物的养育者，且有浑厚柔顺之美德。

《周易》借助坤卦告诉人们，作为辅助者，当以“无咎无誉”为极致，安守顺道，静以戒躁，动以远邪，内直外方，胸怀博大。当然，坤道强调之包容柔顺，并非毫无原则，一味地委曲求全、逆来顺受，而是海纳百川，厚德载物。不作为是暂时的，最终还是要有所作为的。积极生存与发展才是硬道理！

一　关于坤卦之卦辞

记者：

坤卦之卦辞比较长，请你解读一下。

《周易》作者：

坤卦的卦辞是：“元亨，利牝（pìn）马之贞。君子有攸往，先迷，后得主。利西南得朋，东北丧朋。安贞吉。”

记者：

为了便于理解，请先把这句卦辞转换成白话，再细细解读。

《周易》作者：

这句卦辞转换成白话，就是：大吉大利，有利于像母马那样柔顺正直，吉祥。君子有所前往时，领先而走会迷失方向，随后而走则会找到主人。向西南方向行走可以获得朋友，而往东北方向出行则会丧失朋友。必须坚守正道，才会得到吉兆。

记者：

寓意是什么呢？

《周易》作者：

这句卦辞揭示的便是坤道所具有的阴柔顺从的本质特征。

记者：

请结合卦画的结构好好说一下，为什么坤象征地，且有柔顺的品质？

《周易》作者：

请你与我一起来研究坤卦的卦画结构。

记者：

好的。

《周易》作者：

坤卦由六个阴爻组成，属于纯阴之卦。在中国古人的心目中，大地由厚重的阴气所构成，故用坤来象征大地。

记者：

你们何以把柔顺之德赋予坤卦呢？

《周易》作者：

乾卦以龙为象征，寓意刚健进取。坤卦以马为象征，马的本性与龙的本性明显不同，马行走无疆，柔顺和美，我们把柔顺之德赋予坤卦，原因即在于此。乾卦论刚健进取之道，坤卦所论的便是柔顺辅佐之法。

记者：

坤卦卦辞中有一句短语，总觉得怪怪的。

《周易》作者：

哪一句？

记者：

就是“先迷，后得主”这一句，怎么理解？

《周易》作者：

“先”就是太主动，凡事都爱抢第一，出风头。“迷”就是迷失方向，不知道往哪里走，寓意就是不要为天下先，尚后不尚先，为后不为先。

记者：

太消极了吧。

《周易》作者：

消极不消极，那要看是什么人。如果你是阳刚者，是领导者，这样做窝窝囊囊，终将一事无成。但对于那些处于辅助地位的人来说，这样就不能算消极。

记者：

怎么讲？

《周易》作者：

阳刚者自有成为阳刚者的道理，辅助者自有成为辅助者的原因。你是一个辅助者，说明你无论是品性，还是做事的功力都还不够，还需要磨炼。对于辅助者来说，凡事不可太主动，否则会招来非议。做事要稳字第一，稳稳当当跟在阳刚者的后面，做好自己分内之事，自然就会无咎，功力到家自然就会万事大吉。

记者：

这不是鼓励人唯唯诺诺、甘于无为，不敢有所作为吗？

《周易》作者：

你说的也没错，但位置决定一切。若你所处的位置本非君位，而是臣位，本非父位，而是子位，则理当如此。

记者：

那“利西南得朋，东北丧朋”，又该如何解读？方向选择如此重要吗？

《周易》作者：

在我们那个时代，“朋”有两个意思，一是作朋友的“朋”，一是作货币的“朋”，有人据此把这句话理解为到西南方向做生意就能大发横财，而到东北方向做生意就可能血本无归。

记者：

有这种说法。

《周易》作者：

这种解释境界太低，对《周易》的理解还是应该观其大焉，格局要高些。扯到做生意上，层次太低。

记者：

有一定道理，但普通百姓愿意相信这些说法。

《周易》作者：

在这句卦辞中，将“朋”理解为朋友的“朋”更贴切一些。“得朋”就是朋友多，“丧朋”就是朋友少嘛。但要正确理解这句话，还必须结合我们那个时代的政治态势才好理解。

记者：

好，请讲。

《周易》作者：

在我们那个朝代，西南和东北是周地与殷商之间的方位，也可以指周地西南方和东北方的邻国。西南方的邻国是可靠的盟友，东北方的邻国则有可能变成敌国。此时周文王审时度势，通过礼贤下士、广罗人才，团结志同道合者，警惕不相为谋者，不断积蓄力量，才为武王伐纣灭商奠定了基础。

记者：

有一定道理。

《周易》作者：

反之，如果不能正确判断形势，贸然向东北方向发展，则必然会过早引起商纣王的猜忌和警惕，其后果不堪设想。

二　关于坤卦之初六爻

记者：

解读完坤卦的卦辞，该请你逐条解读各爻的爻辞了。

《周易》作者：

先说初六爻吧。初六爻的爻辞是：“履霜，坚冰至。”

记者：

这句爻辞似乎很浅显，大意应该是：踩着微霜，就应该想到冰天雪地的日子快来了。

《周易》作者：

意思没错。准确一点，应该这样说：当脚踩到霜的时候，说明天地之间的阴气开始聚集，人们便会由此知道，寒冷的冬天将要到来。

记者：

短短的一句话，似乎包含着这样的道理：任何事物的形成，都不是一朝一夕的结果。我们当代人经常用量变这个词来说明，正是那些微小的变化，经过一点点的累积后，将会促使事物的性质发生根本性的变化。

《周易》作者：

不是似乎，就是这个道理。一个家庭，如果平时就注意积累善行，必定会有更多的好处留给后代。一个家庭，如果平时常做坏事，必定会把很多灾难传给后代。无论是臣子弑君篡位，还是儿子杀死父亲，都不会无缘无故发生，肯定是长期积累逐步发展成这个样子的。

记者：

我相信。

《周易》作者：

再引申一下，这句爻辞告诉人们，如要避免一些不好的事情发生，必须及早采取措施予以防范，要见微知著，要防微杜渐。否则，不注意抓住苗头性的问题予以及早解决，等到问题大了再去想办法，就没戏了。不注意平时的身体保健，等到大病缠身再去求大夫，什么都来不及了。

记者：

病入膏肓之时，再去找医生，晚了，等死吧。

《周易》作者：

神仙也帮不了忙的。当然了，要防微杜渐，也不是一般人就能做到的。它需要人们注重研究事物的变化，善于把握事物的发展趋势。苗头看不见，趋势发现不了，要做到防微杜渐是不可能的。

三 关于坤卦之六二爻

记者：

现在请你接着解读其后的六二爻。

《周易》作者：

坤卦六二爻的爻辞是："直方大，不习，无不利。"这句爻辞也很简单，很好理解。"直""方""大"，是君子应该具备的三种品德，这三种品德与大地的属性是相对应的。

记者：

怎么讲？

《周易》作者：

六二爻以阴爻居阴位，并且位处下卦之中位，足见其具有柔顺、中正之美德。与之对应之人当是坤道美德之最大实践者。

记者：

评价如此之高！

《周易》作者：

古代的宇宙观有“天圆地方说”，此处所谓之“方”，就属于大地的属性之一。“方”方正之意也，“直”也与大地的属性有关，引申为正直、真诚，而“大”则代表着包容，“有容乃大”说的就是这个意思。

记者：

这种碎片化解读很好。能有如此之美德，自然一切皆好，故什么也不用学习了。“不习”就是这个意思吧？

《周易》作者：

你说错了。这句爻辞中的“不习”，不是不学习，而是指即便没有刻意修习或修炼。

记者：

综合你对几个关键字词的解读，这句爻辞的完整意思应该是：一个君子，如果能效法大地之道，培养起对内真诚、对外方正，且极具包容之心的话，他即便没有刻意学习或修炼，一切皆顺乎自然，也可进退自如，万事大吉。你同意吗？

《周易》作者：

没问题的。

四　关于坤卦之六三爻

记者：

解读完六二爻，请继续解读六三爻。

《周易》作者：

好的。坤卦六三爻的爻辞是："含章可贞。或从王事，无成有终。"此爻辞中的"含"指怀有、拥有。"章"，即具有文采，引申为德行双全。"含章可贞"的意思便是：一个德行双全、文采飞扬之人，是适宜于占卜的，占卜结果肯定也是好的。

记者：

你解读得很细。

《周易》作者：

"或从王事"，"或"代表着一种可能性，"从王事"的意思是：跟随君主们打江山。当然啦，对这句也不能太过狭义地理解，也可以引申为创业、经商谋利，如果你从中引申出著书立说之意，也未尚不可。

记者：

明白。这似乎很好理解，不会有多少歧义。但最后一句就不好理解了。

《周易》作者：

难在何处？

记者：

前后矛盾。既是"无成"，哪来"有终"？

《周易》作者：

不矛盾。

记者：

解释一下。

《周易》作者：

前面我们说过，乾卦代表着飞龙在天，代表着积极有为，代表着"天行健，君子以自强不息"。而此处的坤卦则代表着另一面，那就是被动性的有所作为，但绝对不是那种消极的不作为。被动而有为是一种策略，但人一旦消极而真的不作为，那就如死水一般，毫无希望。

记者：

是这样。

《周易》作者：

此卦中的很多建议是针对那些虽然满腹经纶、才华横溢，但却依然人微言轻的人而提出来的。

记者：

明白。

《周易》作者：

对于那些胸怀天下、才智双全之人，如果一时无法获得一飞冲天、大展宏图的机会，这不可怕。此时最需要的是保持一颗平常之心，一方面要积极作为，真刀真枪地做出业绩，以便对自己做出一个证明，但另一方面也不要急于将这些业绩全部归拢到自己名下。

记者：

具体该怎么做呢？

《周易》作者：

正确的做法是：事自己干，多干，干好，但业绩与荣耀则归于君王，归于那些比自己更强大的人。要卧薪尝胆，苦练内功，不慕虚名，即便是实名，也当虽心向往之而予以远离，时间不到，功力不够，虚名实名都是有百害而无一利的。

记者：

那何时当有所行动呢？

《周易》作者：

相机行事，向“潜龙”学习！

五　关于坤卦之六四爻

记者：

坤卦六四爻的爻辞我看了，感觉其意思与六三爻非常接近。

《周易》作者：

你的感觉不对，两句爻辞蕴意差距不小。

记者：

愿闻其详。

《周易》作者：

六三以阴爻居阳位，有静也有动，一个人既可以进也可以退，他只需要适当隐藏一下自己的才华，跟随君主做事就平安了，而六四则不然。

记者：

六四怎么啦？

《周易》作者：

六四以阴居阴，进入上卦，且临近上面的六五之位，这是一个非常不好的危疑之位。上下不交，内外无援，对于那些贤人来说，应对不好会带来大麻烦的，丢掉性命也不是不可能的。

记者：

那如何是好？

《周易》作者：

六四爻就是来回答这个问题的。

记者：

太好啦！请讲。

《周易》作者：

六四爻的爻辞是："括囊，无咎无誉。""括"，指结扎、扎紧。"囊"，指大口袋。"括囊"就是指把口袋口扎得紧紧的。"无咎无誉"是指没有灾难，也没有名誉。综合起来说就是：人如果能做到谨言慎行，事事在意，处处小心，虽然不能获得好的名誉，也不会有什么灾难。身处危难之时，人不应该有太多的奢望，只要能做到无灾即可。

记者：

若处于这种境遇，恶自然不会去做，恐怕连善也难为了。

《周易》作者：

是这样。

记者：

道理虽然可以这么说，但总觉得有些悲观。

《周易》作者：

谈不上悲观不悲观。人或者事物，在不同时空条件下，应有与其相适应的状态。在各种状态中，如果能呈现相对好的状态，就是一种理想的选择。条件不具备，却要刻意做出某种追求，结果会适得其反，甚至会带来灭顶之灾的。生存才是第一位的，连生存都保证不了，说别的简直是痴人说梦！

六　关于坤卦之六五爻

记者：

解读完坤卦六四爻，该解读六五爻了。很多人都说，坤卦之六五爻的爻辞怪怪的，不好理解。

《周易》作者：

坤卦六五爻的爻辞是："黄裳，元吉。"本爻辞的字面意思似乎很简单，那就是：穿着黄色衣裙，吉祥！

记者：

不明白，希望你解读一下。在印度，黄色被视为高贵无比的太阳的颜色，而在我们中国的清王朝，如果能获得皇帝赐予的黄马褂，那便是很尊荣的事情了。不仅如此，谁如果胆敢穿上黄颜色的衣服，弄不好会被怀疑犯上作乱，亵渎皇威，而要被官府捉拿处死的。

《周易》作者：

你所在的时代与我们这个时代不一样，你所说的清朝与我们这个时代也不一样。黄色代表什么，古人有多种说法，一种说东西南北中，各用青、白、赤（即红色）、黑和黄色五种颜色表示，黄色代表中。

记者：

五行之说就是这么说的，在五行之说中，东为木，青色；南为火，红色；西为金，白色；北为水，黑色；中为土，黄色。

《周易》作者：

是的，黄色被视为大地，即土的颜色，就其位置而言，大地居于中间位置，黄色也便是居于中位的颜色。基于这种看法，人们穿上黄色的衣裙，便被看作是一种非常谦和的表示，与你所说的清朝的黄马褂还真不是一回事。普通人穿上黄色衣裙，不会惹得官府恼火。如果是那些功德高尚、才智兼备之人，仍然穿这种服装，那就更显得中庸谦卑。

记者：

那如果人们不是穿黄色衣裙，而是穿其他颜色的衣服，结果会如何？

《周易》作者：

不好一概而论，但如果你的行头太过张扬，必然会冒犯皇家威严，或许会惹来杀身之祸的。对一个君子而言，合体的行头，如果再能得体地掩盖自己的学识与才华，而不去刻意显摆，那将大吉大利。

记者：

身居高位而不张扬，满腹经纶但不得意忘形，谦谦君子一个，必然会得到人们的认可，这样的人不会遭遇不祥之事的。

《周易》作者：

没错。

七　关于坤卦之上六爻

记者：

坤卦之上六爻，爻辞内容听起来有点让人感到毛骨悚然。

《周易》作者：

上六爻的爻辞是："龙战于野，其血玄黄。"简单来说，就是龙在田野上争斗，流出了玄黄色的血。

记者：

龙为何要争斗呢？

《周易》作者：

阴极返阳，二气交互和合，就像两条龙在野地相斗。

记者：

请详细说说。

《周易》作者：

坤卦中，六爻都是阴爻，上六爻因居于上位，说明阴气已经达到极端；阴气趋于极端，必然会蠢蠢欲动。盛极之下，阴气已经不知道自己姓甚名谁。更加可笑的是，她竟然也自以为自己是龙，而向乾卦中代表阳刚之气的龙发起挑战，不惜诉诸暴力，大打出手。于是，阴阳两条龙大战沙场，血肉横飞。我们姑且不说代表阳气的龙如何，代表阴气的人或物必然很受伤，前途堪忧，如果不有所变化，下场不堪设想。

记者：

凶险之极！

《周易》作者：

从哲学层面讲，这句爻辞说明，当构成事物的两个对立面，一旦达到极端，必然会打破现有格局，出现一些翻江倒海之事。无论是处于强势且达到极端的人，还是处于弱势也达到极端衰落的人，都应未雨绸缪，随时做好改弦易辙之安排，否则，其前途必然是岌岌可危，不堪设想。

记者：

穷则变，变则通，人处于危难之时，如果一味受穷，不图变革，那只有死路一条。

《周易》作者：

是的。

八　关于坤卦之用六爻

记者：

在乾卦中，有“用九爻”，对应的，在坤卦中，也有“用六爻”。

《周易》作者：

没错。

记者：

你已经说过，前者是“用在乾卦整体”，那么后者便是“用在坤卦整体”，我这说法没问题吧？

《周易》作者：

没错，就是个小结，或者说总结吧。

记者：

那请你结合“利永贞”这句用六爻的爻辞，对坤卦做个总结吧。

《周易》作者：

“利永贞”中的“永”是长久的意思，“利永贞”的寓意是：如果是就长远之事占卜问事获得此卦，那么其结果就是吉祥，就是好的。

记者：

明白。

《周易》作者：

坤卦是针对阴这一面。必须知道，阳为刚，阴为柔，作为相对弱势的一方，阴必须以阳为主线，服从阳。这就是大局，这也就是必须高度重视的“长远之事”。

记者：

根据我的研究，我发现也有一些学者主张应该结合乾卦来对坤卦进行总结……

《周易》作者：

不妨说来听听。

记者：

乾卦针对的对象是阳，阳是万物之源，但是阳的发展也不是毫无节制的，如果任其本性发展下去也会走向灭亡。因此，乾卦提醒属阳之物或人，即便是直飞环宇，也必须适可而止，而不能盛气凌人，目空一切。坤卦针对的对象是阴，阴虽然次于阳，但也是万物之另一源泉。作为阴，同样不能任性而为。即便阴以阳为最终归宿，也不能无原则地附和、迁就阳，否则阳便不再是阳，阴也不再是阴了。唯有沿着中庸的轨道走下去，阴阳才能衔接好，才能周期性地相互转化，并永远和谐地发展下去。

《周易》作者：

可以这么说。

第三章　屯卦䷂：论创始之难

引　子

屯卦由八卦中的震卦和坎卦两个部分所组成，震卦在下，坎卦在上。根据《易传》，震象征雷，坎卦象征水或云，因此，屯卦所象征的形象便是“云雷”，即云行于上，雷动于下。

《周易》的作者们通过屯卦告诉人们，万物初生、事业初创、国家初建之时，必然会遇到意想不到的困难，面对种种困难，必须有一种车到山前必有路的自信，同时要积极建立卓有成效的领导机构，建立牢固的根据地。《周易》的作者们鼓励人们要注意把握事物发展变化的规律，抓住时机，寻求突破，而不能消极待命，坐失良机。

一　关于屯卦之卦辞

记者：

乾卦是一个纯粹的阳卦，坤卦是一个纯粹的阴卦，无论是在乾卦中，还是在坤卦中，似乎阴阳之间，黑白分明，井水不犯河水。而从屯卦开始，好像所有的卦都由阴阳混合组成。

《周易》作者：

就是这样。阳乃万物之父，阴乃万物之母，当阴阳开始交流之时，万物的孕育也便要开始了。

记者：

万事开头难，如果把万物产生发展的历程比喻为长征，屯卦是不是标志着长征之旅开始启程了？

《周易》作者：

是的，这个比喻很贴切。

记者：

因循前例，还是请你解读一下屯卦的卦辞吧。

《周易》作者：

屯卦的卦辞是："元亨，利贞。勿用有攸往，利建侯。"这是对屯卦所做的总体判断。

记者：

屯卦卦辞中的"元亨，利贞"，在乾卦的卦辞中已经出现过，意思完全相同吗？

《周易》作者：

基本差不多，但个别字的解释侧重点还是有所不同的。例如，"利"字就需要再说一下。

记者：

好啊。

《周易》作者：

利，就是对一切事物都有好处，都有利无害。这是该字在乾卦中的意思。但在屯卦中，利字的意思很具体，就是指后面说的"建侯"，即建立国家，分封诸侯。

记者：

建立国家，分封诸侯，意味着什么呢？

《周易》作者：

就是建立国家机器，建立社会秩序，这是任何一个国家建立之初都应该做的工作。这是政治的核心内容，是政治家的本分。

记者：

明白，创业之初，打基础比什么都重要，基础不牢，地动山摇。没有这个基础，其他都无从谈起。

《周易》作者：

是的。所以本卦卦辞的意思是说，阴阳已经开始结合，一切进入动荡岁月，万物出现已经进入程序。在此特殊关头，对于那些有志之人来说，万不可到处奔走，以致精力消散，而无法成就大事。

记者：

机遇频现之际，确实需要特别的专注。

《周易》作者：

从政治上讲，这个特殊的阶段最适宜干的事业就是安定下来，建国封侯。

记者：

通俗地说，此卦是不是说：身逢历史大变局之际，人心当力戒烦躁浮动，行为举止也当三思而行；人不可随意布局，枉耗精力，而当凝神静气，铆足干劲，扎扎实实建立好制度体系和根据地。

《周易》作者：

话俗理不俗！

二　关于屯卦之初九爻

记者：

下面该请你解读该卦初九爻的爻辞了。

《周易》作者：

初九爻的爻辞是："磐桓，利居贞，利建侯。"此句中的"磐"可理解为石头，坚固的石头。"桓"，与"垣"意思差不多，乃大墙、大柱子之意。磐桓连在一起，指房屋的柱石，引申意义是指人在前进的过程中，困顿（屯难）而盘桓不进。

记者：

既然是徘徊难进，必然是困苦不堪了。那为什么还能"利居贞，利建侯"呢？

《周易》作者：

在解答你提出的问题之前，我先给你把"利居贞"解释一下。

记者：

好。

《周易》作者：

"居"，居住之意。"贞"，正也，即行为正直，思想纯正。所谓"利居贞"，是指有利于安居乐业、修身养性。

记者：

逻辑上有点问题，一方面你说万事艰难，前进不易，另一方面你又说利于安居乐业、修身养性。

《周易》作者：

一点都不矛盾的，关键是，你必须将屯卦的这个初九爻，与前两卦联系起来才好理解。否则，孤零零的，确实有点不好理解。

记者：

我看你如何解释这个矛盾。

《周易》作者：

《周易》前两卦，一个是乾卦，一个是坤卦，乾卦谈阳，坤卦论阴，阴阳虽然都是万物之源，但阴阳二者并没有真正的结合，因此，阴阳虽然早已存在，但万物尚未生成。到了屯卦，阴阳才开始媾和交流，万物的存在才由潜在的可能性转化为现实的可能性。对万物，自然包括我们人类来说，这个阶段最难，路难走，事难办，徘徊难进，极为正常，没有什么值得大惊小怪的。

记者：

有道理。

《周易》作者：

在这个特殊的时期，人当安居乐业，修炼自身，以做到以静制动，择机而行。如果把这个话题往大里说，就是一个国家在发展初期，能做的事情同样是打基础，建立秩序。初九是阳爻，充满着阳刚之气，但他能够自处于众阴之下，足见其胸怀坦荡，大得人心，有这种好的氛围，做什么事都会顺风顺水的。建立国家，打造社会秩序，再苦再累，有了广大人民的支持，自然会顺利的。

记者：

听明白了。

三　关于屯卦之六二爻

记者：

解读六二爻的爻辞吧。

《周易》作者：

屯卦六二爻的爻辞是："屯如邅（zhān）如，乘马班如。匪寇，婚媾。女子贞不字，十年乃字。"在该爻辞中，"屯"字意思是聚集，指来娶亲的人归拢聚集到一起来。"如"，语气词，《周易》中凡重言如字的，皆取两端不定之义。"邅"，转也，徘徊不前。"班"，与"邅"字意思大同小异，也是下马不进，转来转去，徘徊不前。"字"意思是结婚、出嫁、生育。

记者：

请把这句爻辞的意思完整翻译一下。

《周易》作者：

意思是：来娶亲的人很多，他们骑着马聚拢到一起，转来转去，徘徊不前。他们不是强盗，而是求婚者。女子经过占卜，决定现在不嫁，过了十年后再出嫁。

记者：

寓意是什么呢？

《周易》作者：

六二是阴爻居处阴位，且处于下卦之中位，说明六二做事中庸敦厚，符合正义。加之，六二与九五相互应和，说明她最终会得到高人的相助，而将有不错的发展前景。迎亲队伍的到来就说明一切。

记者：

哦，是这个意思啊。

《周易》作者：

但是，屯卦之第一个爻是阳爻，而本爻是阴爻，阴爻凌驾于阳爻之上，相当于女子凌驾于男子之上，大臣凌驾于君主之上，地方权力凌驾于中央权力之上。这说明六二的所作所为中存在着违背常理的事情，必须予以纠正。如果不能采取果断措施予以纠正，事业发展必然不顺。迎亲无果就说明此意。当然啦，六二之上还有六三、六四两个阴爻，如重重大山阻挡六二与九五的结合，说明六二面临的处境也是困难重重。

记者：

前途光明，道路曲折啊。

《周易》作者：

是的，六二中所提到的这位女子虽然拒绝了男方的求亲，但最终还是决定十年后出嫁，说明事物发展的结局还是好的。

记者：

这么深层次的韵味！

《周易》作者：

就本句爻辞来看，它告诉人们在事业发展之初，一切都需要积累，必须保持平常心，保持耐心，不要轻举妄动。总有一天，条件会具备，到那时，再采取措施不迟。

记者：

十年的等待，代价是不是太大了点？

《周易》作者：

做什么事都贵在坚持，坚持越久，成就越大。

四　关于屯卦之六三爻

记者：

屯卦六三爻的爻辞是："即鹿无虞，惟入于林中。君子几，不如舍，往吝。"感觉这句爻辞与打猎有关。

《周易》作者：

确实与打猎有关。

记者：

什么意思呢？

《周易》作者：

不妨先就字面意思进行一下解释。

记者：

好。

《周易》作者：

"即"，古语"就"也，"即鹿"就是追逐、围猎鹿，泛指打猎。"虞"，古代掌管山林的官员，这些人对山林的情况了如指掌，常常为人们打猎提供向导。“即鹿无虞”，自然就是指到山林里去打猎，却没有向导的指引，十之八九是瞎打，不会打到猎物，徒费力气。“几”，就是几微，希望渺茫之意。“舍”是停止之意。这句话翻译成白话就是：追逐鹿，但没有管理山林的官员作向导，误入林中。君子已见到可能猎获微小的征兆，还不如舍弃猎物，否则前往会有灾祸。

记者：

非常浅显。旅游没有向导引路，容易迷路。打猎没有林官配合，往往也将空手而归。那不如回家睡觉好了！

《周易》作者：

话不能这么说。但既然缺乏向导指引，最好的办法，就是放弃打猎，这就是“舍”的意思。当然啦，一些人明知不可为而为之，一意孤行，其结果不仅打不到猎物不说，反倒是自取其辱，甚至是丢了小命。这就是疯狂、不理性的灾难，这就是“吝”。对此“吝”，只能是咎由自取啦！

记者：

人当有自知之明，有些事情依靠自己的能量，就可以办到；有些事，没有别人相助，就不可能办到。明智之人，当时时保持清醒的头脑，权衡利弊，量力而行。如果认为一些事太过重要，必须办到，当寻求高人支持，一个好汉尚需三个帮，何况绝大多数人都是智慧平平呢！

《周易》作者：

你说的就是我要说的。六三爻卦位很不好，你看看，它处于下卦之极，不居中，又在上下之交，内外之际，处境非常微妙，也可以说艰难万分。对于处境如此不好的人来说，应该守静待变。可惜有些人本性难移，守不住寂寞，看到一点点希望，就摩拳擦掌，蠢蠢欲动，因此其下场是不可能好的。

五　关于屯卦之六四爻

记者：

屯卦六四爻的爻辞是：“乘马班如，求婚媾。往吉，无不利。”这句爻辞似乎就是大白话，一听就会明白的。

《周易》作者：

确实如此。通俗点说就是：乘马徘徊，是求婚者前去求婚。前往是吉祥的，没有什么是不利的。

记者：

寓意是什么呢？

《周易》作者：

六四是阴爻，本与下卦之初九相互应和，但却与上卦之九五过于接近，面对初九与九五，六四面临艰难的抉择。

记者：

既然面临艰难抉择，怎么下文还说“往吉，无不利”呢？

《周易》作者：

这意思是说，六四虽然一度不知道如何选择，犹豫不决，但最终决定选择九五，毅然决定前往与之结合，然后才“无不利”的。

记者：

是否太过功利？

《周易》作者：

人是世俗的动物，每天都要面对无数的功利选择，只要不违背基本的道德规范，选择更强者作为自己的支持者，无疑有利于成就大业。这种选择，当快刀斩乱麻，当机立断，积极而为。否则，犹豫来犹豫去，机会就没了。

六　关于屯卦之九五爻

记者：

屯卦六四爻的爻辞一目了然，很好理解，但九五爻的爻辞就有点不好理解了，总觉得有点怪怪的。

《周易》作者：

复杂不到哪里去。屯卦九五爻的爻辞是：“屯其膏，小贞吉，大贞凶。”该爻辞中的“屯”意思是聚集、囤积；“膏”乃肥肉，泛指财物。“屯其膏”意思是囤积财物，不愿意施舍给别人。

记者：

此乃吝啬鬼们的做法。

《周易》作者：

对于那些吝啬之人来说，做点鸡毛蒜皮的小事，是没问题的，但是要办大事，这些人就必败无疑。

记者：

在我们周围，很多人小气鬼一个，办什么事情都是扣扣索索，但就是依靠这种扣扣索索，省吃俭用，也能建立起巨大的商业王国。

《周易》作者：

此言大谬！你这种见解只是一孔之见。需要提醒一下，本爻辞中的“膏”，并不仅仅是指财物，同时也涵盖精神方面的内容。人要成就大业，在财物上不能当小气鬼，在精神上也不能当吝啬鬼。要善于与他人分享思想、学识和智慧。

七　关于屯卦之上六爻

记者：

谈完了吝啬鬼，就该谈第六爻了，爻辞是：“乘马班如，泣血涟如。”

《周易》作者：

第六爻描述的是凶兆。

记者：

凶到什么程度呢？

《周易》作者：

古代有“嫁女之家三夜不息烛”的说法。

记者：

什么意思？

《周易》作者：

古代流行抢婚制，有女之家，女孩子被抢，必然感到无比忧伤。“三夜不息烛”便是对这种忧伤态势的真实写照。

记者：

孩子是父母身上的肉，被别的家族的人抢走，必然感到很痛苦。

《周易》作者：

男方的人抢了新娘子，新娘子舍不得爹娘，半途再跑回娘家；男方再来抢人，新娘即使最终不得不坐上了男方的马车，也是一步三回头，左右徘徊。“乘马班如”说的就是这种情况。面对命运的安排，这些女孩子自然会哭得泪流满面，痛不欲生。

记者：

爻辞要表达什么意思呢？

《周易》作者：

男女结合应当建立在相互爱慕的基础之上，否则即便勉强捆绑到一起，也毫无幸福可言。但在现实中，很多婚姻并非出于自愿，有的是因为父母的意志强加使然，有的是因为家境所迫无法选择，有的是因为阴差阳错不得不如此。我虽然不知道你们现在所在的时代实行什么样的婚姻制度，但我相信抢婚制度极其野蛮，极其落后。但愿人们及早从这种荒唐的婚姻制度中走出来。

第四章　蒙卦䷃：论教育与启蒙

引　子

蒙卦由八卦中的坎卦和艮卦两部分所组成，坎在下，艮在上。根据《易传》，坎象征水，艮象征山，因此，蒙卦所象征的形象便是“山下出泉”，即山下流出泉水。

《周易》的作者们说，就蒙卦卦画来看，山下有泉，预示风险，如何揭示风险、化解风险，就是一门学问，为此，需要教育，需要启蒙。启蒙包括启蒙他人与接受启蒙两种意义。教育与启蒙，当顺乎自然，发自初心。

一　关于蒙卦之卦辞

记者：

乾卦论阳，坤卦论阴。按说，阴归阴，阳归阳，二者井水不犯河水，应该是你走你的阳关道，我走我的独木桥才对。

《周易》作者：

此言谬矣！阴阳不结合，犹如男女不婚配就不可能有后代一样，万物自然就不可能出现，存在的连续性就会戛然而止。到了屯卦，阴阳开始媾和交流，于是万物的出现才有可能。万物之初，与万事之初一样，一个最大的特点，就是一个字：难，难于上青天！万物之初，还有一个特点，那就是：蒙！

记者：

蒙？啥意思呢？

《周易》作者：

蒙，蒙昧，幼稚，不成熟。

记者：

万物初生，必然蒙昧。幼童如果不蒙昧，而是极端成熟到一个“小大人”，乃至“老油条”的程度，那就违背自然规律、极端不正常了。“物生必蒙”，无可厚非，关键是不能老是蒙下去。

《周易》作者：

你说得对。要想让人与万物走出蒙昧的状态，就需要启蒙。

记者：

那先从哪些方面来“启”呢？我们现在把启蒙活动称为教育。

《周易》作者：

教而育之，这个词好。我也借用一下。

记者：

没问题。

《周易》作者：

启蒙，也就是教育，当以以下几个方面为突破口：其一，通过教育，培养受教育者的危机意识……

记者：

现代一般提到教育，都是先教读书做人、立德立志、安身立命、报效社会，你怎么先上来就教受教育者要有危机意识呢？

《周易》作者：

不要着急，且听我慢慢道来。蒙卦由八卦中的坎卦和艮卦两部分构成，坎卦在下，象征水、泉水、河流；艮卦在上，象征山、崇山峻岭。如果从浅层次观察这个卦象，崇山峻岭之下，清澈的泉水汩汩流出，山水相连，风光无限美好。但细细一想，并非那么一回事。

记者：

那是怎么回事？

《周易》作者：

山是崇山峻岭，道路崎岖难测；水，深不见底，万一失足落水，则性命难保。因此，无论是就山观之，还是就水来说，都是暗藏凶险。下有险，上也有险。很多人蒙昧无知，凶险环身却毫不知晓。不知道危险在哪里，必然随心所欲，肆意妄为。启蒙就是要告诉人们危险之所在。这就叫忧患意识。

记者：

有道理！继续。

《周易》作者：

其二，通过教育，提高受教育者识别危险、应对危险的能力。人们一遇到危险，就会习惯性地放慢脚步，或干脆止步不前。你知道这是为什么吗？

记者：

为什么呢？

《周易》作者：

原因是因为他们不知道面临的风险具体是什么、如何去应对这些风险。

记者：

明白。

《周易》作者：

作为教育者，我们就是要去告诉人们如何去分析这些风险、如何去化解这些风险，提高他们解决这些风险的能力。

记者：

同意。还有吗？

《周易》作者：

其三，就是最后一点，也是最重要的一点，就是“养正”。

记者：

“养正”，何意？

《周易》作者：

培养受教育者纯正的道德品行，这一点至关重要。

记者：

哦，原来你把教育的品德教育放在这儿啦！与你谈了半天，我终于明白《周易》并不仅仅是预测未来的学问，对教育也是颇有研究。

《周易》作者：

《周易》首先是科学，其次是哲学，最后才是预测之学。你这样理解《周易》不会错的。

记者：

明白。我最早的职业规划就是当一名教育工作者，但阴差阳错，最后干了别的营生。说句实话，我对如何做好教育真是所知不多。

《周易》作者：

我们的一些见解可以供你参考：一点就是，对那些蒙昧之人的教育，不要太过主动。蒙卦的卦辞是："亨。匪我求童蒙，童蒙求我。初筮告，再三渎，渎则不告。利贞。"我们说"匪我求童蒙，童蒙求我"，意思是说，在启蒙问题上，必须是学生向老师求教，而不是老师主动去教学生……

记者：

有点不好理解。

《周易》作者：

意思是说：作为老师，在教育问题上一定要把握住火候，也就是度。这个度就是不到学生苦思而不得其解时，不要去点拨他，不到学生想说而不知道如何表达时，不要去启发他。过早、过主动地启蒙，不仅教育效果不好，同时也是对教育资源的极大浪费。

记者：

言之有理，灌输式教育就是对教育资源的一种极大浪费。

《周易》作者：

另一点就是，要培养作为教育者的权威。对于那些来向你求教的人来说，你只要告诉他们你的指导性意见就可以了，剩下来就是要依靠他们自己去领悟。如果他们反反复复问这问那，就说明他们对你不信任，就不要理会他们。

记者：

蒙卦的卦辞还说，"初筮告，再三渎，渎则不告"，我开始以为只是对求卦之人如此，原来对需要启蒙的人也是如此。

《周易》作者：

是的。此句中的"渎"就是亵渎、轻慢的意思，那些问卦的人不相信我们，反反复复问来问去，是对我们这些人的亵渎，别理他们。对于那些需要启蒙的蒙昧之人，也是如此。这有错吗？

记者：

没错没错。再问最后一个问题，那就是面对各种各样的受教育者，或许会让你遇到心烦意乱的人，为什么蒙卦的卦辞最后说“利贞”，也就是最后的结果依然是万事大吉呢？

《周易》作者：

山高水险，确实是个问题。但是，虽有大山阻隔，但清澈之水依然会喷薄而出，水的这种精神值得我们借鉴。最后，为便于你理解蒙卦的中心思想，我把卦辞整句翻译一下。

记者：

谢谢！

《周易》作者：

把蒙卦之卦辞转换成白话就是：蒙卦，亨通，不是我主动去教授幼稚蒙昧的人，而是幼稚蒙昧的人自行来求教于我。初次占卜问事，则告诉对方吉凶，如果反复问来问去，似有不信，那是对神灵的大不敬，所以就不再告诉他结果了。这样持守贞正之道，才是有利的。

二　关于蒙卦之初六爻

记者：

解读完蒙卦的卦辞，该请你解读一下蒙卦各爻的爻辞了。

《周易》作者：

蒙卦初六爻的爻辞是：“发蒙，利用刑人，用说桎梏，以往吝。”我们先来解读该爻辞中的几个关键词。“发蒙”，启发蒙昧，即面对蒙昧之人，对之予以启发，予以教育。“刑人”，对人实施刑罚，用法律来规范人的行为举止。“说”，即脱、拿下。“桎梏”，木头做的刑具。“以往吝”，听任其发展下去，后果不堪设想，会留下遗憾。这句爻辞的整体意思是：面对愚昧之人，要进行教育，进行启蒙，要用刑罚制裁犯罪之人，以规范人的行为，以便让人不再犯罪，免受牢狱之苦。而如果不这样做，一味放任发展下去，必然造成莫大遗憾。

记者：

似乎有人不完全同意你的解读。

《周易》作者：

谁不同意我的看法？

记者：

好多学者都不同意你的看法，分歧主要集中在对“以往吝”的理解上。有人说，你们书中的“以往吝”的意思应该是：不能把用刑罚规范人们的方法延续下去，否则会有遗憾。这种说法不支持你们关于刑罚的观点，而是主张诉诸道德教育来规范人们的行为，否则会有巨大的负面作用。

《周易》作者：

他们的这个说法不一定错，但毕竟不是我们的真实意思。

三 关于蒙卦之九二爻

记者：

蒙卦九二爻的爻辞是：“包蒙，吉。纳妇，吉。子克家。”如何解读呢？

《周易》作者：

九二爻是阳爻，上下皆为阴爻。在构成蒙卦的坎卦中，九二爻处于中间位置。

记者：

这意味着什么呢？

《周易》作者：

阳爻居于阴爻的中心，或者说被阴爻所环绕，说明阳能为阴所接纳，也包容了阴，进而说明有德之人能为他们所要予以教育的对象所接纳，自然也包容了这些蒙昧之人。于是乎，强者包容了弱者，男人包容了女人，智者包容了愚者。这句爻辞中的“包”就是包容、接纳的意思。九二居处中位，说明他能够处理好上上下下的关系，确保家庭社会和谐。这句爻辞翻译成为白话就是：包容蒙昧，吉祥。娶媳妇，吉祥。儿子能治理好家庭。

记者：

寓意是什么？

《周易》作者：

刚柔相济，阴阳相容，便会夫唱妇随，父慈子孝，家庭治理便会和谐无比，即便是儿子，即便是幼童也能主持家务。就国家来说，一旦到了这种境界，即便是愚者也能担当起治理国家的重担。

记者：

明白。但有一个词，你的解释有点与众不同。

《周易》作者：

哪一个？

记者：

“子克家”中的“克”，正常理解应该是“克服”“克制”“战胜”之意。

《周易》作者：

你说得没错。但在这里，却是治理、管理的意思。在我们那个时代，家是一个非常特殊的单位。

记者：

怎么特殊呢？

《周易》作者：

在我们那个时代，家是大夫之家，家不仅有自己的家臣，有自己的机构，甚至还有自己的军队，麻雀虽小，五脏俱全。如果能治理好一个家，不管是一个宗族之家，还是一个大夫之家，都是了不起的才干，这样的人就具备治理国家的才能。

记者：

原来如此！

四　关于蒙卦之六三爻

记者：

蒙卦六三爻的爻辞是：“勿用取女，见金夫，不有躬，无攸利。”如何解读呢？

《周易》作者：

在解读这句爻辞之前，我先把几个关键词解释一下。“取”，娶也。“金夫”，有三种解释，或曰有钱之人，或曰俊美之人，或曰勇武之人。“躬”，自身。

记者：

弄清楚了这几个关键词，整句爻辞就好解读了。

《周易》作者：

是的，这句爻辞的意思是：不宜娶这个女子，她见到有权有势或者有俊美之色的男人，就会抛弃真心爱她的人，而投入别人的怀抱，这没有什么好处。

记者：

寓意是什么呢？

《周易》作者：

寓意是：绝大多数人都是可教的，但总有那么一些人不可教化。这些人是贪婪的拜金主义者，是财富和俸禄的奴隶，且见异思迁，喜欢攀龙附凤。即便是对他们施加再好的启蒙和教育，也拯救不了他们。

记者：

那如何对待这些人呢？

《周易》作者：

扫地出门，弃而不教。别浪费时间，让他们滚吧！

五 关于蒙卦之六四爻

记者：

六四爻的爻辞是："困蒙，吝。"如何解读呢？

《周易》作者：

"困蒙"，意思就是困于蒙，被蒙昧所困。

记者：

有人说六四卦在蒙卦中处境最不好。

《周易》作者：

是的，上卦中的六四卦与下卦中的初六卦敌应（上卦和下卦的每爻相互对应，如果两爻为一阴一阳，则为"正应"，如果是两阴或两阳，则为"敌应"。），六四离阳爻九二、上九很远，并且它还处于两个阴爻之中，外无接应，也没有阳刚之人愿意相助。人一旦处于这个位置，绝对的孤苦伶仃！如果此人是君主，必然是孤家寡人；如果是学者，必然是孤陋寡闻。这样的人可悲可恨也可怜。

记者：

远离高人，远离群众，这样的人是没有希望的。

《周易》作者：

所以就有了“吝”，遗憾乃至灾难便由此而产生。

六　关于蒙卦之六五爻

记者：

蒙卦六五爻的爻辞是：“童蒙，吉。”又如何解读呢？

《周易》作者：

六五位处上卦艮中，艮为少男，也就是蒙昧少年。儿童阶段，人童心未泯，天真可爱，这是合乎自然的，无可厚非。这句话的字面意思很简单，那就是：人若以童蒙自处，诚心求教于人，必然顺吉。

记者：

为何做此解释？

《周易》作者：

一般说来，蒙昧、幼稚不是好事，但是对于那些乳臭未干的未成年人来说，蒙昧、幼稚意味着纯真、心诚，意味着具有可教性。他们对老师很谦虚，很柔顺，老师们自然也愿意教授他们。所以，孩子天真可爱，不是坏事。当然，这种童真与那种不足与谋的成年人之愚昧不是一回事。人，老而愚昧，为老不尊，固执己见，顽固不化，拒绝教化，最最可恶……我有点扯远了，这不是本爻的寓意……

记者：

老而愚顽，我与你同感。我想知道的是，你如何从这三个字的爻辞中得出那么多寓意呢？

《周易》作者：

这得从本爻的上下爻结合起来看。六五以柔顺居尊位，又与其下九二正应，本身具有柔顺之德，又能任用有刚明之才的人，以此治天下之蒙，无不成功，如此一来，自然吉祥了。

七 关于蒙卦之上九爻

记者：

关于蒙卦，与你谈了前五个爻，总体感觉此卦寓意平淡：说孩子，蒙昧幼稚；说女子，贪金背道，利令智昏。总体观之，蒙卦之中，似乎没有什么激动人心的东西。

《周易》作者：

蒙卦所谈的，都是事物发展初级阶段之事，初级阶段，核心离不开教化，离不开启蒙，离不开依法度调制民心。即便想有所作为，也当恪守守势，不宜操之过急。

记者：

那是不是意味着，蒙卦之上九爻的核心思想也是如此？

《周易》作者：

正是，让你失望了吧？

记者：

那倒不是。

《周易》作者：

蒙卦上九爻的爻辞是："击蒙，不利为寇，利御寇。"先说说关键词，"击"，攻击。"为"，攻取。"寇"，侵犯、侵略。

记者：

明白了这几个关键词，这句爻辞的意思也就非常清楚了，那就是：猛击蒙昧的无知者，以使其觉悟，不利于率先发动进攻，而利于防御对方的进攻。

《周易》作者：

你的大白话翻译没问题，问题是你知道这句话寓意是什么吗？

记者：

我有点半懵半懂，你还是直截了当点拨一下。

《周易》作者：

寓意是：上九阳爻居蒙卦之终，象征阳刚者面对昏聩至极的蒙昧者，必须采取严厉之手段，即“击蒙”，严厉敲打蒙昧者。但是，猛击蒙昧者的目的不是消灭蒙昧者，而是使其觉悟。因此，在采用具体的手段时必须有所选择，要掌握好尺寸，不能用力太猛，如击之过激，则击蒙者本身就在侵犯对方了。所以，应采用防御进攻的方式，这样才能感化对方，使其真正觉悟。这就是爻辞“不利为寇，利御寇”的确切含义。

第五章　需卦䷄：论时机之等待

引　子

本卦之前一卦是蒙卦，主题是启蒙与教育。本卦是需卦，主题是论时机之等待。

需卦由八卦中的乾卦和坎卦两部分所组成，乾卦在下，坎卦在上。根据《易传》，乾象征天，坎象征云，因此，需卦所象征的形象便是“云上于天”，即云升上天空。

云在天上，尚未成雨，故寓意等待。“需”字在古代也是等待之意。关于等待，《左传》认为不好，因为等待意味着一事无成。而在《周易》看来，急于求成不好，在一定条件下，等待是必须的，是好的。欲速则不达，唯有诉诸必要的等待，持续积蓄力量，审时度势，才能成就伟大的事业。

一　关于需卦之卦辞

记者：

需卦的卦辞是：“有孚，光亨，贞吉，利涉大川。”请你解读一下。

《周易》作者：

在这句卦辞中，“孚”，指诚信；“光”，指广大或光明；“贞”，指占卜问事，或者解释为“正”；“涉”，指渡过。结合起来，需卦卦辞的意思翻译成为白话就是：心怀诚信，耐心等待，光明亨通，占卜的结果是吉祥，有利于渡过大江大河。

记者：

寓意是什么？

《周易》作者：

在构成需卦的两个部分，即乾卦和坎卦中，乾卦代表着刚健有力的阳刚者，而坎卦则代表着危险，需卦的寓意是：当阳刚者遭遇危险时，不能盲目行动……

记者：

那该如何应对？

《周易》作者：

沉住气，等待，勿操之过急。

记者：

你们的《周易》说，获得此卦，意味着光明，预示吉祥。凶险就在前面，竟然说吉祥，有点莫名其妙！

《周易》作者：

我来仔细分析一下需卦的结构，你就会明白的。

记者：

请。

《周易》作者：

需卦中有一个特殊的爻，那就是九五爻……

记者：

特殊在什么地方呢？

《周易》作者：

特殊在九五爻乃一卦之主，以阳爻居处阳位，加之又处于上卦之中位。

记者：

这个特殊的结构意味着什么呢？

《周易》作者：

表明这个阳刚者拥有诚信，光明磊落。有德者必有福气，自然吉祥无比。

记者：

明白。卦辞中的“利涉大川”能否从需卦的图案中分析出来呢？

《周易》作者：

当然能。需卦下乾上坎，说明阳刚之人能从容面对大江大河，即能保持耐心，等待机会，悉心运作，绝不贸然行事。如此一来，成功跨越江河之险只是迟早的事情。

记者：

那是。有这种心理素质，做什么事情都会成功的。但是，成就天下之事，有时候机会是可遇不可求的，情况瞬息万变，万一贻误时机，麻烦就大了。

《周易》作者：

耐心等待，绝不是消极无为。要注意养精蓄锐，积攒能量，一旦机会到来，便立即采取行为，方能成就天下大事。

二　关于需卦之初九爻

记者：

需卦初九爻的爻辞是："需于郊，利用恒，无咎。"该如何解读？

《周易》作者：

本爻辞中的几个关键词意思分别是："郊"，在古代，一个国家有国、野之分，郊以内为国，郊以外为野，而郊则处于国与野之间。"用恒"指保持恒心。"咎"乃过错之意。

记者：

知道了这几个关键词的意思，初九爻爻辞的意思也便明显了，应该是：在郊外等待，利于保持恒心，这样做不会有过错。

《周易》作者：

是这个意思。

记者：

寓意是什么？

《周易》作者：

更深入一点的寓意应该是：人，具体而言，一个血气方刚的人，刚刚离开熟悉的家园，走到郊外，他知道前面有风险存在，前进的道路不会平坦。他不是盲目冒进，而是审时度势，耐心等待，说明此人理智非常健全。但是……

记者：

但是什么？

《周易》作者：

但是，人，毕竟具有阳刚之气，难免会冲动起来，贸然前行。一旦如此，就会误入险途，把大好前程断送。

记者：

那该如何行事最好呢？

《周易》作者：

这个阶段的人，必须要学会等待，唯有等待，才会有机会，操之过急肯定是不行的。但是，比简单等待更要紧的是要有“用恒”之心，也就是努力克服利益的诱惑，排除环境与形势的刺激，牢牢控制住激情。唯有如此，才能做到待时而行，伺机而动，精心策划，谋定而动；要么不动，动则必果。先人说过，“会捕鼠的猫总是最善于等待”，就是这个意思。

三　关于需卦之九二爻

记者：

需卦九二爻的爻辞是：“需于沙，小有言，终吉。”请解读一下。

《周易》作者：

该爻辞中，“沙”：沙滩。坎为水，水旁就是沙。“需于沙”，便是在沙滩上等待。“言”：口舌之争。“小有言”，便是受到一些言语非难的意思。整句爻辞的意思是：在沙滩上等待，虽然有些言语之伤，但最终会是吉祥的。

记者：

有什么更深的寓意么？

《周易》作者：

结合刚刚说过的初九，我给你解读一下。

记者：

请讲！

《周易》作者：

在初九爻中，人身处郊外，离现实危险还有很大距离。而到了九二爻中，人已到了沙滩，离水已经只是一步之遥了。

记者：

也就是说，人离真正的危险又近了一步。

《周易》作者：

是的。与此爻对应的人，不仅离危险近了一步，而且实际上已经受到了语言上的伤害。

记者：

那么，与九二爻对应的会是一种什么类型的人呢？

《周易》作者：

先让我们观察一下九二爻的位置，此爻是阳爻，富含阳刚之气。此爻居下卦之中位，象征获得此爻之人性格中庸温和，不偏激，且能耐心等待，做事平妥。

记者：

所以你们断言这样的人会取得最终的胜利。

《周易》作者：

是的。结合初九爻再说一下，对于那些仅仅陷于理论上的危险的人来说，要他们保持耐心并保持以恒心，这是很容易做到的。而要求那些实际上已经面临危险的人，能做到临危不乱，沉着应对，不为小名小利所惑，不为小伤小害所动，就很难了。

记者：

是这样，如果把这两种人放到一起，很显然后者的心理素质要强于前者。

《周易》作者：

如果要他们处理同样的事情，后者所能取得的成就一定会大于前者。如果把前者取得的成就仅仅定位为“无咎”，即没有遗憾，没有过错，后者肯定是“终吉”，即结果必然是大功告成，万事大吉。

四　关于需卦之九三爻

记者：

需卦九三爻的爻辞是：“需于泥，致寇至。”请解读一下。

《周易》作者：

这句爻辞中，“泥”意思是泥淖、泥滩。“致寇至”意思是招致贼寇到来。

爻辞的意思是：在泥滩中等待，可能招致贼寇到来。

记者：

什么寓意呢？

《周易》作者：

寓意有三：一、人在泥滩中等待，说明人还没有真正陷入危险之中，因为爻辞中的泥滩离水尚有一些距离，而人一旦到了水中，那就说明人已经陷入危险中。两者的情况是不同的，危险度完全是两个级别。二、人在泥滩上等待，即使有贼寇会趁火打劫，人也能跑掉，而不致于落入水中，进退难逃。

记者：

有意思！继续。

《周易》作者：

三、占卜之人应该明白，人远离家园，跑到泥滩上去等待，与他招致外敌伤害之间，存在着一定的因果关系。也就是，外敌来不来，完全由他自己决定；敌人来了，是由他自己的过错造成的，因此他必须为自己的过错承担应有的责任，不能怨天尤人。要避免遭受伤害，只有自己事事在意，处处谨慎。唯有如此，他才能保全自己，免受伤害与侵犯。

五　关于需卦之六四爻

记者：

需卦六四爻的爻辞是："需于血，出自穴。"请解读一下。

《周易》作者：

此爻中，"血"：血泊，喻伤之重，险之深。"穴"：洞穴，指居住的地方，有时候也指陷阱。这句爻辞的意思是：在血泊中停留等待，后来通过洞穴逃走。

记者：

寓意是什么？

《周易》作者：

在解释这句爻辞的寓意之前，我先给你讲一个历史故事。

记者：

好啊！请讲。

《周易》作者：

夏朝时，夏帝姒相被寒浞之子寒浇所杀，姒相的妃子后缗正怀有身孕，她通过洞穴逃出险境，生下了少康，少康后来被立为夏帝。

记者：

你讲这个故事想表达什么意思呢？

《周易》作者：

这个故事所说的事情，与本爻辞的内容非常的相似。

记者：

不管它们相似不相似，快说说六四爻的寓意吧。

《周易》作者：

在初九爻中，人是在郊区等待；在九二爻中，人是在沙滩上等待；在九三爻中，人是在泥淖中等待；在本爻辞中，人则是在血泊中等待，足见人遭遇的风险越来越接近。在本爻中，人已经是遭遇到了实际的危险，会有血光之灾，性命攸关。

记者：

既然如此，为什么还说此人能安然脱身呢？

《周易》作者：

寓意点就在这里：人即使面临如此危险的境地，也能坚持住，冷静应对，这样的人不是一般之人，此时的意志已经进化为强力意志。正是借助于这种强力意志，才得以战胜一切来犯之敌。唯有强力意志才能脱出风险之穴而化险为夷。

六　关于需卦之九五爻

记者：

那么，需卦之九五爻的爻辞“需于酒食，贞吉”，又如何解释呢？

《周易》作者：

此爻辞中每个字都无须特别解释。字面意思应该是：在酒食宴乐中等待，吉祥。

记者：

寓意是什么？

《周易》作者：

到了九五爻这个阶段，虽然九五乃阳刚之人，且居位中正，显示其道德高尚，办事稳妥，但九五已经处于危难之中，甚至会有生命之忧。处于这种情况的人，如果是一般之人，必然会有一种朝不保夕的危机感，胆战心惊，惶惶不可终日。

记者：

一般人肯定这样。而处于特殊位置，即九五之尊地位的人，拥有特殊的意志和智慧，即便身逢极端危险的境地，也能够若无其事，坦然处之……

《周易》作者：

我同意。但本爻还有更深一层寓意，意思是身居九五之尊者，应心怀天下，备酒食以飨臣民，得民众之拥戴，则虽处险境亦可安然无忧，万事吉祥。

七　关于需卦之上六爻

记者：

需卦上六爻的爻辞是：“入于穴，有不速之客三人来，敬之，终吉。”请解读一下。

《周易》作者：

这句话中没有什么偏字难词，字面意思非常明显，即：陷入洞穴之中，有不请自来的几位客人来到，敬待他们，最终会得到吉祥。

记者：

不知道寓意是什么？

《周易》作者：

它的寓意应该是这样的：一、本爻位置是在需卦的上卦，即坎卦的最顶部，意味着与本爻对应之人或物，有陷入极端危险境地之虞，爻辞中说“入于穴”就是这个意思。“穴”已经不是一般的住所，而是指与陷阱、牢房意思差不多的境地。二、鉴于本爻与九三爻正应，因此，与本爻对应之人或物，并未彻底失去希望，而是会随着情况的变化，得到意想不到的支持。本爻辞所说的“三人”就是潜在的相助者。

记者：

上六爻对应之人为什么要对这些不速之客予以尊敬才能获得支持呢？

《周易》作者：

这种说法的寓意是：“三人”指下卦中的三个阳爻，这三位虽然地位低下，但是勇武有力，忠肝义胆，愿意拔刀相助。上六之人虽然地位显赫，但陷入困境，如果得不到外力相助，必然死路一条。因此，他们必须对这些人予以特别的尊重，否则，一旦冷落了这些侠义之士，便会因其致命的傲慢而一命呜呼。本爻辞还有另外一层寓意，那就是一旦遭遇祸害，唯有上下联手，同仇敌忾，才能取得最终的胜利。

第六章　讼卦䷅：论止讼免争

引　子

本卦之前一卦是需卦，主题是论时机之等待。本卦是讼卦，主题是论止讼免争。

讼卦由八卦中的坎卦和乾卦两个部分所组成，坎在下，乾在上。根据《易传》，坎象征水，乾象征天，因此讼卦所象征的形象便是“天与水相向而行”，即天上的日月星辰向西而行，而下面的水则向东而行。

天体西行，水向东流，天水方向相反，寓意冲突与矛盾。人生在世，不可避免与他人发生冲突，讼卦分若干种情况研究了如何应对诉讼的策略，但讼卦之目的并不在于教人如何与人打官司，而在于教导人们如何息诉免争，实现社会平和。同时，讼卦劝告人们一开始就要注意理顺各种关系，以从根本上杜绝讼端。

一　关于讼卦之卦辞

记者：

俗话说，一个巴掌拍不响，双方利益相冲突，且都刚健虎猛，必然是谁也不让谁，如此一来，自然会发生诉讼。作为该卦的指导思想，讼卦卦辞说：“有孚，窒惕，中吉，终凶。利见大人，不利涉大川。”感觉这句卦辞有点不好理解，一会儿“中吉”，一会儿“终凶”，一会儿是“利见大人”，一会儿又是“不利涉大川”，希望你解读一下。

《周易》作者：

先说关键词，孚：诚信。窒：堵塞、控制自己的感情冲动。惕：警惕，小心谨慎。中：中间阶段，也有中庸不走极端之意。大人：指有权势、有威望且能主持公道的人。

记者：

根据你对这几个关键词的解释，讼卦卦辞的字面意思应该是：争讼要有诚信，控制住自己的情绪，小心谨慎对待。中途退出吉祥，坚持争讼到底会有凶险。争讼有利于见到大人物，但不利于渡过大河。

《周易》作者：

你的解释属于字面直译，这句卦辞的寓意包括如下几方面内容。

记者：

请讲。

《周易》作者：

第一层意思是，人生在世，不可避免会与周围的人发生冲突与矛盾，即便你不去侵犯别人，别人也会有可能去侵犯你的。因此，到官府打官司非常正常，不值得大惊小怪。人也不必因为涉及官司就感到不好意思……

记者：

你说得没错，但打官司总会让人觉得很不舒服。

《周易》作者：

打官司通常是不得已而为之。卦辞说人一旦涉及官司之中，必定是"终凶"，"不利涉大川"。如果你输了，名利受损，伤筋动骨的，必然是狼狈不堪；如果你赢了官司，不算打官司所需要的大量投入，你赢了别人，也将从此与别人结下仇怨，人家会恨你一辈子的。总之，一旦打起官司来，不管输赢，后遗症都会留下，因此，最好不要到官府去打官司。

记者：

这个道理，我相信人人都会同意的，有几人指望通过打官司去发财致富的！问题是，不管你愿意不愿意，一旦你被拖入诉讼之中，该如何应对呢？

《周易》作者：

这就是我要阐述的第二层意思了。

记者：

请说。

《周易》作者：

如你上述所说，很多人是莫名其妙地就被拖入了官司之中。人一旦面对官司，不能靠耍无赖去赢得官司，而是要讲究诚信，要学会控制住自己的情绪，不能把所有事情推到极端，要得饶人处且饶人，见好就收。如果能做到这一点，自己的利益能得到保护，也不会留下后遗症。这就是卦辞说的“中吉”。

记者：

经过你这么一解读，这句卦辞的内容就好理解多了。但卦辞说打官司“不利涉大川”，却“利见大人”，是什么意思？

《周易》作者：

“涉大川”是比喻，是指成就大事。人一旦陷入官司之中，时间、精力都受到影响，干事情的积极性自然也会受到影响。至于说打起官司“利见大人”，或有两种解释。

记者：

请讲。

《周易》作者：

打官司如果是发生在势均力敌的两方之间，大家靠摆事实、讲道理就行了；如果一方强势，一方弱势，那些强势群体就成了“大人”，他们本不该赢的官司也会赢的，社会的不公正由此而产生。这是一层意思。另一层意思就是，对于解决这些诉讼，要想获得公正，就得求助于那些德高望重的大德之人，唯有这些人才能主持正义。

二　关于讼卦之初六爻

记者：

讼卦初六爻的爻辞是：“不永所事。小有言，终吉。”请解读一下。

《周易》作者：

解读之前，先解释几个关键词，永：永远、持久。言：指责怪之言，也可解释为过失。

记者：

字面含义应当是：对所陷入的麻烦事不要长久地坚持，虽然会受到小小的责怪，但最终还是吉祥的。

《周易》作者：

没错！这句爻辞深层次的寓意应当是：一、初六阴爻位处讼卦之初位，表示事发之初十分柔弱，位低势微，一旦与强者发生诉讼，输多赢少。二、这个位置还代表争讼事件刚刚发生，并不十分严重……

记者：

请继续。

《周易》作者：

三、既如此，作为弱者，就不应该没完没了地陷入诉讼之中，而应该审时度势，见好就收。四、当然，不坚持把官司纠缠到底，难免会招致别人的冷嘲热讽，即便如此，也要知道小不忍则乱大谋，要学会忍天下难忍之事。对官司，要相信终有水落石出的时候。总之，不能长期陷入诉累之中，用点时间向对方做解释，说清楚就可以了，同时要随时做好与对方和解的思想准备。唯有如此，才能确保有一个好的未来。

三　关于讼卦之九二爻

记者：

讼卦九二爻的爻辞是："不克讼，归而逋（bū），其邑人三百户，无眚（shěng）。"请解读一下。

《周易》作者：

先解释关键词。克：胜，打赢官司。逋：逃亡。邑人：封地上的人。眚：灾祸。

记者：

根据你对关键词的解释，讼卦九二爻爻辞的字面意思是不是"不能胜诉，逃回封邑之地，邑内三百户亲戚不会受到伤害"的意思啊。

《周易》作者：

本爻爻辞的深层寓意是：一、九二与九五两阳相对，意味着以下诉上，以臣诉君，以弱诉强，其结果肯定是败诉无疑。二、既然明知道不能打赢官司，就不要自作逞强，正确的做法是赶快示弱，中止诉讼，避免冲突……

记者：

然后呢？

《周易》作者：

三、为避免与豪强作对，撤诉后，应该回到自己的家乡，防止再与他人发生冲突。四、虽然遭受侵害，却选择惹不起躲得起的策略，这难免让个人遭受一些损害，甚至会招致他人的嘲笑，但即便如此，却可以保全宗族亲戚免受伤害。须知，在我们那个时代，打输官司，可能会株连九族的。

记者：

可否用一句话归纳一下？

《周易》作者：

那就是：当与强者发生冲突时，必须摆正自己的位置，绝对不能愣头青一个，明知鸡蛋碰不过石头，却要硬往上冲。面对不得不应对的诉讼，必须冷静行事，一旦发现形势不利于自己时，立即中止诉讼，避灾免祸。

四　关于讼卦之六三爻

记者：

接下来，请解释一下讼卦六三爻的爻辞“食旧德，贞厉，终吉；或从王事，无成”是什么意思。

《周易》作者：

先解释一下这句爻辞中的几个关键词。

记者：

好。

《周易》作者：

食：享用。旧德：祖先的恩德，也就是承袭祖上传递下来的爵位和俸禄。厉：危险。无成：没有成就，或即使有成就，也不以成功自居。

记者：

根据你对几个关键词的解释，我就可以对该爻辞做出字面解释了，那就是：享用从祖辈那里继承下来的余荫，固守正道基业，即使存在风险，但终究吉祥；

跟随君王做事，没有成就，即便有成就，也不以成功自居。这几句话，感觉前言不搭后语，什么意思呢？

《周易》作者：

听我给你慢慢道来。

记者：

好。

《周易》作者：

拥有祖上传承下来的官职和财产，这是令人羡慕不已的。很多人虽然一出生就吃喝无忧，但他们在权势上与那些位高权重者相比，毕竟还是弱者。他们除了继承祖产，规规矩矩地生活着，也没有别的发展。

记者：

人们常说“富不过三代”，可能就是这样。

《周易》作者：

人如逆水行舟，不进则退。这些人虽然从祖上那里得到一些荫庇，但如果不发展，即使再如何规规矩矩，也是存在一定风险的。

记者：

原因是什么？

《周易》作者：

在社会这个大舞台上，弱者是没有资格参与博弈的，即便你手里有仨瓜俩枣，如果事业做不大，也是没有资格参与博弈的。不发展就是风险。

记者：

明白，继续。

《周易》作者：

位处强者世界中的弱者，如果缺乏一定的生存策略，非常危险……

记者：

策略是什么？

《周易》作者：

策略就是：除了常规的安分守己、不到处惹是生非、不引火烧身外，那就是辅助强者成就霸业。人心都是肉长的，强者依靠你的辅佐取得成功，他自然会给予你支持，你的事业就会得到发展，你抗风险的能力就会大大提高，你的生存空间就会大得多。

记者：

言之有理。继续。

《周易》作者：

但是，与强者合作，也有一些策略必须讲究。

记者：

又有什么策略？

《周易》作者：

那就是：成就君主大业，绝不居功自傲。

五　关于讼卦之九四爻

记者：

讼卦九四爻的爻辞是：“不克讼，复即命，渝。安贞，吉。”请解读一下。

《周易》作者：

先说其中的关键词。克：胜、能，克讼指打赢官司。复：回头、回到、回复。即：就。命：天命、命运。渝：改变。该爻辞的字面意思应该是：打官司，不能胜诉，就要立即回归正理，改变态度而安守正道，可获吉祥。

记者：

还有其他深意吗？

《周易》作者：

本爻的深层次寓意是：本爻是九四爻，属阳，它与初六爻敌应，也可以说是一对矛盾。九四以上压下，以强凌弱，显然毫无道理，不得人心。

记者：

根据你之前的解读，初六是一个很有城府、很有远见的人。

《周易》作者：

是的。在与九四的博弈中，初六能做到以柔克刚，退而不争。而九四则不然，凡获得此卦之人，十之八九在品行上是有些不端的。

记者：

那些与此爻对应的人，难道就毫无希望了吗？

《周易》作者：

那倒不是，九四之人并不是毫无希望的人。

记者：

他该如何做呢？

《周易》作者：

从卦象上分析，与九四爻对应之人，性格刚健，争强好胜，但他毕竟处于阴位。当然啦，这些人如幡然悔悟，会见好就收的……

记者：

明白，继续。

《周易》作者：

九四之人一旦发现自己无理，就知道自己一旦涉诉必败无疑，于是他就改变自己蛮横无理的态度，而回归正理正道，修正、完善自己的言行。

记者：

人们常说，浪子回头金不换，如果这些人能够改弦易辙，修正错误，人们自然会吸纳他们，而不会把他们打入死牢的。

《周易》作者：

是的，就是这个意思。

六　关于讼卦之九五爻

记者：

讼卦九五爻的爻辞是："讼，元吉。"似乎很简单，大意应该是：主持审理官司，或打官司，大吉大利。寓意何在呢？

《周易》作者：

你的解释没错！获得此爻的人，肯定不是等闲之辈，而是我们之前经常说到的那些"大人"。他们位居九五之尊，要么是君主，要么是那些德高望重、能主持公道的人，尤其是后者。

记者：

普通的民众无权无势，一旦进入司法程序，必然胜负无着，惴惴不安。因此，他们做梦都希望遇到那些能给他们带来公正判决的“包青天”。由这些“大人”主持诉讼，自然就会有公正的结果，必然吉祥无疑。

《周易》作者：

这就是正义！我只是补充说一下，那就是此爻辞中的“元”是大，是非常大的意思。

记者：

“元吉”自然就是大吉大利的意思了。事实上，你的解释中已经有了这层含义了。

《周易》作者：

可以这么说。

七　关于讼卦之上九爻

记者：

讼卦上九爻的爻辞是：“或锡（cì）之鞶（pán）带，终朝三褫（chǐ）之。”请解读一下。

《周易》作者：

这句爻辞不长，但难字不少。

记者：

是的。请你多费心说说。

《周易》作者：

锡：通“赐”。鞶带：显贵的服饰，寓指高官厚禄。褫：剥夺。这句爻辞的意思便是：偶尔凭借胜诉获赐高官厚禄，但终会在一天之内被多次剥夺。

记者：

寓意是什么？

《周易》作者：

在说寓意之前，提醒你注意一个现象。

记者：

什么现象？

《周易》作者：

这个现象就是：讼卦初六爻没有讼字，上九爻也无讼字。

记者：

什么意思呢？

《周易》作者：

说明我们的主旨是反对讼争，能不打官司就不打官司。

记者：

这个我明白。

《周易》作者：

上九爻以阳居上，处于极端有利的位子。凭借这些优势，他特别容易争强好胜，一旦遇到矛盾和冲突，都会立马诉诸法庭，千方百计把官司打到底，不弄出个子丑寅卯绝不罢休。

记者：

既然有理，又能把官司打赢，这不是挺好吗？

《周易》作者：

错！一个人喜欢寻衅滋事，挑起诉讼，不会有好下场，他最终会引火烧身，自取灭亡。即便有理有据，但不知道见好就收，走极端，得理不饶人，这些人即使一时取得胜利，乃至于得到高官厚禄，最终也同样不会有好果子吃的。这是我要特别强调的。

第七章 师卦䷆：论战争之道

引　子

本卦之前一卦是讼卦，讲争讼之事。从本卦与前一卦的逻辑关系来看，争讼之事一旦解决不了，就会从平常的矛盾升级为战争，本卦的主题就是论战争之道。

师卦，由八卦中的坎卦和坤卦两部分所组成，坎在下，坤在上。根据《易传》，坎象征水，坤象征地，因此师卦所象征的形象便是“地中有水”，即大地中聚集着水。师卦寓意兴师动众，故与战争有关。

战争，国之大事，要赢得战争的胜利，必须师出有名、善用将帅。同时，将帅必须谨慎行事，赏罚分明，否则便不可能取得战争的最后胜利。但即便如此，一旦战争开启，无论正义与否，都必然造成生灵涂炭、玉石俱焚。因此，对待战争，要像对待用毒药治顽症痼疾一样，不到万不得已绝不可轻易使用。

一　关于师卦之卦辞

记者：

师卦之卦辞是：“贞，丈人吉，无咎。”什么意思？请你解读一下。

《周易》作者：

我先来解释一下“师”吧。师的意思是指众，众就是兵，在我们那个时代，是寓兵于农，兵农合一，兵农不分家的。

记者：

这个我知道，农民们平时耕田种地，一有战事，就放下锄头铁锹，拿起兵器，奔赴前线去打仗。

《周易》作者：

是的，这就是军事。军事，无论对普通百姓，还是对国家而言，都是大事。

记者：

“丈人”就是岳父之意吧？

《周易》作者：

错！“丈人”非岳丈之意，而是指“大人”，具体是指那些德高望重、战功卓著之人物。他们的才能、谋略、品德都远远超过一般人，他们可能是政治家，也可能是军事统帅，也就是将军。

记者：

为什么说“贞，丈人吉”呢？

《周易》作者：

“贞”你是知道的，占卜问事之意。心里不踏实，算算卦，看看下一步如何走，就这意思。所谓“丈人”是指本卦中的九二爻，在本卦中，九二爻的位置得天独厚。

记者：

何以见得？

《周易》作者：

一个卦，五个是阴爻，独有九二一个是阳爻，一阳配五阴，足见九二是一言九鼎之军事领袖，是任何人都不敢挑战之统兵之帅。广大人民热爱自己的领袖，精诚团结在这个核心周围，众志成城，同仇敌忾，打起仗来，肯定赢。

记者：

也倒是。

《周易》作者：

不仅如此，九二居处下卦之中位，足见其中庸持重，品德高雅，他还深深得到其君主，即六五的信任。一句话，九二之人很有福气，他的人民深深地爱着他，他的顶头上司也非常看重他。这样的军事领袖，统率千军万马，驰骋疆场，必然所向披靡，杀得敌人丢盔弃甲，狼奔豕突，能不吉祥吗？

记者：

你说得也太激动了吧。既然是吉祥，你为什么又说九二之未来仅仅是“无咎”，而不是吉祥呢？

《周易》作者：

一个伟大的军事家，下有万千兵士全力响应，上有最高领袖倾心扶持，其未来必然是前程似锦。但是，战争毕竟带来死亡与毁灭，无论其理由多么冠冕堂皇、义正词严，都不例外。我们深深佩服那些伟大的军事天才，我们也不得不严正指出：非到万不得已，千万不要诉诸战争！战争意味着死亡，意味着屠杀。

二　关于师卦之初六爻

记者：

师卦初六爻的爻辞是：“师出以律，否（pǐ）臧，凶。”请你解读一下。

《周易》作者：

这句爻辞中，“律”是号令，犹言军事纪律。“否”是否定词“不”的意思。“臧”是“善”的意思。

记者：

“否臧”就是不好的意思呗？

《周易》作者：

是的，具体而言就是指军事纪律得不到执行，兵马粮草无人指挥协调，风纪涣散，乱七八糟。本爻辞的意思是：军队出征一定要纪律严明，若纪律不严明，就一定会有灾祸。

记者：

意思很简单，还有进一步的解读吗？

《周易》作者：

初六是阴爻，居处师卦之初，仿佛军队初建之时，或军队刚刚开始部署军事行动。这个阶段最重要的事情就是要有严明的纪律。一支部队，如果没有严明的纪律，就如一盘散沙，是无法在战争中取胜的。

记者：

这句爻辞无非是强调纪律的重要性而已，只要有良好的纪律，自然无往而不胜。

《周易》作者：

不过，严明的纪律只是军事行动取得成功的必要条件。所谓必要条件，就是没有这一条不行，但并不是说有了这一条就一定能够取得战争的胜利。

记者：

也就是说纪律严明并非军事活动取得成功的唯一重要条件。要取得战争的胜利，还要有其他很多条件，但是，没有严明的纪律，出兵打仗一定会凶多吉少的。

《周易》作者：

是的。

三　关于师卦之九二爻

记者：

师卦九二爻的爻辞是："在师中，吉，无咎。王三锡（cì）命。"请你解读一下。

《周易》作者：

这一爻讲的是如何当好统军之将帅。

记者：

嗯。

《周易》作者：

师卦九二爻居处下卦之中位，他不仅为众多阴爻所拥戴，而且与居处君位的六五爻正应，说明九二的行为深得君主的信任。

记者：

这样的人在外指挥打仗，手中拥有的权力肯定很大。

《周易》作者：

是的。将军在外根据君主的委托指挥打仗，肯定是手中拥有专断大权，想怎么办就怎么办。但九二并没有利用君主的信任为所欲为，而是保持一种中庸的品德。

记者：

爻辞中有这个意思吗？

《周易》作者：

“在师中”的“中”就是这个意思，“中”就是中庸、中正，不走极端。九二就是依据“中”字所体现的原则，即拥有专断大权，又能保持自我克制，不过度滥用这种权力。他既能利用好自己的权力打赢战争，又不会因可能的功高盖主而招致君主的猜忌。

记者：

明白。那“王三锡命”是什么意思呢？

《周易》作者：

这里“锡”通“赐”，“赐命”即有所赐予的诏令。根据《周礼》，一命受职，再命受服，三命受位。把这句爻辞直接用白话说出来就是：在军中持守中道，吉祥，没有灾殃。君王多次颁发命令进行嘉奖。

记者：

作为一个军事统帅，如果能按照你说的这样，妥善处理好与最高领导层的关系，自然就不会有不好的结果，自然就会吉祥。

《周易》作者：

是的。

四　关于师卦之六三爻

记者：

师卦六三爻的爻辞是：“师或舆尸，凶。”听起来很凶险！

《周易》作者：

是的。“舆尸”是指用车装载尸体的意思。部队出征打仗，最忌讳的就是兵员的牺牲。本爻爻辞说，军队或许会用车装满尸体而归，显然说明打了败仗，伤亡惨重。

记者：

何以落得如此下场？

《周易》作者：

原因在于军队的指挥大权被无能无德的小人篡夺了。

记者：

怎么讲？

《周易》作者：

六三之人，以阴爻居阳位，居位不正。阴爻位居九二之上，且与上六阴爻不相应和，说明六三之人是一个才弱志刚、篡权夺位的小人。他利用手中的权力，压制有德能之人，蒙蔽最高领袖，用兵如儿戏，胡乱指挥，随心所欲。

记者：

军事指挥一旦成为儿戏，后果不堪设想。

《周易》作者：

是的。对外征伐，必须保持指挥权的高度集中统一，如果任不专一、政出多门，必败无疑。

五　关于师卦之六四爻

记者：

师卦六四爻的爻辞是："师左次，无咎。"如何解释呢？

《周易》作者：

此爻研究的是如何在作战指挥中保持必要的灵活性。

记者：

说实话，有点不理解。

《周易》作者：

我解释一下你就会明白。在古代，兵家尚右，以右为前，以左为后。

记者：

《左传》中也有类似的说法，《左传》说，师一宿为舍，再宿为信，过信为次。

《周易》作者：

是的，所谓"左次"就是安排部队后退驻扎。

记者：

后退明明意味着失败，为什么说安排部队后退驻扎竟然"无咎"呢？

《周易》作者：

后退如果不是被击溃，就不能说一定是失败。

记者：

怎么讲？

《周易》作者：

六四阴爻居于阴位，居位得正，这点与六三之人具有本质性的不同，宛如两个人，虽然同居一个庭院，但一个是敦厚和善，一个却包藏祸心。

记者：

很显然，六四是前者，六三是后者。

《周易》作者：

六四之君，虽然知道自己的位置没问题，但他也知道他的所作所为很难得到初六之人，即广大士兵的响应，他与初六之位无法做到阴阳相补。面对这种情况，最理智的办法就是安营扎寨，等待时机，保存实力，以再立新功。

记者：

安排部队后退驻扎原来是一种欲进先退的安排。

《周易》作者：

这是一种军事策略，是一种有组织、有计划的安排，因此不算“失常”，不违背常理，所以“无咎”啦。

六　关于师卦之六五爻

记者：

师卦六五爻的爻辞是：“田有禽，利执言，无咎。长子帅师，弟子舆尸，贞凶。”请你解读一下。

《周易》作者：

六五爻是这一卦中的主体。六五是阴爻，在上卦中，占据中央至尊的位置。“田有禽”是说田野中有野兽出现，寓意敌人来犯。对这些野兽采取措施予以猎取，自然天经地义，合情合理，因而是正义的。

记者：

敌人来了，采取反制措施，师出有名，理所应当。那这里面所讲的“长子”

是谁呢？“弟子”又是谁呢？

《周易》作者：

“长子”就是九二，是德才兼备的统帅和军事家；“弟子”则是次子以下的人，比喻无德无才的小人物，甚至是邪恶的坏人。这句爻辞翻译过来意思就是：田野中有野兽，可捕获而出师有利，没有灾祸。出征应以长子作主帅，若次子随征则载尸而归，这是凶兆。

记者：

这句爻辞的寓意是什么？

《周易》作者：

“长子帅师，弟子舆尸”，长子指挥战斗与次子载尸而归并列出现在一起，说明君子与小人同时出现在战场上。也就是说，君子指挥战斗，同时也有小人掺和在战争的指挥中。

记者：

这个我明白。

《周易》作者：

战争是一件非常严肃的事情，只能由一个统帅全权指挥。统治者既然任命了有才华的人担任统帅，可同时又让一些小人参与其中，必然失败。

记者：

应该是这样，这种做法打破了军事指挥的统一体系，纵然师出有名，也会上下失和而导致战争的失败。问题是，这是谁的责任呢？

《周易》作者：

责任在统治者，是统治者用人不当造成的。

七　关于师卦之上六爻

记者：

师卦上六爻的爻辞是：“大君有命，开国承家，小人勿用。”请解读一下。

《周易》作者：

好的。上六爻是全卦的终极点。它意味着战争胜利结束之后，君主颁布命令，论功行赏，功劳大的人就封为侯爵，赐予土地，成为有千辆战车的“千乘”

之国。其他有功劳的人被任命为卿、大夫，这些人也获得面积不等的土地。

记者：

这句爻辞的寓意是什么呢？

《周易》作者：

这句爻辞提出了一个重要的治国治军原则，即“小人勿用”，小人是不能重用的。战争是国家最重要的事情，如果小人当道，必然会使整个国家陷入混乱之中。

记者：

没错。小人考虑的问题都是自己那些自私自利的鄙琐之事，他们不会去考虑其他人和国家利益的。这些人贪功好战，穷兵黩武，因为他们动机不纯，满腹阴谋。他们纵然战胜，也会给国家带来莫大的灾难。

《周易》作者：

作为伟大的君主，千万不可任用小人，养痈成患。不能让小人形成政治势力，乘机做大，必须在他们还没有形成帮派体系的时候，就予以铲除。

第八章　比卦䷇：论人际关系

引　子

前一卦师卦的主题是论战争之道，本卦是比卦，主题是论人际关系。人际关系的基本面是经济关系，但本卦所谈论的内容则更偏重于人际关系中的政治因素，而在政治关系中，则又偏重于统治与被统治、上与下、尊与卑等关系。就前卦与本卦的逻辑关系而论，师卦中"师"的本意是将帅与兵士，将帅与兵士们彼此生活在一起，必然涉及如何处理相互之间关系的问题，故师卦之后便有比卦相随。

比卦由八卦中的坤卦和坎卦两部分所构成，坤在下，坎在上。根据《易传》，坤象征地，坎象征水，因此比卦所象征的形象便是"地上有水"，即大地上有水。土承载水，水随土之起伏而高低错落，随土之陡峭平缓而蜿蜒曲折，且水也能浸润土地，滋养土地。

本卦以水土关系类比人与人之间的交往，告诉人们要立足诚信，构建志同道合、生死与共的人际共同体；警告人们无原则的乱结朋党不可为，同时也警告人们勿太过功利，机会主义、功利主义的交际观也终将害人害己。

一　关于比卦之卦辞

记者：

比卦之卦辞是："吉。原筮，元永贞，无咎。不宁方来，后夫凶。"请你解读一下。

《周易》作者：

本卦辞中的"原"意思是考察、探究。"筮"意思是借助占卜预测吉凶。

记者：

有人说“原”的意思是再次、第二次，寓意做事认真，谨慎详审。

《周易》作者：

也可以这么解释。

记者：

请继续。

《周易》作者：

“不宁方”意思是不安顺的邦国或不安顺的人。“后”意思是后来者，具体是指那些患得患失、犹豫观望、行动迟缓的国家或人。“夫”，语气助词，无实际意义。

记者：

请翻译一下。

《周易》作者：

这句卦辞直译成白话就是：吉祥。任何决定必须经过反复考察研究再做出，如果所交往的亲附者有尊长之德，持之以恒，且能够坚守正确道路，就不会有灾祸。连那些不安顺的邦国或人也来归附了，犹豫不决的后来者将有危险。

记者：

这句话意思人们一听就会明白。问一下，比卦与本卦之前的师卦有无关联？

《周易》作者：

当然有关联。师卦主题谈战争，战争之后自然是秩序的重建，而建立一个良好的国际关系和人际关系，便是重建工作的核心内容。比卦谈的就是这个主题。前后之间的关系，不是一目了然了吗？

记者：

明白。你刚才解释关键词的时候，没有解释“元永贞”三个字，但在你给出的白话文翻译中，顺带做了解释。

《周易》作者：

此处“元永贞”中的“元”是指善，“永贞”是占卜预测长远之事。“元永贞”意思就是占卜预测长远之事非常好。

二　关于比卦之初六爻

记者：

比卦初六爻的爻辞是："有孚比之，无咎。有孚盈缶，终来有它吉。"请解读一下。

《周易》作者：

这句爻辞比较简单，它强调诚信在人际交往中的作用。在这句爻辞中，"孚"是指诚信。"缶"是盛酒的瓦制器皿，特指质素无纹饰的容器。"它吉"是指意外的吉祥。这句话翻译成白话就是：与有诚信之人相亲相爱，必无灾祸。诚信如酒装满酒缶之中，最终会得到意外的吉祥。

记者：

从卦象上来看，初六位于下卦之始，他与本卦之核心九五爻相距甚远，感觉初六很难与之成为亲朋挚友。

《周易》作者：

没错。初六的地位比较低微，颇似那些遥居荒外的诸侯。此外，初六本是阴爻，但居阳位，从位置上讲，有点不太好。一般说来，他想与九五之君成为同盟军，或者成为朋友，是非常之难的。

记者：

应该是这样。社会等级差距很大的两个人之间是很难成为朋友的，古今中外莫不如此。

《周易》作者：

没错。但是，初六是心怀诚信、为人正直之君子，他正是依靠他的诚信获得了九五之人的信任，从而成为朋友。初六对九五之君的忠诚，最大的特点就是立足开始……

记者：

立足开始，什么意思？

《周易》作者：

从一开始就建立起来的诚信，显然稳定度最高，最不容易出现问题。因此，即使是那些地位卑微的人，只要心怀诚信而不见异思迁，终会获得至高统治者的认可与赞赏。

记者：

明白。爻辞中谈到酒和盛酒的器皿，是什么意思？

《周易》作者：

那是比喻。我们说，一个人的诚信度，就像装满美酒的瓦罐满腹皆诚，纯度很高。这样的人一旦与九五之君成为朋友，或者成为心腹，就不可能有麻烦，对彼此都是如此，最终都会得到意外的好处。所以说吉祥。

记者：

看来，初六与那种太过功利、追名逐利的人，还真不一样。

《周易》作者：

是这样。

三　关于比卦之六二爻

记者：

比卦六二爻的爻辞是："比之自内，贞吉。"请解读一下。

《周易》作者：

爻辞中的"内"，是指内卦。六二爻居下卦之中位，且与上卦之九五相呼应。下卦又称为内卦，寓指内部、内心、自己等。六二爻的爻辞翻译成白话就是：发自内心地与人亲近，持正自守，必然吉祥。

记者：

有道理！人与人交往，必须发自内心地真诚以待，唯有如此，才能获得别人的信任；反之，不仅不能建立彼此之间的信任，还会引起别人的仇恨，结果必定很糟糕。

《周易》作者：

正是。

四　关于比卦之六三爻

记者：

比卦之六三爻的爻辞只有四个字："比之匪人。""匪人"这个词第一次出现，不知道此爻如何理解。

《周易》作者：

你说得没错，"匪人"这个词确实第一次出现，最起码在我们的作品中是第一次出现。

记者：

不用你说，我想"匪人"肯定不是什么好人。

《周易》作者：

是的！匪者，非也。"匪人"不是什么正派之人，这种人，种类甚多，但他们都有一个共同的本性，那就是邪恶。古往今来，他们到处都有。

记者：

如何处理与这些邪恶之人的关系呢？

《周易》作者：

这些人不正派，应该离而远之。

记者：

如何从卦象上看得出来呢？

《周易》作者：

本卦中，九五位处尊位，乃比卦之王，诸爻唯有与之亲近，才能有好的结果。

记者：

对这一点，我相信六三之人也心知肚明吧？

《周易》作者：

但六三没有这个福分。

记者：

为什么？

《周易》作者：

与六三相比，初六居处比卦之始，秉承诚信，自始至终，能以其高纯度之诚信赢得九五之认可。六二以阴居处阴位，位置中正，与九五相处，品性得天独厚。六四上承九五，自然不会被九五拒之门外。唯有六三这一爻，不中不正，不伦不类，无法与九五建立至亲至爱之关系。

记者：

难道六三就成了一个形单影只之人了？

《周易》作者：

刚才我们没提到的上六，上六是六三唯一可与之亲近的人，而上六恰恰是那个无品无德之匪人。只能与匪人相处的人，自己必然也不是什么好东西。

五　关于比卦之六四爻

记者：

比卦六四爻的爻辞是："外比之，贞吉。"这句爻辞虽然短，但总觉得不好理解，"外比之"是什么意思？请你说一说。

《周易》作者：

不急，我慢慢给你解释。六四本应当与下卦之初六相互应和，但同性相斥，以至于六四与初六无法相互应和。于是乎，六四只能求助于外面。

记者：

"外面"到底说的又是谁？

《周易》作者：

就是九五，九五何许人也，你应该知道。

记者：

我知道，九五之尊嘛！

《周易》作者：

对于六四来说，九五既是贤人，又是尊者，因此，值得六四与之结为亲密战友，奉之为自己思想上的导师。与这样的人交往，结果必定吉祥如意。

记者：

而与那些地位低下、境界鄙俗的人交往，肯定不会有什么好结果。

《周易》作者：

与这样的人交往，不把自己毁掉，就谢天谢地了。

六　关于比卦之九五爻

记者：

比卦九五爻的爻辞是："显比，王用三驱，失前禽，邑人不诫，吉。"怎么讲？

《周易》作者：

"显比"中的"显"，是"陷"的反面，"显比"是尽善尽美、不偏不倚地比，是正大光明地比，不是那种不明不暗、口蜜腹剑地比。

记者：

"王用三驱，失前禽"是什么意思？

《周易》作者：

古代田猎，划一范围，一面是门，三面为长围，猎者自门而入，禽兽面向猎者而从门跑掉的，就任其跑掉，不管不问；而那些背着猎者，往里跑的，当然跑不掉，都加以射杀捕获，这就是"三驱"。

记者：

君主采用这种"三驱"方法捕猎的寓意是什么呢？

《周易》作者：

寓意是：与别人相处，要顺乎自然，不能勉强。对那些愿意与你交往的，要与之交往；对那些不愿与你交往的，断不可勉强为难，完全可以听之任之。只有这样，你才能与那些愿意与你真正志同道合的人亲密相处，融洽无间，这才是人际交往的最高境界。

记者：

那"邑人不诫"又寓意什么呢？

《周易》作者：

邑，王者和君主们居住的都城，邑人便是王者周围的人。"不诫"意思是不予以特别的告诫，而让他们与自己亲近。

记者：

寓意又是什么呢？

《周易》作者：

寓意高明的统治者，在选择什么样的人作为亲近的对象时，并不厚此薄彼，挑肥捡瘦，而是一视同仁。

记者：

有如此高的境界，我相信一定能够德服天下，万事吉祥。

《周易》作者：

那是必然的。

七 关于比卦之上六爻

记者：

比卦上六爻的爻辞是："比之无首，凶。"如何理解？

《周易》作者：

理解这句爻辞的关键是如何理解"首"，有人把"首"理解为领袖、首领，其实"首"在本爻中另有其意。

记者：

在你看来，这个"首"字是什么意思呢？

《周易》作者：

如果把这个"首"字理解为开端，意思就比较顺。这句爻辞翻译成白话是这样的：与人亲近而没有好的开端，后果可能不好。

记者：

如何理解呢？

《周易》作者：

这句爻辞强调，与他人交往，应该一开始就能够真诚待人，本卦中的初六就是如此。唯有从一开始就保持着良好关系的友谊，才能够持续下去。相反，与人交往，不注重初始就建立良好关系，甚至碍于利害关系，才不得不去建立某种所谓的友谊，则是靠不住的。勉勉强强建立起来的友谊，随时会灰飞烟灭。此所谓，不善初始，难得善终啊！

第九章　小畜卦☴☰：论财富之积累

引　子

本卦之前一卦是比卦，主题是论人际关系。本卦主题是论财富的积累与德行的修炼。

小畜卦由八卦中的乾卦和巽卦两部分所组成，乾在下，巽在上。根据《易传》，乾象征天，巽象征风，因此，小畜卦所象征的形象便是“风行天上”，就是天空中刮着风。

就本卦与前卦的逻辑关系来看，比卦研究人际关系，人际关系处理好了，君臣相亲、上下和谐，自然会国泰民安，这毫无疑问有利于经济建设，自然也有利于财富的创造与积累。本卦以“密云不雨”等现象为例，寓意在事业发展之初，人们积累财富的能力非常有限，凡事不可贪大求全，不可盲目发展，也不可急于求成，而是必须蓄以待时，稳步推进。就本卦的政治寓意来说，国家的统治者唯有注重平时苦练内功，夯实道德基础，才有机会去感化百姓，提升治国理政的水平。如果不注重平时的道德修炼，待到大势颓败之时再去临时抱佛脚，做一些应急的表面功课，一切都将是枉然，到那时说什么都晚了。

一　关于小畜卦之卦辞

记者：

小畜卦之卦辞是：“亨。密云不雨，自我西郊。”这一会儿小牲畜，一会儿云，一会儿雨，不知道什么意思。请你解释一下。

《周易》作者：

好多人都说小畜卦不好理解。我给你好好说说。

记者：

谢谢！请。

《周易》作者：

本卦辞中的“畜”乃“蓄”之意，“小畜”不是你所说的“小牲畜”，而是小有积累、小有积蓄的意思。

记者：

为什么是小有积累、小有积蓄，而不是大有积累、大有积蓄呢？从卦象上能看得出来吗？

《周易》作者：

小畜卦由一个阴爻即六四和五个阳爻组成，且六四阴爻处于阴位，足见阴柔者居于正位，并得到众多阳刚者的青睐与辅助。六四之人拥有如此得天独厚的条件，决定了他无论做什么事情，都会亨通无阻的。但他要做出什么惊天动地的大事则是很难的，因此只能是小打小闹。

记者：

为什么呢？

《周易》作者：

六四虽然是阴爻居阴位，位置很正，但是他毕竟属于臣位，并非君位。因此，六四之人虽然拥有众多阳刚者的辅助，但其成就终究是有限的。故我们称之为“小畜”，即小有积累、小有成就、小有积蓄。

记者：

“密云不雨”是什么意思？

《周易》作者：

“密云不雨”不过是对“小畜”的形象解释。“密云不雨”是一种再普通不过的自然现象了。

记者：

怎么讲？

《周易》作者：

“密云不雨”这个短语会让我们联想到这样一种情形，那就是：天空中虽然集聚了不少云，但最终没有凝集成雨降下来。这说明云集聚的程度仍然不够，火候不到，终究不能成就大事，只能是“小畜”而已。

记者：

那“自我西郊”是什么意思呢？

《周易》作者：

这是对“密云不雨”的补充解释。此话与古人对天象的观察有关。在中国古代有这样的谚语：“云往东，一场空”，“云行东，车马通”……

记者：

啥意思？

《周易》作者：

这两句谚语的意思是：如果天空中的云是自西向东而行，是不可能下雨的。“自我西郊”说的就是这种情形，具体意思是说，浓云从我西边的郊野往东飘移，自然云多雨少。

记者：

请你就卦辞做个总结吧。

《周易》作者：

小畜卦卦辞的字面意思是：亨通。天空中浓云密布，但是没有下雨，云来自西郊。其寓意是：万物之形成都是日积月累的产物，没有点点滴滴的积累，是不可能有所作为的。更深层次的寓意是：治国理政，当条件不具备，各种礼乐教化政策还未能在天下百姓中推行时，不要勉强行之。君子们平时要注重思想和道德的修炼，日积月累，终会水到渠成，反之，则会把事情弄得糟糕。

二　关于小畜卦之初九爻

记者：

小畜卦初九爻的爻辞是：“复自道，何其咎，吉。”有点不好理解，请你解读一下。

《周易》作者：

初九爻中的“复”，意思是还、返回。“道”是路，道路。初九爻爻辞翻译成白话就是：从原路返回，会有什么灾殃呢？吉祥。

记者：

寓意是什么？

《周易》作者：

初九是阳爻，处于阳位，居位端正。且他又与六四阴爻相应和，前程似锦就更没问题了。但是，初九居小畜卦之初，他的阳刚之气毕竟还比较柔弱，酷似一个乳臭未干的小伙子。这样的人做事，万不可急躁冒进，而应该注意静养，谨慎从事，等待时机再谋发展。所以，爻辞说要“复自道”，从原路返回，以避免意外风险发生。

记者：

寓意很明确，就是奉劝那些处于事业发展之初的人，不要贪图眼前的辉煌，草率冒进，而应该注重修身养性，静养待发。在特殊时机，等待就是最好的发展。

《周易》作者：

是的。

三　关于小畜卦之九二爻

记者：

小畜卦九二爻的爻辞是：“牵复，吉。”不知道如何理解。

《周易》作者：

这句爻辞中的“牵”，古人或理解为牵连，或理解为勉强，其实两种理解意义差别不大，都是被动、不情愿而不得不为之的意思。

记者：

嗯。

《周易》作者：

关于九二爻，有的学者解释说，九二是被牵引着返回；有的认为，九二是受到牵连而返回。在我看来，无论是牵引也好，牵连也好，关键是受谁的牵引或牵连。刚才，我们已经谈到初九爻了，它告诉人们当实力不足以腾飞的时候，就应该注意以静制动，以避免意外的风险。九二爻爻辞的核心思想也是如此。它奉劝人们要学习初九，要采取同样的方法积蓄力量，等到力量充足时，再谋求进一步的发展。

记者：

两个爻爻辞的意思几乎完全一样，为什么不干脆用一句话说算了？

《周易》作者：

那倒不是。九二爻对初九爻的学习，并非是盲目地模仿，而是在理智指导下的学习，正是因为这个原因，九二爻的未来比初九爻更好。关于初九未来尚可以追问“何其咎”，而对九二爻的未来则不存在任何疑问，那就是“吉”。

四　关于小畜卦之九三爻

记者：

小畜卦九三爻的爻辞是：“舆说（tuō）辐，夫妻反目。”夫妻之间为何反目呢？

《周易》作者：

该爻辞中的“舆”是车轮；“说”通“脱”，指解脱、脱落；“辐”是车轮上起连接作用的辐条或掣栓。这句爻辞翻译成白话就是：车上的辐条脱落，夫妻间翻脸不和。

记者：

我相信，这寓意肯定不好。

《周易》作者：

造成九三如此狼狈的原因，不在别人，而在九三自己。

记者：

何以见得？

《周易》作者：

九三以阳处阳，重刚而居位不中，说明此人缺乏基本的自我控制意志和能力。这是原因之一。

记者：

还有什么原因？

《周易》作者：

九三还有一个弱点，那就是它作为一个阳爻，虽然与六四阴阳相和——按照常规，这本是好事——但九三过刚而不中，难以制衡六四；不仅不能制衡六四，反而被六四所控制，阴盛阳衰，乾坤倒置。

记者：

看来九三的处境确实很糟糕。

《周易》作者：

九三之人虽然能到处行走，但因行为不正，处处遭遇麻烦。他虽组成家庭，但却因为自身的问题，导致夫妻反目。这些无不让我们联想到，九三是一个不能认真做好修身养性的人。不能做到修身养性，要想齐家治国平天下，则更是根本不可能实现的梦想。

五　关于小畜卦之六四爻

记者：

小畜卦六四爻的爻辞是："有孚，血去惕出，无咎。"初步感觉意思是：六四有诚信，说话算数，所以"血去"，即没有伤害，所以"惕去"，即各种担心、忧虑一扫而空，因而没有什么灾祸之事会发生。

《周易》作者：

你说得差不多。"孚"是诚信的意思；"血"通"恤"，指忧愁、忧虑；"惕"是忧伤的意思。这句话的意思和九三的寓意完全相反。

记者：

该爻的主旨应该是突出诚信的重要性吧？

《周易》作者：

是的。人无信不立，有了诚信，就会无往而不胜，最起码是不会遭遇灾祸之事。

六　关于小畜卦之九五爻

记者：

小畜卦九五爻的爻辞是："有孚挛如，富以其邻。"感觉不知所云，请解读一下。

《周易》作者：

这句话中“挛”本意是指手指弯曲握拢，因而，此处“挛如”寓意与人携手紧密的样子。这句话的意思是：诚实有信，与人携手互助，协同邻居共同富裕。

记者：

如何理解呢？

《周易》作者：

九五爻居上卦之中位，象征着阳刚者居中得位，因此，九五之人有足够的能力来聚集财富，做成任何想做的事情。但是，小畜卦的主爻是六四爻，因此九五的任务并不是自己先富起来、强起来，而是帮助六四先富起来、强起来，这句爻辞所讲的“邻”，就是指六四。

记者：

这样我就明白了。那就是，对于九五来说，自己发财致富并非其主要职责所在，而是要把精力用于辅助六四，从而实现与别人共同富裕。只有这样，他的结果才会吉祥。相反，如果谋求“独富”，把整个心思仅用于个人的发展，而不管别人的死活，这样弃位失责，结局一定不好。

《周易》作者：

正是。

七　关于小畜卦之上九爻

记者：

小畜卦上九爻的爻辞是：“既雨既处，尚德载。妇贞厉。月几望，君子征凶。”这句相对比较长一些，似感有些凶气，请你解读一下。

《周易》作者：

此处的“既”，意思是已经；“处”，意思是停止；“尚”意思是上或高尚；“载”，积满；“几望”就是月亮将要圆满；“望”意思是月亮圆满；“征”意思是出征。这句话的字面意思是：雨已经降落并且停止，高尚的功德已经圆满。妇人占问，预示有危险。月亮将变成满圆，君子如果出征，将有灾祸。

记者：

它的寓意是什么呢？

《周易》作者：

之前提到过的“密云不雨”，是说小畜之人刚开始时阴气积累不足，还不能充分地聚气返阳，难以完成和阳而化雨之功。到了上九这个阶段，已是一卦之终点，小畜之人已经发展到了极盛阶段，“既雨既处”是说阴气已经充分积累，阳气也被充分蓄聚，阴阳和合而降雨，这正是事物发展到圆满阶段时的象征。

记者：

按照你们的思维习惯，就是物极必反。

《周易》作者：

你说得没错！到了这个阶段，阴的发展已经达到最大限度，阴阳对比已经达到中和平衡，唯有保持这种平衡才能稳定。作为从属者的“阴”的一方，要及时停止前行，以避免盛极而衰、物极必反的结局。

记者：

你的意思是说，如果阴阳平衡遭到破坏，必然导致阴阳不合，由和谐转向对立？

《周易》作者：

你说得没错。作为主导者的“阳”的一方，应该注意“阴”的动向，注意控制事态的发展。作为“阴”的一方，要有自知之明，路一旦走到了一定的阶段，见好就收，该停则停。否则，如果一味地前行，不知路之所在，必然会阴阳失衡，导致灾难发生。

第十章　履卦☰:论立身行事

引　子

本卦之前一卦是小畜卦，主题是论财富之积累。本卦的主题是论如何立身行事。

履卦由八卦中的兑卦和乾卦两部分组成，兑在下，乾在上。兑象征河泽，乾象征天，因此履卦所象征的形象便是"上天下泽"，即天在上、泽在下。本卦以人踩了老虎的尾巴而老虎不咬人为喻，告诫人们要学会尊重国家法律和风俗习惯，不可随心所欲，唯有如此，才能实现社会的健康发展与全面和谐。

一　关于履卦之卦辞

记者：

履卦之卦辞是："履虎尾，不咥（dié）人，亨。"请你解读一下。

《周易》作者：

在本卦辞中，"履"，意思是踩踏；"咥"，意思是咬。整句卦辞用白话说就是：占卜问事得履卦，好似脚踩在老虎尾巴上，老虎却不咬人，亨通大吉。

记者：

寓意是什么呢？

《周易》作者：

这必须先从本卦中唯一一个阴爻六三爻谈起。六三爻不仅是履卦六个爻中唯一的一个阴爻，也是履卦的主爻。六三爻处于下卦兑卦中，象征柔顺和悦，上卦乾卦象征刚劲强健，因此履卦具有柔顺者追随刚健者前进之意……

记者：

人跟在老虎后面走，应该就属于这种情况吧？

《周易》作者：

是的，柔顺者尾随老虎而行，弄不好就会触犯老虎，而遭受老虎的无情撕咬，大多是凶多吉少。

记者：

伴君如伴虎，危机四伏啊，如何自保呢？

《周易》作者：

六三之人虽难免触犯刚健之人，但他能够以和悦谦卑的态度，去处理好与刚健者的关系，故最终往往是有惊无险，并能得到刚健者的谅解和接纳。

记者：

这样的人即使踩到老虎的尾巴，老虎也只是回头看看，而不去伤害他。

《周易》作者：

是的。这样的人遇到再危险的事情，最终也会化险为夷、转危为安，自然亨通顺利。此外，本卦的卦象是“上天下泽”，这也寓意社会的秩序，即上下尊卑，左右贤愚，都有着严格的规制。

记者：

又寓意什么呢？

《周易》作者：

寓意六三之人之所以能够处理好与刚健之人的关系，原因在于他能尊重社会的秩序，做自己该做的事，说自己该说的话，不去随意逾越自己的位置，不去做自己不该做的事情。

记者：

就是非礼勿听，非礼勿视，一切都循规蹈矩呗，是吗？

《周易》作者：

可以这么说。

二　关于履卦之初九爻

记者：

履卦初九爻的爻辞是："素履往，无咎。"请解读一下。

《周易》作者：

在这里，所谓"素履"，是指白色无花纹装饰的鞋；"无咎"，我相信你知道，就是没有灾殃。这句话翻译成白话，就是：穿着白色而无纹饰的鞋前往，没有灾殃。

记者：

穿着一双平平常常的鞋前往，没有灾殃，寓意是什么呢？

《周易》作者：

初九是阳爻，且处于阳位，可见他的位置没问题。初九阳爻居履卦之初，寓意一个人刚刚踏入社会，跟任何人都没有矛盾和冲突，是一头初生牛犊。这样的人踏入社会，暂时不会碰到什么阻碍和仇人，所以，遇事不会遇到麻烦。

记者：

原因就是初涉人世，未结积怨呗？

《周易》作者：

是的，而且他能质朴无华，谦卑自守，因此可以避免意外的发生。反之，如果像那些穿着大红大紫衣服的人那样，必然会引起别人的妒忌，迟早会给自己带来麻烦。

三　关于履卦之九二爻

记者：

九二爻的爻辞是："履道坦坦，幽人贞吉。"请解读一下。

《周易》作者：

所谓"坦坦"，是指道路宽阔平坦的样子；所谓"幽人"，是指隐居起来与世无争的人。当然，也有人说，所谓"幽人"，是指囚犯，我不同意这种解释。

这句话翻译成白话就是：脚下的道路宽阔平坦，隐居的人如果占卜问事，必然吉祥。

记者：

请说说它的寓意是什么？

《周易》作者：

九二是阳爻，居下卦之中间位置，象征着这个阳刚之人恪守中道，不走极端，这决定了他的很多行为也必然畅通无阻。“履道坦坦”说的就是这个意思。

记者：

明白。

《周易》作者：

九二之人，虽本性阳刚，但甘居阴柔之地，与世无争。这样的人，为人处世都不会遇到麻烦。

记者：

九二爻与初九爻的意思非常相近。

《周易》作者：

是的，初九爻和九二爻提醒人们，一个人要想有所作为，必然把持以下原则：第一，要坚定地持守中道，不做过或不及之事；第二，不张扬；第三，心中一定要有主见，要保持内心的宁静，不为纷繁的外物所左右。

四　关于履卦之六三爻

记者：

六三爻在本卦中的特殊地位你前面已经提到，但六三爻爻辞“眇（miǎo）能视，跛能履，履虎尾咥人，凶。武人为于大君”具体做何解释呢？

《周易》作者：

这句爻辞中的“眇”意思是眼睛小或瞎，也有人更具体地解释为一只眼睛；“能”是而的意思；“跛”是腿瘸的意思；“武人”是指勇武的人；“为”是指用、做，也有人说是指效力；“大君”在这里是指国君。这句爻辞转换成白话文，就是：眼睛瞎了却要去看光景，腿瘸了却要去走路，脚踩在老虎尾巴上，老虎咬人有凶险。勇猛的武夫得到国君的重用。

记者：

感觉有点前言不搭后语，不好理解。

《周易》作者：

还是让我来给你解读吧。六三阴爻居于阳位，又处在下卦的最上位，足见这位阴柔之人言行举止不中不正。六三阴爻又处于上卦即乾卦之下，有一种摸老虎尾巴的象征。还有，六三位居九二阳爻之上，也象征着六三欺凌阳刚、刚愎自用。

记者：

看来，六三之人不是什么好人。

《周易》作者：

是的，因果报应，他的处境也不可能好。我们用眼睛瞎了却要勉强去看东西，腿瘸了还要强行走路作为比喻，说的就是这位六三之人。此人能力十分有限，却自认为老子天下第一，结果肯定会被撞得头破血流，身败名裂。

记者：

但为什么这样的人还能够为国君所任用呢？

《周易》作者：

此句爻辞中所说的“武人为于大君”确实不好理解，但通常有两种解释。

记者：

哪两种解释呢？

《周易》作者：

一种解释是说，六三之人是个武人，无治国之才，却想成为国君，说明有点自不量力。

记者：

另一种解释呢？

《周易》作者：

另一种解释是说，虽然六三之人为武人，有弱视跛足的不足，但其刚猛有加，不惧生死，这样的人也可以成为“大君”。

五　关于履卦之九四爻

记者：

履卦九四爻的爻辞是："履虎尾，愬（shuò）愬，终吉。"该如何理解？

《周易》作者：

这句爻辞中的"愬"，意思是恐惧、谨慎。这句爻辞翻译成白话就是：小心走在老虎的后面，脚踩在老虎尾巴上，感到恐惧，但最终会吉祥如意。

记者：

说说寓意吧。

《周易》作者：

九四阳爻所代表的这个人与六三阴爻所代表的人差不多，都不是什么好人。你看，九四阳爻居于阴位，又在上卦的开始，不中不正；他还处于三个阳爻中的最下面，也有一种胆大妄为、喜欢摸老虎屁股的嫌疑。这种秉性决定了他从本质上讲，命运不会好到哪里去。

记者：

也就说九四、六三的命运都会很凄惨。

《周易》作者：

不过，相对来说，九四所代表的那个人的命运或许会好一些。

记者：

怎么讲？

《周易》作者：

六三是阴爻居阳位，有阴柔者不自量力、刚愎自用的味道。而九四是阳爻居阴位，这象征着阳刚者还能做到守柔处次，能自我警醒，做什么事经常感到如履薄冰，谨小慎微，这样的人相对来说命运最终要好一些。

六　关于履卦之九五爻

记者：

履卦九五爻的爻辞是："夬（guài）履，贞厉。"请解读一下。

《周易》作者：

此句爻辞中的“夬”是指果断、刚毅，“厉”的意思是危险。此句爻辞翻译成白话，应该是：决然而行，占问预示有危险。

记者：

九五之人很显然是君主之类的人物，他们做事决然而行，该做则做，该断则断，怎么可能有危险呢？

《周易》作者：

关于这个问题，有不同的说法。有人的解释是：九五居上卦之中位，他位居君王，至高无上。但其因拥有至高无上的权力，自然就会犯暴君们常犯的错误，做起事情来不免过于武断，不能够听取不同的意见，刚愎自用，所以预示有危险。

记者：

有点牵强。

《周易》作者：

不牵强。刚才说了，该卦九五为阳爻居阳位，且处九五之尊，其地位决定了他必然刚猛果决。而其下卦为兑卦，为水，有柔和之意。这样，上有刚猛决断而又身居高位的君王，下有柔顺和悦、唯命是从的部属，九五独断专行、肆无忌惮，遇到危险就不可避免了。

记者：

也能自圆其说！

七　关于履卦之上九爻

记者：

履卦上九爻的爻辞是：“视履考祥，其旋元吉。”如何解释？

《周易》作者：

要了解这句话，必须先明白这几个字的意思。“视”是看，观察；“考”是考察；“祥”是吉凶的征兆；“旋”是返回；“元”是大。这句爻辞翻译过来就是：回顾走过的路程，考察其中的吉凶，返回时大为吉祥。

记者：

这句话无须你解读，它的意思似乎非常明了，那就是：建议一个人要对自己走过的路、做过的事，反复地进行总结和考察，正确的，就予以坚持；错误的，就予以修正。唯有如此，才能保证自己在正确的道路上永远走下去。否则，一味盲目前行，不做回顾总结，迟早会栽跟头，吃大亏！

《周易》作者：

你说得虽然很通俗，但其实就是这个意思。

第十一章　泰卦䷊：论天地和合

引　子

泰卦之前一卦是履卦，主题是论发展与立身行事。本卦的主题是论阴阳和合与天下大同。

泰卦由八卦中的乾卦和坤卦两部分组成，乾在下，坤在上。根据《易传》，乾象征天，坤象征地，因此，泰卦所象征的形象便是“天地交”，即天地阴阳之气相交。在泰卦中，天地秩序超越常态，而呈现地在上、天在下的全新范式，这寓意天地交合、水乳交融已经发展到极致，也寓意“民为重，君为轻”的理想已得到充分体现，故天地和谐、国泰民安。

一　关于泰卦之卦辞

记者：

泰卦的卦辞是：“小往大来，吉，亨。”请你解读一下。

《周易》作者：

在泰卦的卦辞中，“小”意思是阴，“大”意思是阳，该卦辞用白话文说就是：阴气下降，阳气上升，吉祥而亨通。

记者：

在人们的传统观念中，天，即阳，应该在上；地，即阴，应该在下，而泰卦的卦象完全反过来。这种乾坤颠倒的状态，应该寓意非常不好的情况，怎么到了你这里，则变得无限的美好呢？

《周易》作者：

关于这个问题，应该这样理解：在我们中华文化中，阴阳代表着万物对立的两个方面，它们不但处于对立状态，也能和谐地统一在一起。阴阳相交，平和相融，必然寓意吉祥。在泰卦中，阴阳已经不是简单地交合，而是经历多次反复的交融，其效果必然更好。

记者：

不好理解。请细细解读一下。

《周易》作者：

乾为天、为阳、为大；坤为地、为阴、为小。天之阳气下降，如云气冷却降为雨；地之阴气上升，如地气受热上升为云，二者必然相交，因而阴阳和畅，万物生长。随后阳气再上升，阴气再下降，再度相交，如此阴阳循环升降，万物便更加和畅。该卦辞所说的“小往大来”，就是这种情形，如此情形，岂能不好？

记者：

这倒是。若如此，当然吉祥而亨通。这句爻辞还有什么寓意呢？

《周易》作者：

如果把这句爻辞应用于政治社会，则寓意国家必须顺应自然规律之要求，保障上下各个阶层之间的自由流动，唯有阴阳交融、上下互动，才会有国泰民安。

二　关于泰卦之初九爻

记者：

泰卦初九爻的爻辞是：“拔茅茹，以其汇，征吉。”请你解读一下。

《周易》作者：

本爻辞中，“茅茹”是指茅草的根茎；“以”意思是及；“汇”意思是类。本句爻辞翻译成白话就是：拔起茅草的根，连带拔起了其同类植物的根，预示出征可获吉祥。

记者：

似乎有点要么共同发展、要么一起倒霉的意思？

《周易》作者：

是说共同发展是好事，不是说什么一起倒霉。一句话，不是坏事。

记者：

随口开个玩笑。你继续。

《周易》作者：

初九阳爻的爻辞包含两层意思：一层意思是，初九爻居处泰卦之初，寓意初九阳刚者处于通泰之始，他不可能不寻求发展，也不应该无所作为。

记者：

问题是如何发展？

《周易》作者：

是的，道路就是联合身边志同道合者，精诚团结，一起向上发展。

记者：

请从卦象结构上做分析。

《周易》作者：

好。初九阳爻与六四阴爻正相应和，另外，因为九二、九三均是阳爻，且它们分别也与六五、上六阴爻相应和，所以初九之人是不可能走单独发展之路的。他必须与九二、九三一起发展，一起行动，这就如同拔起一根茅草的根，就会连带着把别的茅草的根也一同拔起来一样。总之，要发展，必须联合同心同德者，共同发展，共同进步。

三　关于泰卦之九二爻

记者：

泰卦九二爻的爻辞是："包荒，用冯河，不遐遗，朋亡，得尚于中行。"有点不好理解，似乎自相矛盾。

《周易》作者：

爻辞中，"包"乃包容之意；"冯河"，无舟而过河；"遐遗"，"遗遐"之倒装句，遗弃之意；"尚"，赏赐，也有帮助之意。这句爻辞翻译成白话就是：包容广大，可以涉水过河，不遗弃远方的贤者，不结交朋党之徒，行事中道而得赞赏。这有什么矛盾呢？

记者：

你把本爻辞中的"朋"解释为"朋党"，意思倒没有什么矛盾。一些人把

“朋”解释为朋友，就有矛盾。

《周易》作者：

“朋”字本来的意思就是朋党，一直就是个贬义词。从更广泛的层面来理解，九二爻具有四大特点：一、大度包容，即使是那些反面的东西也能予以包容，即便是小人也不予排斥。二、有气魄，有刚决果断的勇气。三、不遗弃贤人。四、不结党营私。

四　关于泰卦之九三爻

记者：

泰卦九三爻的爻辞是：“无平不陂（bēi），无往不复，艰贞无咎。勿恤其孚，于食有福。”请你解读一下。

《周易》作者：

爻辞中，“陂”意思是倾斜；“复”意思是还、返回；“艰贞”是指占卜艰难之事；“恤”意思是担忧；“食”意思是食物、饮食。本爻辞翻译成白话就是：没有只平坦而不倾斜的地方，没有只出去而不会回来的事物，占卜面临的艰难之事，预示没有灾殃。不要为自己的诚信而担心，在食物方面会有福气。

记者：

寓意是什么？

《周易》作者：

让我们观察一下泰卦的卦象。九三阳爻居处下卦即乾卦中的最上位，与上卦坤卦相邻，寓意此爻处于由阳向阴转化的临界点，所以我们说“无平不陂，无往不复”。

记者：

九三处于“平”与“陂”、“往”与“复”的转折点，这种现象在《周易》中普遍存在。

《周易》作者：

是的，任何事物，一旦处于阴阳转化的关头，必然会面临风险和考验。

记者：

那如何来防范和规避这些风险呢？

《周易》作者：

九三阳爻居处阳位，又与上六阴爻相应和，象征着阳刚者力行正道，且与阴柔者相应和。这说明，九三之人虽面临艰险，但最终不会有什么灾殃。究其原因，在于九三能够恪守诚信，且任凭风狂浪大，也毫不动摇。唯有如此，方能转危为安，化险为夷，要吃的有吃的，要喝的有喝的，总之不会让自己蒙受不幸。反之，如果偏离诚信，就不可能有如此结果，甚至会遭遇不幸。

五　关于泰卦之六四爻

记者：

泰卦六四爻的爻辞是："翩翩，不富以其邻，不戒以孚。"感觉有点不好理解。

《周易》作者：

该爻辞中的"翩翩"是指鸟轻轻飞过的样子；"不富"是指不富有、没钱；第一个"以"意思是与，第二个"以"意思是而，是个转折词；"戒"意思是戒备。此句翻译成白话意思是：君主不富有，却很轻松，因为他把财富分给了四邻，人们不用戒备，都以诚相待。

记者：

寓意是什么呢？

《周易》作者：

关于这句话的意思，有若干种解读，但在我看来，不管人们对"翩翩"这个词如何理解，本爻的核心思想是作为统治者，要学会与广大的人民共享财富，舍得舍得，一舍就得了。

记者：

舍掉了财富，又得到什么呢？

《周易》作者：

得到人心，得到人们的信任。有了人民的信任，有了民心的支持，还有什么事做不成呢！

记者：

民可载舟，也可覆舟啊！

《周易》作者：

是的。

六　关于泰卦之六五爻

记者：

泰卦六五爻的爻辞是："帝乙归妹，以祉，元吉。"请解读一下。

《周易》作者：

该爻没有什么太深的含义。"帝乙"是指商纣王的父亲，"帝乙归妹"是说商纣王的父亲把自己的女儿下嫁给诸侯，寓意君臣之间相互信任，互亲互爱。如此一来，国家必然获得大治，"以祉元吉"就是这个意思。

记者：

从卦象上能看出这点吗？

《周易》作者：

六五阴居尊位，并与九二相应，就寓意九五之君下嫁贵女到诸侯家中。

记者：

中国历史的很多王朝，因势力衰败，不得不把自己的闺中之女送与他人，以讨好诸侯，苟延残喘，很多情况并非什么吉祥之象。

《周易》作者：

那是另外一个话题啦。

七　关于泰卦之上六爻

记者：

泰卦上六爻的爻辞是："城复于隍，勿用师，自邑告命，贞吝。"请解读一下。

《周易》作者：

每卦上六之位，无不蕴含物极必反、否极泰来之意，本爻也不例外。

记者：

愿闻其详。

《周易》作者：

本爻辞中的“复”意思是倾覆、倒塌，“隍”意思是城墙外无水的护城壕。这句话翻译成白话就是：城墙倾倒在护城壕之中，不要用兵，从城邑中传出命令，占卜问事预示着会有令人忧吝之事。

记者：

寓意是什么呢？

《周易》作者：

上六阴爻处于泰卦的最上端，预示泰卦即将向其反面转化，因此，上六爻的处境非常不妙。城墙一旦倾覆，就失去了任何抵御外敌的屏障，自然也就不敢再发兵予以抵抗了。此时唯一的选择就是缩守城中，任何形式的抵抗都会加速灭亡，老老实实养精蓄锐才是最明智的原则，所以此爻预示着非常的凶险。

记者：

那到底该如何办呢？

《周易》作者：

事到如今，也只能听之任之、顺应其变了。

第十二章　否卦䷋：论天地不交

引　子

本卦之前一卦是泰卦，主题是论阴阳交合与国泰民安。本卦的主题是论“泰往否来”之后的大灾大难，论天地不交。

否卦由八卦中的坤卦和乾卦两部分所构成，与前卦泰卦正好相反，是坤在下，乾在上。根据《易传》，坤象征地，本性好下；乾象征天，本性趋上。因此，否卦所象征的形象便是“天地不交”，即天地阴阳之气不相交，相互背离。如此一来，万物枯萎，君民彼此不合，离心离德，国破家亡便是其必然的结果。究其根源，源于统治者好大喜功，穷侈极奢，傲慢疯狂。一人、一家、一国、一个团体，其兴也勃焉，其亡也忽焉！哪一个也无法超越这万古不变的“周期律”。

一　关于否卦之卦辞

记者：

否卦的卦辞是：“否（pǐ）之匪人，不利君子贞，大往小来。”请你解读一下。

《周易》作者：

“否”，意思是闭塞不通。否卦下坤上乾，与泰卦的下乾上坤恰好相反。否卦是地在下，天在上，象征阴气下降，阳气上升……

记者：

一个往上跑，一个往下跑，自然彼此就不可能有相互交会的可能了。而阴阳一旦无缘交会，自然就会久旱无雨，大地必然干涸，万物必然枯萎。

《周易》作者：

是的。把这个寓意应用到人事和政治上，便寓意君臣离心离德，小人得志了。如此一来，也就不可能有什么好结果了。

记者：

“大往小来”就是这个意思吧？

《周易》作者：

正是。

记者：

“匪人”是什么意思呢？

《周易》作者：

“匪人”，是说人们之间的交往不通畅，这是对否卦意义的进一步解释。

记者：

否卦卦辞中的“大往小来”，与泰卦卦辞中的“小往大来”，似乎形成鲜明的对照。

《周易》作者：

是的。“大”代表君子，代表贤人，代表好的，代表一帆风顺；“小”代表小人，代表坏人，代表坏的，代表前途黯淡。既然“小往大来”寓意事物由坏转好，那么，“大往小来”则寓意事物由好转坏。“小往大来”寓意吉祥，“大往小来”自然寓意灾殃。

二　关于否卦之初六爻

记者：

否卦初六爻与泰卦初九爻的爻辞内容，在文字上都有“拔茅茹，以其汇”的词句，不知道它们的寓意是不是也一样？

《周易》作者：

有点类似，但又确有不同。

记者：

说说看。

《周易》作者：

否卦初六爻与泰卦初九爻的爻辞内容基本相同，前面都是“拔茅茹，以其汇”，所不同的是泰卦后面称“征吉”，否卦后面称“贞吉亨”。否卦改“征”为“贞”，还多了一个“亨”字，有提醒初六做事必须要恪守正道的意思，而泰卦初九爻则言“征吉”，没有任何条件，一句话，结果就是好。

记者：

意味着什么呢？

《周易》作者：

否卦初六爻的爻辞翻译成白话，意思是：拔取茅草的根茎，牵连着同类，恪守正道，吉祥亨通。

记者：

确实与泰卦初九爻的寓意有些不同。

《周易》作者：

泰卦初九爻是阳爻，他处在天地通泰之时。不仅如此，初九爻与六四阴爻相应和。因此就初九来说，他生逢盛世，必须有所行动。根据我们的判断，初九只要行动起来，一定会取得成功。

记者：

难道否卦之初六爻不是这个意思？

《周易》作者：

有所不同。否卦初六爻是阴爻，他所面临的是一个阴阳不交、上下不合、内外堵塞的时代。对初六来说，最好的选择不是行动，而是无所作为、静观待时，尤其是必须端正自己的行为，摆正与上下左右方方面面的关系。唯有如此，才能有一个不错的结果，否则结果就难说了。由此可见，否卦之初六爻所面临的处境与未来之前景，与泰卦之初九爻非常的不同。

三　关于否卦之六二爻

记者：

否卦六二爻的爻辞是：“包承，小人吉，大人否，亨。”感觉不好理解。

《周易》作者：

也没有什么不好理解的。本爻辞中的“包”，意思是包容，具体指六二被九五所包容、接纳。六二以阴居处阴位，并处于中位……

记者：

寓意是什么呢？

《周易》作者：

六二位居中位，做任何事都是冠冕堂皇，要风有风，要雨有雨，得意忘形，威风无限。这寓意在一个世风日下的时代，小人虽然能力不高，品味低下，但恰好特别能为昏庸的君主所信任和任用。

记者：

这种文化可不是什么好文化。

《周易》作者：

是的，这是一种腐朽文化。在这种文化之下，正人君子很难得到发展机会。

记者：

那正人君子们该如何设身处事呢？

《周易》作者：

“否”之，就是坚决否定这种做法，不随波逐流。这是我们主张的道路。

记者：

问题是，如果你不同流合污，你就会成为孤家寡人一个，你就没有发展空间，你就不会有任何成功可言。

《周易》作者：

那是暂时的。我们相信，一旦坚决予以“否”之，必然亨通。短期的失败算不了什么，反之，君子们如果一味迎合世俗，没有自己的原则，即便得到一些人的认可，即使会成就一些与小人一样的所谓成功，最终也会以失败告终的。

记者：

“大人否，亨”就是你说的这个意思？

《周易》作者：

是的。

记者：

身处一个一年不如一年的时代，作为君子当需要做好各种思想准备，即便不如小人那么得志，也不能与他们同流合污，而是要出淤泥而不染。即便身处困境，没有任何发展的机会，也要与小人保持距离，绝对不能与这些阿猫阿狗之辈沆瀣一气，更不能为虎作伥，助纣为虐。

《周易》作者：

就是这个意思。

四　关于否卦之六三爻

记者：

否卦六三爻的爻辞只有两个字："包羞。"不知道是什么意思。

《周易》作者：

"包"意思是包容，"羞"意思是羞辱，连起来，"包羞"意思就是因包容而蒙受耻辱。

记者：

因包容而蒙受耻辱，难道六三之人有什么做得不对的吗？不好理解。

《周易》作者：

六三处于上下两卦之间，位置与上更靠近一些，而且又以阴居于阳位，不中不正，足见此人是一个地位比较高但品性不端的小人。

记者：

小人？

《周易》作者：

是的。此人秉性浮躁，但在乱世，他可谓如鱼得水。他毫无廉耻之心，为了飞黄腾达，不惜抛弃尊严，对上阿谀奉承，对下颐指气使。

记者：

明白。

《周易》作者：

六三一味讨好别人，而蒙受耻辱，完全是咎由自取。

记者：

他讨好谁呢？如果六三要讨好的人也是小人的话，不是爱钱就是爱物，一般来说，对方是不会去羞辱六三的，求都来不及呢。

《周易》作者：

与六三对应的是上九之人，乃正直之君，他绝不会因为六三的阿谀奉承而变得俗不可耐。上九身居高位而保持清醒头脑，绝对不会与这些无耻小人同流合污，也不会给这些无耻小人提供什么可乘之机。因此，六三遭受羞辱，自作自受，活该！

五　关于否卦之九四爻

记者：

否卦九四爻的爻辞是："有命，无咎。畴离祉。"如何解读？

《周易》作者：

这句爻辞中，"命"意思是天命，也可指君命；"畴"意思是同类；"离"意思是依附；"祉"意思是福祉。综合起来这句爻辞的意思就是：占卜问事，有天命安排，必无过错。同类相互依附，定能享受福祉。

记者：

意思似乎不难理解。

《周易》作者：

天命，不是什么神秘莫测的东西，它就是事物固有的客观规律，泰极转否、否极泰来乃千古不变之法则。人必须学会利用一切可以利用的机会，顺应事物发展的规律，该出手时就出手，推动事物按照有利于自己的方向发展。

记者：

道理绝对没错。还有吗？

《周易》作者：

九四属阳，位处阴位，足见其城府很深，不轻易暴露实力。只要九四之人不贪图安逸，而是顺应天命，发愤图强，必能扭转乾坤，取得成功，吉祥也是必然的。

六　关于否卦之九五爻

记者：

否卦九五爻的爻辞是："休否，大人吉。其亡其亡，系于苞桑。"请解读一下。

《周易》作者：

这句爻辞中只有一个关键字，那就是“苞”，其他词都好理解。

记者：

“苞”字如何讲？

《周易》作者：

苞是桑木的根，纠结在一起，形容植物长得很茂盛。这句话翻译成白话就是：休止闭塞的局面，大人可获吉祥。心中要常常自醒：会灭亡，会灭亡！事业才能像系于茂盛的桑树根一样根深蒂固。

记者：

感觉意思很有正能量。

《周易》作者：

九五颇具阳刚之气，他所处的位置是上卦之中，说明他居位中正得当。

记者：

既然中正得当，结果肯定是不错的。

《周易》作者：

没错。否卦发展到九四，“否”开始向“泰”转化；发展到九五，闭塞不通的局面接近完全休止。既然闭塞不通的局面接近休止，那么九五之人就应该有一个非常好的结果。

记者：

我相信“大人吉”就是这个意思。但这个短语中两次出现“亡”，感觉不吉利。

《周易》作者：

你多虑了。此话寓意局势虽然好转，但还没有完全摆脱困境，因此，作为九五之人要居安思危，要有危机感，要警钟长鸣。唯有如此，才能取得最终的胜利。否则，一旦认为胜利就要来临，就会骄傲自满、掉以轻心，结果自然就不会好起来的。

记者：

功败垂成是常有的事。作为一个有所作为的人，居于安不应该忘记危，即便盛世当前，也要随时想到灭亡。国家虽然得到很好的治理，也要随时提防动乱发生。唯有如此，才能保证国家的长治久安。

《周易》作者：

就是这个意思。

七　关于否卦之上九爻

记者：

否卦上九爻的爻辞是："倾否，先否后喜。"感觉意思比较好理解。

《周易》作者：

是的，这句话比较短，翻译成白话是：倾覆闭塞局面，有起先的闭塞，才有最后的欣喜。

记者：

听起来也好理解。

《周易》作者：

上九爻强调否极泰来是自然规律，这一点没有什么不好理解的。此爻也强调即使存在否极泰来的自然规律，人也不能什么事都不做，一味等着规律自然发生作用。

记者：

面对规律，人应当有所作为，积极地行动，促进事物的成就。

《周易》作者：

没错。上九爻是以阳爻处于阴位，又居于整个卦的最上部，说明他极具刚健勇猛、无坚不摧之力，也善于保存实力。既然如此，当面对否极泰来这个大好时机，他定会采取行动，彻底颠覆落后的局面，以取得最终的胜利。

记者：

上九爻告诉我们，一方面，谁笑到最后，谁才笑得最好；另一方面，条件具备时，必须发挥人力的作用。积极促成良好局面的尽早到来。

《周易》作者：

是的。

第十三章　同人卦䷌：论同心同德

引　子

本卦之前一卦是否卦，主题是论泰往否来、天地不合、乐极生悲。本卦是同人卦，主题是论同心同德、共创未来。

同人卦由八卦中的离卦和乾卦两部分组成，且离在下，乾在上。根据《易传》，离象征火，乾象征天，因此同人卦所象征的形象是“天与火”，即在天底下生起一堆火。人们聚集在一堆篝火旁烧烤取暖，载歌载舞。卦象寓意君子应当与自己的志同道合者精诚团结，共建命运、理想共同体。此卦也寓意人们做事应当恪守原则，不能滥结朋党，狼狈为奸。

一　关于同人卦之卦辞

记者：

同人卦之卦辞是：“同人于野，亨，利涉大川，利君子贞。”请你解读一下。

《周易》作者：

本卦辞中的“同人”意思是与别人心意、行为相同，也有聚集众人的意思；“野”意思是旷野、郊外；“贞”，具有占卜问事之意，也有“正”之意。本卦卦辞用白话来说是：在旷野之地与别人保持心意与行为的一致性，亨通，利于渡大河，君子占卜问事预示有利。

记者：

请说说卦辞的寓意吧。

《周易》作者：

同人卦下离上乾，离为火，火性趋上。乾为天，天在地上，就其向上这一面来说，离与乾是一致的。

记者：

这倒是。

《周易》作者：

此外，从卦象上看，六二是本卦中唯一的阴爻，也是主爻，六二阴爻与九五阳爻正相应和。正因为同人卦卦象存在的内在一致性，所以此卦意味着与别人在心意和行为上的同一性。故寓意大家能同心同德、团结一致，也寓意亨通、吉祥。

记者：

说大家同心同德、团结一致，这个好理解，但为什么还要说“同人于野”，这是什么意思呢？野外意味着偷偷摸摸，不是那么正大光明。

《周易》作者：

你说反了。

记者：

怎么讲？

《周易》作者：

旷野广阔无边，旷野没有阻隔，寓意人与人心灵的交流宽广无私，而不是低层次的简单同一。

记者：

是大同，不是小同。既然是大同，就应该无所畏忌，把原则坚持到底。

《周易》作者：

是的。此外，这种同是建立在高度原则性基础上的同。

记者：

小人们之间只要有共同的利益，就会毫无原则地捆绑在一起，怎么也打不散，但只要利益一实现，或者大家一旦发现利益遥遥无期，立即就呈鸟散状。君子们则具有高度的原则性，如果违背这些原则，即使具有共同的利益，也不会走到一起的。一旦因某种共同的原则与主义走到一起，即使面临万千困难，即使抛头颅，洒热血，也不会各奔东西。

《周易》作者：

就是这个意思。小人因利而沆瀣一气，君子则因义而精诚团结，共克时艰。

二　关于同人卦之初九爻

记者：

同人卦初九爻的爻辞是："同人于门，无咎。"请你解读一下。

《周易》作者：

"门"指门口，门口聚合，说明初九胸怀很是不错，不屑于与人在大门之内谋划丑陋之事。本爻辞字面意思很简单，就是：在门口与众人心意相聚、行为相同，没有灾殃。

记者：

寓意很好理解。

《周易》作者：

初九阳爻位处同人卦之开初，且与九四阳爻不相应，意味着他并非热衷于单独与某个对象相同，而是与众人相同。如此一来，自然就能与众人融洽无间、和睦相处，也自然就不会有什么过错和灾难可言。

三　关于同人卦之六二爻

记者：

同人卦六二爻的爻辞是："同人于宗，吝。"请解读一下。

《周易》作者：

本爻辞中的"宗"意思是宗庙、祖庙；"吝"，悔恨。用白话说，本爻辞的意思是：仅与同宗同庙之人心意、行为相同，将会有令人悔恨之事。

记者：

根据我的观察，六二阴爻居处下卦之中位，加之本爻与居上卦之中位的九五爻相应和，因此此爻应该非常好，怎么竟然会有令人悔恨之事发生呢？

《周易》作者：

如果这是放在别的卦里，你说得肯定没错，问题是，本卦是同人卦，六二之人的行为难免会有选择性地与同庙宗亲交往，而有意识地排斥其他人的意味。

记者：

如若这样，未免太狭隘、太小气！

《周易》作者：

是的，这样必然会导致亲疏有别、众叛亲离。

四　关于同人卦之九三爻

记者：

同人卦九三爻的爻辞是："伏戎于莽，升其高陵，三岁不兴。"有点复杂，请你解读一下。

《周易》作者：

本爻辞中的"戎"，是军队、士兵；"莽"是指草丛；"升"是攀登；"兴"是指振兴，在本爻辞中是发兵攻打敌人的意思。这句话翻译成白话文是：把军队埋伏在草丛中，又登上高陵，三年不能与对方兴兵作战。

记者：

请说说寓意。

《周易》作者：

九三爻与上九爻两者都属于阳爻，应该说彼此不相应和，这就说明两者的思想、行为不相同。两者的思想、行为不同，就会发生争执，争执处理不好，就会发生战争。

记者：

你的意思是说，在同人卦中，九三爻与上九爻相对应的两个人或两种势力会发生矛盾，一旦发生矛盾，就要诉诸战争。

《周易》作者：

没错。很显然，上九爻的力量要高于九三爻，面对这种情况，九三爻不能选择与对方硬碰硬去打，九三不得不把军队埋伏在草丛中，到高山上去观察对方的情况，说明九三爻所面临的情况不容乐观。

记者：

但你们似乎没有对他的结果做出明确判断。

《周易》作者：

你说得没错，我们确实没有对九三之人可能面对的处境做出什么明确的推断。但是，你想一想，一个人与他人发生冲突，力量又不如别人，而又不能通过决战的方法来一决雌雄，他的后果不可能好到哪里去。所以，最好是按兵不动，三年不战。

五　关于同人卦之九四爻

记者：

同人卦九四爻的爻辞是："乘其墉（yōng），弗克攻，吉。"请你解读一下。

《周易》作者：

本爻中，"乘"是登上的意思；"墉"是城墙；"克"是能的意思。这句话翻译成白话应该是：登上敌人的城墙，却没有能攻克对方的城池，吉祥。

记者：

九四之人虽然登上敌人的城墙，却没有能力攻下来，你却说他吉祥。这不是明显矛盾吗？

《周易》作者：

你说错了。待我解读了该爻的寓意，你就会明白的。

记者：

请讲。

《周易》作者：

九四是阳爻，处于阴位，属于居位不正。九四与初九为对应关系，但两者均为阳爻，彼此不相应和。因此说明，九四与初九间必会因思想、行为不同而发生争执，处理不好这种关系，两者必然是兵戎相见。

记者：

有学者解释说九四与初九是因为争夺六二而发生争斗。

《周易》作者：

这么解释也并无不可。

记者：

既然是兵戎相见，九四凭借其实力一定会攻下对方的。我不明白他为什么不去摧毁对方的城池呢？

《周易》作者：

本卦是同人卦，我们的中心思想是强调要同心同德，共同创业；我们反对任何形式的冲突与斗争。九四虽然登上了敌人的城墙，但最后幡然悔悟，自己觉得他进攻别人不合道义，便果断地停下来，改过自新，放弃争斗。在我们看来，九四这样做是对的，故其未来必是吉祥。

六　关于同人卦之九五爻

记者：

同人卦九五爻的爻辞是："同人先号咷（táo）而后笑，大师克，相遇。"这句爻辞有点不好理解，请你解读一下。

《周易》作者：

这句爻辞没有什么不好理解的。"号咷"同"号啕"，大声地哭；"克"，是战胜的意思。这句爻辞翻译成白话，应该是：与别人心意、行为相同，先是号啕大哭，后欢天喜地，大部队克敌会师。

记者：

寓意是什么呢？

《周易》作者：

九五阳爻居上卦之中位，与居下卦之中位的六二阴爻相应和。

记者：

这点我能理解。这象征着九五作为阳刚尊者，与六二阴柔者无论是在思想上还是在行为上都是相通的，可以说他们是志同道合的一对。这不是很好吗？

《周易》作者：

好是好，前途非常光明，但道路非常曲折。

记者：

如何从卦中看出来呢？

《周易》作者：

你看，在九五与六二之间还有九三、九四两个阳爻。

记者：

这说明什么问题呢？

《周易》作者：

说明九五要想实现与六二的结合，不可能一帆风顺，必须克服九三、九四两爻的百般阻隔，才能实现。

记者：

爻辞中说先是“号咷大哭”，说的是不是九五与九三、九四斗争中所遭遇的磨难呢？

《周易》作者：

是。尽管如此，九五最终还是打败了九三和九四，从而实现了和六二的结合。“大师克，相遇”，说的就是这种情况。所以说，最终结果吉祥如意。

七　关于同人卦之上九爻

记者：

在同人卦中，你在前面爻辞中说“同人于野，亨”“同人于门，无咎”“同人于宗，吝”，而此处上九爻中你又说“同人于郊，无悔”，如何来把握这几种情况之间的不同呢？

《周易》作者：

“同人”的意思，你是明白的。也就是说，与更多的人进行交流，与他们成为志同道合的同志，共同创造伟大的事业。

记者：

这个我明白。

《周易》作者：

在我们看来，“同人于野”是最高的境界。“野”代表最广阔的天地，是最无门户之争的交流。相比之下，“郊”要次之。但“郊”比“门”“宗”胸怀要宽广，应该说这是“同人”的第二个层次。所以，我们说“同人于门”没有灾祸；“同人于宗”可能会有令人悔恨的事情；而“同人于郊”则不会有这些悔恨的事情。而到了最高层次的“同人于野”，便是万事亨通了。

第十四章　大有卦䷍：论守富之道

引　子

本卦之前一卦是同人卦，主题是论同心同德、共创未来。本卦的主题是谈五谷丰登、大富大贵，核心是论守富之道。

大有卦由八卦中的乾卦和离卦两个部分组成，乾在下，离在上。根据《易传》，乾象征天，离象征火，故大有卦所象征的形象便是“火在天上”，即天上有火，深层次寓意是“大有所获”“大富有”。

《易传》曰：“柔得尊位大中，而上下应之，曰大有。”君子虽然处于尊位，但如能秉持敦厚且走正道，必然能获得周围同人的信任和无私支持，这样的人无论立德、立言、立行，都会取得莫大成功。当然，人若偏离正道，趋恶避善，即使一时大有特有，大富大贵，也将如过眼烟云，灰飞烟灭是迟早的事情。

一　关于大有卦之卦辞

记者：

大有卦的卦辞极端简单，只有“元亨”两个字，“元亨”的意思就是大为亨通吧？

《周易》作者：

是的。

记者：

如果我没记错的话，在《周易》六十四卦的卦辞中，只有大有卦的卦辞是“元亨”。

《周易》作者：

正是。可以说，大有卦是六十四卦中最好的卦之一。所谓“大有”，就是极其富有。无论是对一个国家、一个家庭或对一个人来说，当其极其富有之时，万事必然亨通。当然了，所谓富有不仅仅是指财富的富有，还包括知识富有、道德富有等精神层面方面的内容。

记者：

观察大有卦的卦象，大有卦只有六五一个阴爻，其他都是阳爻，而且六五以阴爻居尊位，也就是说，在这个卦象中阴爻处于主导地位。

《周易》作者：

是的，怎么啦？

记者：

你们的哲学历来是贬阴褒阳，在这个被阴爻所完全主宰的卦象中，怎么可能是“大有”呢？

《周易》作者：

六五是阴爻，居于上卦的中位，上下的五个阳爻都与其相应，这象征着阴柔者居中位，而且得到许多阳刚者的强力辅佐，这必然会带来极其富有的局面。所以，我们称之为“大有”。而且，在这种情况下的大有，一定会带来万事亨通的。

记者：

此卦还有什么寓意呢？

《周易》作者：

此卦的卦象是“火在天上”，说明天下万物之美丑、善恶，无不截然分明，明眼人一看便知。既然是非如此清楚，君子就应该对恶的事情严加制止，对善的事情予以大力弘扬。把这层意思与“大有”本来的意思结合在一起看，它告诉人们“大有”时，也千万不能得意忘形，要坚持善，要坚持美，要坚持正道，绝对不能去做那些阿猫阿狗的卑鄙勾当。否则，“大有”就会成为“大恶”，就会成为“大无”，最后导致一切如过眼烟云，不知不觉中，啥都没了。若如此，想获得亨通也是不可能了。

二　关于大有卦之初九爻

记者：

大有卦初九爻的爻辞是："无交害，匪咎。艰则无咎。"请你解读一下。

《周易》作者：

在初九爻中，"交"是指相互、交往、交接的意思；"匪"通"非"，也就是指无；"咎"是灾祸，当然了，也有人说是指责怪、追究的意思。但是，我认为是灾祸。"艰"是指时刻想到艰难。这句爻辞翻译成白话就是：没有因交往不当而带来祸害，不会有灾殃。时刻想到艰难的处境，就不会有灾殃。

记者：

这句话似乎很好理解，也就是提醒人们每时每刻都会遇到灾难，居安思危，只有如此，人才有可能为将来的发展奠定良好的基础。

《周易》作者：

初九阳爻处于大有卦的开初，它与九四阳爻不相应，没有与他人交往不好的现象。所谓"无交害"意为无交则无害。但是，初九不与人交害并不是与人没有交往，而是不与不合适的人交往。

记者：

初九之人为什么在对外交往问题上如此拘谨呢？

《周易》作者：

一点都不拘谨。初九爻象征着积累刚刚开始，这个时候最应当注意的是，不要居富狂傲，滥交朋党，而是要保持警惕，不与那些小人和坏人交往。如果与这些人交往，就会让你的财富得而复失。因此，与这些人保持一定的距离，就不会给你带来祸害。当然了，初九爻还提醒人们不能忘记创业时的艰难，要知道财富来之不易。必须勤俭节约，绝对不能挥霍财富，否则，财富迟早会离你而去。

记者：

后世学者程颐曰："若能享富有而知难处，则自无咎也；处富有而不能思艰兢畏，则骄侈之心生矣，所以有咎也。"看来是对此爻最贴近的解释。

《周易》作者：

没错。

三　关于大有卦之九二爻

记者：

大有卦九二爻的爻辞是："大车以载，有攸往，无咎。"请你解读一下。

《周易》作者：

这句爻辞中没什么生词，它翻译成白话，意思就是：用大车装载财富，有所前往，没有灾害。

记者：

这句爻辞的寓意是什么？

《周易》作者：

这句爻辞的寓意很简单。从卦象上来看，九二阳爻在阴位，说明此人很谦和；同时，九二阳爻居下卦之中位，说明此人秉承正道；九二阳爻又与六五阴爻相应和，说明九二阳爻能够得到阴柔尊者的信任。

记者：

明白。

《周易》作者：

这样的人无论是就其地位还是就其品德来说，都是一流的。正如用大车装载着财物向前顺利前进一样，肯定是好事情。总之，此卦告诉我们，人品性端正，必然"积中不败"，就能够得到别人的支持，就没有人来阻拦他想做的事情，因此，就不可能有不好的事情发生。

四　关于大有卦之九三爻

记者：

大有卦九三爻的爻辞是："公用亨于天子，小人弗克。"请你解读一下。

《周易》作者：

此句爻辞中的"公"，是指王公大人；此处的"亨"不是亨通的意思，而是指宴会，或者指祭祀、朝献。这句爻辞翻译成白话就是：王公诸侯们把财富献给天子，小人则做不好。

记者：

为什么这么说呢？

《周易》作者：

九三是阳爻，居下卦之上位，象征着阳刚之人具有较高的社会地位。所以，我们用“公”即王公大人来称呼他。本卦发展到九三爻，说明财富的积累已经到了相当不错的程度，这个时候对九三来讲，已经不是养家糊口的事了。他应该做的就是要把自己的财富献给天下，并通过天下人分享他的财富。只有如此，他对财富的积累才有意义。

记者：

很显然，九三是一个很有抱负、很有情怀的人。财富是一种中性的东西，它既能给人带来利益、名誉和地位，也会给人带来危险，让人身败名裂。

《周易》作者：

是啊，只有君子们才能处理好这些关系。小人鼠目寸光，吝啬守财，他们连养家糊口的事情都不能解决，你再要他把自己的财富献给天下，那就为难他了。再说啦，连自己老婆孩子都养活不了的人，还要把自己的财富奉献出来，足见此人动机不善。这样的人不是好人，他不是出于虚荣，就是想贪图某种不正当的利益。所以说这些人成就不了大事。

五　关于大有卦之九四爻

记者：

大有卦九四爻的爻辞也只有五个字，很短，请你解释一下。

《周易》作者：

九四爻的爻辞是：“匪其彭，无咎。”这里面有一个关键字必须注意，那就是“彭”。

记者：

如何理解这个字的意思呢？

《周易》作者：

关于“彭”字，有多种解释：一种说法是尪（wāng），是椎骨向后弯曲的病，引申为邪曲不正；一种说法是盛多的样子；还有一种说法是指旁、近。我的解释是盛多的样子。这句爻辞翻译成白话文就是：财富盛多而不炫耀，故没有灾祸。

记者：

意思不难理解。

《周易》作者：

是的。九四阳爻居于上卦之中，象征财富已积累到相当丰盛的程度，说白了，离大富大贵已经很近了。但是九四毕竟位居六五君主的旁边，一举一动必须十分小心。好在九四阳爻居于阴位，意味着此人非常谦虚，不是那种狂傲之人，所以，他不可能有灾祸。

六　关于大有卦之六五爻

记者：

大有卦的六五爻是大有卦唯一的阴爻，如我们之前讨论过的，此爻应该是主爻。请你就六五爻的爻辞解读一下。

《周易》作者：

六五爻的爻辞是："厥孚交如，威如，吉。"在该爻辞中，"厥"是其的意思；"孚"是诚信之意；"交"是明亮、交往、交通、好等意思，我认为取"明亮"之意最好。这句话翻译成白话，应该是：诚实守信、光明正大、充满威严，吉祥。六五作为大有卦的主爻，居上卦之中位，与九二阳爻相应和，其他四个阳爻也纷纷与其相应，所以六五意味着达到了极其富有的境界。

记者：

也能自圆其说。

《周易》作者：

就社会人事而言，六五好比君主，虽然身居高位，却非常谦逊，非常讲究诚信，天下英豪愿意聚集在其周围，为其摇旗呐喊，帮助其取得事业上的成功。

七 关于大有卦之上九爻

记者：

一般说来，到了上九这个位置，就是该物极必反、泰极否来的时候了。此卦是大有卦，是不是到了上九这个位置就应该走向反面了？

《周易》作者：

一般规律是这样，但大有卦是个少有的例外。大有卦之上九爻说："自天佑之，吉，无不利。"它的字面意思是：上九有上天保佑，吉祥，没有什么不利。

记者：

是没有走向反面的意思。

《周易》作者：

对！按照《周易》物极必反的通常逻辑，到了上九这个位置，应该从大富向大穷过渡才合乎道理。

记者：

但上九为什么不是这样呢？

《周易》作者：

上九居于大有卦之终，但能够以阳从阴，以刚顺柔，且能够谦虚地与下面的六五结成阴阳相合的良好关系。这样的关系自有天佑，因此，他能够一直保持顺吉而无不利。

记者：

有一些道理。

《周易》作者：

很显然，上九是一个能够察知满则溢、盛则衰道理的人。他富裕至极，却不骄不躁。他做事做人，都能按照规律而行事，顺乎天道，自然也会得到上天的庇佑。

记者：

我相信，有"天"助之人，不可能遭遇不好的事情。

《周易》作者：

是的，这样的人，不可能失败。

第十五章　谦卦☷：论谦虚谨慎

引　子

本卦之前一卦是大有卦，主题是论大富大贵、五谷丰登，论守富之道。本卦是谦卦，主题是研究如何谨守谦虚之道。

谦卦由八卦中的艮卦和坤卦两部分所组成，艮在下，坤在上。根据《易传》，艮象征山，坤象征地，因此，谦卦所象征的形象便是“地下有山”。

本来是高高在上的大山，如今却甘居土地的下方，意指名声大而低调，地位高贵而保持卑微，学问渊博而保持谦虚，富甲天下而不显山露水。谦虚之人必定会得到高人相助，亨通吉祥自是必然的。所以古人说：“有一道，大足以守天下，中足以守国家，小足以守其身，谦之谓也。”总之，谦虚是一种美好的品德，谦虚一时很容易，难的是一辈子恪守谦虚。

一　关于谦卦之卦辞

记者：

谦卦之卦辞是：“亨，君子有终。”很短，请你解读一下。

《周易》作者：

在我们看来，谦虚是人所有德行中最好的德行。德行好意味着万事亨通，恪守谦虚的人一定会有好的结局。这就是我们的看法。

记者：

请你结合谦卦的卦象做出分析。

《周易》作者：

谦卦是下艮上坤，艮为山，坤为地，山在地之下。你想想，山应该在大地之上，现在却在大地之下。这意味着什么呢？

记者：

山是否意寓有才德、有地位的人？地是否比喻平庸、普通的人？有才德、有地位的人愿意把自己的位置放到平庸的人之下，意味着他们很谦虚。

《周易》作者：

没错。艮为阳卦，代表天道，艮处于坤下，有一种天道下济之象。艮代表天道，天空中日月星辰，能照耀万物；坤代表地道，天尊地卑，地气蒸腾上升，大地位于山之上，这表明地道上行之意。天道“下济”，地道“上行”，上下交流，显示出一种和谐的征象，这样的社会，肯定也是一个好的社会。

记者：

可以自圆其说。请你解释一下卦辞中的“君子有终”是什么意思？

《周易》作者：

“君子有终”是说君子会有好的结局。无论是天道、地道、鬼神之道还是人道，都褒扬谦虚，反对狂躁、骄傲。谦虚终将使人得到应有之福，骄傲终将使人遭逢不预之害。秉承谦虚之人，他们地位高贵时，无论如何光明闪耀也没人嫉妒；他们遭受磨难、地位低下时，也不会受到别人凌辱。是谓“君子有终”！

二　关于谦卦之初六爻

记者：

谦卦初六爻的爻辞是：“谦谦君子，用涉大川，吉。”请解读一下。

《周易》作者：

“谦谦”，乃“谦而又谦”之意，说明作为君子之人特别阴柔谦逊。“用涉大川”，意思是说能跨越大河巨流，寓意能克服巨大困难。这句爻辞翻译成白话就是：君子十分谦虚，可以渡越深川大河，吉祥。

记者：

从卦象上能看得出来吗？

《周易》作者：

谦，本有低下之意，初六是阴爻，又处于谦卦之最低位，故有“谦谦之象”。

君子抱着谦虚的心态去渡深川大河，必然会小心谨慎，就容易得到别人的帮助，最终定会顺利克服艰难险阻，得遇吉祥。

记者：

我相信，你所讲的“渡大河巨流”只是一种象征性的说法，为人处世都是如此。

《周易》作者：

是这意思。刚才已经说过，人处于发展之初，无论如何，都要保持谦虚的态度，戒骄戒躁，这样就能够得到别人的帮助，也可以避免别人不必要的侵害。

三　关于谦卦之六二爻

记者：

请说说六二爻。

《周易》作者：

谦卦六二爻的爻辞是：“鸣谦，贞吉。”在这里，“鸣谦”是指有名而保持谦虚。这句爻辞翻译过来就是：虽然有名但仍然保持谦虚，占卜问事，必然是吉祥的。

记者：

有道理。

《周易》作者：

六二阴爻处于阴位，又居下卦之中位，这说明六二柔顺、谦逊，且恪守中正之道，这样的人，他不可能不吉祥。另外，六二居下卦之艮中，艮为山，又有君子隐居山中之象。君子隐居山中，美好的名声传扬于外，但君子并不因此而沾沾自喜，而是继续谦虚自守，这就是“鸣谦”。

记者：

名声远播天下，依然谦虚谨慎、戒骄戒躁，结局不可能不好。

《周易》作者：

是的。

四　关于谦卦之九三爻

记者：

谦卦九三爻的爻辞是："劳谦，君子有终，吉。"请你解读一下。

《周易》作者：

在这句爻辞中，"劳谦"意指君子虽有功劳但仍保持谦虚。这句话用白话来说是：君子有功劳而仍保持谦虚，必定有好的结局，吉祥。

记者：

卦象是如何体现的呢？

《周易》作者：

九三爻是谦卦中唯一的阳爻，也是谦卦的主爻，故九三爻辞与谦卦卦辞中均有"君子有终"四个字。九三以阳爻居阳位，象征着阳刚者刚健有为；九三以一阳配五阴，又有阳刚者受众人尊崇之象，可以说深受众人的爱戴。

记者：

有这种感觉。

《周易》作者：

但即便九三之人这样刚健有力又受众人尊重，却仍处于谦卦的下卦之中，说明九三虽有功劳而仍然保持谦虚谨慎、戒骄戒躁。这样的人不可能不会有好的结局，所以说"终吉"嘛。

五　关于谦卦之六四爻

记者：

谦卦之六四爻不长，但有一个词怪怪的，感觉不好理解。

《周易》作者：

你说的是"撝（huī）谦"二字吧？在六四爻的爻辞"无不利，撝谦"中，"撝谦"二字正是本爻辞的关键词。这个词的意思就是发挥谦虚，就是把这种谦虚的精神落实到行动上。本句是个倒装句，翻译成白话就是：发挥扩散谦虚的品德，无所不利。

记者：

如果这样解释，就好理解了。但也有人把“撝”解释为虚伪，感觉有点不对。

《周易》作者：

我不同意这种解释。

记者：

请详细解释一下。

《周易》作者：

谦卦之六四爻以阴居阴位，说明其方法得当。居位正，性格淳，本性谦和，这都是正面的东西，应该予以肯定。如果将这种品德落实到行动上，把这种修养发挥出来，一定非常好，不可能有不利结果的出现。

记者：

你为什么不同意把“撝”解释为虚伪呢？

《周易》作者：

人们常说，过度的谦虚等于骄傲，而虚伪的谦虚也不是什么好事。谦虚应当有原则，古人看不起那种虚伪的谦虚，我也看不上那种虚伪的东西。谦虚应该是发自内心的，应该是真实的。再说啦，虚伪的谦虚虽然可以短期欺骗一些人，但欺骗了一时，欺骗不了一世，迟早会被人识破的。因此，这些人是不可能处处得利的。

记者：

也就是说，虚伪的谦虚不可能“无不利”？

《周易》作者：

是的。

六　关于谦卦之六五爻

记者：

谦卦六五爻的爻辞是：“不富，以其邻，利用侵伐，无不利。”感觉有点不好理解。

《周易》作者：

其实也没什么不好理解的。这句话翻译成白话应该是：不富有，因为将财富给了邻居，用来出征讨伐不义之师，没有什么不利的。

记者：

怎么理解？

《周易》作者：

这句话还是强调谦虚的价值。从卦象上看，六五爻处于上卦之中，以阴居阳位，说明此人虽然担任君主大位，但依然具有谦虚的品质。同时，上卦为坤，坤为众，六五以阴爻居其中，象征自己与民众一样，因而得到民众的爱戴。尤其是六五虽然拥有天下，但是他从来不独享其富，而把自己的财富与天下共享。

记者：

作为统治者不去独占财富，而把自己的财富与民同享，必然会得到民众的支持。

《周易》作者：

是的，六五之君即便不得不对外发动战争，也能够在自己臣民的帮助下打败敌人，这是六五之君长期以谦虚的态度对待天下各方的结果。

七　关于谦卦之上六爻

记者：

谦卦上六爻的爻辞是：“鸣谦，利用行师，征邑国。”请解读一下。

《周易》作者：

此爻简单！所谓“邑国”，是指封邑小国，具体说是指那些敢于冒犯六五君威、不听从指挥的小国家。这句爻辞的意思和六五爻非常相近。也就是说，上六之人有很好的名气，但仍然保持谦虚，他能够以自己的谦虚团结周围的人，一起向那些敢于挑战自己权威的小诸侯们发动战争。

记者：

结果呢？

《周易》作者：

无往而不胜！

第十六章　豫卦䷏：论安乐之道

引　子

本卦之前一卦是谦卦，主题是论谦虚谨慎、戒骄戒躁。本卦的主题是论安乐之道。

豫卦由八卦中的坤卦和震卦两部分所组成，坤在下，震在上。根据《易传》，坤象征地，震象征雷，因此豫卦所象征的形象便是“雷出地奋”，即雷出地而震动。春雷一声响，大地震动，紧随春雷一声，便是万物复苏，生机勃发，阴阳和乐。

豫卦告诉人们，追求快乐乃人的本性，人应当顺性而乐，且当适可而止，绝不可沉湎其中，无法自拔。作为国家的统治者，当与天下同乐，切不可独享其乐，而最终沦落为无人喝彩的孤家寡人。

一　关于豫卦之卦辞

记者：

豫卦的卦辞是：“利建侯行师。”“利建侯”在屯卦中见过，意思应该是有利于立国封侯；“行师”，应该是指出兵打仗。对吗？

《周易》作者：

对。

记者：

那为什么占卜问事得到豫卦，就会有利于立国封侯，就会有利于出兵打仗呢？请你分析分析。

《周易》作者：

从豫卦卦象观之，豫卦下卦是坤卦，象征广袤的大地，上卦是震卦，象征滚滚的春雷。严冬之后，春天终于来临，春雷震动，万物复苏，植物、动物、人类都将迎来一个欣欣向荣的未来。

记者：

寓意希望，寓意快乐。

《周易》作者：

豫卦的下卦即坤卦，象征大地，也象征那些底层最普通的人民大众。君主与民众面面相对，自然就会考虑如何进行政治治理的问题。

记者：

什么样的政治治理才能称为好的政治呢？

《周易》作者：

作为人民的统治者，必须把人民的快乐放到第一位，让人民过上幸福快乐的生活，人民的快乐处理好了，君主的快乐自然也就有了。

记者：

豫卦还有什么别的意味呢？

《周易》作者：

从军事上讲，雷霆万钧代表着一种气势，威武雄壮，气势磅礴。故我们说获得这种卦象，如果是占卜与出兵打仗有关的事情，必然是很吉利。

记者：

《易传》曰："豫，刚应而志行，顺以动。"是不是有某种顺应规律而见机行事的意思？

《周易》作者：

就是这个意思。豫卦由一个阳爻和五个阴爻所组成，阳爻代表着阳刚正气，代表着正能量、正方向。因此，五个阴爻必须与之相互应和，这就是规律。顺应规律，谓之"刚应"。无论是对于阳爻之人，还是对于阴爻之人，一旦实现了"刚应"，就能实现彼此的相互合作、相互协助，就必然"志行"，也就是说志向能得到实现。

记者：

如此一说，"顺以动"也就好理解了。

《周易》作者：

震的特点是动，坤的特点是顺，本卦的核心点就是一个"顺"字。顺从了规律，万物运行、四季更新就不会出问题；顺从了规律，人间万事也不会出问题；顺从了规律，治国施政自然也不会出问题。反之，如果处处与规律拧着来，就必然会碰得头破血流。规律认识清楚了，老老实实按照规律办事，自然就会万事如意。

二　关于豫卦之初六爻

记者：

豫卦初六爻的爻辞是："鸣豫，凶。"请解读一下。

《周易》作者：

"鸣"，自鸣得意……

记者：

如何从卦象上看出"鸣"有自鸣得意之意呢？

《周易》作者：

初六阴爻占阳位，说明其居位不正，而就是这样一个居位不正的小人，竟然还得到了九四阳爻的应和。权势支持下的小人，必然疯狂无比，必然横行霸道，必然不知道天高地厚。总之，以失正之体得到阳刚之人的信任和支持，这种人必然是小人得志，得意忘形。

记者：

有点这个意思。那么整句爻辞说的是什么呢？

《周易》作者：

这句爻辞的意思是：沉湎于快乐而自鸣得意，必有凶险。

记者：

豫卦初六爻的爻辞与谦卦六二爻的爻辞似乎正好相对。

《周易》作者：

是的。一个是"鸣谦"，一个是"鸣豫"；一个是"贞吉"，一个是"凶"。就谦卦六二爻来说，人即使有了很大的名声，仍然能保持谦虚谨慎、戒骄戒躁的态度，而不沉湎于享乐，这样的人不可能遭遇祸殃。反之，人处于快乐之初，刚刚有了一些小成就，就狂妄到不知道自己几斤几两的地步，这种人真的离祸殃就不远了。

记者：

上天要谁灭亡，必然会先让其疯狂的。

《周易》作者：

是的，所以说，初六之人下场必然惨不忍睹。

三　关于豫卦之六二爻

记者：

豫卦六二爻的爻辞是："介于石，不终日，贞吉。"请你解读一下。

《周易》作者：

这句爻辞中关键的词是"介于石"，这三个字理解了，这句爻辞也就好理解了。

记者：

对"介于石"，有人说其含义是置身于石中。

《周易》作者：

这种解释有点牵强。

记者：

那应该如何解释？

《周易》作者：

"介于石"，意思应该是耿介如石，也就是说是性格坚硬如石，意志坚定如磐。

记者：

那如何理解"不终日"三个字呢？

《周易》作者：

"不终日"，意思是不到一天，形容迅速快捷。

记者：

不到一天这么快干什么呢？

《周易》作者：

寓指六二头脑清醒，很快就能悟出过度欢娱之患这个道理，也即在任何情况下，都不能沉湎于快乐之中，而必须保持清醒的头脑。

记者：

请从卦象上分析分析。

《周易》作者：

六二阴爻处于阴位，说明其位置是正位；同时六二阴爻居下卦之中位，这说明六二之人居中得正。人处于欢乐之中，仍持守中正，保持正派，故这样的人不可能不吉祥。

记者：

应该是。这样的人，面对各种诱惑，意志如石头一般坚硬，不为诱惑所俘虏；同时因为能够很快悟出事情的道理，因而不会迷失方向。这些人无论是经商兴业，还是从政做官，都一定会有好结果的。是这个意思吗？

《周易》作者：

是的。

四　关于豫卦之六三爻

记者：

豫卦六三爻的爻辞是："盱豫，悔，迟有悔。"感觉有点不好理解。

《周易》作者：

把几个关键字弄明白，意思就好理解了。此句中的"盱"是睁眼看，有贪慕他人、羡慕他人、嫉妒他人的意思；"有"，是"又"的意思。翻译成白话是：贪慕他人的安逸和快乐，会有后悔之事，迟迟不改正这个毛病，又会有新的后悔之事发生。

记者：

这句爻辞的寓意很好理解，它提醒人们不要贪图他人的安逸和快乐，自己没有能力实现自己的快乐，而去贪慕他人的快乐，必然会促使人去做一些后悔的事情。

《周易》作者：

什么样的人，自有什么样的命。为了一些不该有的快乐，做一些违法乱纪的事，迟早会毁掉自己的前程。

五　关于豫卦之九四爻

记者：

豫卦九四爻的爻辞是："由豫，大有得。勿疑，朋盍（hé）簪。"有点不好理解。

《周易》作者：

此句中的"由豫"，是由之而豫、因之而豫，也就是因什么而快乐。"盍"通"合"，是合并的意思。此句翻译成白话应该是：人们靠他得到快乐，大有所获，朋友们会像头发束在簪子上聚合起来。

记者：

什么意思呢？

《周易》作者：

核心思想是：能够为人们带来安乐的人会大有收获。

记者：

有道理。

《周易》作者：

前面说过，九四是豫卦中唯一的阳爻，得到五个阴爻的响应和配合。他是给大家带来快乐的人，人们靠他得到快乐。相应地，他也得到快乐。

记者：

此所谓独乐乐不如众乐乐。那么，他所获得的是什么快乐呢？

《周易》作者：

由于他能够给周边的人带来快乐，人心便归向于他，朋友便会聚集在他的周围，他也因此获得快乐，并取得巨大的成功。

记者：

明白了。那爻辞中的"勿疑"又如何解读呢？

《周易》作者：

九四是以阳居处阴位，毕竟其居位有点不正，尤其是离君位很近，故极易多疑、多惧，容易患得患失、担惊受怕……

记者：

伴君如伴虎，九四必须事事在意、处处小心啊！

《周易》作者：

但毕竟九四得到众阴之配合与相应，人们愿意团结在九四的领导之下，也就不必太多疑、多惧了。

六　关于豫卦之六五爻

记者：

豫卦六五爻的爻辞是：“贞疾，恒不死。”它的大概意思我明白，是说人长期患病，却能老而不死。是这个意思吗？

《周易》作者：

你说得没错。在这句爻辞中，“贞”是经常的意思，这句爻辞通俗地说就是：虽然长期患病，却不会死亡。

记者：

寓意是什么？

《周易》作者：

六五是个柔弱昏聩之君，他以阴柔之质居于至尊地位，且又高居九四阳刚之上。也就是说，他依托强者，占山为王。这样的君主处于安乐之时，必然只贪图享受，不问国家大事。这样的人，处境必定糟糕，宛如一个人疾病缠身，无法治愈。

记者：

这样的人怎么还能经久不死呢？

《周易》作者：

六五居于中位，说明他还没有完全失去中正品性，如果能持守正道，还可以在各种势力的平衡中维持自己的一席之地，故能为周边的人所包容，而得以久病不死。

记者：

东汉末代皇帝汉献帝大概就是这个角色。

《周易》作者：

我不知道汉献帝是谁。总之，六五之人虽然疾病缠身，久治不愈，但仍然能靠其拥有的中正之德得以存在下来。

记者：

有人说六五爻是提醒人们必须走正道才能预防疾病，故这样的人才会老而不死，不知道对不对？

《周易》作者：

也可以这么说。

七　关于豫卦之上六爻

记者：

豫卦上六爻的爻辞是："冥豫，成有渝，无咎。"请你解读一下。

《周易》作者：

在这句爻辞中，"冥"意思是昏聩糊涂；"渝"意思是变。这句爻辞翻译成白话就是：昏聩纵乐的局面已经形成，如能及时改正，仍然可以免除祸害。

记者：

寓意是什么？

《周易》作者：

寓意应该非常明确。上六以阴爻居上位，处于豫卦的终点，标志着人对快乐的追求达到了极端，到了昏昏沉沉、迷迷糊糊的程度。这种状态，就叫"冥豫"。

记者：

一般来说，当人的昏聩到了极端的时候，是不是该向好的方向发展了？

《周易》作者：

极端的快乐不能长久。人不在安乐中猛醒，就在安乐中毁灭。总之，"豫"的发展已经到了极点，非变不可。此爻提醒人们，要从盲目纵乐中迷途知返，从灭顶之灾即将到来之前寻找回头之岸。只有这样，才能让你的人生有些价值、有些意义。否则只有一个结果，那就是灭亡！

第十七章　随卦䷐：论顺势而为

引　子

本卦之前一卦是豫卦，主题是论安乐之道。本卦的主题是论随遇而安，论顺势而为。

随卦由八卦中的震卦和兑卦两部分所组成，且震在下，兑在上。根据《易传》，随卦象征的形象是“泽中有雷”，即雷在泽中震动。《周易》的研究者们认为，古人通过观察，发现雷响过之后，万物苏醒，便认为此乃天道之善意。天一旦转暖，便用雷声唤醒大地上的万物。天气一旦转凉，雷便会藏匿起来，不再惊动万物。本卦寓意即便是天公雷神这些强大势力，面对时势之变，都会顺势而退避，何况人乎！因此，顺从、随缘、随和、随遇而安便成为本卦之核心寓意了。

一　关于随卦之卦辞

记者：

随卦的卦辞是：“元亨，利贞，无咎。”在我的印象中，同时出现“元亨，利贞”这几个字的卦不多。

《周易》作者：

没错。“元亨，利贞”是《周易》寄予占卜问事者的最高期待，六十四卦中只有六个卦得到“元亨，利贞”的评价。

记者：

那请你解读一下，获得随卦为什么会有这么好的评价呢？

《周易》作者：

随卦中，下面是震卦，上面是兑卦。震象征雷，象征阳刚之气，象征强者，象征强烈意志；相比之下，兑象征润泽。在随卦中，阳卦处于阴卦之下……

记者：

根据你以前的很多说法，阴居阳上，明显说明社会出现问题了，怎么能说好呢？

《周易》作者：

本卦是随卦，寓意有所不同。阳在阴下，象征阳刚者非常谦逊地对待阴柔者，尊贵者非常虚心地对待低贱者，统治者非常虚心地对待人民。如此一来，后者自然会心悦诚服地追随前者。

记者：

也能自圆其说。继续。

《周易》作者：

震代表阳，也代表动；兑代表阴，也代表喜悦。这说明什么呢？说明阳刚之人积极有为，无论做事还是为人都非常成功。如此一来，他周围的人，必然因之而喜悦，喜悦必然带来对他的追随。

记者：

这倒是。一个人有所作为、积极向上，必然会赢得周围人的高度认可与紧密追随，追随者自然越来越多。反之，一个人碌碌无为、窝窝囊囊，必然为周围的人所嫌弃。

《周易》作者：

但是，我必须强调，对于强者的追随，也不能盲目，应该选择合适的时机和合适的对象去追随。反之，就可能会让追随者陷入被动之中。历史上，曾经出现过很多人因时机选择不对，盲目追随强者，结果弄得自己身败名裂，甚至是家破人亡的案例。

二　关于随卦之初九爻

记者：

随卦初九爻的爻辞是："官有渝，贞吉，出门交有功。"不知道如何解读。

《周易》作者：

本爻译成白话就是：官员能够变通，占卜吉祥，出门交友一定会成功。其中，“渝”是改变的意思。

记者：

改变什么呢？

《周易》作者：

这里有两层含义，一层含义是说，初九之人虽然出身官府，但善于变通，不死板，不拘泥于陈规陋习。

记者：

何以见得？

《周易》作者：

震寓意改变和运动，初九在下卦震卦中，说明初九作为衙门之人，理当循规守法，同时能够做到与时俱进，随机应变。

记者：

一个官员能够做到这个地步，前途不会差的。那另一层意思又是什么呢？

《周易》作者：

另一层意思是说初九之人虽居高官，但能做到谦卑为怀，不居官狂傲。

记者：

难得。

《周易》作者：

一般说来，阳爻之人往往居高临下，但在本卦中，初九阳爻反而在阴爻六二之下，彼此的地位发生了改变，这就是“官有渝”的第二层含义。这意味着什么呢？意味着初九之人虽然曾经位居高官，但他不以主自居；相反，他把自己降低到仆从的位置，跟随六二。作为阴爻的六二，自然会欣赏初九的这种做法。你先追随了人家，人家自然会追随你的。这就是初九之人有好的未来的根本原因。

记者：

那为什么说初九要出门与人交往，并能取得成功呢？

《周易》作者：

我们说初九之人，不是固守在家中，而是走出家门。这寓意初九并非一般凡夫俗子，而是一个有志于天下之人，他对外交往不是出于私心、私利，所交的对象也并非局限于某一类人，而是广交朋友，襟怀坦白，正大光明。你敬人一尺，别人必然敬你一丈。如此一来，初九必然会获得周围人的认可，因而自然会成功的。

三　关于随卦之六二爻

记者：

随卦六二爻的爻辞是："系小子，失丈夫。"如何解释？

《周易》作者：

"系"有牵系、执着、顾念之意。在本卦中，阴爻代表女性，如六二、六三、上六都是这样。她们心态细腻，多愁善感，故免不了总是牵挂不断。

记者：

那六二牵挂的客体又是谁呢？

《周易》作者：

六二牵挂的对象，一是位置比其低下的初九，我们称之为"小人"；二是位置高居上卦的阳爻九四，我们称之为"丈夫"。

记者：

面对两个以上的对象，该如何选择呢？

《周易》作者：

按道理讲，六二之人应该选择作为丈夫的九四，而不应该选择地位卑下的初九。

记者：

难道六二最终选择了初九？

《周易》作者：

是的。

记者：

莫非六二之人头脑灌了水？

《周易》作者：

那倒不是。初九这个毛头小伙子，之所以能够赢得六二的青睐，一是他靠近六二，二是他虽然秉性阳刚，但能够做到谦虚守卑，不傲慢，故能捕获六二的芳心。六二爻的爻辞翻译成白话，意思是：依从下面的小人，便失去了上面的丈夫。

记者：

我关心的是六二所做出的这个选择，到底好还是不好呢？

《周易》作者：

自然不好。

记者：

原因何在呢？

《周易》作者：

六二之人在交往的过程中攀龙附凤，太过势利，他们常常毫无原则，选择小人。而一旦他选择了小人，便会与那些真正的大丈夫失之交臂了。

记者：

实际生活中，这样的人太多了。

《周易》作者：

他们在选择交往对象的过程中，经常被一些表面的现象所迷惑，因而选错了人，看走了眼，交友不慎，最终会给自己带来不大不小的麻烦。

四　关于随卦之六三爻

记者：

随卦六三爻的爻辞是："系丈夫，失小子。随有求得，利居贞。"这句话与上爻中的"系小子，失丈夫"反过来了。请解读一下。

《周易》作者：

这句爻辞翻译成白话就是：牵挂、依从上面的丈夫，舍弃了下面的小子。随从于人，有求必得，但以守正为最好。

记者：

寓意是什么？

《周易》作者：

本句爻辞中，六三所牵挂、依从之"丈夫"是指九四，而被其"失"之"小人"，是指六二。

记者：

为什么六三要选择九四而放弃六二呢?

《周易》作者：

九四位置居高在上，六三心知肚明。再说，九四对六三的追随也不反对，而是有求必应，来者不拒。六三既然选择了九四，自然就不会再去选择六二了。

记者：

爻辞中有“利居贞”一句，似有特别提醒之意。

《周易》作者：

六三之人是阴居阳位，给人印象不太好。此人舍下求上，上交于强者，有点趋炎附势之嫌。

记者：

差不多。

《周易》作者：

九四阳居阴位，也有点居位不当。这样的人，会掌握别人的心理，会通过迎合别人而获得成功。总之，无论是六三还是九四，感觉都有些问题，本句爻辞提醒这样的人即便心心相印，也不要得意忘形，要注意安居守正才能“利居贞”。否则，前景不妙，祸殃迟早会来到。

五　关于随卦之九四爻

记者：

随卦九四爻的爻辞是：“随有获，贞凶。有孚在道，以明，何咎。”请解读一下。

《周易》作者：

这句爻辞中的“有孚在道”，意思是有诚信的，合乎正道；“明”，意思是指光明磊落，也可以作明察解。这句爻辞翻译成为白话，大意应该是：被别人追随而有收获，要守正以防凶。要心怀诚信，做事要合乎正道，光明磊落，这样做何过之有呢?

记者：

为什么被别人追随还要有那么多要求呢?

《周易》作者：

九四之人与九五之君是邻居，是近君之位，这特别容易引起猜忌。因此，从某种意义上讲，与强者在一起，也是存在危险的，所以要特别小心。

记者：

那如何应对？

《周易》作者：

没有别的办法。必须内怀诚信之心，外行中正之道，以自己的忠诚来打动自己的君主，来消除他们的怀疑。如果做到这一点，就不会有不好的事情发生了。反之，与强者相处，却拥有大批的追随者，且心术不正，如此一来，迟早会给你带来麻烦的。

六　关于随卦之九五爻

记者：

随卦九五爻的爻辞是："孚于嘉，吉。"如何解读？

《周易》作者：

"孚"本意为诚信，但此处有服从、追随之意；"孚于嘉"，便是对嘉言善行要予以随从。

记者：

这句爻辞的寓意是什么呢？

《周易》作者：

寓意是：一个人虽然拥有很高的位置，但是能说好话、做好事；能以诚崇善，而不是刚愎自用、偏听偏信。这样的统治者，必然能够得到人们的认可，他做事也必然能够无往而不胜。

七　关于随卦之上六爻

记者：

随卦上六爻的爻辞是："拘系之，乃从维之。王用亨于西山。"有人说这句爻辞的内容就是周文王自己亲身经历的事，是吗？

《周易》作者：

我同意这种说法。这句爻辞用大白话翻译过来就是：把他拘禁起来，后来又把他释放。君王在西山举行祭祀活动。

记者：

如何理解呢？

《周易》作者：

这里的他，就是周文王。历史典故说，当年周文王追随商纣王，但商纣王昏聩无能，听信谗言，逮捕了周文王。周文王虽然被商纣王囚禁于羑（yǒu）里，但因德高望重，仍深受周围同人的爱戴。人们对他不离不弃，紧紧追随，千方百计帮助他逃出商纣王的魔掌。周文王获得自由以后，便在西山举行祭祀活动，以感谢上苍的帮助。

记者：

这个故事想说明什么意思呢？

《周易》作者：

意思就是：人只要拥有诚服于众的品德、持中守正的行为，即便是在落难的时候，也能得到上苍和众人的相助。这样的人，即便短期遭遇不幸，迟早也会获得自由，重振江山的。

第十八章　蛊卦䷑：论治弊之道

引　子

本卦之前一卦是随卦，主题是论顺势而为。本卦是蛊卦，主题是论如何治理社会时弊。

蛊卦由八卦中的巽卦和艮卦两部分组成，且巽在下，艮在上，乃“山风蛊”。根据《易传》，蛊卦所象征的形象是“山下有风”，即山下在刮风。

远古时代有些人会一种巫术，他们将一百种有剧毒的虫子放到一个坛子里，然后把坛口封好埋在地下。坛子里的毒虫相互攻击，若干年后只剩下一条最毒的虫子，这条虫子便是蛊。谁要是被这条虫子咬伤，必死无疑。谁要是不小心把这条虫子吃进肚子，这条虫子便会迷乱人心，让人听蛊的随意操纵。蛊可以使人毫无察觉地受到伤害，它不但有寄生、腐败的含义，还有诱惑、迷乱、淫邪的意思。蛊卦卦象“山下有风”，寓意邪恶之风威力无比，它可以把山掏空，让大山坍塌于瞬间。

祸福历来相依相连，腐败是坏事，但腐败中也蕴含着新的机会。腐败可以激起人们励精图治，可以鼓励人们革故鼎新，自然也可以激发才德之士奋发有为。

一　关于蛊卦之卦辞

记者：

蛊卦的卦辞是：“元亨，利涉大川。先甲三日，后甲三日。”请解读一下。

《周易》作者：

蛊本是指腹中的寄生虫，有时候也指由一些人特意培植出来用来害人的一种毒虫。

记者：

我相信你们用这种毒虫指代某种不好的事情吧？

《周易》作者：

是的，是指坏事、弊乱、腐败。不过……

记者：

难道还能指代某些好的东西不成？

《周易》作者：

山水相连，阴阳相伴，祸福自然也是彼此相依的。蛊既能指代不好的东西和事情，自然也能指代对这种坏事和弊端的整治。

记者：

你的这种看似非常矛盾的解释，能从蛊卦的卦象结构中找到依据吗？

《周易》作者：

当然啦。

记者：

请说。

《周易》作者：

蛊卦是下巽上艮，巽下为阴，艮上为阳，因此，蛊卦是下阴上阳……

记者：

这不是挺好吗？

《周易》作者：

不一定。

记者：

怎么讲？

《周易》作者：

蛊卦是下阴上阳，恰如否卦的下坤上乾，这象征阴阳不交，上下不接，寓意弊乱丛生。

记者：

为什么？

《周易》作者：

蛊卦在《周易》中有些特殊。

记者：

怎么个特殊法？

《周易》作者：

从卦符之六位看，艮与巽都是阳爻在上，阴爻在下；而阳卦与阳爻都在上，阴卦与阴爻皆在下。这种情况在《周易》六十四卦中是独此一卦。从卦象上看，就有刚柔不接、上下不接、久绝不通、必生是非之象。

记者：

所以你们说本卦辞中的蛊具有寓意坏事、弊乱的意思？

《周易》作者：

是的。

记者：

继续。

《周易》作者：

蛊卦下阴上阳，又有阴柔者顺从阳刚者之意。阳刚者积极有为，阴柔者温顺服从，说明社会虽然积渐生弊，生蛊为乱，但物极必反，也必然引出治理弊端和混乱之意。正因为蛊卦有励精图治、革故鼎新的意思，所以取得此卦者必有吉祥之未来。“元亨”“利涉大川”，就是这个意思。

记者：

卦辞中有“先甲三日，后甲三日”，不知道是什么意思？

《周易》作者：

联系蛊卦寓意治理弊端这层意思，“先甲三日，后甲三日”，说明此事不是能轻易做到的，必须要拥有足够的智慧，才能解决这个问题，并且还必须认真对待，不能马虎行事。

记者：

细细说说。

《周易》作者：

“甲”是指一件事的开始、开端，“先甲”便是指在治理弊乱之前，要认真分析研究导致不好事情发生的缘由，要认真总结经验教训，制定正确的治理弊乱的方针方法。

记者：

那“后甲”是什么意思呢？

《周易》作者：

“后甲”是指在治理弊乱之后，要分析事情发展变化的趋势，制定巩固治理弊乱成果的策略。

记者：

为什么是“三日”，而不是“四日”“五日”呢？

《周易》作者：

这倒无所谓，“三”是多的意思，不是实指，寓意虑近望远，审视再三。

二　关于蛊卦之初六爻

记者：

蛊卦初六爻的爻辞是：“干父之蛊，有子，考无咎，厉终吉。”请你解读一下。

《周易》作者：

这句爻辞中，“干”是匡正、纠正的意思；“考”是指父亲，特指过世的父亲；“厉”的意思是危险。这句爻辞翻译成白话，就是：纠正父亲的过错，才是好儿子，他使父亲不受到别人责难。这样做虽然会有危险，但最终会吉祥。

记者：

寓意何在？

《周易》作者：

初六是阴爻。在父子这对关系中，阴爻代表着儿子，初六以阴爻居阳位，表明初六是个积极有为之人。初六处于九二、九三阳爻之下，由于这是在蛊卦中，这必然有纠正阳刚者的弊端之意。

记者：

父亲代表阳刚，“干父之蛊”意思就是纠正父亲的弊端呗。

《周易》作者：

是的。

记者：

中国文化向来强调父为子纲，儿子怎么能纠正父亲的弊端呢？

《周易》作者：

你说得没错。出于孝顺的考虑，儿子自然不能纠正父亲的什么弊端。但是，儿子纠正父亲的弊端，最终会有利于改善父亲的名声。作为儿子，应以孝顺为主，他采取措施纠正父亲的弊端，必然会招致人们的诟病。可以说，一开始是有一定危险的，但等到一切尘埃落定之后，人们便可看清事物的真相，因此，初六之人最终会获得吉祥。

记者：

如果你的解读与卦象是一致的话，那个治水的大禹就似乎很符合本爻的说法。

《周易》作者：

没错。尧帝时期洪水滔天，尧帝指令禹的父亲鲧前去治理洪水。

记者：

史书说鲧采用堵截的办法治理洪水，结果是不仅没治理好洪水，反而使洪水的危害越来越大。

《周易》作者：

是的，舜帝掌管政权后，命大禹去治水。大禹一改其父亲所用的治水方法，而用疏导的方法去治理，最终大获成功。在这个例子中，大禹纠正了父亲的做法，最终获得成功，不仅使他个人获得了认可，也帮助他父亲恢复了名誉。

三　关于蛊卦之九二爻

记者：

蛊卦九二爻的爻辞是："干母之蛊，不可贞。"本卦初六爻谈纠正父辈之过，九二爻谈的似乎是纠正母辈之过。我不明白为什么你们说纠正母辈之过是"不可贞"呢？

《周易》作者：

"贞"，固执守正之意，"不可贞"的意思是不可以过于固执守正，通俗地说，不可以太固执、太过分。

记者：

这是什么原因呢？

《周易》作者：

九二以刚爻居柔位，足见他能够做到刚柔相济。他不仅具有纠正母辈错误的魄力，也具有相应的策略，并深知治理母辈政务时应该掌握的原则。

记者：

愿闻其详。

《周易》作者：

九二之人深知他的母辈也就是六五之人以阴柔居尊位，个性比较执拗，难以听取正确的意见。你纠正她们的错误，如果操之过急，强行扭转乾坤，结果不仅不能改变这些错误，还可能会把事情弄得很糟糕。

记者：

在生活中，这种情况确实有。

《周易》作者：

作为九二之人，要深入研究母辈的心理状况，要纠正这些人的错误，要学会委曲求全，要学会选择最佳的时机来治疗母辈的弊端。只有这样，才能取得最好的效果。

记者：

我看过一种解释说，纠正父辈之过属于官场之事，纠正母辈之过则属于家庭琐事。对于政治之大是大非，必须坚持原则，不能敷衍失责；而对家庭琐事，无所谓原则不原则，不必太过认真。也有人说，本句爻辞中的“不可贞”寓意女性思维难测，漂移不定，她们有时候也不知道她们是否犯了错误，因此要纠正她们的错误几乎是不可能的，结果也更加难以预料。占卜不占卜，都不会有结果，不去问才是最好的选择。

《周易》作者：

各有其理。

四　关于蛊卦之九三爻

记者：

蛊卦九三爻的爻辞是：“干父之蛊，小有悔，无大咎。”初步感觉九三爻所应对的事情与初六爻所应对的事情是一样的，那就都是要纠正父辈的过错。但我不明白为什么前一个结果是“终吉”，这一个结果是“无大咎”呢？

《周易》作者：

九三爻翻译成白话是：纠正父亲的弊病，会有小小的令人后悔之事发生，但没有大的灾殃。这句话的意思与初六爻意思确实有所不同。

记者：

如何解释？

《周易》作者：

初六处于蛊卦之初，意味着父亲的弊病还不是很严重，初六又代表着阴柔者，她会以温和之势来处理父亲的弊病。所以，这个过程虽然有危险，但结果是吉祥的。

记者：

难道九三就不同了吗？

《周易》作者：

九三是以阳爻居阳位，足见阳刚过盛，他在处理父亲的弊端时，难免会采取一些过激的措施，必然矫枉过正。这样做自然会导致一些令人后悔之事的发生。

记者：

那为什么最终会“无大咎”呢？

《周易》作者：

九三居正位，象征着他能以正道而不是以邪理来处置父亲的过失，所以最终不会有大的祸害发生。

五　关于蛊卦之六四爻

记者：

蛊卦六四爻的爻辞是：“裕父之蛊，往见吝。”如何解释？

《周易》作者：

“裕”是宽容的意思。这句话用白话说就是：宽容父亲的弊病，如此下去，会有令人悔恨的事发生。

记者：

寓意何在？

《周易》作者：

“裕父之蛊”与“干父之蛊”，意思正好完全相反。

记者：

明白。

《周易》作者：

“干”，是行动，是立马去做，发现父辈有过错，立即去予以纠正，寓意不回避矛盾，敢于解决问题。“裕”则是不干，是纵容，即使他发现问题已经很严重，也优柔寡断，无所作为。如此一来，问题不仅得不到解决，反而因为消极怠惰而积弊愈深。六四这类人阳刚之气匮乏，阴柔之气太过弥漫，他对于父亲的弊病既无胆量也无能力去纠正，只好听之任之。

记者：

这一类人很多，他们昏庸无能，对于上一代所犯的错误，不仅不敢大胆、公正地去给予评价，更不敢采取措施去纠正。如此一来，必然导致他们的事业受到重创。

《周易》作者：

不敢用改革的方法纠正前辈的错误，必然会导致让其感到悔恨的事情发生。如此一来，必然不会有好结果。

六　关于蛊卦之六五爻

记者：

蛊卦六五爻的爻辞是：“干父之蛊，用誉。”如何解释？

《周易》作者：

“誉”是美誉、美名之意；“用”是介词，表示原因或者结果，相当于因而。这句话翻译成白话就是：纠正父辈弊病，因而能够获得好的声誉。

记者：

六五是尊位，他应该比六四更有能力来纠正父辈的过错。

《周易》作者：

你说得对。六五居上卦之中位，有阴柔者居于尊位且能恪守正道之象。这样的人来纠正父亲的弊病，必然能获得好的结果，也因而能得到好的名声。

记者：

据我所知还有别的解释。

《周易》作者：

说来听听。

记者：

这种解释就是六五能够用自己的德行来解决父辈的过错，而不是用自己的才干与魄力去纠正父辈的过错。他们纠正了父辈的过错，不仅没有损害父辈的名声，反而还使父辈的名声更好。这样做，不仅明智而且巧妙，比那种简单粗暴的“干父之蛊”要高明得多。

《周易》作者：

这种解释也挺好。

七　关于蛊卦之上九爻

记者：

蛊卦上九爻的爻辞是：“不事王侯，高尚其事。”这句话感觉有点不好理解。

《周易》作者：

这句话中的第一个“事”是指从事、谋求；第二个“事”是指行为。这句话翻译成白话，应该是：不谋求王侯的事业，把这种功成身退的行为看得很高尚。

记者：

你的大意是说，治弊大功告成之后，应该退出名利之争。

《周易》作者：

没错。治理弊乱之事发展到六五爻阶段，可以说已经是大功告成。本爻谈的就是治弊完成之后的行为规则。

记者：

一般人在其事业完成的最后阶段功劳卓越，追随者众多，往往会用心经营自己的权势和地位，要称王称霸。

《周易》作者：

此乃常态，但这也是很危险的。在古人看来，功成身退，超然于名利之争，才是最好的选择。

记者：

原因呢？

《周易》作者：

一个正直的统治者，兴利除弊是为了民众的幸福，而不在于谋求自己的千秋霸业。如果一味追求个人私利的满足，必然是治理弊端未成，反倒被名利所蛊惑，不仅深受其害，而且会祸国殃民。

第十九章　临卦䷒：论政治之术

引　子

本卦之前一卦是蛊卦，主题是论治理社会时弊。本卦之主题是论政治与统御之术。

临卦由八卦中的兑卦和坤卦两部分组成，且兑在下，坤在上。根据《易传》，兑象征泽，坤象征地，因此，临卦所象征的形象是“泽上有地”，即水泽上面有大地。就其核心思想而论，临卦研究治人之术、统治之术。但这些治人之术并非仅仅是某种赤裸裸的计谋与权术，而是紧紧与某种伦理思想水乳交融，处处显示出道德与伦理原则对政治行为发挥着潜移默化的支配作用。“以德临人”便是其最基本的原则。

一　关于临卦之卦辞

记者：

临卦的卦辞是：“元亨，利贞。至于八月，有凶。”请你解读一下。

《周易》作者：

这句话中没有难字难词，白话意思是：极为亨通，利于坚持正道。到了八月份将有凶险。

记者：

“临”，具有居高临下、以上临下的意思，临卦所论想必与统治者如何管理百姓有关吧？

《周易》作者：

没错！“临”的意思就是以上临下、以尊临卑、以君临民。换句话说，就是对人民的统治。本卦上卦是蛊卦，谈社会时弊治理，治理完之后，自然就是如何对人民实施有效管理和领导的问题了。

记者：

“元亨，利贞”是《周易》中最好的几个字，统治人民“元亨，利贞”，此话从何说起呢？

《周易》作者：

统治者在上治理民众，民众在下诚心诚意服从在上者的管理，足见政治清明、国泰民安。既如此，就会“元亨，利贞”了。当然……

记者：

当然什么？

《周易》作者：

统治者统治人民是政治的基本内容，但并非所有统治都会有好结果。

记者：

那倒是。

《周易》作者：

统治者作为尊者、上者，如果能做到坚持正道、以德临人，才会有好结果。所以说卦辞中所讲的“元亨，利贞”也是有条件的，并非无条件的。

记者：

我知道你的意思。你依然强调统治者要坚持正道、以德服人，才会有好的结果。如果统治者不能做到以德治人，不能够恪守正道，结果自然不可能“元亨，利贞”。

《周易》作者：

有这个意思。

记者：

卦辞中谈到八月份会有非常凶险的事情发生，这是什么意思呢？

《周易》作者：

八月是可谓夏正八月，从整个卦象来看，有二阳浸长以通于阴之意。这预示着阳极返阴、夏去秋来，寓意多事之秋来了。

记者：

说明好日子过到头了，坏日子到了。

《周易》作者：

是的。关于这个问题，必须特别予以强调。

记者：

请讲。

《周易》作者：

我们所说的八月份只是具有象征意义的一句话。《周易》中处处都是象征。八月来临，说明夏天阳气增长达到一个高峰，过了一定的时间阳气会减少，社会的发展会由盛转衰。这是不以人的意志为转移的客观规律。

记者：

我相信。

《周易》作者：

因此，我们提醒那些统治者，虽然他们依靠其优秀的品德可以取得长治久安的结果，但千万不能太过得意。他们必须时时处处提醒自己，社会的安定不是绝对的，到了一定的时候，形势就会走到它的反面。因此，作为统治者，要时时敲打自己，切不可忘乎所以，唯有居安思危，才能确保国家真正的长治久安，永久和平才有可能。

二　关于临卦之初九爻

记者：

临卦初九爻的爻辞是："咸临，贞吉。"请你解读一下。

《周易》作者：

这句话中有一个字需要注意，那就是"咸"，"咸"是感化之意。

记者：

有人说"咸"意思是感应……

《周易》作者：

意思差不多，我以为"咸"意义解释成感化，更能说得通。这句话翻译成白话就是：以感化的方法治理民众，坚持正道，可得吉祥。

记者：

观察临卦的六个爻，四个阴爻在上，两个阳爻在下。怎么能说初九是以上临下统御民众，而不是相反呢？

《周易》作者：

你观察很仔细。临卦的六个爻确实是四个阴爻在上，两个阳爻在下。从卦象来看，四个阴爻确实有以下临上之意。但是，你要注意，两个阳爻本性属于阳刚，而四个阴爻本性属于阴柔。

记者：

是的。

《周易》作者：

初九以阳刚之秉性居于阳位，可见其得位居正。与初九对应的是六四，六四秉性为阴性且处阴位，说明他居位也得正。初九统率人民，不是以自己的势力逼迫百姓，而是以德感人，必然得到人民的倾心支持。人民虽然被其统治，但心悦诚服、无怨无悔。

记者：

我明白你的意思。你每时每刻都是以卦的核心思想为出发点来阐述各个爻的含义。

《周易》作者：

不过嘛，初九虽然享有统帅地位，但是他毕竟是在临卦的初级阶段，象征着他是初出茅庐的统治者。对这样的统治者来说，就更加需要以德来感化人民，就需要他屈尊向下换取人民的信任和支持。只有做到这一点，人民才会顺从他。如果他初出茅庐却自以为是，人民就不可能听他指挥的。

三　关于临卦之九二爻

记者：

咸卦九二爻的爻辞是："咸临，吉，无不利。"如何解读？

《周易》作者：

九二爻的情况和初九爻一样，那就是：他们都是居高临下的统治者，都是要用感化的形式去统御民众，只有这样，才能更好地治国理政，而只要做到这一点，结果肯定吉祥。

记者：

明白。但似乎又有所不同。

《周易》作者：

是的。

记者：

不同点在哪里？

《周易》作者：

九二居于下卦之中，形成与六五阴爻相互应和的关系。但是，这里面隐藏着一种不利因素。

记者：

是什么呢？

《周易》作者：

九二爻是以阳爻居阴位，六五爻是以阴爻居阳位，由此可见两者居位皆有所失正，说明九二与六五的相应关系中存在诸多不协调之处。

记者：

有人说，这寓意被统御的民众不服从九二的指挥。

《周易》作者：

也可以这么说。在这种情况下，就要求九二更巧妙地实行感化方式，去处理好与民众的关系，唯有如此才能确保无往而不胜。

四　关于临卦之六三爻

记者：

临卦六三爻的爻辞是："甘临，无攸利。既忧之，无咎。"不知道如何理解？

《周易》作者：

这句话中有一个关键词，那就是"甘临"。什么叫"甘临"？以甜美的言辞骗取民众的支持，这就叫"甘临"。这句话的意思就是：如果统治者仅靠花言巧语或者甜言蜜语去骗取百姓的信任，去统治人民，必然没有什么好处。

记者：

既然没有好处，那为什么说“无咎”呢？

《周易》作者：

你仔细看看，前面还有“既忧之”。那就是说，能对用花言巧语去骗取百姓的这种做法感到忧心忡忡的，才会“无咎”。

记者：

我明白了。这句话的意思就是提醒人们要警惕那种用花言巧语方法骗取百姓的做法，要随时做好改弦易辙，只有这样，才能够挽回影响，赢得民众的信任。

《周易》作者：

就是这个意思。

记者：

我觉得有些学者的另一种解释或许更好。

《周易》作者：

既然你觉得更好，不妨说来听听。

记者：

有的学者认为，“甘临”就是以“临”为“甘”，就是以统治人民为乐趣。我觉得这种解释似乎更好。

《周易》作者：

这种解释也不错，我不反对。有一千个人，就有一千部《周易》。

五　关于临卦之六四爻

记者：

临卦六四爻的爻辞是：“至临，无咎。”很短，似乎也很简单，请解读一下。

《周易》作者：

关于“至临”，有的学者解释为“来到”，有的学者解释为“妥善地治理”……

记者：

你的解释是什么？

《周易》作者：

在我看来，所谓“至临”，就是亲临现场，统御民众。

记者：

那为什么说亲临现场，统治百姓，就“无咎”呢？

《周易》作者：

六四居于上卦之下，贴近下卦。其所处的位置正是地与泽的接触之处，故寓意其能亲近属下的人民。再说啦，六四是以阴居阴，居位得正，象征其能够温和虚心地亲近群众，这些都说明其能正确地摆正自己的位置。用这种方法来领导人民，就不会有什么遗憾事情发生的。

六　关于临卦之六五爻

记者：

临卦六五爻的爻辞是：“知临，大君之宜，吉。”如何解释？

《周易》作者：

这句话中的“知”是智慧；“宜”是适宜、应当。用白话说，它的意思是：用智慧来统治人民，伟大的君主应该如此，吉祥。

记者：

智慧的对立面是权谋，是诡计，伟大的君主用智慧而不是用权谋进行统治，自然是一位好的君主。问题是什么样的智慧才是君主所应该用的呢？

《周易》作者：

自然是要持善正德，放手让有才德的人去治理，这样君主就可以自得其乐，国家就能得到最好的治理，他们的未来自然不会差的。

七　关于临卦之上六爻

记者：

临卦上六爻的爻辞是：“敦临，吉，无咎。”如何解释？

《周易》作者：

上六爻中的“敦”是厚道、敦厚的意思。这句话翻译成白话就是：以厚道来统御民众，吉祥，没有过错。

记者：

政治往往就是权、势、术三位一体，何来厚道一说？

《周易》作者：

你说的也没错。但是，如果把权、势、术玩到了极端，就会走向其反面。这就是我们说的统治人民需要敦厚之德的原因。

记者：

明白。

《周易》作者：

居于至高无上地位的统治者，一旦获得了绝对的权势，就易于刚愎自用，采用暴政虐待人民，其后果可想而知。所以，我们给那些位高权重者提出建议，不要单纯地诉诸虚伪的花言巧语去统治人民，那样做骗得了一时，骗不了一世。

记者：

同意。

《周易》作者：

政治，即便是统治之术，也需要讲究一些仁慈，也需要讲究一些厚道。唯有如此，才能有一种比较长远的统治。诉诸诡计的政治统治，不会长久，随时会崩塌的。

第二十章　观卦䷓：论观察之道

引　子

本卦之前一卦是临卦，主题是研究对人民的统御之术。本卦的主题是论对天地万物与众生百姓之观察。

观卦由八卦中的坤卦和巽卦两部分组成，坤卦在下，巽卦在上。根据《易传》，坤象征地，巽象征风，因此，观卦所象征的形象便是“风行地上”，即大地上刮着风。

观卦的寓意是：其一，观察自然万物，不能鼠目寸光。其二，作为国家的统治者，不仅要通过观察民情以做自我省察，还要自觉置于民众的审查与监督之下，唯有如此，方能“无咎”。否则，高高在上，目空一切，视百姓如无物，迟早会为百姓所抛弃。民可载舟，也可覆舟！古今如此。

一　关于观卦之卦辞

记者：

观卦之卦辞是：“盥（guàn）而不荐，有孚颙（yóng）若。”这句话不长，但感觉不好理解。

《周易》作者：

在这句话中的“盥”是祭祀前洗手；“荐”是供奉祭品；“孚”是诚信的意思；“颙”是肃敬；“若”是语助词，没有什么实在意义。

记者：

请用大白话翻译一下。

《周易》作者：

用大白话说，这句话的意思是：祭祀开始时，把手洗干净，还没有供献祭品，心中的诚敬已经庄严地表现出来了。

记者：

为什么观卦的卦辞要从祭祀的仪式说起呢？

《周易》作者：

古代世界，祭祀与战争，都是国家最重要的活动。

记者：

这个我知道。

《周易》作者：

祭祀就是面对神灵的祈祷，众知，祭祀的基本规则是心中要有诚信。诚信就是要向神灵表达发自内心的尊敬和爱，而不能把心思用到关心祭品是否丰盛这些次要问题上。

记者：

我记得孔子说过，“祭神如神在”。就是说，祭神的时候，要如同神灵就在你面前一样。这里面谈的也是关于对神的诚敬问题。

《周易》作者：

没错。看见祭者洗手，很虔诚肃穆的样子，即使祭品还没有摆出来，我们就可以判断祭祀是非常庄重严肃的，也足见祭祀者的心是非常虔诚的。至于祭品多点少点，无关紧要。

记者：

你是想通过祭祀这件事来表明，人们在观察一件事物之前，必须抱有非常诚恳的态度，才能很好地观察宇宙万物、观察人间万象。

《周易》作者：

没错。唯有保持内心的诚敬，才能观察到天地运行的神秘法则，才能发现四季运行的内在规律。心不到，真理不可能被你发现。

记者：

这个我相信，我们搞学问也必须如此。虚头虚脑，心怀鬼胎，什么事情也做不成。观卦还有别的意思吗？

《周易》作者：

风吹拂大地，犹如行人游历天下，一切尽在眼中。加之，风又是影响力非常大的东西，它足以让天下万物随之发生改变。

记者：

寓意是什么呢？

《周易》作者：

受此启发，统治者应经常以上临下，周观世风，体察民情，以归拢人心，教化百姓。

二　关于观卦之初六爻

记者：

观卦初六爻的爻辞是："童观，小人无咎，君子吝。"不知道是什么意思？

《周易》作者：

所谓"童观"，是指像儿童一样进行观察，这种观察是最低层次的观察。这句话翻译成白话就是：像儿童一样观察，对于小人来说，没有过错，对于君子，则必然有遗憾。

记者：

有点不好理解。为什么说像儿童一样观察，对于小人来说没有过错，而对君子来讲却有遗憾呢？

《周易》作者：

孩子们看问题看不清楚，认识很肤浅，没有辨别真伪、分清是非的能力。持儿童般的看法，对一个小人而言是无所谓的。

记者：

为什么呢？

《周易》作者：

小人地位卑下，鼠目寸光，他们向来是胸无大志，他们不关心什么国家大事，不操心什么治国理政。对于他们来讲，活一天是一天，苟且地活着，浑浑噩噩，你无须苛责他们什么。但对君子就不一样了。

记者：

不一样在什么地方呢？

《周易》作者：

君子或有政治地位，或有高于常人的德行，他们肩负统治人民、治理国家的重任，如果他们也是如小人一般地短视，那必然会给国家带来灾难。对君子来讲，他们必须有所作为，必须高瞻远瞩，只有如此，才能不会做出让国家和人民蒙难的事情。

记者：

治国理政做好了，这些政治家自身也会得到应有的奖赏，而不会让自己的祖先蒙羞。

《周易》作者：

那是自然。

三　关于观卦之六二爻

记者：

观卦六二爻的爻辞是："窥观，利女贞。"此话有点不好理解。

《周易》作者：

这句话中的"窥"，是指从门缝向外看，寓指偷偷地看、窥探似的观察。这句话翻译过来就是：暗中偷偷地观察，女子如此做没问题。

记者：

难道对男子来说不好吗？

《周易》作者：

不知道你所在的这个时代是如何看的，但在我们那个时代，大家都是这么认为的。

记者：

请你说说看。

《周易》作者：

从卦象上来看，六二虽然与上面的九五相呼应，但是阴柔暗弱，并不能见到世界大观，因此此人绝对是个足不出户、平时看外面的世界都是从门缝往外看的小人物。这样的人，对世界的观察只能是见到一星半点儿，不可能是全面的。这对于那些不出闺房、自守贞洁的女子来说，是可以理解的，不必予以苛责。

记者：

古代世界，女子地位卑下，所受教育也很少，她们在家长管束之下，不敢多行一步路，不敢多说一句话，自然谈不上有什么见解。

《周易》作者：

但对那些肩负重任，要外出办大事的人来讲，如果还这样唯唯诺诺，眼界还这样窄，没有什么像样的思路，那就真丢人现眼了。说严重点，就有可能祸国殃民了。

四　关于观卦之六三爻

记者：

观卦六三爻的爻辞是：“观我生，进退。”我不明白“观我生”是什么意思？

《周易》作者：

所谓“生”，是指生活中的举措或行为。故“观我生”便是指观察自我的行为。

记者：

听你如此解释，这句爻辞的意思就好理解了，那就是：通过观察自我的行为，来决定自己是进或退。

《周易》作者：

没错。观卦六二爻的“窥观”讲的是向外进行观察，六三爻的“观我生”讲的是向内进行自我观察。

记者：

也就是人要反身自省。

《周易》作者：

是的。一些人往往只注意观察外面的环境，而不注意去观察自己的主观行为，就无法做到让自己的行为与外面的环境相统一，往往会把事情做得很糟糕。

记者：

古代学者曾子有言："吾日三省吾身。"就是说每天要反观自己的所作所为是否合理，然后再根据观察情况调整自己的行为。

《周易》作者：

就是这个意思。

五　关于观卦之六四爻

记者：

观卦六四爻的爻辞是："观国之光，利用宾于王。"这句话如何解读呢？

《周易》作者：

这句话中的"宾"，是指从政的意思。

记者：

第一次听说"宾"字有从政的意思。

《周易》作者：

在古代，君主选贤德之人为仕，以礼宾相待，邀请他们入朝为官，这就是"宾"的意思。

记者：

明白。

《周易》作者：

这句话翻译成白话，就是：观察国家政绩的光辉，利于到朝廷做官从政。

记者：

怎么能看出这层意思？

《周易》作者：

六四之人是一个有志于从政的人，但他对于从政这件事不是盲目地进行，而是诉诸仔细的观察。

记者：

你的意思是说，六四之人是通过考察国家的政治情况后，再去决定是否从政。人是否从政，应当考虑自己的诉求是否与国家的政治情况相符合，符合了就从政，不符合了就不从政。

《周易》作者：

你的解读很到位，本爻要表达的就是这个意思。六四以柔居阴位，可见其居位得正，他能够观察到九五之君治国理政的情况。也就是说，九五作为一国之君，他的治国好与不好，在六四看来都是一清二楚的。六四与九五形成阴阳亲比的关系，他上承九五，说明此人有可能在王朝做官，为国家效力。

记者：

我记得孔子曾经说过："邦有道，则仕；邦无道，则可卷而怀之。"意思是说：国君如果有道，就可以跟着他当官。如果君主无道，就卷铺盖走人。

《周易》作者：

正是这个意思。

六　关于观卦之九五爻

记者：

观卦九五爻的爻辞是："观我生，君子无咎。"依据你刚才对"生"的解释，这句话应该翻译成：观察自我行为，统治者这样做一定没有过错。

《周易》作者：

你的翻译没问题。九五是执政之君，处在令人眩目的权位顶峰，颂歌盈耳，威势逼人。这样的人最不容易看到自己的毛病，也最需要做清醒的自我观察。所以九五爻爻辞强调，作为国家的统治者需要不断地进行自我审察。

记者：

这个道理不会有问题。在你看来，君主自我审察是否也有一定的标准呢？

《周易》作者：

当然有了。民风之纯与不纯，民情之善与不善，民生之好与不好，民心之向与不向……这都是统治者自我审察的标准。若各方面都好，则说明自己工作做得不错；不好，则说明自己工作做得很糟糕，应该进行必要的调整。

七　关于观卦之上九爻

记者：

上九爻是观卦的最后一爻，它与上面的几个爻也非常相近。其爻辞是："观其生，君子无咎。"我不知道"观其生"与"观我生"有何区别？

《周易》作者：

上一爻中的"观我生"是自我审察，此爻中的"观其生"是被人审察。上九爻的爻辞翻译成白话就是：人们都观察他的行为，这样的统治者一定没有过错。

记者：

根据你的解读，"观我生"是统治者的自我监督和考察，而"观其生"则是来自民众的监督和考察。是这样吗？

《周易》作者：

没错。统治者最容易被自己的权力所迷惑，最容易犯下无法挽回的错误。要想避免这样的事情发生，统治者必须置于民众的监视之下，这样才可以避免过错。众目睽睽之下，统治者想犯错误都很难；众目睽睽之下，统治者才不至于心智安逸，放纵自己，为非作歹。

记者：

几句爻辞，感觉意思非常相近，也有些雷同之感。

《周易》作者：

在爻辞字面上或许如此，其实在细微之处还是有所区别的。观卦总体上不仅寓意以上观下和以下观上，还寓意应观察入微。

第二十一章　噬嗑卦䷔：论刑罚之适用

引　子

本卦之前一卦是观卦，主题是论对天下万物与众生百姓之考察。本卦的主题是论如何适用刑罚打击犯罪。

噬嗑（hé）卦由八卦中的震卦和离卦两部分所构成，且震卦在下，离卦在上，因此，噬嗑卦所象征的形象便是“电雷”，即电闪雷鸣。噬嗑卦的卦象寓意国家要像雷电击中物体一样，除奸罚逆、严惩犯罪，要坚决、果断而迅猛，绝不能拖拖拉拉，半途而废，乃至养痈为患，因小失大。越是乱世，越是要用重典。

一　关于噬嗑卦之卦辞

记者：

噬嗑卦的卦辞是：“亨，利用狱。”感觉这句话与惩治犯罪有关。

《周易》作者：

你的感觉没错。“噬”为啮、啮食、咬的意思，“嗑”为合拢之意。本卦辞的意思直译过来就是：咬合顺利，利于刑狱。从卦象上来看，噬嗑卦由下震上离组成。震象征刚，为动、为雷；离象征柔，为明、为电，这就意味着本卦由刚柔并济的两种元素构成。

记者：

寓意何在呢？

《周易》作者：

寓意做事既要迅速果断，如急雷之速，又要明察秋毫，如电光之照耀万物。

记者：

你们的想象力很发达。

《周易》作者：

从噬嗑卦的卦名来看，“噬”为咬，“嗑”为合，噬嗑就是用牙齿咬东西，不断地张，不断地合。再有，如上所述，本卦上下是阳爻，中间三个阴爻，其中又夹着一个阳爻，这形状很像一张嘴正在咬一个东西……

记者：

经过你这么一提醒，我看果然很像。满口牙齿咬着一个东西，既然咬着东西，必须把它咬断，嘴才能合上。

《周易》作者：

说得不错！中间横一个阳爻，比喻中间有障碍，也就是妨害社会之行为，必须用国家刑罚之利齿将其咬断。因此，这个卦象的寓意是：为了惩治社会中的丑恶现象，必须用刑罚手段，而且要果断。唯有如此，社会才能安宁。

记者：

那还有什么别的意思吗？

《周易》作者：

此卦还具有雷电交加之象。这寓意着统治者必须将刑罚的相关规定告诉老百姓，让老百姓知道什么是罪，什么不是罪，一切关于罪的法律条文都应该让老百姓明白。只有这样，才能让老百姓明刑慎行，畏惧刑罚，才不会去犯罪，不会触犯法律。

记者：

这个道理好。国家不把法律公布于世，老百姓就会稀里糊涂地去做事。这样，普通人很容易在稀里糊涂中就触犯了法律。不教而诛，是不公正的。

《周易》作者：

言之有理。

二　关于噬嗑卦之初九爻

记者：

噬嗑卦初九爻的爻辞是：“屦（jù）校（jiào）灭趾，无咎。”请解读一下，这是什么意思呢？

《周易》作者：

这句话中有几个字需要特别关注。第一个字是“屦”，是古代用麻葛制成的鞋。在这里，是作动词用，相当于脚上穿，或者戴；第二个字是“校”，是古代铐足的刑具；第三个字是“灭”，是割去的意思。这句话翻译过来应该是：脚上戴着刑具，脚指头被割去，没有别的灾殃。

记者：

这不是自相矛盾吗？脚指头都被割去了，怎么能说没有灾殃呢？

《周易》作者：

这话得辩证地来理解。初九是阳爻，他处在噬嗑卦之初，这说明什么问题呢？这说明犯的是轻罪，或是初犯。

记者：

我是一位刑法学者，所有时代的刑法对于初犯都是从轻、减轻或者免去刑罚的。

《周易》作者：

没错。对于初犯、轻罪的人，要及时加以惩戒，以防止他将来犯下重罪。但是，这种惩戒不能过重，一旦过重，就可能会造成逆反心理，不仅达不到劝诫的目的，反而会促使初九之人去犯更大的错。

记者：

这个道理讲得通，但“灭趾”之刑仍然是十分残酷啊。

《周易》作者：

时代在进步，社会在发展，相信你们现代的法律肯定有了更好的解决方法。

三　关于噬嗑卦之六二爻

记者：

噬嗑卦六二爻的爻辞是：“噬肤灭鼻，无咎。”看来也是讲对罪犯的刑罚了。

《周易》作者：

这里的“噬肤”，是指在皮肤上烙上印字，以让人们知道此人是犯罪分子；“灭鼻”，是指割掉鼻子。这句话用大白话翻译过来就是：给犯罪分子的皮肤上烙上印字，割掉他的鼻子，无祸殃之事发生。

记者：

人连鼻子都没有了，怎么能说没有祸殃呢？

《周易》作者：

你听我解释一下。六二是阴爻，处于初九阳爻之上，象征阴柔小人凌驾于阳刚者之上，违背了阳尊阴卑的道理，故而带来一定的麻烦。也就是说，此人犯了罪，似乎要用“灭鼻”这个刑罚来予以制裁……

记者：

这个刑罚显然很重，怎么能说“无咎”呢？

《周易》作者：

“无咎”是对国家统治者来说的。也就是说，对比较重的犯罪分子，有的要适用在皮肤上烙印之刑，让其永远披上耻辱的烙印；有的要适用割鼻之刑。但是，只要刑罚适度、罚当其罪，则对国家来讲，就没什么坏处。

记者：

明白。

四　关于噬嗑卦之六三爻

记者：

噬嗑卦六三爻的爻辞是：“噬腊肉，遇毒。小吝，无咎。”这句爻辞显然是谈吃肉中毒了，这与刑法的适用有什么关系呢？

《周易》作者：

这句话中的“噬”前面讲过了，是咬、吃的意思；“腊”是晾干的意思。把它翻译成白话就是：吃腊肉，而肉中有毒。有小小的令人悔恨之事，没有灾殃。这句话与刑法的适用当然有关系。

记者：

什么关系？

《周易》作者：

六三是阴爻居于阳位，不中不正，说明其行为失当，好比吃腊肉时吃到有毒的肉一样。这表明六三所犯之罪并非有意为之，应该属于过失犯罪。既然是过失犯罪，则应受到执法者的宽容，所以说是“小吝，无咎”。也就是说，这种人虽然会有小小的令人悔恨之事，但不会有灾殃。

记者：

也有人解读“噬腊肉，遇毒”为实施刑罚而受刑者不服。不知你对此如何看？

《周易》作者：

《周易》涉猎广泛，包罗万象；其解也是因事机变，见仁见智的。

五　关于噬嗑卦之九四爻

记者：

噬嗑卦九四爻的爻辞是：“噬干胏（zǐ），得金矢。利艰贞，吉。”不知道如何解读这句？

《周易》作者：

这句话中有几个词需要理解。“胏”是带骨头的肉；“金矢”是铜箭头，古代称铜为金。这句话换成白话，应该是：咬带骨头的干肉，得到铜箭头，有利于在艰难中坚守正道，吉祥。

记者：

咬带骨头的干肉，咬出一支铜箭头，一定是大力士狩猎时射进动物体内的。这是什么征兆呢？

《周易》作者：

带骨头的干肉比腊肉更难啃，这意味着案子更难办。啃出一支铜箭头，这也预示着办案人员要像金属那样刚硬，要像箭头那样正直。

记者：

难道九四之人在品德上有问题吗？

《周易》作者：

话不能这么说。从卦象上看，九四以阳居阴，持位不妥，在主客观因素上是有很多弱点的。这决定了此人在执法办案的过程中会遇到种种困难，十分艰苦。但是，九四的优点也很明显，他秉性阳刚、正直不阿。

记者：

有这样的品格，在办案中就不会走偏。

《周易》作者：

所以，我们说是“利艰贞，吉”。请你注意，在噬嗑卦中，只有这一阳爻是吉祥的。可见，执法人员必须拥有刚正的品格，这太重要了。

六　关于噬嗑卦之六五爻

记者：

噬嗑卦六五爻的爻辞是：“噬干肉，得黄金。贞厉，无咎。”如何解读呢？

《周易》作者：

这句话翻译成白话是：吃干硬的肉脯，发现其中有黄金，占问预示有危险，但最终没有灾殃。

记者：

寓意是什么呢？

《周易》作者：

六五所在位置是君位，六五虽然高居君位，但他性格柔弱，以阴居阳，以柔驭刚，因此他在审理报送到其面前的大案要案时，往往显得魄力不足，如同嚼干肉一样困难。

记者：

嚼干肉嚼出黄金，寓意什么呢？

《周易》作者：

“黄”在五色之中是中央之色，这是神灵的启示。六五居中位，当注意发扬中道，不能偏听偏信，不能畸轻畸重；“金”则是刚坚的金属，寓意面对犯罪分子，不能心慈手软，必须干脆果断，做到这一点，君位就能坐得长久，反之，迟早会吃大亏。好在六五之人很明智，他所做的和我们说的一样，故“无咎”了。

七　关于噬嗑卦之上九爻

记者：

噬嗑卦上九爻的爻辞是："何校灭耳，凶。"如何解读？

《周易》作者：

本爻辞中的"何"是负荷的意思；"校"是一种木制刑具。本爻翻译成白话就是：肩上负着大枷，耳朵都被割掉了，有凶险。

记者：

很显然，上九之人犯了重罪。

《周易》作者：

是的，他的罪行已经发展到极端，不严惩不足以平民愤，不足以保国家之安宁。

记者：

要想防止小错之人蜕变为犯罪之人，必须注意平时的管理与惩处，纵容、包庇不是爱，而是最大的害；当然，还得注意刑罚相当，罚当其罪。

《周易》作者：

是这样。

第二十二章　贲卦☶☲：论文饰之道

引　子

本卦之主题是研究如何对待礼仪修饰。

贲（bì）卦由八卦中的离卦和艮卦两部分所组成，且离在下，艮在上。根据《易传》，离象征火，艮象征山，因此，贲卦所象征的形象便是“山下有火”，即山下有火在燃烧。

“贲”字由“卉”与“贝”组成，众所周知，花草与贝壳都是古人的装饰品，故贲卦所要探讨的主题便是装饰与美化的技巧与艺术。礼仪修饰，是人类文明进步的标志，是人类社会集体生活的美化。但如给予礼仪修饰以过分的重视，则过犹不及，走向反面。衣服的作用在于御寒蔽体，但一些统治者却耗尽百姓之力，大做修饰之功。房子本是用来住的，但一些人却用搜刮来的民脂民膏，把房子建成奢华的宫殿。过分的修饰，耗费人间财物，于事业发展有百害而无一利。对个人如此，对整个国家和社会也是如此。

一　关于贲卦之卦辞

记者：

在研究贲卦卦辞之前，有一件事，我想请教一下。

《周易》作者：

什么事？请讲。

记者：

《孔子家语》记载，孔子曾经为自己卜筮，抽得贲卦，孔子心中不高兴，闷闷不乐。他的弟子子张感到不解，说：“我听说贲卦是吉利之卦，你为什么不高兴呢？”孔子说：“贲卦象征山下有火，此色并非正色，有文饰的意思。而质地好的东西是用不着去修饰的，难道是我的质地不好，需要去修饰吗？”请问：孔子对贲卦的解释对吗？

《周易》作者：

孔子对贲卦的解读是很到位的，而他的弟子子张对此卦根本不理解。

记者：

为什么呢？

《周易》作者：

贲卦的卦辞是：“亨，小利有攸往。”其中包含着两方面的意思。

记者：

请解释一下。

《周易》作者：

一方面，任何事情都需要修饰。“贲”是文饰、修饰的意思，好比在纸上画画，在木上雕刻，通过装饰而使原来的东西更好看、更有价值。

记者：

这一点毫无疑问。

《周易》作者：

另一方面，贲卦下离上艮，离为火为日，艮为山。贲卦之象，好比山边的太阳，放射出五彩霞光，把天空点缀得绚烂无比，也好比山下闪耀的火光，使山上的景色显得十分的清晰，十分的壮美。一句话，经过修饰，任何事物都会变得更为精彩、完美，容易打动人心，惹人喜爱。所以，贲卦说“亨”，就是顺利。

记者：

那如何理解“小利有攸往”呢？

《周易》作者：

关于这句话，历来有两种解释。一种解释是把“小”理解为弱小者，意思是弱小者更需要装饰、打扮……

记者：

言外之意是强大者则无此必要？

《周易》作者：

也可以这么说。

记者：

而现实往往是，越强大者越是注重修饰打扮。

《周易》作者：

你说得也没错。

记者：

扯远了，不好意思！请继续。

《周易》作者：

另一种解释就是把“小”解释为不要太过，而是要适可而止。

记者：

你赞同哪一种解释呢？

《周易》作者：

都差不多，但我偏向于第二种说法。

记者：

为什么呢？

《周易》作者：

对事物进行修饰，要有一定的度。修饰过度，就好比过度包装，也好比搞那些毫无价值的形象工程，就不好了。不把心思用到搞好本质上，而是专注于一些花里胡哨的事情，该做的不做，不该做的却投入太多的精力，显然价值不大。

记者：

明白。这是不是也是孔子不高兴的缘由？

《周易》作者：

是的。

二　关于贲卦之初九爻

记者：

贲卦初九爻的爻辞是：“贲其趾，舍车而徒。”是什么意思呢？

《周易》作者：

“趾”是脚趾，“舍”是放弃。这句话翻译成白话是：修饰双脚，不乘车，徒步行走。

记者：

寓意是什么呢？

《周易》作者：

初九处于贲卦的初级阶段，所以他的修饰程度是最低的，他只是把脚包装一下。

记者：

你是说，修饰脚是所有修饰工作的最低阶段。难道初九之人也是处于社会最底层的人士？

《周易》作者：

是这样。初九处于贲卦之最下面的一爻，象征处于社会底层的贫寒之士。在这种情况下，他必须具有自知之明，不可贪图享受，而要立足现实。“车”代表着外在的支持，对初九而言，即便有人从外面予以襄助，也是不能给予过分依赖的，自力更生才是最合乎理性的做法。“舍车而徒”就是这个意思。

记者：

一个人无车可坐，只能靠脚来行走，可见在事业上很难，且没有外来力量辅助，孤军奋战。

《周易》作者：

你说的是一方面。初九以阳爻居于阳位，地位虽然低下，但他的精神并不卑下。虽然没有高头大马，但那种一往无前的刚毅精神就足以壮其行色了。

记者：

经过你这么一解释，我感觉这个人的形象与我本人非常相似，那就是年轻的时候没有别的依靠，靠自己一双硬脚板，咬紧牙关，南征北战，纵横天下。

《周易》作者：

对！依靠自己，走路很踏实，前程必然美好。

三　关于贲卦之六二爻

记者：

贲卦之六二爻只有三个字，如何理解？

《周易》作者：

这三个字是："贲其须。"通俗地讲，就是装饰胡须。

记者：

此句中的"其"具体指谁呢？

《周易》作者：

有人说，这里的"其"是指九三，因此，"贲其须"便是指修饰九三，即所谓尊者的胡须。

记者：

这样说的依据何在呢？

《周易》作者：

他们提出的理由是：六二阴爻居处下卦之中位，但他与同是阴爻的六五无法形成应和关系，故他只能与居于其上的九三阳爻形成应和。按照《周易》之基本原则，"柔来而文刚"，即阴柔者文饰阳刚者之意，六二所文饰的便是九三的胡须。

记者：

听起来似乎也有一些道理。

《周易》作者：

我对这种说法不以为然。

记者：

你的看法是什么？

《周易》作者：

我的看法是，此处的"其"依然是指六二本人，他所文饰的是自己的胡须。

记者：

问题是，文饰自己的胡须，能有什么寓意呢？

《周易》作者：

胡须有两大含义，一是尊贵。在我们那个时代，"须眉"是男子的象征，古人对胡须的修饰很重视。二是居于上者。"贲其须"是一种间接的写法，也暗示六二要处理好与在上者，即尊者九三的关系，要注意保护好九三的形象。唯有如此，才能做到阴阳互贲，相得益彰。

四　关于贲卦之九三爻

记者：

贲卦九三爻的爻辞是："贲如濡如，永贞吉。"不知道如何解读？

《周易》作者：

理解这句话，关键要理解"濡"字的意思。

记者：

如何理解呢？

《周易》作者：

所谓"濡"，是指鲜艳、有光泽的意思。这句话翻译成白话是：又文饰，又润色，永守正道才能得遇吉祥。

记者：

这语气听起来似乎有规劝之意。

《周易》作者：

你的感觉是对的。九三爻处在两个阴爻之间，下比于六二，上比于六四，一个刚爻同时受到两个柔爻的装饰，可以说是上下装饰，锦上添花，简直就是处处有掌声，人人皆赞美。"贲如濡如"，说的就是这个意思。

记者：

这是不是又走到了另一个极端？

《周易》作者：

没错！适当的文饰是必要的，如果做得过分了就适得其反，到头来，本质性的东西被丢了，花里胡哨的东西倒成了主旋律。

记者：

在现实世界，这种情况太普遍了，必须予以提醒。

《周易》作者：

做事做人，一定要把自己的精力用到最重要的事情上去，要头脑清醒，不要被假、大、空或表面的浮华所迷惑。

记者：

抓住根本，不能一味地去追求那些水中月、镜中花的东西，华而不实，虚头虚脑，毫无价值。

《周易》作者：

正是！

五 关于贲卦之六四爻

记者：

贲卦六四爻的爻辞是：“贲如皤（pó）如，白马翰如，匪寇，婚媾。”这段话不好理解，请解读一下。

《周易》作者：

这段话中的“皤”是白色；“翰”，一说指白色，一说指奔驰，一说指毛长，我取奔驰意思用之；“匪”，同“非”，指不、不是。

记者：

翻译一下吧。

《周易》作者：

翻译成白话就是：装饰得全身素白，骑着白马奔驰而来，他们不是强寇，而是求婚者。

记者：

什么意思呢？

《周易》作者：

贲卦发展到九三爻，表明文过饰非、文胜于质的倾向已经发展到了极端。而到了本爻，也就是六四爻，就象征这种倾向到了已经停滞的时候。文过饰非、过分装饰应该到此为止，应该返璞归真。

记者：

那看来本爻还是不错的。

《周易》作者：

本爻是寓意对待装饰的正确态度，应该把品质放在第一位，而不能把装饰之类的东西放在第一位。此爻所讲的“白马翰如”，说的就是要鼓励素装，反对浓墨重彩的装饰。

记者：

你们这些古代的学者，用心是非常之良苦，为了表达一个意思，绕来绕去。但是，你们的思想我是明白的，那就是：强调要把本质性的东西放在第一位，而不要搞形式主义的东西。

《周易》作者：

没错。

记者：

此句爻辞中说，起先怀疑是盗贼，最后发现是求婚者，这是什么意思？

《周易》作者：

六四下面有初九和九三两个阳爻，六四本意是想与初九应和，但因中间隔着一个九三，故六四心有疑惧，这非常自然。

记者：

最后六四终究还是消除了疑惧。

《周易》作者：

是的。经过仔细的观察，六四最终明白了真相。这寓意人们一开始或许对反对过度文饰存在一些顾虑，但最终还是回到正确的轨道上来。

记者：

顺便问一个问题：我们在前面探讨过一个卦叫屯卦，屯卦六二爻的爻辞和本爻辞十分相似，都是强调迎亲，但前者是非常之艰难，而后者却是飞马速往，这是为何呢？

《周易》作者：

前者是以下求上，不可太急，太急了就是刻意奉迎了。后者是以上求下，不可太缓，太缓了就是自傲了。一句话，要视具体情况来掌握行为的分寸，否则，不是鲁莽，就是有失风度。

五　关于贲卦之六五爻

记者：

贲卦六五爻的爻辞是：“贲于丘园，束帛戋（jiān）戋。吝，终吉。”初看起来，感觉六五应该是一个君王式的人物，不过此人似乎太过吝啬，但结果却是好的，这种理解对吗？

《周易》作者：

这句话中的“戋戋”是微薄的意思，是少的意思。把这句话翻译过来，应该是：装饰山丘中的庭园，只花费一束微薄的丝绢。虽然显得吝啬，但终将吉祥。

记者：

这是不是意味着作为国家的统治者应该提倡简朴之风呢？

《周易》作者：

没错。六五以柔居尊位，象征仁厚之君。他并不兴建奢华的宫殿，只花费一束之帛，修饰一下山丘中的庭园。这样的人看起来是有点吝啬，没有国君的排场和气派，但是这种崇尚简朴无华的清廉举措，对国家是好事，对百姓是值得喜庆的事。

记者：

据说上古时代的尧舜就是这样的人：他们带头住在茅屋里，墙上连白灰也不涂。他们与百姓同甘共苦，受到万民拥戴。

《周易》作者：

这些或许都是传说，但是，作为统治者应该清廉，这个道理绝对不会错。奢靡无度最终将毁了国家，也毁了统治者。

六　关于贲卦之上九爻

记者：

贲卦上九爻的爻辞是：“白贲，无咎。”我不明白，既然是“白”，用白色来装饰，还谈什么“贲”呢？

《周易》作者：

上九爻处于贲卦之极端，装饰到了极端，必然返归于素，由追求装饰转为追求朴素。“白贲”是以白为饰，以无色为色彩，以质素为装饰。“贲”到了极端必然走向反面，不装饰就是最好的装饰。

记者：

这就是自然美、本色美，清水出芙蓉，天然去雕饰。

《周易》作者：

没错！本真的美才是真美，不用装饰的美才是最好的美。

记者：

你把这种没有装饰的装饰，说成是最好的装饰，但为什么不说结果是吉祥，而说是“无咎”呢？

《周易》作者：

凡事都要追求中庸、适中。人们不装饰，也不是为了追求某种功利的东西，因此，保持一种平平常常的美，如同保持一种没有过错的状态，这不是挺好的吗？

第二十三章　剥卦䷖：论衰世待变之道

引　子

本卦的主题是论衰败之时的退守待变之道。

剥卦由八卦中的坤卦和艮卦两部分所组成，坤在下，艮在上。根据《易传》，坤象征地，艮象征山，因此，剥卦所象征的形象便是“山附于地”，即山附着在大地之上。

过度的奢靡迟早会剥蚀掉盛世的繁华，故贲卦之后自然就有剥卦相随。剥卦寓意阴盛阳衰，意味着小人当道，盛世不再。身处这样的尴尬时代，随波逐流有违君子之德，与社会做正面的抗争，经常又会让君子们遭遇不测。如何对待呢？《周易》的作者们劝说人们不要做无谓的冒险，不要急于求成，而要藏器待时，静观其变。

一　关于剥卦之卦辞

记者：

剥卦的卦辞是：“不利有攸往。”希望你结合剥卦的卦象和这句卦辞做一下解读。

《周易》作者：

“剥”是剥落的意思。剥卦由一个阳爻和五个阴爻组成，阳爻处于最上端，好比阳气受到阴气的侵蚀，阴气大行其道，阳气则力量越来越小，最后只好偏居一隅。

记者：

我也曾经观察过这个卦象，确确实实有一种阴柔小人人多势众，阳刚君子势单力薄，乃至成为孤家寡人的感觉。

《周易》作者：

你的感觉没错。面对这样的不利形势，作为君子强行和那些小人们对着干，是很不明智的。

记者：

那怎么办呢？

《周易》作者：

我们说“不利有攸往”，就是最好不要有所作为，而是应该做一条潜龙，潜伏在水下，静静地等待时机。

记者：

谁也不知道这种局面什么时候会过去，那到底等到什么时候是头呢？

《周易》作者：

任何事物都处在发展变化之中，消亡和滋长，盈满和亏虚，总是相互变化的。不利只是暂时的情况，随着时间的推移，必将迎来君子大有作为的时代。

记者：

看来，你们的意思并非是简单的无为，而是作为一种权宜之计。

《周易》作者：

正是这个意思！当然了，本卦还有别的意思，你想听吗？

记者：

想听。

《周易》作者：

剥卦的卦象象征着山附于地，寓意统治者应该注意基础设施建设。

记者：

如何理解？

《周易》作者：

山附着于大地之上，则山与大地相接触的部位会不断地受到侵蚀，如岩石的风化、表层的剥落、山体的滑坡。

记者：

毫无疑问，基础的作用是非常重要的，俗话说，基础不牢，地动山摇。我盖过楼，知道基础的重要。

《周易》作者：

基础象征着民众，象征着老百姓。作为一个统治者，要想使自己的统治长久下去，就必须“厚下安宅”，必须注意让他的百姓生活好，让他们安居乐业。只有如此，他们的统治才会稳如磐石。否则，人们饥寒交迫，必然不得安稳，他们迟早会把统治者的江山推翻的。

二　关于剥卦之初六爻

记者：

剥卦初六爻的爻辞是：“剥床以足，蔑，贞凶。”请你解读一下。

《周易》作者：

这句爻辞中，“蔑”有多个意思，一说通“灭”，指蚀灭，一说指小，一说指梦，一说指无。

记者：

你是取哪个意思呢？

《周易》作者：

我是取其朽败、蚀灭之意。

记者：

翻译一下吧。

《周易》作者：

这句话翻译成白话，就是：剥蚀到了床脚，蚀灭，有凶险。

记者：

寓意什么？

《周易》作者：

剥卦的卦形像一张床，所以爻辞是取床为象征。再说啦，剥卦下为坤，坤象征地，地可以载万物，床具则可以供人安居休息。本卦的主体是以阴剥阳，以小人挟制君子。这个过程运用到本爻中，就是首先从床脚开始，好比潮湿的阴气对床的剥蚀一样，最后床也慢慢地被腐蚀了，人自然就难以在这张床上休息了。

记者：

阴对阳的剥蚀是渐进的，首先从下面的基础开始，你说的就是这个意思呗。

《周易》作者：

正是。初爻意味着剥蚀刚刚开始，如果能够及早采取措施，保护下面的基础设施，加固基础，问题就不至于很严重了。当然了，如果这时候人还满足于虚假的成功，置社会的正道于不顾，让这种剥蚀现象继续下去，就难免会有凶险。我们之所以说此卦最终会“贞凶”，原因就在这里。

三　关于剥卦之六二爻

记者：

剥卦六二爻的爻辞是：“剥床以辨，蔑，贞凶。”请解读一下。

《周易》作者：

这里的关键词是“辨”，意思是床身与床足间相连的部位。当然了，也有人说是指床头、床板、床腿。这句爻辞翻译过来就是：床身与床足间连接处脱落，朽败，结果肯定不好。

记者：

寓意是什么？

《周易》作者：

剥卦的六二阴爻居下卦之中位，仿佛事物的中间部位，故爻辞中以床身与床足的相连之处来做比喻。六二与六五均为阴爻，不相应和，在剥卦中则寓意床身与床足的相连处脱落。床身失去支撑，无人相助，自然会面临坍塌的危险，所以预示有凶险。

记者：

理解你的意思。事情已经到了非常糟糕的地步，但又无人来提供帮助，那肯定是糟糕的。

《周易》作者：

没错，就是这个意思。

四　关于剥卦之六三爻

记者：

剥卦六三爻的爻辞是："剥之，无咎。"请解读一下。

《周易》作者：

这句话翻译成白话就是：剥蚀，但没有过错。

记者：

如何解读？为什么剥蚀了，却没有过错？

《周易》作者：

六三虽然被剥蚀成阴，但因为六三以阴爻居处阳位，说明他蕴含阳刚之品质。同时，六三又与上九相呼应，这意味着六三仍然具有"含阳待复"和"转剥复阳"的可能。

记者：

只要机会成熟，六三自然就会阴退阳回，阳气复生，故能做到"无咎"，是吗？

《周易》作者：

是的。但尽管如此，其毕竟处于被"剥"状态，故只能是"无咎"，谈不上吉祥了。

五　关于剥卦之六四爻

记者：

剥卦六四爻的爻辞是："剥床以肤，凶。"这是什么意思？

《周易》作者：

明白了本爻辞中的"肤"是什么意思，你就明白这句爻辞是什么意思了。

记者：

请讲。

《周易》作者：

所谓"肤"，是指外表，具体指床面。一张床如果剥蚀到床面，就说明事物的败坏已危及人身，最危险的时刻即将到来。

记者：

所以本爻寓意“凶”，非常的危险了。

《周易》作者：

是的。

六　关于剥卦之六五爻

记者：

剥卦六五爻的爻辞所谈的好像是皇宫的事情，似乎与剥蚀这个主题无关。

《周易》作者：

说明你不理解六五爻。

记者：

应该怎么理解呢？

《周易》作者：

六五爻的爻辞是：“贯鱼以宫人宠，无不利。”所谓“贯鱼”，是指连贯成串的鱼，比喻有秩序。这句话转换成大白话就是：宫女们像连贯成排的鱼那样，依次得到君主的宠爱，没有什么不利。

记者：

统治者的生活如此荒淫无度，你竟然说“无不利”？

《周易》作者：

剥卦中的五个阴爻，初六、六二、六四这三个阴爻，都与阳爻上九不存在什么应和关系，而表现出相互斗争的一面。这意味着他们是步步进逼剥阳，从“剥床以足”，到“剥床以辨”，直至“剥床以肤”，局势也都是“凶”的。

记者：

是这个意思。

《周易》作者：

而六三、六五两个阴爻，与阳爻上九存在着相互应和和比邻而处的关系。这表现出了依存的一面，甚至含有转化的契机，局势就大不相同了。故六三“无咎”，六五“无不利”。尤其是，六五以阴爻居尊位，是众阴之长。当剥极将复之时，它以阴柔之性与上九阳刚者比邻相应，以阴承阳。不仅如此，它又以众阴之长的身份，影响并带领众阴一起顺承上九，就像后妃带领一群宫女向天子邀宠一样，听命于上九。

记者：

确实有所不同。

《周易》作者：

是的，形势大变，“阴复为阳”的契机已经出现，当然是“无不利”了。

七 关于剥卦之上九爻

记者：

剥卦上九爻的爻辞是：“硕果不食，君子得舆，小人剥庐。”如何解读？

《周易》作者：

本爻中的“舆”意思是车，“庐”意思是房屋。本句爻辞转换成白话意思是：有大的果实而不吃，君子将得到车辆，小人的房屋将倒塌。

记者：

寓意是什么呢？

《周易》作者：

上九是剥卦中唯一的阳爻，象征着阴气对阳气的剥落和侵蚀已经结束。

记者：

再不结束，剥卦就变成坤卦了。

《周易》作者：

至此，唯有一阳得以独存，实在是硕果仅存了，“硕果不食”说的就是这个意思。

记者：

君子们得到车子，小人们房倒屋塌又是什么意思呢？

《周易》作者：

听我慢慢说来。上九阳爻下面有五个阴爻，寓意君子得到广大民众的拥戴和支持，“君子得舆”就是这个意思。得到民众的支持，君子自然会利用这大好时机去整顿时局，去收拾那些无耻小人；“小人剥庐”，就是摧毁小人们的家，捣毁他们的老窝，从此，阴气得到遏制，阳气得以保存和兴盛。

记者：

看来，上九爻对君子是重整旗鼓，对小人则意味着灭顶之灾。

《周易》作者：

是的，任何一个社会都无法彻底排除小人的存在，但一旦这种力量太过强大，这个社会就快完蛋了。如果没有健康力量的存在，并与之斗争，这个社会就没有希望了。

第二十四章　复卦䷗：论正气复生

引　子

本卦之前一卦是剥卦，主题是论衰世应处之道。本卦的主题是论正气复生。

复卦由八卦中的震卦和坤卦两部分所构成，震在下，坤在上。根据《易传》，震象征雷，坤象征地，因此复卦所象征的形象便是“雷在地中”，即雷藏入大地之中。

万事万物的发展皆有一个循环往复、周而复始的规律，剥卦中阳刚之气被逐步剥离，以至走到了夕阳西下的地步，而这恰恰预示着新一轮循环的开始。冬天既然已经来临，春天自然不会太远！在那阴气弥漫但却蕴含无限生机的时代，贤德之君当耐得住寂寞，不可随意损耗自己的元气，更不可轻举妄动，而应该卧薪尝胆，蓄势待发。

一　关于复卦之卦辞

记者：

复卦之卦辞是：“亨，出入无疾，朋来无咎。反复其道，七日来复。利有攸往。”这句话比较长，请你解读一下。

《周易》作者：

这句话虽然比较长，但并没有什么生僻的字。它的字面意思就是说：亨通，无论是外出还是居家，都没有疾病，朋友前来相会也没有灾祸。事物反复自有其道，七天为一周期。这有利于往前发展。

记者：

它要表达的意思是什么呢？

《周易》作者：

咱们可以细细地说一下。

记者：

好。

《周易》作者：

“复”是返还、回复的意思，其意与剥卦是相向而行的。

记者：

怎么讲？

《周易》作者：

剥卦与复卦一样，都是由一个阳爻和五个阴爻所组成。

记者：

是这样。不同之处是，剥卦的阳爻位于最上面，复卦的阳爻位于最下面。

《周易》作者：

两者的关系是，仿佛阳气在剥卦中被剥落殆尽，又从复卦的初爻开始重新生长。如果说剥卦中是阴气尽可能地剥落阳气，那么，到了复卦中就是阳气顽强地重新生长。由于阳气被阴气剥落殆尽，所以剥卦的卦辞说“不利有攸往”，也就是说相对地不好。而到了复卦中，情况就不一样了。

记者：

你的意思是说，到了复卦中阳气重新生长，它必然蕴含无限的生机和活力。

《周易》作者：

正是这样。因此，我们说复卦寓意“亨”，寓意有所作为。

记者：

请你再解读一下“出入无疾，朋来无咎”是什么意思。

《周易》作者：

“出入无疾，朋来无咎”是用来具体说明亨通的内涵的，意思就是说，无论是外出还是居家都没有疾病，朋友前来相会也没有不好的事情发生，所以意味着亨通嘛。

记者：

那“反复其道，七日来复”如何理解呢？

《周易》作者：

“道”此处有天道、规律之意。“反复其道，七日来复”的字面意思是：事物变化反复，有七日之规律。寓意是，从前一卦的六个阳爻，由下自上逐次被阴爻所取代，到了复卦中的一个阳爻五个阴爻，要经历七次变化，“七日来复”，就是经过七次变化后返还自身。

记者：

真是个大循环呐。

《周易》作者：

万变不离其宗，最终还是要回到原点的。

二　关于复卦之初九爻

记者：

复卦初九爻的爻辞是：“不远复，无祇（zhī）悔，元吉。”这句话如何理解？

《周易》作者：

这句话中的“祇”，有人说是助词，有人说是大，有人说是抵，有人说是病，也有人说是至于。

记者：

你认为呢？

《周易》作者：

本爻辞的意思应该是很明白的。“祇”这个字意思如何解读，似乎是见仁见智，我按通说把它翻译成“大”。这句爻辞的意思是：刚走不远就返回正道，没有发生大的后悔之事，大吉大利。

记者：

明白。

《周易》作者：

初九是阳爻，居阳位，说明他的位置很正。他是一个有理想的人，一定会有所作为的。

记者：

既然有所作为，那为什么刚走不远就要往回走，而且必须走正道呢？

《周易》作者：

初九处于复卦之初，一阳初生，其阳气非常不充盈、不充足，也就是说，准备工作不到位。在这种情况下，如果贸然向外发展，必然会碰到种种障碍。好在初九头脑很清醒，他一旦发现这个问题，就及时纠正，立即返了回来，因此也没有发生大的损失。

记者：

返回做准备呗？

《周易》作者：

有这个意思！返回反思前行、充实自己。当然，准备不仅包括物质方面的，也包括精神方面的。

记者：

明白。

《周易》作者：

如此一来，自然就不会出现大的令人后悔之事。

记者：

初九阳爻居阳位，是一个有所作为的状态。他刚走不远就回来，这是不是与他的位置相冲突呢？

《周易》作者：

初九适时返回，不是躺在家里混饭吃，他不是要无所作为，而是要积极改正自己身上的毛病，积极提高自我修养，努力完善自己的才能和品德，所以说他将大吉大利。

记者：

孔子把“不远复”解释为一有错误就能及时发现并予以改正，不知道这种解释你同意不同意？

《周易》作者：

也可。

三　关于复卦之六二爻

记者：

复卦六二爻的爻辞是：“休复，吉。”有人解释说是中止行程而返回，吉祥；

也有人说是喜悦地回复，吉祥。不知道哪种解释更正确？

《周易》作者：

你刚才说的两种解释，都可以。无论是中止行程而返回，还是高高兴兴地返回，两者之间没有什么根本性的矛盾。

记者：

你是这么看的？

《周易》作者：

理解这句爻辞的关键是，要看六二之人对待初九的态度。六二处于阳气回复之时，性格柔和居中得正，与初九最为亲近。他最能感受到初九阳刚之气的影响，同时也能乖顺地归向于初九，谦逊地对待初九。

记者：

能够正确地摆正与那些具有美好前程的人之间关系的人，其未来不可能不好。

《周易》作者：

是的。

四　关于复卦之六三爻

记者：

复卦六三爻的爻辞是："频复，厉，无咎。"依据我的理解，"频"应该是多次的意思，"厉"应该是危险的意思。你们为什么说多次的返回会有危险，却没有过错呢？

《周易》作者：

你的理解有点问题。

记者：

问题在哪里？

《周易》作者：

此处的"频"通"颦"，是皱眉头、不愿意的意思。

记者：

如果这么解读，似乎就好理解多了。

《周易》作者：

一个人愁眉苦脸地返回，说明他心中不愿意。一个人去做不愿意的事情，勉强行之，就不可能有太好的结果。当然了，处理好方方面面的关系，也未必能坏到哪里去。

记者：

应该是这样。

《周易》作者：

在本爻中，六二是居中得正，又与初九非常靠近，所以对于回复到阳是心悦诚服的。而六三就不同了，六三是以阴爻居阳位，显然居位不正，说明此人在素质上并不很好。加之他对初九并不是真心地欣赏，也不可能真心地配合初九成就什么事情。在六三的心中，他所做的事情都是勉强的，都是在外在形势的裹挟之下，不得不如此。这种不情愿，决定了他的行为也是被动的，最终也只能做到“无咎”而已，很难说会有什么特别好的结果。

五　关于复卦之六四爻

记者：

复卦六四爻的爻辞是：“中行独复。”如何解读？

《周易》作者：

字面意思很好理解，那就是：行至中途，独自复归正道。

记者：

寓意何在？

《周易》作者：

六四上下各有两个阴爻，它居于五个阴爻的中间位置，故称“中行”。它以阴爻居阴位得正，同时它又与初九阴阳相呼应。可以说，在五个阴爻中，唯有六四处在与阳刚相应的位置，这是十分有利的条件。

记者：

独一无二呗！

《周易》作者：

是的，六四虽然被群阴包围，却能顺利地、独立地回归于阳，所以称作“中行独复”。

记者：

比较起来，六四之人没有随大流，没有被“从众”意识所支配，而是能独立地做出判断，能走自己的路，不理会别人怎么说，真不错！

《周易》作者：

是的。超凡出群之人就是这样。

六　关于复卦之六五爻

记者：

复卦六五爻的爻辞是：“敦复，无悔。”如何解读？

《周易》作者：

“敦”是敦厚。此句的意思是：敦厚地复归正道，没有悔恨。这个意思太直白了。

记者：

那倒是，确实是不难理解。

《周易》作者：

六五以柔居尊位，持中而不偏；又处于坤体之中，而坤体是厚实的象征。六五敦厚诚恳，一心向善，真心诚意复归于阳。这种做法，必然决定六五的所作所为就其行为效果不会不好，不可能有悔恨的事情发生。

六　关于复卦之上六爻

记者：

复卦上六爻的爻辞是：“迷复，凶，有灾眚（shěng）。用行师，终有大败，以其国君凶，至于十年不克征。”这句爻辞比较长，似乎也是一个凶卦，请解读一下。

《周易》作者：

这句爻辞中的“灾眚”是灾难的意思；“用行师”中的“用”是用来；“以

其国君凶”中的“以其”是与其、及其；“克征”中的“克”是能的意思。这句话的字面意思是：迷路而不知回返，凶险，有灾难。用来领兵打仗，最终被打得大败，国君也会有凶险，以至于十年都不能出兵征战。

记者：

请往深处解释解释。

《周易》作者：

上六阴爻处于复卦的极端位置，它离初九阳爻最远，寓意它有往而不知复返之象。往而不知复返，则必然会陷入迷途。所以，其结果肯定糟糕透顶。

记者：

有些人做事轻举妄动，太过草率，这就决定了他们找不到正确的方向，看不清楚前进或者后退的道路。人一旦迷了路，无论是前进，还是后退，都是不归路；无论是做事，对外打仗，还是治国理政，结果都会很凄惨。一句话，识时务者为俊杰，迷途而不知返，死路一条！

《周易》作者：

是这样。

第二十五章　无妄卦䷘：论虚妄之行

引　子

本卦之前一卦是复卦，主题是论阳气复生。本卦的主题是论虚妄之行。

无妄卦由八卦中的震卦和乾卦两部分所构成，震在下，乾在上。根据《易传》，震象征雷，乾象征天，因此，无妄卦所象征的形象便是“天下雷行”，即雷在天之下震动。

《周易》的作者们说，“妄”字的结构是“亡”字与“女”字相结合，本意是指女奴逃亡，引申为虚妄、不真实乃至悖乱的意思。“无妄”便是不可虚妄、不可妄为。要做到“无妄”，就必须“守正”，任它风云变化万千，都当恪守正道不变，须臾不能改变。此外，要做到“无妄”，还须审时度势，与时俱进，相应而行。

一　关于无妄卦之卦辞

记者：

无妄卦的卦辞是：“元亨，利贞。其匪正，有眚，不利有攸往。”请解读一下。

《周易》作者：

本卦题中的“无妄”意指不要妄为，不要乱作为。卦辞中的“匪”意指不、不是；“眚”在前面的复卦中出现过，意指灾殃、过失、犯罪。本卦辞翻译成白话就是：大为亨通，占卜问事，结果不错。悖逆正道的人将有灾祸，做任何事都会不利。

记者：

请将寓意说一下。

《周易》作者：

无妄卦上乾下震，乾为天，震为雷，象征天下有雷。

记者：

据说在古人心目中，雷是一种赏善罚恶的神灵……

《周易》作者：

是的，雷也寓意正义之声，故天下雷动之际，人们都不敢妄动，更不敢为非作歹。

记者：

可以自圆其说。

《周易》作者：

同时，天雷震动，意味着寒冬成为历史，万物重新开始生长，所以预示亨通，预示吉祥。此外，既然天下雷动之时，万物都不宜轻举妄动，那么那些胆大妄为的人，自然会遭遇灾祸，他们的所作所为也不可能有什么好结果。

记者：

还有别的寓意吗？

《周易》作者：

如前所说，天雷震动，意味着冬去春来，万物复苏，无一例外。统治者受此启发，意识到天时不可违，从而积极行动，诉诸人力，配合天时，养育万物。

记者：

在中国历史上，每逢春耕大忙季节，一些有为之君，常常会主动参与耕作活动，并劝勉民众不失时机地把握农时，做好该做的一切。

《周易》作者：

就这意思。

二　关于无妄卦之初九爻

记者：

无妄卦初九爻的爻辞是：“无妄，往吉。”似乎很简单。

《周易》作者：

没错，确实很简单。初九爻的爻辞意思是：不妄动，不妄为，前往可获吉祥。

记者：

寓意是什么？

《周易》作者：

无妄卦初九爻有三个方面的特征：一是，以阳爻居阳位，说明初九之人有刚正之德，奉行正道，同时，他又是个积极进取之人；二是，初九爻处于无妄卦之初，说明他内心纯真无邪；三是，初九爻在无妄卦中是重要的爻，也可以说是主爻。这种种因素结合在一起，说明初九是吉祥之爻，说明初九之人做事必然会取得很好的结果。

三　关于无妄卦之六二爻

记者：

无妄卦六二爻的爻辞是："不耕获，不菑（zī）畬（yú），则利用攸往。"请解读一下。

《周易》作者：

这句话中有几个字需要解释，否则不好理解。

记者：

请讲。

《周易》作者：

本爻中的"菑"，是初耕一年的荒地，"畬"是指开垦过三年的地，也就是熟地。这句话翻译成白话就是：不期望刚刚开始耕种就有收获，也不指望刚刚开田一年就拥有熟地，这样就有利于有所前往。

记者：

什么都不指望，结果怎么会那么好呢？

《周易》作者：

六二阴爻居下卦之中位，又与九五阳爻相应和，象征阴柔者居中得正，并得到阳刚尊者的信任。六二是一个恪守本分，而不会去做非分之想的人。

记者：

所以他"不耕获，不菑畬"？

《周易》作者：

是的。他是一个心怀真心，没有妄求之心的人。人一旦不是想得太多，那么他的行为就必然符合正道，就必然不会做过分之事，他的言行举止也必然会很适当。这样的人做什么事都不会不成功的。

四　关于无妄卦之六三爻

记者：

无妄卦之六三爻似乎是在讲一个故事，请你解读一下。

《周易》作者：

六三爻的爻辞是："无妄之灾，或系之牛，行人之得，邑（yì）人之灾。"在这里，"或"是指有人，"系"是指拴，"邑人"是指同乡。这句话翻译成白话就是：不妄为而有灾祸，有人把牛拴于某处，路上的行人把牛牵走，当地的村民却因此受到牵连而有灾。

记者：

是什么寓意呢？

《周易》作者：

六三阴爻居于阳位，又处于下卦之最上位，象征阴柔者不中不正，躁动不已，所以预示有灾。但是……

记者：

但是什么呢？

《周易》作者：

但是，六三的有灾并不是因其行为不当造成的，而是其所处的位置造成的，所以叫"无妄之灾"。

记者：

还是有点不好理解。

《周易》作者：

有人把牛拴在某处，有个行人路过这里，顺手把牛牵走了。牛的主人怀疑是邻近的村民偷走了牛，把此事告到官府，于是邻近的村民都成了官府怀疑的对象。这些村民并未偷牛而遭此诘难，就叫作“无妄之灾”。

记者：

明白你的意思。无论是牛的主人，还是邻近的村民，他们都没有做错什么，却都无端遭受了灾祸。一个人丢了牛，其他的人却遭到怀疑。

《周易》作者：

就是这个意思。

五　关于无妄卦之九四爻

记者：

无妄卦九四爻的爻辞就是简单的“可贞，无咎”几个字，请说一说。

《周易》作者：

这句话译成白话就是：恪守正道，没有灾殃。

记者：

很简单。

《周易》作者：

九四阳爻位于九五之下，好比大臣处在君主身边一样……

记者：

伴君如伴虎。

《周易》作者：

是的，与君主相伴，虽然得到君主重用的机会增多，但也令人感到恐惧……

记者：

为什么呢？

《周易》作者：

君主本性多疑，一旦被君主所怀疑和嫉妒，臣下的末日就会来临。

记者：

那该如何是好？

《周易》作者：

九四之人头脑很清醒，他没有因自己的特殊地位而感到沾沾自喜，而是感到惴惴不安，如履薄冰，事事持守正道，做事格外谨慎小心。

记者：

如能做到如此，必不会有祸害加身的。

《周易》作者：

是的。九四是阳爻但居于阴位，他谦恭谨慎，不骄不躁，端行守正；他时时反躬自问，绝不妄为。如此众多优秀的德行结合在一起，必然保证其“无咎”的。

六　关于无妄卦之九五爻

记者：

无妄卦九五爻的爻辞是：“无妄之疾，勿药有喜。”如何解释？似乎得了病，不吃药，还高兴，莫名其妙！

《周易》作者：

九五爻爻辞翻译成白话就是：不妄为而有疾病，不必服药而病会自愈，这是喜事。

记者：

请解读一下。

《周易》作者：

九五阳爻居处上卦之中位，说明阳刚者居位得正，符合正义之道。不仅如此，九五还能得到六二阴爻的全力配合和支持。因此，九五之人的处境必然非常好。

记者：

即便得了病也不用吃药，健康自会来临，竟好到这个程度！

《周易》作者：

是的。你当知道，九五所得的毛病，乃“无妄之灾”，系非因自身原因而招来的麻烦，恰如村民本没有偷牛，却无端遭受怀疑一样，这样的病自然无须服药。

记者：

生活中这种情况确实很多，遇到麻烦，似感末日来临，但突然莫名其妙地在某个时刻，逢凶化吉，遇难呈祥。人若心正行稳，即便遭遇麻烦，也不必终日为此牵肠挂肚，时候一到，万难皆除，生活很快会再现阳光。

《周易》作者：

你说得很到位。

七　关于无妄卦之上九爻

记者：

无妄卦上九爻的爻辞是："无妄，行有眚，无攸利。"如何理解？

《周易》作者：

这句话也很好理解，转换成白话就是：不妄为，若行动则将有灾祸发生，得不到什么利益。

记者：

意思非常直白。

《周易》作者：

上九阳爻位居无妄卦之极，意味着他会动辄得咎，因此他不能有丝毫的轻举妄动。

记者：

应该是。

《周易》作者：

此外，上九阳爻处于阴位，其所处的位置明显不对，说明其言行有违正义道德，此人的所作所为必然不会有什么好结果。即便什么都不做，没有任何"无妄之行"，也不会有好下场。上九之人与九五之人的差别就在这里。

第二十六章　大畜卦䷙：论养贤蓄德

引　子

本卦之前一卦是无妄卦，主题是论无妄之行。本卦的主题是论养贤蓄德。

大畜卦由八卦中的乾卦和艮卦两部分所构成，且乾在下，艮在上。根据《易传》，乾象征天，艮象征山，因此大畜卦所象征的形象便是“天在山中”，即山中蕴含着天。

《周易》的作者们认为，财富的积累，哪怕已经积累到成千上万，也只能算是小的积累，“小畜”而已！养贤积德才是大的积累，这才是真正的“大畜”。一个人若能一点一滴注重知识的积累和道德的修养，遇事便皆能亨通，抱负便可以得到施展。一个政府倘若能够把养贤聚士放在首位，便能使贤能之人为其所用，国家必然兴旺发达。即使偶尔遭遇天灾人祸，也一定能够顺利化解。

一　关于大畜卦之卦辞

记者：

大畜卦的卦辞是：“利贞，不家食，吉。利涉大川。”请解读一下。

《周易》作者：

大畜卦，下乾上艮，乾为天，艮为山，象征天在山中。天比山要大得多，现在山竟能把天包容在内，足见其聚蓄之大。

记者：

有点这个意思。

《周易》作者：

无论是财富、学问还是品德等，总是聚蓄得越多越好，因此大畜卦预示占卜问事非常好，能成就天下大事。“利涉大川”说的就是能克服重重困难，取得事业上的成功。

记者：

“不家食”，怪怪的一句话，什么意思？

《周易》作者：

“不家食”，就是指不在家吃饭。国家统治者拥有道德，国家政通人和，野无遗贤，贤人志士便会有报效国家的机会。贤人都到官府当官做事，食禄于朝廷，自然就不在家吃饭了。

记者：

也就是吃官饭呗。

《周易》作者：

是的。

记者：

如果我没记错的话，本卦与后面遁卦所讲的意思完全相反。在遁卦中，贤人志士远离官府，遁居山林，足见那种社会必然百业凋敝，人心涣散。统治阶级骄奢淫逸，有能者、有德者唯恐避之不及。

《周易》作者：

所言不错！不过那是后卦之意，容后再谈。

二　关于大畜卦之初九爻

记者：

大畜卦初九爻的爻辞是：“有厉，利已。”请解读一下。

《周易》作者：

“厉”，危也，危险；“已”，停止。这句爻辞翻译成白话就是：有危险，有利于停下来。

记者：

什么意思？

《周易》作者：

让我们分析一下，你就会明白的。初九阳爻处于阳位，又在下卦即乾卦之初。就其本性来讲，初九必然充满着活力，必然会有所行动，必然会想成就一番伟大的事业。

记者：

是这样。

《周易》作者：

但是，初九处于大畜卦之初，如果一味求进，必然会招来灾祸。

记者：

原因何在呢？

《周易》作者：

这是因为事物积聚之初，静则聚，动则散；正如蓄水一样，必须先让水不往外流，水才能积聚起来。

记者：

这倒是。如果在积聚水的过程中，让水不住地外流，水就不会积聚起来。

《周易》作者：

就是这个道理。一句话，发展之初，不可冒进，最好是以静制动，像潜龙一样，蛰伏冷观，蓄势待发。“利已”意即在此。

三　关于大畜卦之九二爻

记者：

大畜卦九二爻的爻辞是：“舆说（tuō）輹（fù）。”字虽不多，但感觉不好理解。

《周易》作者：

在这句话中，“舆”是指车；“说”通“脱”，是指解脱、脱落；“輹”是指车厢下面连接车轴的木块。这句话翻译成白话就是：车厢下面连接车轴的木块脱落。

记者：

此话没头没脑，什么意思呢？

《周易》作者：

九二阳爻居下卦之中位，阳爻居于阴位，这象征着阳刚者能够持守中道，恪守正义，且能审时度势，不贸然采取行动。

记者：

这么一个理性的人，他为什么要把车子上的某个部位拆下来，而不让车子继续前进呢？

《周易》作者：

这是九二之人故意所为，并非意外事件，是九二主动把它取下来的，目的是让车无法前行。

记者：

你是说，九二之所以把车上的某个部件取下来，是因为他感觉只有把事情停下了，静观其变，才不会有过失，才能把事情做好。是这个道理吗？

《周易》作者：

没错。这是一个比喻，即车子在前行的过程中，如果发现错误，或遇到比较大的障碍物，就应该立即停下，以免在错误的道路上越走越远，或在翻越障碍时力不从心，导致车毁人亡。

四　关于大畜卦之九三爻

记者：

大畜卦九三爻的爻辞是："良马逐，利艰贞。曰闲舆卫，利有攸往。"请你解读一下。

《周易》作者：

"艰贞"，是指占问艰难之事；"曰"是语气助词，也有人说是日，指每天，基本也能讲得通；"闲"是指练习、熟习；"舆卫"是指驾车与防卫；"攸"是助词，相当于所。这句话转换成白话就是：良马相互追逐，利于占问艰难之事。熟习驾车与防卫之术，利于有所前往。

记者：

意思应该差不多。

《周易》作者：

九三阳爻居于阳位，又处于下卦即乾卦之上位，象征着阳刚者的积聚已达到一种非常好的状态。有了好的基础，自然就能够积极向前发展，所以说"利有攸往”。良马相互追逐，就是一个最形象的比喻。

记者：

明白。九三与上九相互呼应，两者同为阳爻，这象征着什么呢？

《周易》作者：

这象征着他们志同道合、相互配合，对他们的事业一定是有好处的。

记者：

爻辞中还谈到熟悉驾车和防卫技术的学习，难道九三的技术不行吗？

《周易》作者：

此话应该这样去理解：九三与上九之间有六四、六五两个阴爻阻隔，说明这两个志同道合之人要想走到一起，打拼事业，尚有许多艰难险阻需要克服。克服这些困难并非轻易之举，需要九三之人不断提高自身的技能和修养，不断学习，以提高自己打拼事业的能力。

五　关于大畜卦之六四爻

记者：

大畜卦六四爻的爻辞是：“童牛之牿（gù），元吉。”有点弄不懂，请你解读一下。

《周易》作者：

所谓“童牛”，是指头上没有长角或没有角的牛。“牿”，是指缚在牛角部位上使牛不能触人的横木。“元吉”是大吉的意思。

记者：

这是什么意思呢？

《周易》作者：

六四阴爻居阴位，说明阴柔者所处的位置没问题，他的所作所为也符合正义法则。此句中的“童牛之牿”是指童牛的牛角部位绑上横木，使之不能去撞人。在没有角的小牛头上仍绑上横木，有提前防范的意思。

记者：

按道理说，既然小牛头上没有角，它就不可能去撞人。你在没有长角的小牛头绑上横木，那不是多此一举吗？

《周易》作者：

你想错了，给尚未长角的小牛头上绑上横木以防止其撞人，这是一种比喻。它要求人们做事要防患于未然、止恶于未行，在危险尚未形成气候之时，就将其化解。

记者：

这也能自圆其说。

《周易》作者：

把恶行控制在萌芽状态，不仅拯救了可能的受害者，对作恶者可能也是一种挽救，免得他把小恶变成大恶，而受牢狱之灾。

记者：

明白。

《周易》作者：

本句爻辞也提醒最高统治者，对那些一人之下、万人之上的高官，一方面要予以重用，另一方面，也要采取必要的措施进行防范，以免其为所欲为、贻害百姓。

六 关于大畜卦之六五爻

记者：

大畜卦六五爻的爻辞是："豮（fén）豕（shǐ）之牙，吉。"这里面有生僻字，希望你先说说。

《周易》作者：

本爻中的"豮豕"是指阉割过的猪。

记者：

这是说阉割过的猪的牙齿是吉祥的标志吗？

《周易》作者：

本爻辞的意思和六四爻爻辞的意思有点相近。六五阴爻居上卦之中位，有阴柔者奉行中道、坚守正义、以柔制刚之象。本句中的"豕"是野猪，野猪你是知道的，它性情刚暴，其牙甚为锋利，极容易伤人。人们为什么要阉割野猪？就是为了防止野猪伤人。野猪一旦被阉割，它的刚暴便不复存在，它的牙齿也就不会对人造成伤害。

记者：

我明白了，野猪的牙代表一种坏的而且强势的人。六五是国家的统治者，本爻建议国家的统治者要对那些强势而为非作歹的人采取果断措施，去掉他们作恶的本领，才能使他们乖乖地俯首听命。

《周易》作者：

可以这么讲。

七　关于大畜卦之上九爻

记者：

大畜卦上九爻的爻辞是：“何天之衢（qú），亨。”此话怎么理解？

《周易》作者：

此句中的“何”通“荷”，指承受。“衢”是指四通八达的道路，也就是大路。这句话转换成白话就是：承载着天之大道，亨通。

记者：

上九阳爻处于大畜卦之极，这意味着什么呢？物极必反？

《周易》作者：

不是的。上九阳爻处于大畜卦之极，意味着蓄聚已达至充盈的程度，财富的积累相当充足，品德、才学、能力方面的修养已非常完美，人自然就可以承载天道，去成就伟大的事业了。

第二十七章　颐卦䷚：论养生之道

引　子

本卦之前一卦是大畜卦，主题是论养贤蓄德。本卦乃颐卦，主题是论养生之道。

颐卦由八卦中的震卦和艮卦两部分所组成，且震在下，艮在上。根据《易传》，震象征雷，艮象征山，因此颐卦所象征的形象便是“山下有雷”，即山下有雷震动。

《周易》的作者们告诉人们，财物的集聚到达一定程度后，人们便开始注重养生之道，故大畜卦之后便是颐卦了。凡清廉寡欲、不贪饮食者，皆得养生之正道；反之，凡贪食无厌、欲壑难填者，必入邪途。养生不仅包括物质上的摄取与滋养，还包括精神方面的润泽与提升，且以精神养生为主，物质养生为次。

一　关于颐卦之卦辞

记者：

颐卦之卦辞是：“贞吉。观颐，自求口实。”请你就这句卦辞做个解读。

《周易》作者：

本卦辞中的“颐”，是颐养、养护之意；“贞”是占问，也有人说是正道；“口实”是指入口之食。这句话翻译成白话就是：占问得吉兆，考察颐养之道，关键在于靠自己来获取食物。

记者：

请深度解读一下。

《周易》作者：

“颐”，刚才已经说过了，是颐养的意思。我们常说颐养天年，确切地说是指通过吃下食物来保养身体。

记者：

从颐卦的卦符结构能看出这层意思吗？

《周易》作者：

请你和我一起来研究一下。在颐卦的卦象中，初九和上九为阳爻，恰像人嘴的上下唇；中间为四个阴爻，恰似人口的中空部分，或像人口中的上下牙齿。因此，颐卦的卦象恰似人进食的口的形状。此外，你再看看，颐卦下震上艮，震为动，艮为止，正像人咀嚼食物时下颚动而上颚不动的情形。

记者：

经过你这么一解释，似乎颐卦还真有一种寓意人吃食物以养其身之意。

《周易》作者：

人吃进食物，就能保证身体有充足的营养，所以预示着吉祥。

记者：

“自求口实”是什么意思呢？

《周易》作者：

人吃食物获取营养，毫无疑问是没问题的。但是，我们更主张人要通过自己的劳动来获取食物，而不能不劳而获，做寄生虫。“自求口实”就是通过自己辛勤的劳动获取食物来养活自己。

记者：

除了有颐养身体的寓意外，颐卦是不是还有别的意思呢？

《周易》作者：

有的。颐卦的卦象是“山下有雷”，这意味着人说话要注意小心谨慎，吃东西也必须懂得节制，不能暴食暴饮。尤其是人在说话时一定要谨言慎行，不能胡说八道。否则，必然会带来灾难。

记者：

我记得孔子曾经有一次带几个弟子去太庙游览，看到太庙的台阶前有一个铜人，铜人的嘴上封了三道封条，背上还刻着一行字：“古之慎言人也。”这给了孔子极大的震动和启发，所以他在教诲弟子时强调君子要讷于言而敏于行。

《周易》作者：

没错！就是这个意思，言多必失，多言必败。这也是颐卦的寓意之一呀！

二　关于颐卦之初九爻

记者：

颐卦初九爻的爻辞是："舍尔灵龟，观我朵颐，凶。"请问这是什么意思？

《周易》作者：

理解这句爻辞的关键取决于对"舍尔灵龟"如何理解。

记者：

请讲。

《周易》作者：

关于这四个字，有不同的理解和说法。

记者：

说来听听。

《周易》作者：

一种说法是："舍尔灵龟"是指舍弃像灵龟一样多日不食、吸灵气以自足的养生之道；也有人说这四个字意思是：舍弃用灵龟占卜的方法。

记者：

你的理解是什么？

《周易》作者：

我认为爻辞的意思是，舍弃你灵龟般的养生之道，却来看我咀嚼食物的样子，有凶险。我特别补充一下，本爻中的"朵"，是动的意思。"朵颐"是指鼓动腮帮子吃东西。

记者：

明白。不愿自养，却去看别人吃，说明初九有意贪求别人的东西。是不是？

《周易》作者：

是的。初九是阳爻居于阳位，他的位置是没问题的，说明他作为阳刚之人，颇具善良之心，心灵美也是没问题的。但是，初九与六四阴爻相应和，处在颐卦之初，且有贪求六四所拥有的食物之意，这就不好了。

记者：

初九本可自给自足，却去贪求别人的食物，确实不好。

《周易》作者：

是的，所以说有凶险。人生在世，务当知足常乐。尤其是当自己生活不错的时候，千万不能再去贪求别人的东西，否则这种贪心会给你带来灾难的。

记者：

贪官污吏们大多如此，自己高官厚禄，享受荣华富贵还不知足，还要千方百计剥夺百姓的利益，想想都令人厌恶。

《周易》作者：

是的。

二　关于颐卦之六二爻

记者：

颐卦六二爻的爻辞是："颠颐，拂经于丘，颐，征凶。"这是什么意思呢？

《周易》作者：

"颠"指颠倒过来；"拂经"指违背正常的道理；"丘"指位置最高的上九，也就是长者。这句话转换成白话是：颠倒颐养正道，违背常理不奉上而求上养下，这种行动肯定有凶险。

记者：

寓意何在？

《周易》作者：

六二是阴爻居阴位，他的位置是没问题的。他本应靠自己获得食物来颐养自己，然而他却不这样做，反而去求养于居于高位的尊者即上九，这样做自然是违背了颐养之道，所以有风险。

记者：

人不立足于自己，却时时处处求助于别人，不仅目的达不到，从道义上讲也是有问题的。

《周易》作者：

是的。

三　关于颐卦之六三爻

记者：

颐卦六三爻的爻辞是："拂颐，贞凶，十年勿用，无攸往。"请解读一下。

《周易》作者：

"拂"是违背的意思。这句爻辞的意思是：违背颐养之道，不坚持正道，必遇凶险，将有十年之久不能有所作为，无利益可言，无成功可讲。

记者：

此爻为什么这么不好呢？

《周易》作者：

六三是阴爻居阳位，位置明显不对，并有他还处于下卦之极。这样的人，是粗俗浮躁之徒、贪食无厌之辈。为了得到吃的东西，他无所不用其极，违背了颐养的常理。他媚上贪求，最终会因为自己的道德败坏而失去其食物来源，不仅无法满足口腹之欲，而且会造成道德沦丧。

记者：

在现实生活中，这样的人不在少数。

《周易》作者：

没错。我们就是要给这些贪得无厌者提个醒。

四　关于颐卦之六四爻

记者：

颐卦六四爻的爻辞是："颠颐，吉。虎视眈眈，其欲逐逐，无咎。"这句爻辞怪怪的，希望你细细解读一下。

《周易》作者：

"眈眈"是专一注视的样子，"逐逐"是急迫的样子。这句爻辞转换成白话是：颠倒颐养之道，吉祥。像老虎一样眈眈注视，欲望很迫切，没有过错。

记者：

这句爻辞如何理解呢？

《周易》作者：

关于这句爻辞，向来有很多争议，但是，总体来说包括这样几层意思：第一点，六四之人颠倒颐养之道，以上养下而得到吉祥，说明六四富足居上而能放出美德的光辉。

记者：

刚才我们在六二爻中也看到“颠颐”这个词，寓意不好，为什么到了六四这里却变成好的呢？

《周易》作者：

六二、六四的“颠颐”都是颠倒颐养之道，所不同的是，六二居于下卦震体，而六四居于上卦艮体。震为动，是贪食之象，只知养体而不知养德，故会产生很多凶险；而艮为止，能清心寡欲，节制饮食，所求的不是事物，而是精神方面的修养，是以德自养，是身心皆安，所以吉祥。

记者：

我明白你的意思。同样是颠倒颐养之道，六二是想不劳而获，以下求上吃嗟来之食，是贪得无厌；六四是食足德丰，居上视下，清心寡欲，所以结果不一样。

《周易》作者：

是这样。

记者：

“虎视眈眈”通常是一个贬义词，在此爻中却似乎贬不到哪里去。

《周易》作者：

没错。在本爻中，它只是表达六四之人在追求道德修养方面的欲望很强烈、很积极，这有什么不好呢？贪于物质欲望，心越贪则越加凶险；而从事精神方面的追求，越迫切越是好嘛！

五　关于颐卦之六五爻

记者：

颐卦六五爻的爻辞是：“拂经，居，贞吉，不可涉大川。”在我的印象中，颐卦中六二“拂经”、六三“拂颐”，都是凶，而为什么到了六五这里，“拂经”却是吉呢？前后不一致嘛。

《周易》作者：

你的问题提得好！六五的所作所为是违背颐养之道的，它虽居于尊位，却是阴虚无实之质，不仅不能养天下，甚至连自己也要求别人来抚养。所以说，他是“拂经”。不过，六五有柔顺之意，又居于上卦之中央，说明他能够安居而守中，以阴承阳。这寓意谦虚的君主能够礼贤下士，能够问道于能臣，能够借他人的智慧以自养其德。这就是六五之所以能够“吉”的原因。

记者：

依你之见，像六五之人，他只能是守成，而不能有所作为。是不是？

《周易》作者：

六五以阴虚之质，难称其位，他只宜静养，才有利于生命力的逐渐生长和积累，切不可轻举妄动，冒险犯难。一句话，他只适合于守成，而不适合于去干惊天动地的大事。否则，后果不堪设想。

六　关于颐卦之上九爻

记者：

颐卦上九爻的爻辞是：“由颐，厉吉，利涉大川。”请解读一下。

《周易》作者：

“由颐”是遵循颐养之道，“厉”是危险。这句话转换成白话就是：遵循颐养之道，起初有危险，但最终是吉祥的，有利于成就大业。

记者：

相比于前几个爻，本爻还是不错的。

《周易》作者：

上九阳爻居颐卦之极，有颐养天下之象，而颐养天下正是颐养之正道，所以爻辞中说上九遵循了颐养之道。上九虽能颐养天下，但毕竟不居君位，在调度资源方面肯定是压力很大，故其时时存在危险，唯恐难当此任。

记者：

所以爻辞中又说其遭遇可能是“厉”。

《周易》作者：

没错。不过，由于六五君主已对其表示认可和接纳，所以上九又预示吉祥，能把压力变成动力，最终能化险为夷。他能克服一切艰难险阻，以取得最终的胜利。

第二十八章　大过卦䷛：论阳刚过度

引　子

本卦之前一卦是颐卦，主题是论养生之道。本卦的主题是论阳刚过度。

大过卦由八卦中的巽卦和兑卦两部分所组成，且巽卦在下，兑卦在上。根据《易传》，巽象征木，兑象征泽，因此大过卦所象征的形象便是“泽灭木”，即泽水把树木淹没。

《周易》的作者们反对阳刚过度，主张接受阴柔的反向作用，以纠正偏差，救治弊病，达到阴阳平衡；主张君子通过经历“大过”之灾，磨炼出过人的才智，建立起过人的德行，进则“独立不惧”，独撑将倾之大厦。只有这样，人在独木难支、回天乏术之后，才能退而隐身遁世，独善其身，绝不怨天尤人。

一　关于大过卦之卦辞

记者：

大过卦的卦辞是：“栋桡（náo），利有攸往，亨。”请解读一下。

《周易》作者：

“大过”，意思是过于大。“栋”，梁也，屋脊的主要部分。“桡”，指栋梁两端柔弱，难以胜任重担，以至于曲折弯挠。“攸”，助词，相当于“所”。本卦辞翻译成白话就是：房屋的栋梁向下弯曲，有利于有所前往，吉祥亨通。

记者：

寓意何在呢？

《周易》作者：

大过卦有四个阳爻和两个阴爻组成，阳爻的数目明显多于阴爻。

记者：

《周易》素来主张以阳为大，以阴为小……

《周易》作者：

是的，所以大过卦就是有阳爻过大的意思。另外，在大过卦中，下巽上兑，巽为木，兑为泽，象征泽水淹没了树木。树木本当在泽水之上，现在却被泽水淹没，便有泽水过大、过剩之意。

记者：

泽水过大便意味着大有过失、大有过错。

《周易》作者：

是的。中国古代建筑多为木质结构，因此，由泽水淹没树木，又可以引申为泽水淹没房屋建筑。房屋被泽水淹没浸泡，则会使房屋的栋梁发生弯曲，并进一步造成房屋垮塌。

记者：

身处如此险境，该当如何呢？

《周易》作者：

危机也经常寓意着机会，墙倒屋塌之时，也是彻底改造旧世界的好机会。有志之人，面对这样的情况，一方面必须尽快离开，避免陷入灭顶之灾；另一方面则可以细心运作，筹划革故鼎新之伟大计划，以便成就改天换地之大业，故说“利有攸往”。

记者：

大过卦还有别的寓意吗？

《周易》作者：

大过卦是上兑下巽，由此也可以推出君子应独立不惧、遁世无闷。

记者：

怎么讲？

《周易》作者：

泽水应在水下滋润木，现在把木淹没了，这意味着小人得志猖獗，君子处于小人的强压之下。

记者：

君子当怎么办呢？

《周易》作者：

处非常之时，当有过人之才。君子此时必须特立独行，志向坚定，心中要毫无畏惧，即便不得不退避山林，也要保持初心不变，矢志不移，而绝对不能去呼天喊地，怨天尤人。

二　关于大过卦之初六爻

记者：

大过卦初六爻的爻辞是："藉用白茅，无咎。"请你解读一下。

《周易》作者：

"藉"，意思是铺垫、衬垫。这句话转换成白话就是：祭祀时用洁白的茅草来衬垫祭品，没有灾殃。

记者：

寓意什么呢？

《周易》作者：

初六阴爻处于大过卦之开始，象征阴柔者力量软弱，不足以拯救危难时局。

记者：

那如何应对呢？

《周易》作者：

初六有自知之明，认识到自己势单力薄后，变得格外谨慎，时时注意柔弱自守，并保持谦卑之心。此种情况，正如在祭祀时用洁白的茅草衬垫祭品，以显示自己对祭祀对象的虔诚。

记者：

如果能做到这样，应该不会有不好的事情发生吧？

《周易》作者：

是的，所以"无咎"。

三　关于大过卦之九二爻

记者：

大过卦九二爻的爻辞是："枯杨生稊（tí），老夫得其女妻，无不利。"请你解读一下。

《周易》作者：

这句爻辞中的"稊"是指植物的嫩芽。这一句转换成白话就是：枯槁的杨树长出嫩芽，老年男子娶得年少之妻子，没有什么不利的。

记者：

老树出新芽，可以理解，但老夫娶少妻，总觉得不太正常……

《周易》作者：

是的，这种情况不正常，是陋习。

记者：

既然如此，你们又为什么说"无不利"呢？明显矛盾嘛。

《周易》作者：

纵容年老男子娶年少妻子，这是一种非常不好的事情，是对女人的不尊重，我们的态度从来没变。当然，也有一些例外……

记者：

本爻所说的情况就是一个例外吧。

《周易》作者：

是的。九二阳爻居于阴位，与初六阴爻相亲近，且居处下卦之中位，兼有刚柔相济而奉行中道之象。枯槁的杨树长出嫩芽，不是坏事，同样，阳刚虽过，但如果能得到阴柔者的辅佐与包容，也不失为一件好事，最起码不是坏事。

四　关于大过卦之九三爻

记者：

大过卦九三爻的爻辞是："栋桡，凶。"请解读一下。

《周易》作者：

这句话的意思非常简单，那就是：栋梁向下弯曲，有凶险。九三为阳爻，本性阳刚，虽处于阳位，但不居中，说明此人阳刚过剩，达到极端。这就好比房屋的栋梁，中间太粗，两端太细，必然造成房屋坍塌一样，所以预示有风险。

记者：

难道就没有人伸出援助之手吗？

《周易》作者：

九三虽然与上六相应和，但因为九三处于栋梁弯曲之极限，所以即使有人相助，也是无济于事的。别人的帮助只会无端增加栋梁的负担，危险度则会越来越大。

记者：

也就是说，即便有高人相助，九三也是无法摆脱凶险之命运。

《周易》作者：

是的。

五　关于大过卦之九四爻

记者：

大过卦九四爻的爻辞是："栋隆，吉。有它，吝。"感觉有点不好理解。

《周易》作者：

此句话中的"隆"是指隆起、凸起的意思；"它"是"蛇"的古字，指意外之患；"吝"是指悔恨。这句话用白话翻译过来就是：栋梁向上隆起，吉祥。若出现意外之患，则会有令人悔恨之事。

记者：

寓意是什么？

《周易》作者：

九四是阳爻，阳刚之气充足，但他却居于阴位，说明他有阳刚者自损阳刚而得刚柔相济之象。这就像房屋的栋梁向上隆起，而不会再向下弯曲，从而使房屋坚固结实一样。

记者：

经验告诉我们，房屋的栋梁虽然弯曲，但如果是向上隆起，就不会导致房屋的倒塌。

《周易》作者：

是的，所以预示吉祥。

记者：

此句中的“有它，吝”如何解释？

《周易》作者：

九四阳爻与初六阴爻处于应和关系，若九四去与初六应和，则仿佛隆起的栋梁转而向下弯曲一样，必然会带来灾祸，所以说结果会“吝”。

记者：

九四的处境非常微妙，选择好了，就可以趋吉避凶；选择不好，则凶多吉少。

《周易》作者：

命运面前，选择至关重要。

六　关于大过卦之九五爻

记者：

大过卦九五爻的爻辞是：“枯杨生华，老妇得其士夫，无咎无誉。”请解读一下。

《周易》作者：

这句爻辞中的“士夫”就是指年轻的丈夫。“无咎无誉”，意思是没有灾殃也没有声誉。这句话翻译成白话就是：枯槁的杨树开了花，老年妇人得到了年轻的丈夫，既没有灾殃也没有声誉。

记者：

九二爻中，你说老夫娶少妻没有任何不好，而在本爻中你说老妇嫁少夫，既不好也不坏。两相比较，仍然能感觉你对这两件事情态度非常不一样。

《周易》作者：

从阴阳平衡的角度来看，年老男子娶年轻女子有点不正常，年老妇人嫁年少男子似乎也有问题。这是我们的态度，即便在我们那个年代，大多数人也是这么看的。

记者：

不对吧。

《周易》作者：

是这样的。在九二爻中，如果阳刚太盛，或许会遭遇危险；如果能够做到适度的阴阳相补，或许是一种不错的选择。总比让阳刚一味地发展而导致灾难发生要好。

记者：

九五爻你们要表达的也是这个意思吗？

《周易》作者：

是的。但到了九五这个阶段，阴阳相济的效果要小得多。

记者：

怎么讲？

《周易》作者：

九五阳爻居于阳位，有阳刚过盛之象。

记者：

怎么办？

《周易》作者：

九五为消除其过盛的阳刚，便与居于其上的上六阴爻亲近。

记者：

此举确实可以起到刚柔相济之功效，“枯杨生华”就是这个意思吧？

《周易》作者：

是的。可惜，上六处于阴极，说明其生机极为微弱，生命力已经非常糟糕了，犹如白发苍苍的老妇。九五与其结为夫妻，只能暂时收到一些阴阳和合的效果，但终究效果有限。我们说这种做法“无咎无誉”就是这个意思。

七　关于大过卦之上六爻

记者：

大过卦上六爻的爻辞是：“过涉灭顶，凶，无咎。”如何解读呢？

《周易》作者：

这句爻辞中的“过涉”，一种说法是涉水过深，一种说法是误涉，一种说法是水势过大时涉水。本爻翻译成白话就是：涉水时水淹没头顶，有凶险，但最终没有凶险。

记者：

水都过头顶了，竟然说没有凶险，如何理解呢？

《周易》作者：

上六阴爻居大过卦之极，说明其才能太弱不足以济困。大过卦本是“泽灭木”之象，上六则恰如被水淹没的树梢。我们以涉水时被水淹没头顶做比喻，明确告诉人们上六预示着很大的风险。

记者：

这一点，毫无疑问。

《周易》作者：

但是，上六阴爻处大过卦之极，物极必反，因此上六又预示着溺水而可获救，所以我们说这种情况是“无咎”。再说，上六面对困境，并没有自暴自弃，而颇具奋力救困之志，希望借助自己的力量来改变环境，所以还是值得肯定的。

第二十九章　坎卦䷜：论人生之难

引　子

本卦之前一卦是大过卦，主题是论阳刚过度。本卦的主题是论人生之难，以及研究如何摆脱险难。

坎卦由八卦中的两个坎卦所组成，坎象征水，因此，坎卦的形象是“水洊(jiàn)至”，即“水重叠水”。水不断地流入陷穴，却又永远注不满，足见其危险之甚。

《周易》的作者们说，事物不可能永远一帆风顺，故大过之后往往是坎坷相随。坎卦由两个坎卦重叠而成，坎即水，水灾是大自然中最可怕的灾害之一。此卦象寓意一个陷阱接着一个陷阱，一个险阻接着一个险阻，可真是进也难，退也难，险中有险，难上加难，弄不好，真的随时都会面临灭顶之灾。面对如此糟糕的处境，《周易》的作者们奉告人们：唯有诉诸诚信，方能感天动地，才会有化险为夷的机会。

一　关于坎卦之卦辞

记者：

坎卦之卦辞是：“习坎，有孚维心，亨，行有尚。”感觉有点不好理解，请你解读一下。

《周易》作者：

“习坎”是指重重险难。需要特别说明的是，《周易》六十四卦中，共有八个重卦（上下卦一样），但只有坎卦被称为“习坎”。

记者：

其他重卦没有这样称呼的？

《周易》作者：

“习”是重叠；“坎”是坑，是指危险的陷阱；“孚”是诚信；“维”是维系；“尚”是崇尚、尊崇的意思。这句话转换成白话就是：有诚信，以此维系人心，亨通，行动会得到人们的崇尚。

记者：

这句话的寓意请解读一下。

《周易》作者：

坎为水，水灾是古往今来最大的灾难之一，坎卦为两坎相叠，就是重重险难的意思。

记者：

看起来是这样。

《周易》作者：

坎卦的九二和九五两个阳爻，都处在阴爻的重重包围之下，阴为虚、为恶，故坎卦有阳刚者陷入小人重重包围之中的意思。

记者：

面对如此险境，人当如何行动呢？

《周易》作者：

人在陷入危险的境地时，首先就是要思考如何摆脱险境，而摆脱险境的最佳办法，就是保持内心诚信，以诚信取信于人。而当你真正按照诚信的原则去行动时，便可化解一切困难。诚能感天，亦能动地，就是这个道理。

记者：

此卦还有别的什么寓意吗？

《周易》作者：

坎卦是水水相连，水积蓄而至，说明水长流不断，有恒久持续的特性。

记者：

寓意是什么呢？

《周易》作者：

这意味着要想成就大事，君子必须仿效水的这一特性，要恒久保持其德行，并持续不断地去学习政教之事，以提高自己治国理政的能力。

二　关于坎卦之初六爻

记者：

坎卦初六爻的爻辞是："习坎，入于坎窞（dàn），凶。"此卦听起来很凶险，请解读一下。

《周易》作者：

你的感觉没错。此句中的"窞"，是坑中的小坑，是坎中的小坎，也有深坑的意思。这句话转换成白话是：险难重重，陷入深坑之中，有凶险。

记者：

从卦象上能看得出来吗？

《周易》作者：

初六阴爻居于阳位，说明其所处的位置不对。初六处于坎卦的最下位，与六四阴爻又不相应和。因此，初六仿佛力量弱小的阴柔者，因违背正道而陷入重重困境之中，而且外面没有任何人来帮他，他的处境险恶之极可想而知。所以，我们说初六之人陷入深坑，面临着极大的凶险。

三　关于坎卦之九二爻

记者：

坎卦九二爻的爻辞是："坎有险，求小得。"同样是陷入深坑，初六看不到任何希望，而九二则是小有所获，为什么呢？

《周易》作者：

九二爻爻辞转换成白话是：坎中有小险，所求小有所获。它的意思确确实实和初六有所不同。

记者：

这是什么原因造成的呢？

《周易》作者：

九二是阳爻，居于阴位，说明其所处的位置不正。他又处在初六和六三两个阴爻之间，说明他面临极大的风险，陷入深坑，处境非常狼狈。

记者：

看得出来。

《周易》作者：

但是，与初六比起来，九二阳爻居下卦之中位，颇有一种阳刚者尚能坚持正道之意。他虽面临危险，但他借助其摆脱风险的努力，仍可取得一定的效果。因此，其结果和初六是有所不同的。只要他按照自己的意志去努力，坚守正道，一定会有所收获。当然了，他毕竟还深陷坑中，要想彻底摆脱危境是非常艰难的。

四　关于坎卦之六三爻

记者：

坎卦六三爻的爻辞是："来之坎坎，险且枕，入于坎窞，勿用。"这句话感觉非常难以理解，请你解读一下。

《周易》作者：

我们先来看看这个句子中的几个关键词，"坎坎"是指坑连着坑，指坑很多；"枕"是指坑很深的意思；"用"是指行动。这句话转换成白话就是：前后左右都是坑，坑很深而且充满危险，陷入深坑之中，不宜采取行动。

记者：

你这么一解读，意思就很清楚啦。简单地说，就是困难太大，什么事也不能做。

《周易》作者：

也可以这么说。六三是阴爻，他处下卦坎卦的极端，又紧临上一个卦坎，前前后后都是陷坑，可以说是困难重重。

记者：

六三真是不容易呀。

《周易》作者：

但六三是阴爻，却居于阳位，足见其有采取行动摆脱困境的意志。

记者：

那该行动就行动呗。

《周易》作者：

六三居位不正，又凌驾于九二之上，其行动不可能成功。如果他盲目行动，必然会陷入更深的危机和险境之中。所以，我们建议他稍安勿躁，保持安静，不能贸然行动。

五　关于坎卦之六四爻

记者：

坎卦六四爻的爻辞是："樽酒，簋（guǐ）贰，用缶，纳约自牖（yǒu），终无咎。"我感觉这句话是《周易》中最难理解的一句话，它到底是什么意思？

《周易》作者：

不用急，把里面的关键词弄清楚了，你自然也就明白了。

记者：

请讲。

《周易》作者：

这句话中的"樽"是盛酒的器皿；"簋"是古代盛食物用的器具，多为圆形；"缶"是一种大腹小口瓦器，通常是用来盛酒或装水的；"纳约"是指进献结好，也就是送东西想把关系拉近；"牖"是窗户。这句话转换成白话就是：一壶酒，两盒饭，用瓦缶盛着通过窗户送入，以示友好，最终没有灾殃。

记者：

寓意是什么呢？

《周易》作者：

与我们刚刚探讨过的六三比起来，六四阴爻与六三一样，都处于上坎下坎之间，前前后后都是坑。但六三居位不正，所以我们说他只配老老实实地待着，不宜采取行动。

记者：

难道六四就不同吗？

《周易》作者：

六四则不同，六四以阴爻居阴位，说明他位置很正，能够恪守正义。六四上承九五阳爻，又有阴柔者顺从阳刚者，从而得阳刚者相助之象。所以，六四不会有灾祸发生。

记者：

这句话中，一会儿送酒，一会儿送饭，似乎表明六四这个人很会拉关系。

《周易》作者：

没错，六四向九五送上食品，以表达自己的诚意，而九五作为君主尊长，能够体会到六四对自己的顺从之意。这些行动表明六四能够处理好与方方面面的关系。也正因为如此，他才能得到方方面面，尤其是尊长者的支持。所以，他的处境要比六三好得多。

六　关于坎卦之九五爻

记者：

坎卦九五爻的爻辞是："坎不盈，祗（zhī）既平，无咎。"不知道是什么意思？

《周易》作者：

这句话中的"祗"，借为"坻"（chí），是指坎中的小块高地。这句话翻译成白话就是：坑还没有填平，水中的小块高地已被铲平，没有灾殃。

记者：

什么意思呢？

《周易》作者：

九五是阳爻居于阳位，居位得正，又居上卦之中位，象征着阳刚者行中正正义之道。因此，九五之人虽处坎险之中，但必有能力来解决他所面临的各种问题。

记者：

既然如此，为什么又说"坎不盈，祗既平"呢？

《周易》作者：

这句话正是用来说明九五为摆脱险境所做的努力。九五铲取水边土丘上的土来填平险坑，但一直到把土丘上的土都铲平了还没有填满，这说明九五虽然如此用心，但还没有真正摆脱险境。不过我们相信，九五摆脱险境只不过是时间问题，对他来讲，不会有什么灾难发生。

七　关于坎卦之上六爻

记者：

坎卦上六爻的爻辞是："系用徽纆（mò），寘（zhì）于丛棘，三岁不得，凶。"这句话怪怪的，请你解读一下。

《周易》作者：

这句话中的"系"是捆绑的意思；"徽纆"是绳索；"寘"是放置；"丛棘"是古代囚禁犯人的地方，即牢狱，因其四周用荆棘堵塞，以防犯人逃跑，故称"丛棘"。这句话转换成白话是：捆上绳子，投入监狱，三年得不到释放，有凶险。

记者：

这句话一听就不是什么好话，非常凶险。

《周易》作者：

没错。上六是阴爻，处于坎卦的最高点，意味着上六之人身处非常危险的境地，而他又无法摆脱，所以预示有凶险。

记者：

原因是什么呢？

《周易》作者：

上六之人之所以会遭受如此凶险之事，是指其不能够按照正义法则行事，不能够摆正与九五阳爻的关系。他对九五阳爻是持一种居高临下的藐视的态度，这种人不可能有好下场。

记者：

那又说明什么？

《周易》作者：

上六遭遇困境，说来说去还是因为他"失道"所致。

记者：

正所谓“得道多助，失道寡助”。

《周易》作者：

是的。

第三十章　离卦☲：论依附之道

引　子

本卦之前一卦是坎卦，主题是论人生之难。本卦的主题是论依附之道。

离卦由八卦中的两个离卦所组成，离象征火，又象征光明，因此离卦所象征的形象是“明两作”，即光明接连而起，明亮无比。

《周易》的作者们说，人在难中，不能坐以待毙，必须依附某种外在的力量，以图自救，这就是依附、附丽。坎卦之后便是离卦，原因便在于此。依附是一种手段，是一种权宜之计，而不能成为终极目的。依附、附丽，不是厚颜无耻地攀附，不能以丧失人格独立为代价。依附谁，远离谁，是有原则的。这个原则就是看被依附者是否秉持正道，是否值得发自内心的敬佩与崇拜。

一　关于离卦之卦辞

记者：

离卦之卦辞是：“利贞，亨。畜牝（pìn）牛，吉。”请你解读一下。

《周易》作者：

“牝牛”是指母牛。这句话转换成白话意思是：离卦有利于占卜问事，亨通。蓄养母牛，吉利。

记者：

有点看不明白。为什么蓄养母牛就吉利呢？

《周易》作者：

我来给你解释一下。离卦也是重卦，也就是说上下卦是一样的，它与坎卦的阴阳爻是完全相反的。

记者：

“离”应该就是离开的意思吧？

《周易》作者：

错！离字本身是有离开的意思，但它有多个含义，此处“离”通“丽”，它的意思是依附。从字源上看，古汉字“丽”写作“麗”，是两头相互依附的小鹿，即“麗”又通“离”。从卦象上看，离卦是中间的一个阴爻依附于上下的两个阳爻。

记者：

似感这个阴爻离不开两个阳爻。

《周易》作者：

离卦又象征火，火是内部空虚，外表光明，相当于中间阴虚，外部阳实。而且，火必须附着在燃烧的物体上。此外，离卦又代表着太阳，有光明之意。

记者：

这些话要表达什么意思呢？

《周易》作者：

这句爻辞的意思是说，天地万物必须依附在某种物体上，才得以存在。离开周围事物而能够独立存在的事物是没有的，人人都必须依附，事事都必须附丽。

记者：

离开对周围力量的附丽，似乎任何人都无法存在。

《周易》作者：

可以这么说。但是，人在选择依附对象的时候，一定要有原则，一定要讲究原则。一句话，你所依附的对象必须走正道。唯有坚守正道进行依附，才能取得成功。我们之所以用蓄养母牛来比喻，那是因为母牛有温顺的德行，它代表着我们所依附对象的品性。

记者：

明白。人不可不依附，但依附要有原则。必须依据一定的原则来依附，才可能有好的结果。

《周易》作者：

没错。

二　关于离卦之初九爻

记者：

初九爻的爻辞是："履错然，敬之，无咎。"请解读一下。

《周易》作者：

这句爻辞中的"履"是步履，即行为；"错然"意思是杂乱无章。这句话转换成白话是：步子杂乱，但保持恭敬谨慎，就不会有过错。

记者：

初九刚刚上场，就乱了步伐，是怎么搞的？

《周易》作者：

初九位处离卦之始，以刚居刚。这意味着他处于刚刚依附于人的时候，就控制不了自己的情绪，躁动，冒进。如此一来，必然很难得到对方的信任，也不会知道如何去做事，行为举止必然有不当之处，难免乱了章法。

记者：

初出茅庐之人，有此失态之处，也很正常。

《周易》作者：

你说得没错。依附他人，贵在柔顺。初九以阳刚的姿态出场，难免横冲直撞，脚步错乱，有失偏颇。幸亏初九居于下位，有一种谦虚恭敬的特征，因此，他才知错即改，没有继续闯祸。初九恭敬地对待依附的对象，最终赢得了对方的信任，挽回了不良的影响，从而避免了更大的过错。所以，才会"无咎"。

三　关于离卦之六二爻

记者：

六二爻的爻辞说："黄离，元吉。"不知道这个"黄离"是什么意思？

《周易》作者：

"黄离"就是依附之物有黄色的性质。

记者：

这说明什么呢？

《周易》作者：

黄色附着于物，是大吉之象。说明六二之人恪守正道，秉持中庸之道。

记者：

这黄色是什么性质？黄色又如何显示恪守正道？

《周易》作者：

黄色在中国传统的青、白、赤、黑、黄五色里代表土的颜色，而土在五行中央，故系为中之色，象征中道、正义。“黄离”，这里是指六二爻以柔爻居阴位得正，又居于下卦之中位，秉持中道、正义。这说明他能以柔顺中正之道依附于人，当然会吉祥的。

记者：

六二的做法显然与初九不同。初九有阳刚之气，他既想依附他人，又需要保持谦卑，这很难。但六二本性柔顺，加之他从内心秉持中庸之道，因此，他能够处理好这种关系。

《周易》作者：

你理解得很快嘛！中国的传统文化主张做人要“外圆内方”，意思就是说，在依附于人的同时，保持自己的独立人格。或者反过来说，人既要保持自己的独立人格，同时又要与周围的人保持良好的关系。这确实很难做到，这里面涉及如何处理义和利的关系。义利皆得，难之又难，但也最为理想。

四　关于离卦之九三爻

记者：

离卦九三爻的爻辞说：“日昃（zè）之离，不鼓缶而歌，则大耋（dié）之嗟（jiē），凶。”不知道是什么意思？

《周易》作者：

这句话中的“昃”是指太阳偏西，“耋”是指七八十岁的年纪。这句话翻译成白话是：面对西斜的太阳，不是敲着瓦器唱歌，而是徒做垂老之人的嗟叹，凶险。

记者：

大概听来，这句爻辞是不是奉劝那些垂老之人要尽情地唱歌，而不要去做一些无谓的事情。

《周易》作者：

是这样。九三阳爻居阳位得正，但他处于卦的终点，说明已经是风烛残年了。九三以刚居刚，但很难秉持中庸之道，意思是他很难对待老与死的问题。

记者：

为什么这么说呢？

《周易》作者：

夕阳西垂，生老病死，本是自然常理。人到了风烛残年，就应该把酒临风，击缶唱歌，欢度余年。如果到了晚年，还悔叹人生成败，自怨自艾，徒增悲伤，如此一来，不是凶险是什么呢？

五　关于离卦之九四爻

记者：

离卦之九四爻文字怪怪的，一连用了五个“如”字，不知道是什么意思？

《周易》作者：

离卦九四爻的爻辞是：“突如其来如，焚如，死如，弃如。”这句话中确实有五个如字，这里的“如”通“然”，表示样子、状态。这句话翻译过来是：突然而来，如同火焰熊熊，必有生命危险，会被抛弃。

记者：

它想表达什么意思呢？

《周易》作者：

这句爻辞的寓意就是：依附者以强宾逼主，咄咄逼人，必有凶险。

记者：

请解释一下。

《周易》作者：

九四处于上下两离之间的“多疑之地”，他急欲向上逼近六五。

记者：

你的意思是说，九四与六五很近，本处“多疑之地”，但他却心急火燎地想靠近六五之君？

《周易》作者：

是的。但是九四以阳爻居阴位，说明此人位置不正，居心不好，他不可能以中正之道做事情。他来依附居君位的六五，其实是来逼宫。他的逼宫之态如火焰燎人，有强宾逼主之势。名为依附，实为逼迫。

记者：

如此一来，必然会引起六五的警觉。

《周易》作者：

没错，九四的做法必然会引起六五的戒备。六五处于尊位，面对九四的咄咄逼人，一定会采取有力措施来予以打压。

记者：

结果会怎样？

《周易》作者：

九四不中不正，又无外来力量的支持，他虽然咄咄逼人，但毕竟未行中正之道，最终必定是凶多吉少，弄不好会丧失生命，遭人唾弃。

记者：

看来对那些拥有雄心壮志但太过刚强的人来讲，如果不能正确地处理好与统治者的关系，轻者无缘从政，重者会招致杀身之祸。

六　关于离卦之六五爻

记者：

离卦六五爻的爻辞有“出涕沱（tuó）若”的表述，感觉这位统治者整天哭哭啼啼，不知道为什么。

《周易》作者：

你得完整地理解这句爻辞。

记者：

说来听听。

《周易》作者：

离卦六五爻的爻辞是：“出涕沱若，戚嗟若，吉。”这句话中的“涕”是眼泪；“沱”是涕泪如雨；“若”是形容词或副词的后缀，表示状态；“戚”是忧愁的意思。这句话翻译成白话非常简单。

记者：

请讲。

《周易》作者：

那就是：泪如雨下，忧戚叹息，吉祥。

记者：

都涕泪滂沱、唉声叹气了，何吉之有啊？

《周易》作者：

且听我慢慢道来。六五是阴爻但居于阳位，有阴柔者居位不正之象。居位不正，则所行一定不会顺利，一定会产生种种麻烦……

记者：

还没说吉从何来？

《周易》作者：

但六五阴爻居上卦之中位，说明他能够秉持中庸之道。六五之人虽是统治者，但不走极端，他对自己的处境十分清楚，所以经常悲伤、叹息、忧愁、哭泣。也正因为如此，他才能居安思危、事事警觉，同时获得众人的同情和理解。最后，大家便会齐心协力，帮助他摆脱困境，所以寓意吉祥。

记者：

原来如此！

七　关于离卦之上九爻

记者：

上九爻的爻辞，感觉打打杀杀的，寓意是什么呢？

《周易》作者：

离卦上九爻的爻辞是：“王用出征，有嘉折首，获匪其丑，无咎。”在这里，“用嘉”是指有喜事出现；“折首”是斩首；“匪”是匪徒、敌人；“丑”是指一类。这句话翻译成白话就是：君王率兵出征，有斩获敌人首级的喜事，抓获很多俘虏，没有灾难发生。

记者：

本爻辞要表达什么意思呢？

《周易》作者：

上九已达到光明的顶点。他居高临下，能够观察每一角落，而且行动果断。上九摆兵布阵，是为了国家和民众的利益。他不滥杀无辜，除了首恶外，对俘获的同党则不予追究，这种做法不会受到责备。

《周易》

下经

第三十一章　咸卦䷞：论男女之爱

引　子

本卦之前一卦是离卦，主题是论人在危难之际的自我拯救，即依附、附丽之道。本卦的主题是论人与人之间，尤其是青年男女之间的感情交流。

咸卦由八卦中的艮卦和兑卦两部分组成，艮在下，兑在上。根据《易传》，艮象征山，兑象征泽，因此，咸卦所象征的形象是"山上有泽"，即山上有水泽。

《周易》的作者们说，人在身陷险境、遭遇重重困难时，离卦所强调的依托强势势力的鼎力相助固然十分重要，但最亲近之人的感情支撑更为关键。故咸卦着力于研究男女之间的感情交流。男女之爱，要发自真诚，要循序渐进，尤其必须以婚姻为最终归宿，否则，"始乱终弃"，违背正道，则应受谴责。

一　几句题外话

记者：

从本篇开始，我们来一起研究《周易》的下经。在正式研究之前，想向你请教几个问题。

《周易》作者：

你说。

记者：

《周易》分为上经和下经，我想问一下，为什么如此安排？

《周易》作者：

在你看来，原因是什么呢？

记者：

说句心里话，我还没有琢磨透这个问题。有的学者说，《周易》的上经谈的是天道，下经谈的是人事。天道与人事不同，所以你们把《周易》分为上经和下经。

《周易》作者：

我不同意这种说法。因为《周易》六十四卦的每一卦几乎都是既论天道又论人事，绝对不能说前三十卦论的是天道，后三十四卦论的是人事。

记者：

还有学者说《周易》太长，你们把《周易》分为上经和下经只是为了便于检阅，也没有什么特别的考量。

《周易》作者：

《周易》共六十四卦，如果仅仅是为了检阅的方便而一分为二，也应该是上经和下经各三十二卦。而现在呢？上经是三十卦，下经是三十四卦。由此看来，这个原因也不对。

记者：

你不要卖关子了，到底是什么原因呢？

《周易》作者：

这个问题暂不回答，我们一边研究，一边来思考这个问题吧。你看如何？当然啦，你也得有个思想准备，这个问题或许无解。上经与下经的安排或许只是一个随性的安排，也或许各人有各人的解读。

二　关于咸卦之卦辞

记者：

咸卦之卦辞是："亨，利贞。取女吉。"请解读一下。

《周易》作者：

"咸"意为交互、感应；此处的"贞"是占卜问事相关事宜；"取"通"娶"。本卦辞转换成白话文就是：亨通，有利占问。娶妻，吉祥。

记者：

说说本卦的寓意是什么？

《周易》作者：

本卦中，上兑下艮，艮是年少的男子，兑是年轻的女子，故此卦象象征着少男少女之间的相互感应。同时，艮有止，有诚信忠诚之意；兑为悦，意为和悦、高兴，象征着男子诚心与女子交往，女子则非常高兴地予以回应。此外，艮为止，又有男子娶妻安家定居之意；兑为悦，表示女子乐意满足男子的愿望。

记者：

说来说去，就是指青年男女之间相互感应、相互喜欢，并希望通过彼此之间的感情交流而走进婚姻的殿堂。

《周易》作者：

是这么回事，所以说预示吉祥亨通。

记者：

还有别的寓意吗？

《周易》作者：

对本卦的理解，也不能局限于男女之间的感应。其实，无论是人与人之间，还是天地万物之间，都会发生交互感应。而正是通过交互感应，万物才得以生长变化，圣人才得以教化万民，使天下太平。

记者：

明白。

《周易》作者：

此外，咸卦上兑下艮，象征着山上有泽，推测君子应该以虚受人。

记者：

什么意思呢？

《周易》作者：

山顶必有虚空之处，方能容纳大泽。君子必须虚怀若谷、胸怀坦荡，才能与人相互感应，才能包容、团结众人，从而在众人的支持和拥护下成就人间大业。

三　关于咸卦之初六爻

记者：

咸卦初六爻的爻辞只有三个字“咸其拇”，请解读一下。

《周易》作者：

本爻中的“拇”是大脚趾的意思。

记者：

什么意思？大脚趾也能相互感应吗？

《周易》作者：

这是个比喻！这句爻辞直译成白话是：大脚趾相互感应。它表示初六阴爻处于咸卦的开始部分，象征着事物间的感应刚刚开始，彼此之间的感应还很微弱。

记者：

意思是说，大脚趾处于人体最下的部位，敏感程度相对较弱。用这个比喻，确实很形象。

《周易》作者：

是的。在本爻中，初六阴爻与九四阳爻是天生的一对，彼此互为感应对象。也就是说，九四是初六的追求对象，初六也是九四的追求对象。

记者：

用“咸其拇”确实很形象地表达了青年男女初见时的感觉。

《周易》作者：

大脚趾之间的感应，不是心灵之间的感应，而是人在生理上一种自然而然的本能的反应。这种反应是爱情生活初级阶段的情感表露，而不可能有更进一步实质性的行为。

记者：

有人曾经说过，《诗经》的第一首诗歌《关雎（jū）》所描述的情形和这句爻辞所刻画的情形非常相似。

《周易》作者：

是的，《关雎》讲的就是少年追求少女的故事。这首诗歌共分为四段，其中第一段描写的就大致相当于男女恋爱懵懂期的情形，内容是："关关雎鸠，在河之洲。窈窕淑女，君子好逑。"当初次见到一位文静而又秀丽的窈窕少女时，小伙子便出于一种本能而产生一种想与她结成配偶的心思，这就是咸卦初六爻爻辞所描述的"咸其拇"阶段。

四　关于咸卦之六二爻

记者：

咸卦初六爻的爻辞说的是青年男女初见时的感受，六二爻所描述的应该比第一阶段的感应要深化一些，是吗？

《周易》作者：

正是。六二爻的爻辞是："咸其腓（féi），凶，居吉。"在这里，"腓"是腿肚子，"居"是停下来。这句话转换成白话，应该是：腿肚子交互感应，有凶险，停下来，就吉祥。

记者：

寓意是什么？

《周易》作者：

六二阴爻居下卦之中位，与居上卦之中位的九五阳爻相应和，说明感应正向深度发展。六二是关于腿肚子之间的交互感应，明显比初六爻所说的脚趾之间的交互感应要提升一档。

记者：

这倒是。到了这个程度，男女之间的交往应该付诸行动了吧？

《周易》作者：

那还没到。男女之间腿肚子发生相互感应，则有可能发生不好的事，所以预示有风险。但六二阴爻处于阴位，处位很正，六二又居下卦之中位，有柔顺恪守中庸之象，因此决定了六二之人能够居安守分，不会盲动。他会掌握好火候，该行动时行动，该停下来时能够停下来。也正因为他能够做到这一点，不去恣意妄为，我们才说此种做法吉祥。

五　关于咸卦之九三爻

记者：

咸卦九三爻的爻辞是："咸其股，执其随，往吝。"这回从"腓"到"股"了，请你解读一下。

《周易》作者：

本爻辞中的"股"是大腿；"执"是执意的意思；"随"是追随、随从的意思。这句话翻译成白话就是：大腿交互感应，执意随从，如此前往，必有令人悔恨之事。

记者：

请继续解读。

《周易》作者：

九三是阳爻居于阳位，说明九三之人有阳亢躁动之象。九三阳爻与上六阴爻相应和，又在六二之上，象征男女之间互相感应、声形相随。

记者：

男女相悦、谈情说爱，非常正常。为什么你说会有悔恨的事情发生呢？

《周易》作者：

九三在咸卦中的位置属于中部以下，恰如大腿在人身体中的位置。青年男女在这个部位的相互感应，出于一种本能，很可能会毫无节制地随着欲望而发展。

记者：

关于这句爻辞中的"执其随"三个字，有的学者解释为大腿随足而行，并因而引申为随别人而行动。你的解释是否有所不同？

《周易》作者：

这个嘛，应该是见仁见智的。不过，人的行动是始于足，动于腿，主于腰，发于臂，从这个意义上讲，脚动腿必动。但不管肢体怎么动，都是受意念控制的。

记者：

这倒是。所以，我把"执其随"理解为执意随着欲望而行动。

六　关于咸卦之九四爻

记者：

咸卦九四爻的爻辞是："贞吉，悔亡。憧（chōng）憧往来，朋从尔思。"这下不以身体部位做比喻了。

《周易》作者：

那倒不是，下面还会有"脢（méi）"，有"辅"呢！

记者：

你还是先说说这句爻辞的意思吧。

《周易》作者：

本爻辞中，"憧憧"是往来不绝的样子；"思"是思念、心思的意思。这句话转换成白话就是：占卜问事、咨询未来，一定有好的事情，没有后悔之事。相互之间往来不绝，朋友会顺从你的想法。

记者：

请解读一下。

《周易》作者：

九四阳爻处于阴位，说明其居位不正，所以说他可能会遇到令人悔恨之事。但他毕竟是以阳爻居阴位，也同时具有阳刚者愿意保持低调、不恣意妄为的考虑。咸卦以安静不动为最佳，故九四预示着吉祥，并最终不会有令人悔恨的事情发生。

记者：

到了九四爻这个阶段，男女之间的交往应该是越来越深入了。

《周易》作者：

没错。九四爻在咸卦中的位置，属于中部偏上，相当于心脏的位置。九四阳爻又与初六阴爻相应和，仿佛阳刚者发自内心地与阴柔者交往，从而能够感动阴柔者，使其能够顺从阳刚者的想法。

记者：

"憧憧往来，朋从尔思"，说的应该就是这个意思吧？

《周易》作者：

是的。到了这个阶段，九四与初六的感情已经很深了。他们你来我往，彼此行为专一，而很少再与别人进行交流。应该说，这是青年男女感情发展的高级阶段。

七　关于咸卦之九五爻

记者：

咸卦九五爻的爻辞是："咸其脢，无悔。"这里有"脢"了，应该比"股"又高了吧？

《周易》作者：

这句爻辞中的"脢"，意思是脊背部位的肉，这部分的肉感应能力非常之低。这句话转换成为大白话就是：脊背之肉交互感应，没有后悔之事。

记者：

寓意是什么呢？

《周易》作者：

九五阳刚居于尊位，应与天下之人交互感应，但九五与六二阴爻相应和，说明其只与六二交互感应，范围过于狭窄。同时，九五在咸卦中处于上部偏下，相当于心脏之上、头部偏下的脊背位置，而人的脊背反应迟钝，与人感应时比较勉强。故这种行为的结果不会太好，仅"无悔"而已。

记者：

听你的这种解释，总觉得别别扭扭的，太过牵强附会。

《周易》作者：

莫非你有更好的解释？

记者：

我看过当代学者周山先生的著作，感觉他对本爻辞的解读似乎更合理一些。

《周易》作者：

不妨说来听听。

记者：

周山先生在书中提出，历代学者把"脢"解释为脊背之肉是错误的。

《周易》作者：

那他是如何解释“脢”这个字的呢？

记者：

在他看来，“脢”指的是喉结。男子喉结突出，便是已经发育成了一个成熟的男人；喉结感应，表示九五在说话。

《周易》作者：

那九五是在与谁说话呢？

记者：

自然是与他的梦中情人在说话。这是倾吐相思之情，情真意切，山盟海誓，且永远的“无悔”。

《周易》作者：

周山先生的见解也算一家之说。但这个“脢”字是不是指喉结，我看你还是查查你们现在的字典，我们那个时代它就是脊背之肉的意思。

八　关于咸卦之上六爻

记者：

咸卦上六爻的爻辞是：“咸其辅颊舌。”请解读一下。

《周易》作者：

你刚才说的周山先生是不是对此也有他的解读？

记者：

有的，我也认为他的解读更顺一些。在周山先生看来，“辅”是上颌；“颊”是脸的两侧；“舌”自然指舌头。青年男女之间的感应发展到上颌、脸部和舌头，可见彼此已经发展到最亲密的肢体接触阶段，也即唇齿相吻阶段了。

《周易》作者：

还有别的解释吗？

记者：

也有人认为感应发生在这些部位，是指信口开河、用花言巧语取悦对方。

《周易》作者：

青年男女之间的感应发展到巅峰，男欢女爱本是人之常情。因此，我认为第一种解释更合理一些。

第三十二章　恒卦䷟：论守恒之道

引　子

本卦之前一卦是咸卦，主题是论万物之间的相互感应，论青年男女之间的谈情说爱。本卦之主题是论守恒之道，具体而言即是论夫妇关系上的天长地久问题。

恒卦由八卦中的巽卦和震卦两个部分所构成，巽在下，震在上。根据《易传》，巽象征风，震象征雷，因此，恒卦所象征的形象便是“雷风”，即雷和风并作。

《周易》的作者们说，恒卦研究的是那种被老子称为“恒道”的东西，这种东西先于天地而生，永远不会改变，永远不会消失。体现到男女之爱、夫妻之情上，就表现为人们总是希望这种爱和感情能永恒保持，即便海枯石烂也不变。而心猿意马、朝秦暮楚则为此道所不容。

一　关于恒卦之卦辞

记者：

恒卦之卦辞是：“亨，无咎，利贞，利有攸往。”请解读一下。

《周易》作者：

“亨”意为亨通、顺利；“咎”意为灾殃；“贞”意为占卜问事、咨询将来。这句话转换成白话就是：亨通，没有灾殃，占卜问事，结果很有利，也利于有所前往。

记者：

寓意是什么？

《周易》作者：

恒卦中下巽上震，巽为风，震为雷，象征风在地上吹动，雷在天上震动。这是自然界中再正常不过的现象了，故此卦寓意长久、永恒。

记者：

同意。

《周易》作者：

震为长男，巽为长女；长男在上，长女在下；男主外，女主内，象征家庭中的内部分工。这种分工数千年来从未有过根本性的改变，因此也是对“恒道”的强调。天地万物恪守常道，宇宙之间自然和谐无比；君臣百姓守常道，人间自然充满爱与和谐。具体到每一个人，诚信守常，恪守契约，同样也是人间美德。以此原则经营人生，则必然无往而不胜。

二　关于恒卦之初六爻

记者：

恒卦初六爻的爻辞是：“浚（jùn）恒，贞凶，无攸利。”不知道此句如何理解？

《周易》作者：

此句中的“浚”意思是深。这句话转换成白话是：深求恒久，占卜问事，得凶兆，得不到什么利益。

记者：

很显然，这不是一个好现象。

《周易》作者：

初六是阴爻但处于阳位，有阴柔者存在着急躁冒进的寓意。初六阴爻与九四阳爻相应和，寓意阴柔者急切地要求阳刚者持守恒道。

记者：

这难道不好吗？青年男女已结为夫妻，已成为一家人，彼此相互要求对方坚持恒道，何错之有呢？

《周易》作者：

初六处于恒卦的开始阶段，寓意其刚开始与九四相识和交往，组成家庭的时间还不长，彼此并不十分地了解。在这种情况下刻意要求对方做出长久之承诺，交浅而言深，自然不会有好的结果。

记者：

你讲的这个道理不仅仅适用于青年男女之间，在一般的朋友之间也是如此。当和一个人交往还不深的时候，你没有理由要求对方做出过深的承诺。同样，你也没有义务向对方做出过深的承诺。反之，如果你提出过高的要求，不是伤害别人，就是伤害自己。

《周易》作者：

就是这个意思。

三　关于恒卦之九二爻

记者：

恒卦九二爻的爻辞只有两个字："悔亡。"不知寓意为何？

《周易》作者：

所谓"悔亡"，就是没有后悔之事。

记者：

我关心的是"悔亡"这两个字背后的寓意。

《周易》作者：

我们刚才谈论了初六爻，初六爻谈的是夫妻之间刚刚走进婚姻的殿堂，彼此都应该给对方一个相互了解的过程，而不能过于强求。当双方在自觉自愿的基础上建立了对彼此的忠诚，即便有一些纠纷，最终也会有一个完美的结局，而不可能发生后悔之事。

记者：

你说的道理也没错，但从九二爻卦象上能看出来这一点吗？

《周易》作者：

当然能看出来。九二是以阳处阴，刚者守中，说明九二之人能够恪守夫妻之道。同时，他又能够保持不偏不倚的中庸态度。有了这两个态度，夫妻之间就有了互信的基础，有了这样的互信基础，自然就不会出现不好的事情。

四　关于恒卦之九三爻

记者：

恒卦九三爻的爻辞是："不恒其德，或承之羞，贞吝。"这句话从表面上来看似乎很好理解，那就是说人如果不能够长久地坚持其德行，必然遭受别人的羞辱，结果不可能好。

《周易》作者：

你的说法差不多。这句话转换成白话是：不能恒久地保持其德行，有时受到羞辱，占卜问事、咨询将来，一定会有令人悔恨的事发生。

记者：

应该是这样。

《周易》作者：

九三是阳爻居于阳位，有阳刚者躁动不安之象。九三阳爻与上六阴爻相应和，但九三和上六都处于下卦和上卦的顶级位置，居位不中，说明他们都不能够恪守中道。他们不能恪守中道，就不能恪守恒道；不能恪守恒道，自然是言行不守，反复无常，言而无信，事而无恒，交友便太过投机而不能长久。这样的人，不可能受到别人的欢迎。他不是受到他人之羞辱，就是为众人所鄙弃，以致无处容身。

五　关于恒卦之九四爻

记者：

恒卦九四爻的爻辞是"田无禽"，这与前面师卦六五爻所说的"田有禽"正好相反。这句话应该是打猎的时候，两手空空，什么也没逮着的意思吧？

《周易》作者：

这句话的寓意也比较简单。你看，九四阳爻居于阴位，他又不是处在居中的位置，这说明九四之人不中不正，做事不靠谱、不守正义。人做事不靠谱、不仁义，结果必然是一无所获。爻辞中以狩猎为比喻，说九四好比一个猎人，在根本没有鸟兽或无法捕获鸟兽的地方狩猎，却不知变通，一个劲地在那里死守，这样的人，是不可能获得什么东西的。

记者：

这句爻辞对这种行为的结果似乎未做什么判断。

《周易》作者：

我们的价值判断已经体现在文字中。虽然我们没说这种情况是凶是吉，但任何人都会明白，这种不中不正、不诚不信之人，是没有什么好下场的。

六　关于恒卦之六五爻

记者：

恒卦六五爻的爻辞是："恒其德，贞，妇人吉，夫子凶。"这句话如何解释？

《周易》作者：

这句话翻译成白话就是：保持持久美德，妇人可获吉祥，男子必有凶险。

记者：

感觉本爻辞的寓意和恒卦整个卦的寓意有些冲突：一方面，你们强调要恪守道德；另一方面，你们为什么又说遵守道德对某些人来说是不好的呢？

《周易》作者：

在回答你的问题之前，我先把这句话的本来意思解释一下。

记者：

请讲。

《周易》作者：

六五居上卦的中位，恒卦贵中，得中位即得恒久之道，这就是恒久之德。

记者：

这好理解。

《周易》作者：

六五以阴居阳，以柔居刚，所以这个德是柔顺之德。六五下应九二阳刚且居中，是谈妇女应该遵守的道德，这种道德坚持下去，必定是好事情。

记者：

依据你们原来的解释，为什么对妇女有好处的品德，对男子来讲一旦坚守，则会带来不利呢？

《周易》作者：

在我们那个时代，要求女子坚持的操守是从一夫而终其身，只有这样的人才符合柔顺之德，此所谓妇人之道。相比之下，这种道德对于男子来说却有所不同。男人主外，遇事需要灵活应对，如果行事如妇人般从一而终，不知变通，则必定做不成任何事情，所以说会有凶事发生。

记者：

这样讲或许还是能说得通的。不过，随着时代的变化，此爻还应该有新的解释。

《周易》作者：

你说来给我听听。

记者：

对同样一种道德，不同的时代应该有不同的要求，不同的人群也应该有不同的要求。如果死板地恪守某种道德或信条，对任何人都可能带来坏处。这就是道德的相对性。

《周易》作者：

你的理解提升得很快！

七　关于恒卦之上六爻

记者：

恒卦上六爻的爻辞是："振恒，凶。""振恒"是什么意思？

《周易》作者：

所谓"振恒"，就是面对恒久之德躁动不安。

记者：

在对恒卦之六五爻进行分析的时候，你主张人不能机械地来对待传统的道德，对特定的人、特定的时候来说，道德也具有特定的相对性。而在上六爻中，你却说如果面对恒久的道德躁动不安，又会带来凶险。应该如何理解呢？

《周易》作者：

你也不要机械地理解我们刚才的谈话，恒卦的核心思想还是主张道德的永恒性。只有在特定的情况下，我们才会允许人们对道德采取相对主义的态度。

记者：

明白你的意思。上六爻说面对恒久之德躁动不安，就是对恒久之德的违背，所以，你们预判其结果是凶。

《周易》作者：

上六居恒卦之极，象征一家之长。但是，他长期躁动不安，无论是天地之间的法则，还是夫妇之间的纲常，都被他破坏无遗。这样的人，怎么可能有好结果呢？

记者：

我明白你的意思。最后，想再问一个问题：为什么恒卦的卦辞很好，但爻辞却大多很不好呢？

《周易》作者：

恒卦的六句爻辞中，除居中位的九二与六五之外，均是“凶”“吝”之类的结果。九二是“悔亡”，六五也是半凶半吉。

记者：

原因是什么呢？

《周易》作者：

恒久之道在所有的道德中，是非常之好的。所以，我们称这种道德是“亨”“无咎”“利贞”“利有攸往”。可以说，我们用了《周易》中所有最好的语言来赞美这种道德。但是，恒久之德正因为太过高深，一般人是不可能了解这种道德的。同时，恒久之德也太过完美，一般人要想实践这种道德，更是不可能。我们之所以在六个爻中没有设置太好的爻辞，寓意就在于强调坚持道德是一件难之又难的事情，绝对不能急于求成，而是要有充分的思想准备，才有可能成为一个道德上的真君子。

第三十三章　遁卦䷠：论进退之道

引　子

本卦之前一卦是恒卦，主题是强调人当守恒。本卦的主题是论进退之道。

遁，亦写作“遯”。遁卦由八卦中的艮卦和乾卦两个部分组成，艮在下，乾在上。根据《易传》，艮象征山，乾象征天，因此，遁卦所象征的形象便是“天下有山”，即天空下面矗立着大山。

《周易》的作者们告诉人们，在遁卦卦象中，天代表君子，山则代表小人，小人一天比一天猖狂，而君子们面临的处境则一天比一天艰难。面对这种情况，君子们当学会退避静处，积蓄力量，待能力达到一定的程度再做发挥。归隐不是无原则的消极避世，而是一种以退为进的高级智慧。

一　关于遁卦之卦辞

记者：

遁卦之卦辞是：“亨，小利贞。”是不是有利小人亨通的意思啊？请结合整个卦象解读一下。

《周易》作者：

你要完整地理解本卦卦辞。本卦为遁卦，“遁”是退避、隐退之意，因此，此卦是说当利小人之时，君子当退避。从卦象上看，遁卦中的初六、六二是两个阴爻……

记者：

意思是？

《周易》作者：

意为邪恶势力逐渐增长，一发而不可收拾，如果再发展下去，就连九三也要变成阴爻了。

记者：

我能看得出来，如果九三阳爻也成为阴爻的话，“遁卦”就不是遁卦，而是成为“乱世之卦”的否卦了。

《周易》作者：

是的。到那时，小人得道，而君子们则个个如丧考妣，人人皆噤若寒蝉。

记者：

小人当道，君子失势，深陷如此困境，君子们当如何自处呢？

《周易》作者：

小人得道，恶势力猖獗，统治者也是昏庸无比、不辨是非，在这种情况下，君子们要学会见机而退，以求保全生命。万不可单枪匹马，与敌人拼个鱼死网破。

记者：

敌人的势力太过强大，如不能讲求一些策略来进行斗争，到头来，小人们依然把持天下，为所欲为；而君子们则全军覆灭，所有健康的力量都毁灭殆尽，这个社会也就彻底没希望了。

《周易》作者：

是的。身处乱世，是君子们的大不幸。他们即便满腹经纶，身怀绝技，也无法贡献社会，建功立业，令人唏嘘。

记者：

那也只能如此。大事不成，做点小事吧，机会好了再说。在当下，当条“潜龙”最好。话赶话，再说几句，如何处理好与小人的关系也是一门大学问。

《周易》作者：

是的，必须讲究策略。君子们都是有志之人，退避山林只是权宜之计，不是人生目的。立德、立言、立行，才是人生的价值之所在。当小人势力太过强大时，君子们太过僵硬地与之针锋相对，或许会给自己带来杀身之祸。为保存实力，君子们不必过分暴露自己的厌恶与反感，而要巧妙地处理好与小人的关系，不忘初心就行了。

二　关于遁卦之初六爻

记者：

遁卦初六爻的爻辞是："遁尾，厉，勿用有攸往。"不知道如何解释？

《周易》作者：

"遁"，逃跑、逃逸；"尾"是末尾；"厉"是危险；"勿用"是指不适合；"攸"是助词，相当于"所"。这句爻辞翻译成白话就是：退隐时落在最后面，有危险，不要前往。

记者：

这句话是什么意思呢？

《周易》作者：

初六处在遁卦之开初，恰如事物末尾的位置，所以说"遁尾"。"遁尾"意味着初六之人在退隐的时候落在后面，也就是说，他的退避可能不及时。既然退避不及时，那必然预示着有危险。

记者：

那如何应对呢？

《周易》作者：

初六之人既已面临危险，那就不要继续退避，而应该停下来，静观事态的发展，以选择合适的路径。千万不要贸然行动，否则，会有灾难。

记者：

你的意思是说，面对小人得势的环境，作为君子，应该果断退隐；当自己隐退不及时，可能要遇到危险的时候，应该迅速采取措施，避免灾难的发生。

《周易》作者：

是这个意思。

三　关于遁卦之六二爻

记者：

遁卦六二爻的爻辞是："执之用黄牛之革，莫之胜说（tuō）。"请解读一下。

《周易》作者：

本爻辞中的“执”是捆绑；“革”是皮革；“莫”是没有；“胜”是能；“说”通“脱”，即解脱、脱落。这句话翻译成白话是：用黄牛之皮革紧紧捆住，没有人能解得开。

记者：

没头没脑的一句话，什么意思呢？

《周易》作者：

从卦象看，六二是阴爻，居于阴位，处下卦之中位，这意味着六二之人居位得正，符合正义的法则。此外，六二阴爻与九五阳爻相互应和，说明阴柔者能够得到阳刚尊者的信任和支持。

记者：

情况既然是这样，我相信六二之人的日子不会太难过的。

《周易》作者：

你说得没错。虽然周围全是小人，但由于自己做事问心无愧，加之能够得到强大同盟者的支持，所以六二之人能够做到独守其志、独善其身，不做无谓的退让，其意志的坚定程度仿佛用黄牛皮裹住物体一样坚强。

记者：

情况既然是如此之好，你们为什么不做处境之预测呢？

《周易》作者：

六二爻虽无吉凶预测之语，但结果毫无疑问，不可能有凶兆。

四　关于遁卦之九三爻

记者：

九三爻的爻辞是：“系遁，有疾，厉。畜臣妾，吉。”不知道是什么意思。

《周易》作者：

本句爻辞中的“系”是牵挂、挂念的意思；“臣妾”即臣仆、侍妾。这句话翻译成白话是：想退隐，但心有挂念，身患疾病，有危险。畜养臣仆侍妾，吉利。

记者：

寓意是什么？

《周易》作者：

九三是阳爻，居于阳位，这寓意着阳刚者有快速退隐的意思。但是，九三与上九同为阳爻，不相应和，故九三只好与六二阴爻相亲近，从而不愿隐退。

记者：

你的意思是说，九三之人虽然意识到必须采取退避的策略，但因为贪恋俗物，故无法退隐。一旦如此，那必然会面临很多问题的。

《周易》作者：

是的。所以，我们说他这样做会造成疾病，会带来危险。

记者：

那怎么办呢？

《周易》作者：

九三以阳爻居阳位，说明他的位置是没问题的，也说明他能够及时调整策略。比如，他可以选择多蓄臣仆和侍妾来服务自己，以让统治者知道自己无意在政治上有所追求，只想过一种快乐的生活。如此一来，他就可以被当权者所忽视，从而可以避开锋芒，得以渡过危难的局势。

记者：

如能做到这一点，我相信，也不会有坏的结果。

《周易》作者：

所以预示吉祥嘛。

五　关于遁卦之九四爻

记者：

遁卦九四爻的爻辞是："好遁，君子吉，小人否。"这句话如何解释？

《周易》作者：

这句话非常好解释，"好"就是时机好。这句话翻译成白话就是：时机恰当时，应好好隐退，君子吉利，小人则不然。

记者：

该如何解读呢？

《周易》作者：

九四是阳爻，是上卦的一个部分。他虽然与初六小人相应和，但在应当隐退之时，却能断然摆脱与初六之人的暧昧关系。这就是说，他在退隐这个问题上，时机的把握恰到好处。他能够做到这一点，当然吉祥。

记者：

我相信，所谓的小人，就是那些贪图眼前的利益，而不能做到断然隐退的人吧。

《周易》作者：

这样的人，往往是眷恋高位，不愿意放弃。

记者：

所谓舍得，先舍才有得。如果该放弃高位，却苦恋权势不愿隐退，迟早会给自己带来灾祸的。

《周易》作者：

正是。

六　关于遁卦之九五爻

记者：

遁卦九五爻是本卦中最短的一个爻，请解读一下。

《周易》作者：

遁卦九五爻的爻辞是："嘉遁，贞吉。"在这里，所谓的"嘉"，就是赞赏、赞许的意思。这句爻辞翻译成白话就是：令人赞美的退隐，坚持下去会获得吉祥。

记者：

寓意是什么？

《周易》作者：

九五是阳爻，居上卦之中位，他与居下卦之中位的六二阴爻相应和，象征阳刚尊者居中得正，同时又能得到阴柔者的大力支持。

记者：

既如此，从九五的处境来看，他就没有退隐的必要嘛！

《周易》作者：

九五之人高就高在此处。他虽然位居统治者的高位，但他能够居安思危，在平静中看出危机，故断然而退，这是高人之举。所以，我们说这种隐退是“嘉遁”，值得赞许。在中国历史上，尧让位于舜，舜让位于禹，伊尹功成身退，都属于“嘉遁”，留下千古佳话。

七　关于遁卦之上九爻

记者：

遁卦上九爻的爻辞是：“肥遁，无不利。”请解读一下。

《周易》作者：

本爻中的“肥”通“飞”，是自由的意思。这句话的意思是：自由自在地隐退，没有什么不利。

记者：

如果能做到自由自在地隐退，那当然好啦。

《周易》作者：

上九阳爻处于遁卦之极，下与九三阳爻又不相应和，有阳刚者上无阻挡、下无牵挂之意。

记者：

这时候选择退隐，意味着君子自由自在、无牵无挂地实现其退隐之志了。

《周易》作者：

所以，我们说上九“无不利”。此爻是遁卦中最顺的一爻。

记者：

我的一大梦想就是自由自在地退隐山林，远走高飞，随心所欲。

《周易》作者：

有这种想法的何止是你呀！

第三十四章　大壮卦䷡：论慎用强力

引　子

本卦之前一卦是遁卦，主题是论进退之道。本卦的主题是论慎用强力。

大壮卦由八卦中的乾卦和震卦所组成，乾在下，震在上。根据《易传》，乾象征天，震象征雷，因此，大壮卦所象征的形象是“雷在天上”，即天空中雷声震动。

大壮卦与遁卦互为“综卦”（又称覆卦或反卦），即卦象颠倒，对它们必须联系起来予以理解。《周易》的作者们认为，遁隐逃避虽为明哲保身之良策，但毕竟太过消极，而壮大自己、积极有为才是根本。

一　大壮卦之卦辞

记者：

大壮卦的卦辞是简单的两个字“利贞”，请解读一下。

《周易》作者：

“大壮”是强壮的意思。你注意观察一下，此卦由四个阳爻和两个阴爻组成，并且阳爻的势力由下往上发展，超过了阴爻。

记者：

是的，能看得出来。

《周易》作者：

阳为大、为健，故大壮卦意味着越来越强壮。同时，大壮卦下乾上震，乾为天，震为雷，象征着雷在天上震动。

记者：

按常规讲，雷应该在天下震动，大壮卦却说雷在天上震动。这说明什么呢？

《周易》作者：

雷确实应该在天下震动，但在大壮卦中雷却是在天上震动，这说明阳刚极端刚强。到了大壮卦这个阶段，阳刚者的势力已经占据主导地位，放到社会中，那就是：君子之道占据主流，小人不得不退避。

记者：

这样的社会倒是不错。

《周易》作者：

所以我们说“利贞”嘛。

记者：

你们虽然极力颂扬阳刚正义，但经常也对阳刚太盛而产生的负面作用忧心忡忡。在本卦中是不是也有这方面的顾虑呢？

《周易》作者：

没错。大壮卦除了指强壮的意思外，也隐含着太过强壮的意思。让我们把泰卦与大壮卦比较一下，这个寓意就非常明显。泰卦是《周易》中最好的卦象之一，它由三个阳爻和三个阴爻组成，阳下阴上，阴阳平衡，象征万物通泰。但大壮卦就不同了，大壮卦是由泰卦的三个阳爻发展为四个阳爻，明显是阳多阴少，意味着可能脱离万物通泰之局面。这提醒君子在处大壮之时，当防阳刚过盛，阴柔不足，从而导致天下失衡。

二 关于大壮卦之初九爻

记者：

大壮卦初九爻的爻辞是：“壮于趾，征凶，有孚。”如何解读？

《周易》作者：

该爻辞中的“趾”是人体最下方的脚趾，其功能是用来走动向前。因此，脚趾强壮，象征一个人有强烈的进取之意；“征”是往、前行之意；“孚”是信、必然、肯定无疑的意思。该爻辞转换成白话文就是：脚趾强壮，一味前行，有凶险，最终将应验。

记者：

寓意是什么？

《周易》作者：

常识告诉我们，脚趾虽然有前进的强盛意图，但还不足以带动全身，因而贸然前行，必有凶险之事发生。

记者：

从卦象来观察，初九是阳爻居阳位，其所处的位置还是不错的啊！

《周易》作者：

初九位置虽然不错，但他与九四不能相互应和。朝中无人难做官，故他事事不顺，必然会灾难不断的。

三　关于大壮卦之九二爻

记者：

大壮卦九二爻的爻辞只有两个字“贞吉”，如何解读？

《周易》作者：

九二是阳爻，但处阴位，说明其居位不正。

记者：

居位不正，为何说“贞吉”呢？

《周易》作者：

九二位置在下卦的中位，虽然其所处的位置不当，但能秉持中庸之德。一个人在发展壮大时，往往最容易行事鲁莽，用力过度。因此，如果能具备中庸之德，善于克制自己的欲望，节制自己的行为，就不会出现不好的事情，就会吉祥。

四　关于大壮卦之九三爻

记者：

大壮卦九三爻的爻辞里有好几个生僻字不知道什么意思，请细细解读一下。

《周易》作者：

好多人都这么说。大壮卦九三爻的爻辞是：“小人用壮，君子用罔（wǎng），贞厉。羝（dī）羊触藩，羸其角。”在这句爻辞中，“罔”意思是亡，假借为“无”；“羝羊”即公羊，其头上长着长角，喜欢用角触物；“藩”意思是藩篱；“羸”意思是束缚、缠绕，是被挂住无法摆脱的意思。

记者：

整句翻译成白话怎么讲？

《周易》作者：

翻译成白话就是：小人利用自己的强壮欺凌他人，而君子不这样，否则占卜问事就会遇到危险。犹如公羊顶撞藩篱，头角被卡住，无法摆脱，进退不得。

记者：

寓意是什么？

《周易》作者：

九三是阳爻处阳位，位置绝对没有问题。但此卦已经是一连三个阳爻，且本爻又偏离中间位置，说明九三刚强实在过度，寓意小人会利用这种过度刚强的气势，去欺凌他人。

记者：

那“君子用罔”意味着什么呢？

《周易》作者：

意思是说君子们不会向小人那样恃强凌弱。小人们恃强凌弱，下场肯定不好，就如公羊去抵触藩篱，角就会被卡住，永远也无法摆脱。

五　关于大壮卦之九四爻

记者：

大壮卦九四爻的爻辞是：“贞吉，悔亡。藩决不羸，壮于大舆之輹（fù）。”请解读一下。

《周易》作者：

在本爻辞中，有几个关键字词需要说一下。“决”意思是打开决口；“舆”意思是车；“輹”是指车厢下面连接车轴的木块。

记者：

请翻译一下。

《周易》作者：

占卜问事，得到吉兆，没有令人后悔之事。公羊冲破藩篱，其角没有被卡住，大车车厢下面连接车轴的木块极为粗壮。

记者：

寓意是什么呢？

《周易》作者：

到了九四这个阶段，已经超过了本卦的一半……

记者：

连续四个阳爻重叠，是否象征着九四非常壮大呢？

《周易》作者：

是这样。但是，由于九四是阳爻居处阴位，明显属于位置不正，因此，如果一味坚持下去，必然会遇到令人悔恨之事。

记者：

那你为什么又说“贞吉”呢？

《周易》作者：

阳爻居处阴位，位置虽然不正，但还算低调，且九四虽属刚强，但依然在一定的范围内。因此，只要秉持纯正之心，就不会太糟糕，仍然可以吉祥，仍然可以避开令人悔恨之事。

记者：

公羊冲破藩篱意味着什么呢？

《周易》作者：

四个阳爻之后，皆是阴爻，说明九四前途顺畅，不会遇到麻烦。公羊撞破藩篱，角没有被缠住，寓意就在这里。继续前进，前途无忧。

六　关于大壮卦之六五爻

记者：

大壮卦六五爻的爻辞是：“丧羊于易，无悔。”丢了羊，竟然还说“无悔”，这不是自欺欺人吗？

《周易》作者：

六五居处大壮卦由阳转阴之际，所以便有“丧羊于易”之说。

记者：

此话怎讲？

《周易》作者：

“易”即边界，“丧羊于易”是说在边界把羊丢了；羊也寓意“阳”，这与六五有阴无阳是对应的。六五是阴爻居处阳位，居位不当，故发生诸如丢羊这类令人失望的事情，自是必然。

记者：

我关心的是，既然丢了羊，应该是坏事，为什么竟然“无悔”呢？

《周易》作者：

六五虽然居位有点问题，但是他毕竟是居处上卦之中位，又有九二相互应和，故有持守中道之象，所以我们说“无悔”，你明白了吗？

记者：

你是说，六五虽然居位不当，但所处时机正是阳阳变易之时，虽然失了阳，也没什么令人后悔的。

《周易》作者：

正是。

七　关于大壮卦之上六爻

记者：

大壮卦上六爻的爻辞是：“羝羊触藩，不能退，不能遂，无攸利，艰则吉。”此爻又提到公羊与藩篱的事，请说说你的解读。

《周易》作者：

此句中的“遂”乃前进之意。这句爻辞转换成白话就是：刚强健壮的公羊触撞藩篱，不能退却，不能前进，什么事也干不成。如果能事先考虑到其艰难情形，结果终究是吉祥的。

记者：

请说说寓意吧。

《周易》作者：

上六处于上卦即震卦之顶级位置，求进心切，特别躁动，但其以阴爻居处阴位，说明其体质柔弱，不能像九四那样利于进取。因此，如果明知不可为而为之，一味冒进，结果肯定会很糟糕的。

记者：

如果是这种情况，你们说其“无攸利”就合乎情理了。那“艰则吉”如何理解呢？

《周易》作者：

翻译时说得已比较清楚了。所谓“艰则吉”，意思是说如果能对面临的危难局势有清醒的预判，三思而后行，不胡乱作为，就可以避免败局，而取得非常好的结果。就是这个意思。

第三十五章　晋卦䷢：论晋进之道

引　子

本卦之前一卦是大壮卦，主题是论慎用强力。本卦之主题是论晋进之道。

晋卦由八卦中的坤卦和离卦两部分所组成，坤在下，离在上。根据《易传》，坤象征地，离象征火，又寓意太阳，因此，晋卦所象征的形象便是“明出地上”，即太阳从大地上升起。

《周易》的作者们提出，任何事物或人都不可能总是停留在不断强壮的状态之中，强壮之后，便是发展，便是晋升，便是前进，所以大壮卦之后便是晋卦。晋卦的主旨是即便处在不断的晋升之中，也必须尚柔而不尚刚。

一　关于晋卦之卦辞

记者：

晋卦的卦辞是：“康侯用锡马蕃庶，昼日三接。”不知道是什么意思？

《周易》作者：

我们先来解决这句话中的几个关键词。这几个词明白了，意思就好理解了。

记者：

请讲。

《周易》作者：

“晋”，意思是晋级、升进；“康侯”，一种说法是指周武王的弟弟，名封，所以称康侯或康叔，另一种说法是指尊贵的公侯，即“康”是尊贵、美好的意思。

记者：

你同意哪种看法？

《周易》作者：

我们认为，此处的“康侯”就是指周武王的弟弟。

记者：

明白，继续。

《周易》作者：

“锡”通“赐”，指赐予、赏赐；“蕃庶”意思是繁多；“昼”是一天；“接”，一种说法是接受，另一种说法是接见。

记者：

请你把这句话完整地翻译一下。

《周易》作者：

这句话翻译成白话就是：康侯得到天子赏赐的很多马，一天之内受到三次接见。

记者：

很明显，这句话是说康侯这个人前景远大，很有发展前途。

《周易》作者：

是这样。晋是前进、升进的意思。晋卦是上离下坤，离为火为日，坤为地。从整个卦的卦符看来，仿佛太阳从大地上升起，且越升越高。

记者：

这明显是早晨八九点钟的太阳，毫无疑问寓意获得此卦之人有前进、升迁的美好前景。

《周易》作者：

是这样。卦辞说，臣子地位逐步提高，能够得到天子的多次接见，并收到了天子赏赐给他的许多马。天子的所作所为从另一个角度证明，获得此卦之人深得统治者的认可，他的影响和地位会越来越高。

记者：

本句中的“康侯”，你认为是周武王的弟弟，但好多人有不同的看法。

《周易》作者：

是的，也有人把“康”称为美好或安康的意思，这么理解也能讲得通。但是，相对来说，如果把“康侯”理解为周武王的弟弟，这与历史上发生的事情比较吻合。

记者：

如果是这样，历史事实是第一位的，那还是把“康侯”理解为周武王的弟弟更好一些。

《周易》作者：

是这样。

二　关于晋卦之初六爻

记者：

晋卦初六爻的爻辞是：“晋如摧如，贞吉。罔孚，裕无咎。”请解读一下。

《周易》作者：

本爻辞中的“晋”通“进”，即前进、升进；“摧”是退的意思；前后两个“如”都是语气助词；“罔”通“无”；“孚”是诚信之意；“裕”是宽裕、宽怀。这句话翻译成白话就是：升进和退守选择好时机，能守正就吉利。虽不能取信于人，但以宽裕的态度自守，也不会有灾祸。

记者：

寓意何在呢？

《周易》作者：

晋卦的卦名寓意每个爻都要前进，但初六是阴爻，在最下位，力量最为薄弱。他虽然与九四阴阳相应，但九四阳爻在阴位，居位不正，他不可能给初六以最大的声援和支持。因此，如果初六前进，必遭失败。但是，初六只要坚持纯正，仍会吉祥。即使不能取信于人，只要心里坦然，就不会有灾难的。

记者：

初六爻强调，人在升进之时，不管是顺利与否，必须保持动机纯正。即使暂时不能取信于人，内心也坦然。唯有如此，才能避免灾祸。

《周易》作者：

是这个意思。

三　关于晋卦之六二爻

记者：

晋卦六二爻的爻辞是："晋如愁如，贞吉。受兹介福，于其王母。"请解读一下。

《周易》作者：

这句爻辞中的"兹"是此；"介福"是大福的意思；"王母"就是祖母。

记者：

你说的不会是王母娘娘吧？

《周易》作者：

那是你们后世的称呼，王母最早实际上就是指父亲的母亲。结合这几个关键词，六二爻的爻辞用白话来讲就是：升进有忧愁，但守正能吉利。在祖母那里受到如此大的福祉。

记者：

本爻辞的寓意似乎也很明显。

《周易》作者：

是的。六二阴爻居阴位得正，在下卦的中位，位置也好，能恪守中庸之道。这说明六二之人的前途肯定美好，会一路升迁。但六二与六五阴阳不能相应，因而上方缺乏援引。这也预示着六二虽然能不断地升迁，但前途艰难，不能不忧愁。当然了，即便如此，只要能坚守中庸之道、坚守正义，最终会得到高人的相助，最终的结果会是吉祥的。

记者：

明白你的意思。一句话，即便不能够顺利升迁，也不必为此殚精竭虑，只要能够恪守中庸之道，终会有云开雾散的那一天。

《周易》作者：

是这么回事。

四 关于晋卦之六三爻

记者：

晋卦六三爻的爻辞只有四个字："众允，悔亡。"请解读一下。

《周易》作者：

这一句非常简单。本爻辞中的"允"是相信的意思。这句话就是说：能够得到众人的支持，他的发展就会很顺利，不可能有后悔之事发生。

记者：

从卦象上来看，如何讲呢？

《周易》作者：

六三阴爻在阳位，又不在中位，确实有点不好，从理论上讲，他会遇到不好的事情。但是，你再看看，在六三阴爻下方有两个阴爻，这寓意他们志同道合、共同前进、彼此支持。正因为有这一点，所以六三之人虽然应该会有不好的事情发生，但最终也会万事大吉的。

记者：

一个好汉三个帮，有众人相助，天大的困难也能克服。

《周易》作者：

是这样。

五 关于晋卦之九四爻

记者：

九四爻的爻辞是："晋如鼫（shí）鼠，贞厉。"一看便知道，这不是个什么好爻。与九四爻对应的人和物，想必也没有什么好结果。

《周易》作者：

你说得不错。《诗经》中有云："硕鼠硕鼠，无食我黍。"此中的"硕鼠"，就是本爻中的"鼫鼠"。这种鼠很大，靠偷吃农作物为生，是野鼠。

记者：

那么，此爻寓意为何？

《周易》作者：

九四阳爻居阴位，离开中位，不中不正，但又晋升到高位，也就是说无功、无德之辈却窃据高位且非常贪婪，这种人就像田间的野鼠。

记者：

一些资料说，鼫鼠的特点是：首鼠多疑、遇事犹豫不定。

《周易》作者：

没错。任何人遇事犹豫不定，不做改变，肯定会有危险。

记者：

此爻是不是提醒人们，不要像鼫鼠那样贪婪无比，做事不能首鼠两端、犹豫不定？

《周易》作者：

寓意就在这里。

六　关于晋卦之六五爻

记者：

晋卦六五爻的爻辞是："悔亡，失得勿恤，往吉，无不利。"请解读一下。

《周易》作者：

"恤"是忧虑的意思。这句话转换成白话就是：忧悔之事已经消亡，不要忧虑得失，前往吉祥，没有什么不好的事情发生。

记者：

字面上是这个意思，其寓意是什么呢？

《周易》作者：

六五是阴爻，但处阳位，足见其位置是不对的，从理论上讲，是会让其后悔的。但是，六五处在上卦的中位，是离卦的主爻，下卦坤又寓意柔顺。因此，六五是以光明磊落的态度高居君位，下面又有柔顺者予以服从、支持。既如此，那么原本的后悔之事会消除，六五大可不必为此而忧心忡忡。要做什么就大胆地去做吧，不会有什么不好的事情发生的。

记者：

说来说去，你依然强调人要光明磊落，不为眼前的事顾虑重重。

《周易》作者：

是的。

七　关于晋卦之上九爻

记者：

晋卦上九爻的爻辞是："晋其角，维用伐邑，厉，吉，无咎，贞吝。"请解读一下，感觉有点不好理解。

《周易》作者：

这句话中的"邑"是指自己封地上的城邑。把本爻爻辞翻译成白话就是：晋升到角的高度，只能征伐不服管的城邑，虽有凶险，但也吉利无害，占问小有不利。

记者：

请说说寓意。

《周易》作者：

上九已经晋升到极点，又是刚强的阳爻，如同动物的角恰好长在其头顶的位置，是一个非常好的象征。此时上九本来已经没有了上升的空间，但由于本身依旧刚强，因此他只能去讨伐自己封地上叛乱的城邑。这种情况虽然危险，但结果仍然是吉祥的。

记者：

自己的发展已经没有上升空间，却要用自己的刚强去征伐周围的城邑。这是不是有点滥用暴力的嫌疑呢？

《周易》作者：

那倒不是。自己领地上的城邑，本在自己的势力范围内，只有平时严加管制和治理，才不会使其发生叛乱。当然了，上九所处的位置毕竟不当，仍然有失中正之意。这也说明上九对武力的使用存在很多问题，他还不能用博爱精神对待自己的人民，在某种程度上也说明上九在道德修养上有待提升。

第三十六章　明夷卦䷣：论求吉之道

引　子

本卦之前一卦是晋卦，主题是论晋升之道。本卦的主题是论求吉之道。

明夷卦由八卦中的离卦和坤卦两部分所组成，且坤在上，离在下。根据《易传》，离象征火，又象征太阳，坤则象征地，因此明夷卦所象征的形象是“明入地中”，即太阳淹没在大地之中。这与前一卦晋卦的“明出地上”刚好相反。

明夷卦与晋卦互为综卦。《周易》的作者们认为，在晋升和前进之路上，人难免会遭遇风险；即便是正义之事，也会遭到挫折与打击。而面对挫折与打击，君子们应当保持清醒的头脑，力戒浮躁，韬光养晦。唯有如此，才能永久立于不败之地；条件具备，便可东山再起，重立大事。

一　关于明夷卦之卦辞

记者：

明夷卦之卦辞是：“利坚贞。”请你解读一下。

《周易》作者：

“明夷”，意思是光明受到遮蔽。该卦辞中的“坚贞”，意思是占问艰难之事。这句卦辞用白话说就是：利于占问艰难之事。

记者：

请说说明夷卦的中心思想。

《周易》作者：

明夷卦是下离上坤，离是火，也是日的意思，坤是地，因此明夷卦象征太阳没入大地之中。

记者：

似有不祥之兆。太阳一旦没入大地之中，大地上必然是一片漆黑。

《周易》作者：

是的，这寓意社会黑暗无比，昏君在上，小人得志，道德君子则遭受贬斥，无立足之地。

记者：

身处这样的时代，君子们该怎么办呢？

《周易》作者：

面对这样的黑暗局面，君子们当坚守自己的志向，绝对不可盲目行动，“利坚贞”说的就是这个意思。

记者：

《周易》始终是鼓励退避，极少鼓励斗争，是不是太过保守了？

《周易》作者：

保守不保守，各有各的看法。我们就是这样看的。面对艰难局面，一定要遮掩锋芒，不去做无谓的牺牲；同时，即便再难，也要恪守自己的原则，绝不可丧失立场，堕落为随风飘移的无德无品之人。

二　关于明夷卦之初九爻

记者：

明夷卦初九爻爻辞的字数稍微多了些，请解读一下。

《周易》作者：

本卦初九爻的爻辞是：“明夷于飞，垂其翼。君子于行，三日不食。有攸往，主人有言。”

记者：

什么意思呢？

《周易》作者：

“明夷”指太阳没入大地后，天色昏暗；“主人有言”的“言”，是指责怪之言。这句话的字面意思是：鸟在天色昏暗时飞行，低垂着翅膀。君子远行，三天不吃东西。有所前往，会受到主人的责怪。

记者：

这几句话听起来，东一句西一句，想表达什么意思呢？

《周易》作者：

初九是阳爻，居于阳位，说明他的位置还是正的。初九爻处于明夷卦之初，说明阳刚之君在光明受到遮蔽、社会即将陷入黑暗之前，就能够采取措施予以回避。

记者：

你的意思是说，初九是一个很有远见的人，当社会即将陷入黑暗之前，就能够有所警觉，因而提前采取措施防范？

《周易》作者：

是这样。初九之君是一个非常小心谨慎的人，爻辞中所讲的“明夷于飞，垂其翼”，就是要借鸟在天色昏暗时低垂着翅膀而飞，来说明君子在处理与黑暗社会的关系时非常小心、非常谨慎。他执着但不张扬。

记者：

那“君子于行，三日不食”是什么意思呢？

《周易》作者：

这句话的意思是说，君子秉持道义，坚持原则，不受昏君食禄。

记者：

那么，“主人有言”中的“主人”是谁呢？

《周易》作者：

这个“主人”显然是初九的上级或他的主人。

记者：

他的主人为什么要对他予以责怪呢？

《周易》作者：

初九之人具有预见性，当祸害还没有出现的时候，他就能够提前采取措施。而他的做法，是他比较迟钝的主人所无法理解的。他的主人责怪他，原因就在于此。

记者：

你们对初九的行为是肯定还是否定呢？

《周易》作者：

在爻辞中，我们没有对他的做法做什么评判，但是，“三日不食”这种君子之行我们是认可的。

三　关于明夷卦之六二爻

记者：

明夷卦六二爻的爻辞是：“明夷，夷于左股，用拯马壮，吉。”初看起来，似乎是六二受了腿伤，需要使用壮马来拯救。

《周易》作者：

你的感觉是对的。初九阶段伤害还没有开始，而到了六二这个阶段，君子遭遇了不测。这句话直译就是：在黑暗中行走，左腿受伤，用壮马来拯救，吉祥。他的左腿已经受伤，说明情况已经很严重。好在六二是阴爻，居下卦之中位，有阴柔者居中守正之象，说明此人不高傲、很柔顺。所以说，他虽然受到伤害，但他依然能得到高人相助。因此，他能够迅速地摆脱危险。这也说明此人的未来不会很糟糕，最终还是得以吉祥。

记者：

将初九爻和六二爻比起来，确确实实感觉社会越来越黑暗，君子之处境越来越糟糕。这时候，一个君子如企盼得到别人相助，必须恪守正道，否则当他遇到困难时，别人是不会帮助他的。

《周易》作者：

没错。

四　关于明夷卦之九三爻

记者：

明夷卦九三爻的爻辞是：“明夷于南狩，得其大首，不可疾贞。”我看过若干种资料，其中对“得其大首”有很多解释。有人认为，“得其大首”是九三到了南方当了大将军；有人认为，“得其大首”是九三到了南方捕获了当地的土匪头子。不知道你如何解读？

《周易》作者：

这个当然是见仁见智的，不过，只要能自圆其说都可以。在我看来，把这句话翻译成白话就是：昏暗不明时南征，能俘获元凶，占问遇事不宜急于求成。

记者：

请详细解读一下。

《周易》作者：

九三是阳爻居阳位，同时处在下卦即离卦的最上位，象征着卧薪尝胆的阳刚明主即将彰显他的光明之德。同时，九三阳爻与上六阴爻相应和，上六阴爻处于上卦也就是坤卦的最上位。

记者：

这寓意什么呢？

《周易》作者：

这寓意上六就是那位压制光明的昏暗之主。九三的任务就是要铲除上六这个昏庸之君，推翻他的黑暗统治，使天下政治恢复清明。

记者：

爻辞中说“不可疾贞”，那是不是劝诫九三不可操之过急呢？

《周易》作者：

上六对国家的统治既黑暗又长久，彻底推翻他并非一朝一夕之事。因此，我们建议九三不要操之过急，而是要付出长期艰苦的努力。

记者：

那何时才可以采取行动呢？

《周易》作者：

这个主题不是本爻辞所要谈的事。

五　关于明夷卦之六四爻

记者：

明夷卦六四爻的爻辞是：“入于左腹，获明夷之心，于出门庭。”这句爻辞如何解读？

《周易》作者：

所谓“门庭”，是指自己的家庭。“于出门庭”是离开自己的家庭，离开自己的国家；“入于左腹，获明夷之心”，意思是说，进入心腹之中，才能获知伤害光明的暴君之心。

记者：

获知暴君之心，这可是一个危险之举呀！

《周易》作者：

没错。用这种方式接近暴君，虽有危险，但留在家中反而遭祸。因此，一旦获知暴君伤害光明的心思，就应该迅速离开这个国家，离开这个社会而弃暗投明。

六 关于明夷卦之六五爻

记者：

明夷卦六五爻的爻辞是：“箕（jī）子之明夷，利贞。”不知道这句话中的“箕子”是什么意思？

《周易》作者：

箕子是商纣王的一位同姓长辈。要想了解这句爻辞，就必须了解一段故事，否则会不知所云的。

记者：

愿闻其详。

《周易》作者：

纣王是商朝的末代国君，他的长辈箕子多次劝他，他死活都不听，还要伤害这位同姓长辈。有人劝箕子逃亡，箕子说：为臣下者，君主不听谏言就离去，岂不是暴露了君王的罪行，自己讨好于人民？我不忍这样做。于是，他就披头散发，沦为奴隶，故意伤害自己以避祸。

记者：

听了你刚才讲的这段历史故事，这句爻辞就好理解了，大意是：一个正直的人，如果处在一个黑暗的政治环境中，他必须寻找一种既能保全自己，不至于给自己带来杀身之祸，又能够让自己不失去原则的两全其美的办法。

《周易》作者：

你说到点子上去了。箕子在商纣王被推翻之后获得释放，但他不愿在周朝为官，最后周武王便将朝鲜之地封赏给了箕子。箕子既保存了其内心之德，又得以保全性命于乱世，所以说“利贞”。

七　关于明夷卦之上六爻

记者：

明夷卦上六爻的爻辞是：“不明，晦。初登于天，后入于地。”不知道是什么意思？

《周易》作者：

这句爻辞中的“晦”是昏暗之意。用白话来说这句话，意思就是：不见光明，只有晦暗。起初升上天，后来入了地。

记者：

这是什么意思呢？

《周易》作者：

与这句爻辞相对应的还是商纣王的故事：商纣王暴虐无比，残害忠良，开始时威震四方，后来穷兵黩武，以至走向灭亡。

记者：

这么一来，此爻就好理解了。

《周易》作者：

上六是明夷卦纯阴上卦的最后一个爻，说明黑暗已达到极点。这个位置表面上好像是登上顶峰，但实际上却是坠入谷底。一个统治者如果违背正义，残害正道之士，他必然会走向灭亡的。即便他一开始是多么光芒四射，多么照耀天下，终将因自己的罪恶而遭受惩罚，陷入无边的黑暗。

第三十七章　家人卦䷤：论治家之道

引　子

本卦之前一卦是明夷卦，主题是论求吉之道。本卦之主题是论治家之道。

家人卦由八卦中的离卦和巽卦两部分组成，离在下，巽在上。根据《易传》，离象征火，巽象征风，因此家人卦所象征的形象便是“风从火出”，即风从火中吹出。

《周易》的作者们说，本卦之上一卦即明夷卦寓意君子身处乱世，身心受伤，人受伤之后最先想到的是回到家中养伤，而家人卦所谈论的都是一些与治家有关的道理。虽然这些关于治家的见解如今看来不免过于迂腐和落伍，但他们所提出的要注重家庭建设的思想毫无疑问是有价值的。家都治不好，要治理好国，要治理好天下，那是不可能的。

一　关于家人卦之卦辞

记者：

家人卦的卦辞是：“利女贞。”请你解读一下。

《周易》作者：

此卦是研究家庭治理的。所谓“家人”，就是一家之人，包括父母、夫妻、兄弟、姐妹等。家人卦上巽下离，巽为木，象征房屋；离为火，象征炊火。房子里有炊火，正是家庭之象。

记者：

有点意思。那家人卦的中心思想是什么呢？

《周易》作者：

我们先来分析一下家人卦的卦符结构，再具体说一说。

记者：

好的。

《周易》作者：

家人卦的六二阴爻居下卦之中位，有女子在家里居中守正之象；而九五阳爻居上卦之中位，有男子在外面居中守正之象。

记者：

一个家庭中，男人和女人都能够居中守正，这个家庭就会稳定，不会发生不好的事情。

《周易》作者：

在我们那个时代，一个家庭中女主内、男主外，不同性别，各司其职，这是家庭和谐的主要标志，这也是天地间的大原则。这个原则坚持好了，家庭的建设自然就没有问题。

记者：

的确，如何安排男女在家庭中的地位，不同的时代有不同的原则。

《周易》作者：

没错。但是，不管在哪个时代，一个家庭的成员都应该按照其在家庭中的角色定位去行事：父亲应该有父亲的品性尊行，妻子应该有妻子的纲常操守，同样，儿女也应有儿女的举止规范。这样，家庭好了，社会也会好，国家自然也就安定。所谓治国必先安家，就是这个意思。

二　关于家人卦之初九爻

记者：

家人卦初九爻的爻辞是：“闲有家，悔亡。”请解读一下。

《周易》作者：

本爻辞中的“闲”不是无事安闲的意思，其本意为“门中有木”，是栅栏之意，表示限制、防范。这句话翻译成白话就是：家中有防范，所以没有令人后悔的事情发生。

记者：

家庭成员之间相处，为什么必须要有防范才会平安呢？

《周易》作者：

初九阳爻居家人卦之初，象征着一个家庭刚刚成立。一个家庭刚刚成立，必然面临着大大小小的事情，因此，家庭成员要对这个家庭未来可能发生的事情予以考虑，细心予以安排。只有这样，才能防范令人后悔的事情发生。

记者：

这样讲还差不多。

《周易》作者：

初九阳爻居于阳位，他的位置是没问题的，说明阳刚者积极进取，也能够对一切影响家庭和睦和长远发展的大事提前予以准备。以这种积极的心态对待家庭之事，就不会有不测之事发生。

三　关于家人卦之六二爻

记者：

家人卦六二爻的爻辞是："无攸遂，在中馈，贞吉。"不知道是什么意思？

《周易》作者：

本爻辞中的"遂"，是前进，是外出做事的意思；"中馈"，是家中的饮食之事。这句话翻译出来就是：女子不外出行动，而在家中主持饮食之事，占卜问事，得吉兆。

记者：

一句话，就是你们主张"女主内，男主外"是最好的安排。

《周易》作者：

不管你们所在的时代如何看，在我们那个时代，就是这么认为的。六二阴爻居下卦之中位，说明其位置非常好，也说明这样的人能够恪守家庭之道。六二与九五阳爻相应和，说明女子持守中正之道，温顺地辅助阳刚男子。男子在外积极有为，女子在家中主持家庭事务，他们相互持守、内外和谐，这样的家庭是绝对的好家庭，所以吉祥。

四 关于家人卦之九三爻

记者：

家人卦九三爻的爻辞是："家人嗃（hè）嗃，悔厉，吉。妇子嘻嘻，终吝。"感觉好像是说家政管理得严了，不好。妇女孩子嘻嘻哈哈，没人管，最终也不好。是不是这个意思呢？

《周易》作者：

你的理解不错！本爻辞中的"嗃嗃"，是指严酷的样子。当然了，也有人说"嗃嗃"是指众人的哀怨之声。但在我看来，把"嗃嗃"翻译成严酷最好。这句爻辞的意思是：家中之人因治家严酷而紧张，虽有令人后悔的危厉之事，但最终吉祥。妇女和孩子嬉闹不已，最终会有令人后悔之事发生。

记者：

请说说寓意。

《周易》作者：

这句话的意思很明确。九三阳爻居于阳位，但位不居中，又居下卦离卦之最上位，有阳刚之家长治家太过苛严之象。治家太过严酷，则家人必然紧张危惧，不能轻松自在，所以可能会有令人后悔之事发生，甚至会有危险。

记者：

但中国的文化传统一向要求严格治家。

《周易》作者：

没错。治家严苛，使家中之人行为有度，举止得体，不会出现邪僻之行，所以结果最终会是吉祥的。相反，如果治家不严，对家人管理放纵，家庭成员整天嘻嘻哈哈，尊卑失节，长幼无序，久而久之，便会有不好的事情发生。

记者：

中心思想是强调治家要严，不能放纵。

《周易》作者：

与治国是一个道理。

五　关于家人卦之六四爻

记者：

中国传统文化一直有一种说法，叫作“为富不仁”，似乎家庭有了钱就会有不好的事发生，但六四爻却说“富家，大吉”，这如何解释呢？

《周易》作者：

我们从来不认为富有什么不好，相反，穷肯定不好。

记者：

请继续讲。

《周易》作者：

正如你所理解的，六四爻爻辞的字面意思就是使家庭富裕起来，大为吉祥。从卦象上看，六四是阴爻，居于阴位，说明其所处的位置很正，没什么问题。六四阴爻下与初九阳爻相应和，又上承九五阳爻，预示着六四又能得到阳刚尊者的相助。六四具备上述两个条件，对家的管理必然是成功的，也能够做到发家致富。发家致富有什么不好呢？肯定是大获吉祥嘛！

记者：

《周易》中经常是把阳与富对应，而视阴为不富，为什么在本爻爻辞中，你们却以阴为富呢？

《周易》作者：

这你应该明白。本卦是家人卦，六四阴爻为妻道，谈的是女子持家之事。作为妻子，在家主持家事，把所有的事处理得妥妥当当，又能得到阳刚尊者的相助，如此治家必然会让家里红红火火起来的。又因为女为阴，所以在此卦中我们便以阴为富。

六　关于家人卦之九五爻

记者：

家人卦九五爻的爻辞是：“王假（gé）有家，勿恤，吉。”请解读一下。

《周易》作者：

这句爻辞中的“假”通“格”，是至、到的意思；“恤”是忧虑的意思。这句爻辞用白话说就是：君王来到家中，不用忧虑，吉祥。

记者：

要表达什么意思呢？

《周易》作者：

九五阳爻居上卦之中位，与六二阴爻相应和，说明这个家庭由一家之长、阳刚之君主持。他治家有方，又得到贤惠的妻子相助，这样的家庭一定富有，且会以家风赢得人们的认可。君王来到他们的家中看望，就是这个原因。君主来到臣子的家中，乃非同寻常之事，必然会引起一家人的恐慌。

记者：

那是必然。

《周易》作者：

不过君主是慕名而来的，不会给有德、有钱、有名之家带来灾祸。所以不必担忧，而是会大为吉祥的。

七　关于家人卦之上九爻

记者：

家人卦上九爻的爻辞是：“有孚，威如，终吉。”这句话的意思感觉是，人如果有诚信，并有威信，他的结果是好的。

《周易》作者：

大意就是这样。上九阳爻处家人卦之终，表示治家之道已经确立。爻辞中为我们指出了治家的两个重要原则：一是家人要讲诚信，二是家长要有威严。做到了这两条，家庭治理就达到了极致。反之，离开这两条中的任何一条，家庭治理都不可能取得成功。

第三十八章　睽卦䷥：论分合之道

引　子

本卦之前一卦是家人卦，主题是论治家之道。本卦的主题是论分合之道。

睽卦由八卦中的离卦和兑卦两部分所组成，兑在下，离在上。根据《易传》，离象征火，兑象征泽，因此睽卦所象征的形象是“上火下泽”，即火焰上炎而泽水下流。

《周易》的作者们说，“睽”的本意是两只眼睛不朝一个地方看，引申为背离、反目。如果家庭治理失败，必然穷困潦倒，而一旦变得贫困，家人之间必然相互猜忌，矛盾丛生，亲人之间也相互仇恨，彼此疏散。此乃人生之最大失败。

一　关于睽卦之卦辞

记者：

睽卦的卦辞是：“小事吉。”请解读一下。

《周易》作者：

睽卦的卦辞意思很简单，就是说做小事吉祥。至于睽卦的中心思想，结合卦象，我们可以从三个方面来解读。

记者：

好的。

《周易》作者：

我们可以先从睽卦的卦符结构说起。睽卦是上离下兑，离象征火，兑象征泽，这两者结合象征火焰跃动于上，泽水流动于下，彼此似乎没有什么关系。此外，离象征中年妇女，兑象征少年女子，因此，睽卦又意味着两个女子处在一起，彼此心思各不相同。

记者：

两个人同处一起，如果心思各不相同，麻烦就大了。她们之间必然会有各种各样的矛盾，怎么会在小事情上吉利呢？

《周易》作者：

我们还是从睽卦的卦画结构来讲。

记者：

请讲。

《周易》作者：

睽卦下兑上离，离为明，兑为悦，象征和悦地依附光明。阴爻从六三上升到六五，六五阴爻又居上卦之中位，与居下卦之中位的九二阳爻相应和，好比阴柔者的地位不断上升，且与阳刚者心意相通。正因为有这些特征，所以我们说做一些事情还是很顺利的。

记者：

为什么说只能做小事而吉利，难道做不成大事吗？

《周易》作者：

六五阴爻居阳位，说明其居位不正。加之六五在上而九二在下，象征阴柔在上而阳刚在下，又违背阳尊阴卑之道，因此想做大事很难。

记者：

一句话，你们还是非常强调阳尊阴卑、男尊女卑的社会价值观。

《周易》作者：

也不能这么理解。从表面上来看，事物之间有相异之处即不同是不好的，正如水与火的性质不同，则不能相融，人与人之间的志向不同，则不能共事。但是，这只是问题的一个方面。

记者：

另一个方面是什么呢？

《周易》作者：

如从另一个方面来看，这些不同则包含了相同。如天与地不同，但从化育万物这个角度来看，两者又是相同的；男和女不同，但从相互需要、生育后代的角度来看，他们又是一样的。因此，万物虽有其不同的性质，但从本质上讲，它们又有相通共融之处。人们还必须重视人与人之间、物与物之间不同之处的相互作用对事物发展的重要性。

二　关于睽卦之初九爻

记者：

睽卦初九爻的爻辞是："悔亡，丧马勿逐，自复。见恶人，无咎。"不用翻译，初步感觉这句爻辞的意思是：马丢了不要去追，马自己会回来。见到恶人，也不用担心，没有什么不好的事情发生。是吗？

《周易》作者：

大意差不多。

记者：

寓意是什么呢？

《周易》作者：

初九是阳爻，居于阳位，按常规来讲，这个位置意味着阳刚者有急躁冒进之象，故有令人后悔的事发生。但是，初九毕竟处于睽卦之初。

记者：

这说明什么呢？

《周易》作者：

这意味着初九与别人的矛盾处于初级阶段，故即便有令人后悔的事情，它也会消失，不会有太大的灾难。

记者：

难道你们所说的"丢了马""见了恶人"，就是所谓的后悔之事吗？

《周易》作者：

是的。

记者：

那如何应对这些让人心烦的事呢？

《周易》作者：

处于困境之中，要静观其变，不要盲目采取行动。马匹丢了，不必去追，有可能会越追越远；相反，你不去追它，它反而会回来。碰到恶人，你也不要忧惧，与其保持适当距离，他也不敢加害于你，所以没有什么不好的事会发生。

三　关于睽卦之九二爻

记者：

睽卦九二爻的爻辞是："遇主于巷，无咎。"不知道该如何解释？

《周易》作者：

这句话翻译成白话，意义很简明，那就是：在小巷子里遇到主人，不会有什么灾祸。

记者：

君臣相见，本是再正当不过的事情了，但他们为什么要选择在小巷子里相遇呢？难道有什么不可告人的事要干？

《周易》作者：

在古代，礼仪齐备的会见叫作"会"，礼仪简约的会见叫作"遇"。一般来说，君臣相见本该是礼仪齐备、正大光明的"会"，而不是随随便便的"遇"。

记者：

是啊！但这里却不期而"遇"了。什么原因呢？

《周易》作者：

九二是阳爻，阳居阴位，寓意刚而能柔；九二又居处下卦之中位，说明能恪守中道，坚持正义。而与之对应的是六五，这两个爻正好是一阴一阳，相互应和，且都处于中位，由此说明九二与六五的见面是合情合理、天经地义的，九二积极主动地追求与六五的见面，也是可以理解的。九二之人是一个懂得随机应变的人，他不受刻板模式的约束：在大堂与君主相见，他不排斥；即便选择在狭小的地方见面，他也不排斥。总之，只要合乎正道，不必拘泥于繁文缛节。

记者：

只要动机纯正，不必过分在乎具体路径。

《周易》作者：

就是这个意思。

四　关于睽卦之六三爻

记者：

睽卦六三爻的爻辞是："见舆曳，其牛掣，其人天且劓（yì）。无初有终。"这句爻辞翻译成白话是什么意思？

《周易》作者：

别急，我们先解释该爻辞中的几个关键字。"舆"意思是车；"曳"意思是拖、拉；"掣"意思是牵拉时不驯服；"天"字意思比较奇特……

记者：

怎么个奇特法？

《周易》作者：

"天"，在这里是指古代的一种刑罚，也称"黥额"，即在犯人的额头上刺字，并涂上墨水。"劓"也是古代的一种刑罚，就是割去人的鼻子。

记者：

请翻译一下吧。

《周易》作者：

翻译成大白话就是：看见牵拉大车，拉车的牛不听话，赶车的人额上刺着字，鼻子被割去。开始时不顺利，但有好的结局。

记者：

不知所云！额上刺着字，鼻子都没有了，竟然还有好的结局？

《周易》作者：

六三是阴爻，但居于阳位，说明其居位不当，寓意阴柔者才气与力量都不足，也寓意此人明知不可为而为之……

记者：

这样的人处境不会好到哪里去。

《周易》作者：

而且，六三处于下卦兑卦之最上极，说明此人凡事都可能走极端。

记者：

总之，六三的处境会很糟糕的。

《周易》作者：

是的。拉车的牛不听话，车子无法前行，赶车人被刺面割鼻，这些情况都说明了六三之人的糟糕处境。

记者：

既然如此，为什么你们还说这个人最终会有好的结局呢？

《周易》作者：

从爻画结构上看，六三之人与上九阳爻之间存在不错的应和关系，说明六三还不是完全没有转机。他会得到高人相助，有高人相助，其处境就有改变的可能，所以会有不错的结果。

记者：

终于被你“圆”回来了，不容易。

《周易》作者：

不是“圆”，逻辑使然。

五　关于睽卦之九四爻

记者：

睽卦九四爻的爻辞是：“睽孤，遇元夫。交孚，厉，无咎。”请解读一下。

《周易》作者：

该爻辞中的“睽孤”，意思是乖违孤独；“元夫”意思是高人、明君。该爻辞翻译成白话就是：乖违孤独，遇见高人。互相信任，虽有危险，但最终没有灾殃。

记者：

寓意是什么？

《周易》作者：

寓意是人在孤立无援时，应与处境相同者结成统一战线。

记者：

怎么讲？

《周易》作者：

九四爻以一阳处两阴之间，而两阴各有所属：六三与上九相应，六五与九二相应，故九四阳爻名副其实地是一个孤家寡人。

记者：

经过你这么一说，看看爻画，觉得还真是这么回事。但既然如此，九四还能与哪一位高人建立起统一战线呢？

《周易》作者：

那位高人就是初九。

记者：

不对吧。初九与九四都是阳爻，其性质互不相容、互相排斥。

《周易》作者：

但你要知道，初九也是孤家寡人一个，他也需要获得外援来帮助他摆脱困境。

记者：

所以他们最终摒弃前嫌，走到一起，最终走出了困境？

《周易》作者：

是的。危机让九四与初九走到一起，强压之下，即便是仇敌也会成为朋友的。

六　关于睽卦之六五爻

记者：

睽卦六五爻的爻辞是："悔亡，厥宗噬肤，往何咎？"此句不知道如何解读？

《周易》作者：

本爻辞中的"厥"是其的意思；"宗"是宗人、宗亲的意思；"噬肤"是吃肉的意思。这句爻辞转换成白话就是：悔恨消除，同宗族的人期待相遇在一起，这如同嚼嫩肉一样容易，此时前往怎么会有灾难呢？

记者：

请你结合六五爻的卦符结构来说一下。

《周易》作者：

六五以阴爻居于阳位，这说明他的位置是不对的。应该说，六五即便是一位统治者，也可能遭遇很多悔恨的事情。

记者：

那你为什么又说他最终不会遇到灾难呢？

《周易》作者：

六五是阴爻，故做事柔顺，不会轻易让人反感；居于中位，说明他做事能够秉承中庸之道，不走极端；他与九二阳爻相应和，从而能得到阳刚臣下的协助。正因为具有这几个特点，他就可以充分发挥积极因素的作用，排除险境，化凶为吉。因此，我们说他的结果最终不会不好，而是吉祥。

记者：

明白。

七　关于睽卦之上九爻

记者：

睽卦上九爻的爻辞是："睽孤，见豕（shǐ）负涂，载鬼一车，先张之弧，后说（tuō）之弧。匪寇，婚媾。往遇雨则吉。"初看上九爻的爻辞，让人不知所云，一会儿猪，一会儿鬼，不知道你们想表达什么意思？

《周易》作者：

我先用白话把这句爻辞翻译一下，然后再细细解读。

记者：

好。

《周易》作者：

这句爻辞没有什么难解之字，翻译过来就是：处在孤单的状态时，看到满身污泥的猪，又看到一辆车子满载鬼怪，先张弓要射，后来又放下了弓箭。因为这些人不是强盗，而是送亲的队伍。前行遇雨，吉祥。

记者：

确实听不懂。请好好解读一下。

《周易》作者：

在这句爻辞中，有几个关键字需要把握一下。其中，"负"是背的意思；

“涂”是泥；“弧”是弓；“说”通“脱”，意思是免除、松开、放下。懂得这几个关键字，你就会明白我为什么那么翻译了。

记者：

那从卦象上如何解释呢？

《周易》作者：

卦象上看，上九与下卦中的六三是相对应的，但六三前后都有阳爻牵制，因此他不能前往与上九进行会合。而上九的情况更加凄惨。

记者：

为什么这么说呢？

《周易》作者：

因为上九已到达睽卦的极端，他已经到了孤家寡人、一无所有的地步。陷入这种状况的人，必然满腹猜疑，做事也往往独断专行、刚愎自用。

记者：

上九对其猜疑，甚至要射杀的是谁呢？

《周易》作者：

就是六三啊。与上九对应的六三被阳爻所包围，就像深陷泥淖中的猪，身上涂满污泥。虽然六三没有背叛上九，但上九因极度孤立而怀疑一切，在他的眼中，周围遍布鬼魅和强盗。

记者：

实际上并非如此，是吗？

《周易》作者：

是的。面对六三的到来，上九起先是张弓要射，后来又有所迟疑，最终他把弓放下了。之所以如此，是因为他忽遇大群来人，误以为是匪寇，于是搭箭欲射，后来却发现是婚庆队伍，便撤箭收弓了。最后的结果是，六三和上九最终走到了一起，他们不再是仇敌，而是朋友。这就像遇到了雨，洗去了泥污，才使人看清真相，种种疑虑和猜忌也随之消失，最终变为吉祥。

第三十九章　蹇卦䷦：论匡济艰难

引　子

本卦之前一卦是睽卦，主题是论分合之道。本卦的主题是论匡济艰难。

蹇（jiǎn）卦是由八卦中的艮卦和坎卦所组成，艮在下，坎在上。根据《易传》，艮象征山，坎象征水，因此，蹇卦所象征的形象是“山上有水”，即高山上有流水。

《周易》的作者们说，水从高山之上往下流，山重水复，险象环生，进退维谷、遇到困难之时，应排除不利因素，寻找有利因素，以取得最终的成功。

一　关于蹇卦之卦辞

记者：

蹇卦之卦辞是：“利西南，不利东北。利见大人，贞吉。”请你结合卦符结构对卦辞做一下说明。

《周易》作者：

“蹇”本意是跛足，可引申为艰险。蹇卦的上卦是坎卦，坎寓意危险，所以蹇卦的主题是研究如何匡济时艰。

记者：

明白。

《周易》作者：

蹇卦下艮上坎，艮寓意停止，见到危险时，能适时停止，无疑是一种大智慧。

记者：

卦辞中说“利西南，不利东北。利见大人”，是什么意思呢？

《周易》作者：

这是针对那些获得此卦的人讲的。这些人如果能够往西南方向走，就可以得风得水。原因是，西南为坤位，为和顺之地，他们这样做，符合正道。而东北为艮位，为大山险阻。如果他们往东北方向去，他们就会面临绝境，因为这样做不符合正道。

记者：

卦辞中所讲的“大人”是什么样的人呢？

《周易》作者：

蹇卦告诉人们，要想排除困难，除了我们刚才所讲的要抓住时机、找准方向外，还必须学会去利用强势人物的力量，来帮助你渡过难关。

记者：

这些道理非常明白。那在你看来，蹇卦中最核心的思想是什么？

《周易》作者：

在我看来，蹇卦强调人们要学会把握正确的方向，选择适当的时机，运用正确的办法去克服困难。我认为，这个思想最重要。

二　关于蹇卦之初六爻

记者：

蹇卦初六爻的爻辞是：“往蹇，来誉。”请解读一下。

《周易》作者：

该爻辞中的“来”，是退回来的意思。这句爻辞翻译成白话就是：往前行走面临艰难，退回来得到荣誉。

记者：

这句话听起来很容易理解，也就是发现情况不妙，立即回心转意呗。

《周易》作者：

可以这么说。初六是阴爻，处在蹇卦之初，与六四阴爻不相应和。这说明初六作为阴柔之人，他一旦面临艰难险阻，自己的力量很弱小，又没有外部力量的援助，如果贸然前往、仓促行事，那必然会遇到极大的困难，而唯一的办法就是及时退回。在这种涉险尚浅的情况下，主动退回，不仅自身可以得到保全，还可以迎来各种美誉。

记者：

知难而退，这种思想贯穿《周易》的始终。

《周易》作者：

不能这么简单地概括。我们所提出的止步不前、及时停止行动，是为了等待合适的前进时机。机会到了，再采取行动，这有什么不对呢？

三　关于蹇卦之六二爻

记者：

蹇卦六二爻的爻辞是："王臣蹇蹇，匪躬之故。"请解读一下。

《周易》作者：

本爻辞中的"蹇蹇"，是十分艰难的样子；"匪"通"非"；"躬"指自身。这句话翻译成白话就是：君主和臣子都十分艰难，不是自身的缘故。

记者：

那是什么缘故呢？

《周易》作者：

六二是位忠君之臣、仁义之士，他以阴爻居中位，说明他居位衡正，而且以柔顺之德对待周围的人。此外，六二有九五相助，而九五居君位。在处理与九五的关系时，六二确确实实很忠诚。当君王陷入困难之时，作为臣下之六二没有袖手旁观，而是继续忠心耿耿地为九五的安全和发展奋力拼搏。

记者：

明白你的意思。六二之人以仁义对待天下，虽然把自己弄得疲惫不堪，但绝不是为了一己之利，而是为了国家，为了他所敬仰的君王。

《周易》作者：

是的，六二这种品德值得钦佩，因此最终是不会遇到什么忧愁之事的。

四　关于蹇卦之九三爻

记者：

蹇卦九三爻的爻辞是："往蹇，来反。"请解读一下。

《周易》作者：

该爻辞中的"反"，是返回的意思。这句爻辞翻译成白话就是：往前行走艰难，归来返回原处。

记者：

在九三之前的两个爻都是阴柔示弱，而九三是阳爻，阳爻居阳位，居位得正，应该能有所作为，为什么还要返回原处呢？这不是太消极无为了吗？

《周易》作者：

九三虽然是阳刚者，居位得正，但他处在下卦的顶部，尚未脱离危险，寓意他的前途依然充满着危险，不可贸然前往；如果贸然前行，必然遭遇灾难。他的唯一选择就是返回原处，据守本位，这才是最好、最适宜、也是最安全的选择。

五　关于蹇卦之六四爻

记者：

蹇卦六四爻的爻辞是："往蹇，来连。"如何解读？

《周易》作者：

这句话翻译成白话就是：往前行走艰难，退回来进行联合。

记者：

什么意思呢？

《周易》作者：

无论是六四爻还是九三爻，或是别的什么爻，他们所面对的任务是一样的，就是解决他们所面临的难题，避开他们所面对的风险。在六四这个阶段，他们所面临的风险依然很大。如果盲目前往，必然会陷入灾难之中。所以我们建议，六四应与九三等进行联合。唯有建立强大的统一战线，才有可能最终战胜困难。

六　关于蹇卦之九五爻

记者：

蹇卦九五爻的爻辞是：“大蹇，朋来。”什么意思？

《周易》作者：

意思很简单。也就是说，大为艰难，会有很多朋友前来。

记者：

观察发现，蹇卦的好几个爻说的是“往蹇”，也就是说只要前进，就会遇到困难，而唯独九五以及与之相应和的六二不是。这里面包含着什么寓意呢？

《周易》作者：

处在特别困难的时候，人们能够做的就是避险，就是追求平安。但是，如果力量不足，谁也不可能挺身而出来解决这些问题。当然，到了九五这个阶段，情况就不同了。本卦卦辞中讲“利见大人”，所谓的“大人”就是指九五，九五就是高居尊位的一国之君。他身处高位，居位中正，又有阳刚之性，因此，唯有他才能够整合方方面面的力量来解决所遇艰险。他就是核心，就是舵手，正因为有他的领导，大家才得以摆脱目前的困境。

记者：

看来，九五是本卦的核心。

《周易》作者：

是的。没有他，人们将永远生活在黑暗之中，或者最起码还要在黑暗中待上很长一段时间。

七　关于蹇卦之上六爻

记者：

蹇卦上六爻的爻辞是：“往蹇来硕，吉。利见大人。”请解读一下。

《周易》作者：

本爻辞中的“硕”是大的意思。这句爻辞翻译成白话就是：往前行走艰难，归来有大功，吉祥。适宜见到大人。

记者：

寓意是什么呢？

《周易》作者：

上六以阴爻处蹇卦之极，说明他面临的困境最大，不可能再前往了。如果硬往前走，不但无益，反而再生困难。

记者：

依照常规逻辑，那就是上六只有回归，才能摆脱困难啰！

《周易》作者：

是的。他只有回归才能建立功业，同时，他还必须寻求强大者的支持。我们说他“利见大人”，原因就在于此。

记者：

对于上六来讲，“大人”是谁呢？

《周易》作者：

毫无疑问，九五就是上六要拜访的“大人”。正是由于有九五阳刚之君的支持，上六才可能建功立业。同时，九三也是与他相应和的，只要上六能够摆正自己的位置，也会得到九三的支持。有了九三和九五的支持，尤其是九五阳刚之尊的支持，上六是不可能不取得成功的，所以我们说“吉”。

第四十章　解卦䷧：论解险之道

引　子

本卦之前一卦是蹇卦，主题是论匡济时艰。本卦为解卦，主题是论解险之道。

解卦由八卦中的坎卦和震卦两个部分所组成，坎在下，震在上。根据《易传》，坎卦象征水，震卦象征雷，因此，解卦所象征的形象便是“雷雨作”，即雷雨兴作。

《周易》的作者们说，蹇卦寓意险阻重重，进退维谷，但是任何艰难险阻都不会永远如此，而是总会有缓解和彻底解脱的时候。有难而止是蹇，有难而出便是解。出要诉诸动，动则能缓解和排除险。这个时候如同一个国家百废待兴，急需一个安定的环境，让人民休养生息，养精蓄锐，切不可胡乱折腾，徒耗国家元气。总之，无事宜静不宜动，有事宜速不宜迟。

《周易》的作者们还强调说，解卦之“解”，仅为脱困之“解”，如大病之初愈，元气刚刚出现恢复之迹象。在此时刻，不应盲目冒险，而应该秉持中庸、采用张弛结合的方式方法来开拓进取。

一　关于解卦之卦辞

记者：

解卦之卦辞是：“利西南，无所往，其来复，吉。有攸往，夙吉。”请你解读一下。

《周易》作者：

本卦是解卦，“解”是解脱、纾解的意思。在卦辞中，“来复”是往返、去而复来的意思；“攸”是助词，相当于“所”；“无所往”指无危难之时无所前往；“有攸往”指危难之时有所前往；“夙”是早的意思。这句卦辞直接转换成白话就是：利于往西南方向走，没有危难之时无所前往，返回可获吉祥。一旦出现危难，则有所前往，早去可获吉祥。

记者：

请将本卦的寓意说一说。

《周易》作者：

解卦下坎上震，坎寓意险，震寓意动，故此卦象象征行动于危险之外。

记者：

也可以说险难已经被排除，是不是？

《周易》作者：

是这样。你再看看，坎寓意水，震寓意雷，故此卦象征雷动于上，雨降于下。

记者：

雷打了，雨也下了，旱情自然得到解决。

《周易》作者：

你的理解没问题。

记者：

那卦辞中的“利西南”是什么意思呢？

《周易》作者：

在我们看来，西南代表大地，大地代表平实、简易。这寓意着无论是对于一个人，还是对于一个国家来说，在刚刚脱离险境、摆脱危机时，最需要的就是休养生息，从事一些简单可行而不劳民伤财的事情。

记者：

那倒是。社会刚刚摆脱危机，就不适于做太多的事。休养生息是第一位的。

《周易》作者：

没错。社会刚刚恢复稳定，绝对不能盲目地做太多的事情。当发现一些必须解决的问题时，也不能拖泥带水，必须迅速解决，而且早解决早好，越拖越糟糕。

二　关于解卦之初六爻

记者：

解卦初六爻的爻辞是："无咎。"请你解读一下。

《周易》作者：

解卦之初六爻是阴爻，处于解卦之初，象征着艰难险阻刚刚得到解除。初六又与九四阳爻相应和，象征着刚柔相济，处置得体。初六在险难初解时，断能采取适当措施，所以，不会有灾祸发生。

三　关于解卦之九二爻

记者：

解卦九二爻的爻辞是："田获三狐，得黄矢，贞吉。"这是什么意思呢？

《周易》作者：

这一句爻辞没有难字难词，翻译成白话就是：打猎的时候捕获到三只狐狸，并得到黄色的箭，占卜问事可获吉祥。

记者：

请解读一下。

《周易》作者：

九二是阳爻，且居下卦之中位，说明阳刚者能够恪守中道、坚守正义。九二又与六五阴爻相应和，象征阳刚者能得到阴柔尊者的信任。做到这一点，预示九二的未来肯定是不错的。

记者：

"田获三狐"是什么意思呢？

《周易》作者：

田里有狐狸，说明有很多的隐患，意指在险难刚刚解除的时候，百废待举，还有许多隐患需要清除。"田获三狐"就是要清除隐患的意思。

记者：

到田中捕获狐狸，得到黄颜色的箭，寓意什么呢？

《周易》作者：

黄色是中色，与九二处下卦中位之意差不多，说明九二之人是刚直不阿、秉守正义的人。一句话，九二是正直之人，是阳刚之人，这样的人做事不可能不成功，所以，他的未来是吉祥的。

四　关于解卦之六三爻

记者：

解卦六三爻的爻辞是："负且乘，致寇至，贞吝。"请解读一下。

《周易》作者：

本爻辞中的"负"就是以背载物；"致"是招致；"吝"是悔恨。这句爻辞转换成白话就是：背负着重物乘车，招来了盗贼，占卜问事预示有悔恨之事。

记者：

寓意是什么呢？

《周易》作者：

六三本是阴爻却居阳位，有阴柔小人窃据尊位的征兆，而本爻中所说的情况也是如此：小人本是不得背负非其所有之物，而只配跟着君主行走的人，此刻他却背着偷来的东西，乘着本应由君主乘的车子。这说明时代很糟糕，社会已被小人所把持，财富也被小人所把持。

记者：

小人得志很正常，但最终不会有好结果。

《周易》作者：

是的。小人背着东西，乘着华车，招摇撞骗，必然会引来盗贼的抢夺，迟早会遭到报应。他们不会有好下场，这就是我们对六三命运的判断。

记者：

小人为何如此猖狂呢？

《周易》作者：

"上慢下暴"所致。

记者：

什么意思呢？

《周易》作者：

小人蛮横，没有在上者的纵容与包庇是不可能的。

五　关于解卦之九四爻

记者：

解卦九四爻的爻辞是："解而拇，朋至斯孚。"不知道是什么意思？

《周易》作者：

"而"：你；"拇"：大脚趾；"斯"：如此、这样；"孚"：信任。九四爻翻译成白话就是：像解除大脚趾上的隐患一样摆脱小人的纠缠，这样朋友才会心怀诚信前来相助。

记者：

就是小人不去、君子不来这个意思呗。

《周易》作者：

是这样。小人就如脚趾上的疾病，他们整天系附于君子，正事不干，专门搬弄是非。不除掉这些隐患，世界永远不得太平。

记者：

是如此。事业是靠君子干的，小人一旦得志，君子必定远离。所以，主事者要想有所作为，成就一番事业，必须清除身边的小人。

《周易》作者：

小人走了，君子才会放心地做事，主事者的事业才有可能成功。否则，便不可能。

六　关于解卦之六五爻

记者：

解卦六五爻的爻辞是："君子维有解，吉。有孚于小人。"请解读一下。

《周易》作者：

本爻辞中的"维"是指系附、捆绑的意思。本爻辞翻译过来就是：君子能够纾解险难，吉祥。对小人也要给予诚信。

记者：

解除君子遇到的险难，可以理解。对小人也要抱以诚信，意义何在呢?

《周易》作者：

六五是阴爻，居上卦之中，且与九二阳爻相应和，这说明阴柔者能够持守正道，并得到阳刚君子相助。六五是个有德有能之人，他不仅能够解除君子所遇到的麻烦，还能够对小人施以诚信。如此一来，君子便可以放开手脚，施展抱负。即便是那些小人，也被六五的威严所震慑，只好心悦诚服、知难而退，不敢为六五成就天下大业设置障碍，所以说吉祥。

七　关于解卦之上六爻

记者：

解卦上六爻的爻辞是："公用射隼（sǔn）于高墉（yōng）之上，获之，无不利。"野鸟猛禽都打了，事情肯定会很顺利的。

《周易》作者：

你理解得没错。这句爻辞中的"隼"，是一种凶猛的鸟；"墉"是城墙。这句爻辞翻译成白话是：王公站在高高的城墙上，用箭射猛禽，射中后把它捕获，没有任何不利。从本爻的卦象结构来看，上六阴爻居于解卦之极，又居于上卦即震卦之上，这说明上六是居于上位的阴柔者，能够以积极的行动彻底解除劫难。

记者：

你们用"王公射猛禽"来形容灾难的去除，这很形象。

《周易》作者：

是的，连这些凶猛的鸟都被射下来了，还有什么更难的事情解决不了呢？所以说上六之人前途一片美好啊！

第四十一章　损卦䷨：论损下益上

引　子

本卦之前一卦是解卦，主题是论困境之解脱，论解险之道。本卦的主题是论减损之道，具体是论损下益上。

损卦由八卦中的兑卦和艮卦两个部分所组成，兑在下，艮在上。根据《易传》，兑象征泽，艮象征山，因此，损卦所象征的形象便是“山下有泽”，即山的下面有水泽。

本卦上一卦解卦是讲缓解、解除危机，但解除危机之后便会出现一定的利益减损，故解卦之后便是损卦。本卦之损失乃中性之“损”，或损己利人，或损人利己，关键在于人以什么样的心态对待“损”。如果这种“损”既出于诚信，又合乎时宜，那倒是值得褒奖的。反之，则应该予以谴责。

一　关于损卦之卦辞

记者：

损卦之卦辞是：“有孚，元吉，无咎，可贞，利有攸往。曷（hé）之用？二簋（guǐ）可用享。”如何理解？

《周易》作者：

不把其中的几个关键词说一说，确实很难理解。“损”是卦名，意为减损；“孚”是诚信；“元”是大；“咎”是灾殃；“曷”是何、什么；“簋”是古代盛食品的器皿，多为圆形，“二簋”意指微薄食物；“享”是祭祀的意思。这句卦辞翻译成白话就是：有诚信，大吉，没有灾殃，适合占卜问事，利于有所前往。用什么来减损呢？只要用二簋微薄的食物就可以祭祀鬼神。

记者：

真不知道卦辞要表达什么意思。

《周易》作者：

损卦谈论的是如何通过自我减损的办法来发展自我，赢得他人的认可。

记者：

愿闻其详。

《周易》作者：

本卦实际上来自上坤下乾的泰卦，把其下卦一阳爻挪到上卦，这样上卦多一阳爻，而下卦多一阴爻。这种情况是明显的损下益上。而从本卦卦符的结构看，损卦上艮下兑，艮为山，兑为泽，象征“山下有泽”。泽深山高，泽在内而山在外，这象征着“内低外高”；内是自己，外用来指他人，自己低而他人高，便有贬低自己而抬高他人之意。

记者：

转了一大圈，终于点到主题上了。

《周易》作者：

是的。但这种自我贬损不是虚情假意，而是发自内心地愿意这么做。我们对这种行为大加赞赏。

记者：

为什么呢？

《周易》作者：

人能用贬低自己的办法来为别人的发展做贡献，这是一种了不起的美德。所以，我们认为这样的人一定会有好的结果。打个比方说，同样是祭祀神灵，对那些心甘情愿地牺牲自己来奉献他人的人来讲，即便他用最简单的祭品来祭祀神灵，神灵也会很高兴的，并且会赐予他极高的奖赏和保佑。

二　关于损卦之初九爻

记者：

损卦初九爻的爻辞是：“已事遄（chuán）往，无咎，酌损之。”请解读一下。

《周易》作者：

该爻辞中的“已”是完成、结束的意思；“遄”是迅速的意思。这句话翻译成白话就是：完成自己的工作，迅速前往辅助尊者，没有灾害，应当酌情减损自己。

记者：

寓意何在呢？

《周易》作者：

本爻提出了一个损己利人的原则，原则就是心怀诚信，而不要做作。

记者：

从何说起呢？

《周易》作者：

初九之人去帮助别人的前提是他完成了自己的工作。作为一个臣子，他本该有与自己职位相适应的工作，如果他搁下自己的工作，费尽心思去讨好上司，那就说明他没有敬业精神，或许是个谄媚的小人。

记者：

有点这个意思。

《周易》作者：

如果他的工作已经完成，而不去帮助需要帮助的人，那他就是怠慢。而初九正好是在自己的工作完成之际，前去帮助需要帮助的尊者，这样，可以说符合诚信的原则。这种损己利人的方式毫无疑问是合理的，即便自己有损也是所失甚少的。

三　关于损卦之九二爻

记者：

损卦九二爻的爻辞是：“利贞，征凶。弗损益之。”请解读一下。

《周易》作者：

这句爻辞中没有什么难的字和词，翻译成白话就是：利于占卜问事，出征有凶险。不用自我减损，也能增益他人。

记者：

什么意思呢？

《周易》作者：

我来给你解读一下。

记者：

请讲！

《周易》作者：

从卦象上看，九二是阳爻，居于阴位，有阳刚者谦卑自守之象。同时，九二居下卦之中位，又与居上卦之中位的六五阴爻相应和，而六五阴爻居于阳位，也有阴柔尊者刚柔相济之象。

记者：

这些能说明什么问题呢？

《周易》作者：

九二与六五都有自满自足之象，九二用不着减损自己去帮助六五，六五也用不着九二来帮助自己。只要九二能够安于职守，不去擅自妄动，这就是最佳的状态。

记者：

明白你的意思了。在有些情况下，人不必用自我减损的方法就可以帮助他人，这样能出现一加一大于二的理想状态。

《周易》作者：

正是。

四　关于损卦之六三爻

记者：

损卦六三爻的爻辞是："三人行，则损一人。一人行，则得其友。"如何解读呢？

《周易》作者：

关于这句爻辞，有多种解释，很多解释都很牵强。但如果从最普通的字面意义来理解，似乎就好理解多了。

记者：

怎么讲？

《周易》作者：

这句爻辞从字面意义理解，意思就是：三人同行，则往往会因为彼此意见不一致而导致不得不把一个人赶走。反之，如果是一个人，则不会出现意见分歧，因而就能做成很多事情。

记者：

这种现象在生活中极为普遍，人一多，就容易不团结、相互拆台，就会把事情搞砸。通常所说的一个人是一条龙，三个人就变一条虫，大概就是这种情况。

《周易》作者：

是的。

五　关于损卦之六四爻

记者：

损卦六四爻的爻辞是："损其疾，使遄有喜，无咎。"请解读一下。

《周易》作者：

这句爻辞中的"遄"在本卦初九爻中出现过，是迅速、快的意思。这句爻辞转换成白话就是：减损疾病，并使之迅速痊愈，必有喜事，没有祸害之事发生。

记者：

难道六四是一个患有疾病的人？

《周易》作者：

是的。你看，六四阴爻居阴位，以柔居柔，形同患病。他的疾病不仅表现在身体方面，还表现在品德方面。这是一个有毛病、需要改邪归正的人。

记者：

他真改了吗？

《周易》作者：

六四以阴居阴，说明他的阳刚之气严重不足。但是，六四能够修正自己的弱点、修正自己的错误，一句话，就是能改过从善，从而赢得初九阳刚之辈的支持和帮助。也正是看到六四并非是一个不可救药之人，初九在完成自己本职工作的前提下，才能迅速前来帮助六四。

记者：

一些人总是抱怨老天爷不公平，总是抱怨自己是孤家寡人、无人相助，其实，根本的原因还是在于自己，在于自己不能改过自新，在于自己不能检点自己。

《周易》作者：

是这样。

六　关于损卦之六五爻

记者：

损卦六五爻的爻辞是："或益之十朋之龟，弗克违，元吉。"请解读一下。

《周易》作者：

本爻辞中的"或"，指有人或某位贵人；"朋"指古代的一种货币单位，"十朋之龟"自然就是一只珍贵的大龟；"克"指能够；"违"指违背，这里有推辞、拒绝的意思。

记者：

那这句爻辞的意思是？

《周易》作者：

把这句爻辞翻译成白话就是：有人送价值十朋的大龟来相助，不能拒绝其好意，大吉大利。

记者：

六五所处的位置是君位，是统治者的位置，他却接受人家的贵重礼品，是什么意思呢？

《周易》作者：

六五是阴爻，但处中位，说明他是一位居位正当且很谦和的君主。面对这样的君主，天下人愿意通过减损自己的办法来帮助他，这是理所当然的事情。

记者：

这似乎是行贿嘛。

《周易》作者：

不能这样理解。人们把价值十朋的大龟送给君主，说明他们从内心深处敬重君主。虽然其他人送出大龟对自己有所减损，但由于六五中正谦和，必然会“谦受益”，所以，他的前途是“元吉”。

七 关于损卦之上九爻

记者：

损卦上九爻的爻辞是：“弗损益之，无咎，贞吉。利有攸往，得臣无家。”这句爻辞中没有太难的字和词，但内容挺多，还是请你解读一下。

《周易》作者：

这句爻辞翻译成白话就是：不损害自己，而使他人收益，没有灾祸。坚守正义，吉祥。此时做事是有利的，会得到全体臣民的支持。

记者：

寓意是什么呢？

《周易》作者：

上九是损卦的终极之处，寓意损极而益。

记者：

损极而益，是不是意味着无须通过损害自己的利益就能够让别人得到好处？

《周易》作者：

是这么回事。上九本身是阳爻，形象充实，他并不需要使别人受损。相反，上九完全有可能以自己的能量来使别人受益。

记者：

一个人不牺牲自己的所有，却能让别人得到益处，这非常了不起。

《周易》作者：

这样的人如果走出家门，就可以入朝做官大有作为；这样的人在自己的工作中会多行善事，去帮助别人；这样的人在实现自己抱负的同时，也能让周围的人得到好处。

第四十二章　益卦䷩：论损上益下

引　子

本卦之前一卦是损卦，主题是论损下益上。本卦之主题是论增益之道，具体是论损上益下。

益卦由八卦中的震卦和巽卦两部分所组成，震在下，巽在上。根据《易传》，震象征雷，巽象征风，因此，益卦所象征的形象便是“风雷”，即风雷激荡。

益卦与损卦互为综卦。《周易》的作者们认为，如果想受益，必须先自损；如果一味求益，则必然会受损。损卦所论是损下益上，益卦则是论损上益下。对国家的统治者来说，自损其益，而做有利于百姓的事情，实质上是对自己最有利，最终会得到人民的支持；反之，如果一味追求自己的利益，而不管百姓的死活，则对自己最不利，甚至会激起人民的反对，断送自己的统治。

一　关于益卦之卦辞

记者：

益卦之卦辞是：“利有攸往，利涉大川。”请解读一下。

《周易》作者：

益卦是讨论增益之卦，卦辞中的“攸”是助词，相当于“所”。益卦的卦辞转换成白话就是：利于有所前往，利于渡大河。

记者：

寓意是什么？

《周易》作者：

益卦上面是巽卦，下面是震卦，巽代表风，震代表雷，益卦的卦象象征风吹动于上，雷震动于下。风得雷助，其势更加凶猛；雷得风助，其震更加强烈。

记者：

两者之间存在着共振互动现象，彼此必定相互助益。

《周易》作者：

没错。上下之间相互配合，说明人与人之间、事物与事物之间能相互帮助。他们的力量肯定是越来越大，所以我们说此卦的寓意肯定好，有利于成就大业。

记者：

能否结合具体的卦符结构再详细地说一下？

《周易》作者：

当然可以了。我们在上一卦损卦已经讲过了，损卦来自泰卦，从卦符上看是将泰卦下卦的一个阳爻移到了上卦，意思是“损下益上”。而本卦上接损卦，继续把下卦的一个阳爻搬到上卦，但表述上却是说把上卦的一个阴爻挪到下卦，称作“损上益下”。

记者：

那就意味着主次互动、上下互助了？

《周易》作者：

正是！

记者：

请继续讲，其寓意是什么？

《周易》作者：

益卦包括如下几个层次的寓意：第一层意思是，益卦下震上巽，震为阳为尊，巽为阴为卑。阳刚尊者反居阴柔卑者之下，象征着处于上位的统治者谦逊地对待民众、帮助民众。所以，民众会感到无限的快乐。

记者：

有点这个意思，那第二层意思呢？

《周易》作者：

第二层意思是，震为动，巽为顺，象征着阴柔卑者虽居于上，却能柔顺地服从在下的阳刚尊者，使双方得以和谐相处。如此一来，阳刚尊者通过减损自己，以帮助阴柔卑者；阴柔卑者通过服从阳刚尊者，从而促进双方共同发展。这是第二层意思。

记者：

还有别的意思吗？

《周易》作者：

有的。第三层意思是，益卦的六二阴爻与九五阳爻分别居下上卦之中位，且阴爻居阴位，阳爻居阳位，说明两个爻均属居中得正，象征着做人行事一定能够遵循中正之道。

记者：

如能够按照中正之道行事，其所作所为一定很顺利。

《周易》作者：

是的。最后一点，益卦下震上巽，巽为木，震为动，象征木舟在水上移动，人乘木舟移动，必能够顺利到达彼岸。

记者：

你能对益卦做个总结吗？

《周易》作者：

应该结合损益二卦来看问题，那就是：当损则损，当益则益；损之必带有诚信，而益之必广获支持。这样顺势而动，顺理而为，才能上下呼应，成就大业。

二　关于益卦之初九爻

记者：

益卦初九爻的爻辞是："利用为大作，元吉，无咎。"对这句爻辞的意思我是理解的，但不明白为什么你们一会儿说"元吉"，一会儿又说"无咎"。

《周易》作者：

这句爻辞中的"利用"，就是利于；"为"就是做；"大作"就是大事；"元"就是大；"咎"就是灾殃。爻辞的意思是说：利于做大事，大吉，没有灾殃。

记者：

这个我明白。

《周易》作者：

初九是阳爻，居于阳位，又处在下卦即震卦之初，而震寓意动，因此，从本意上来讲，初九是想有所作为的。

记者：

想做事，肯定是好事。

《周易》作者：

初九阳爻与六四阴爻相互应和，象征着初九肯定能得到六四的帮助。初九既想有所作为，又有六四相助，故一定能做成大事，所以吉祥。

记者：

那你们为何又在“元吉”后又加上了“无咎”二字呢？

《周易》作者：

在此我们只是强调，初九处在下卦即震卦之下位，本来是不适合做大事的，他只是因为得到了六四的相助，才能做成大事。对这样能力不济的人来说，不是什么大事情他都能做的，要做的大事必须是好事、善事才行。所以，只要做的是好事、善事，虽然其能力有所欠缺，行为有所闪失，也不会招致咎怨的。因此，只有“元吉”才能“无咎”。

三　关于益卦之六二爻

记者：

益卦六二爻的爻辞是：“或益之十朋之龟，弗克违，永贞吉。王用享于帝，吉。”如何解读？

《周易》作者：

类似的话，损卦六五爻中也曾经出现过。这句爻辞转换成白话就是：有人赠送价值十朋的宝龟，无法拒绝，占卜询问长久之事，预示吉祥。君王祭祀天地，吉祥。

记者：

本爻的中心思想是什么呢？

《周易》作者：

中心思想是强调在道德上要恪守中正、虚怀若谷，这样就可以得到别人的帮助。

记者：

请详细解读一下。

《周易》作者：

益卦与我们前面所谈到的损卦正相反，损卦的六五对应的就是益卦的六二，也就是本爻。两爻对应之人都居位中正且有虚怀若谷之象，故能得到天下人的帮助。爻辞中讲“或益之十朋之龟，弗克违”，说的就是这个意思。

记者：

明白。请继续。

《周易》作者：

益卦之六二与九五相应，故能得到九五之赠。所以，本爻与损卦的六五一样，他们所得到的利益都不是自己争取的，而是别人主动给予的。

记者：

你的意思是说，这两个爻处境相同?

《周易》作者：

这倒不是，他们的命运还是有很多区别的。

记者：

不同在什么地方呢?

《周易》作者：

损卦的六五是以阴柔居阳位，说明刚柔得中，而本卦的六二也就是本爻，居位皆阴，说明刚德不足。相比之下，损卦的六五是“元吉”，而本卦的六二则是“永贞吉”，也就是要求六二之人要永远走正道，而不能走邪道，这就是提醒。

记者：

走正道，我相信谁都会明白。具体体现在什么地方呢?

《周易》作者：

本爻中六二不把得来的“十朋之龟”据为已有，而是将之用于君王的祭祀，就是走正道的具体体现。

记者：

那寓意就是：不要有贪财之心，要把自己得来的东西奉献给他人，唯有如此，才能得到好的未来。

《周易》作者：

正是如此啊！

四　关于益卦之六三爻

记者：

益卦六三爻的爻辞是："益之用凶事，无咎。有孚，中行，告公用圭。"请解读一下。

《周易》作者：

本句爻辞中的"凶事"指灾荒、丧葬之事，"益之用凶事"意思是凶荒之年官府开仓救济百姓；"圭"是玉器的名字，在正式的场合，士大夫执圭以作为本人官方身份的凭证。本句爻辞翻译成白话就是：把得来的财物用于荒年来拯济百姓，没有祸害。心存诚信，持中慎行，手持玉圭，向王公报告。

记者：

意思好理解。无非就是说：大荒之年，把东西拿出来救济百姓，不让百姓饿死，这样做，不会有坏结果。

《周易》作者：

大意确实如此。六三正处荒欠之年，从爻位上看，六三处下卦之上部，相当于郡县一级的官员。对这类官员来讲，在这种特殊的岁月，他不必做太多的事，只要能做到开仓赈灾、救济百姓，就体现了损上益下之道。

记者：

你们要他报告来报告去，是什么意思？

《周易》作者：

拯济灾民是善事，但是有很多人也会借此机会中饱私囊。所以，我们强调开仓放粮救济百姓要诚信，要恪守道德，绝不可干伤天害理的事情。

记者：

应该依照规定程序，防止出现此类丑闻。

《周易》作者：

没错。开仓济粮不可专行，必须向上级请示报告。离开国家的集中管制，任何行为都可能假公济私，甚至导致各种犯罪的出现。所以，做这类事，必须严格纳入法治的轨道。

五　关于益卦之六四爻

记者：

六三爻谈的是饥荒之年救济百姓的事，到了六四爻该谈什么了？

《周易》作者：

六三所处的环境是百姓已经遭受饥荒，如果不开仓放粮，就有百姓会饿死；而到了六四这个阶段，情况会更加严重，如果不迁徙国都，百姓就无法生活。

记者：

这么糟糕！

《周易》作者：

六四爻的爻辞是：“中行，告公，从，利用为依迁国。”这句爻辞中的“迁国”就是迁徙国都的意思。翻译出来，本爻的意思就是：持守慎行，报告王公要迁徙国都，王公听从，此时有利于在有所依靠的情况下迁都。

记者：

迁都可不是一件小事情，不到万不得已，不应该走这条路。

《周易》作者：

是这样。对一个君主来说，当他发现所有的办法都不能让他的人民生存下去的时候，他最大的善举就是迁都。唯有带领人民到富庶的地方去，才有可能让人民活下来，才有可能让人民重建家园。

记者：

应该是这样。

《周易》作者：

但就本爻来说，六四虽然想民众之所想，但他毕竟不在君位，迁都这种大事，他必须要报告君主。

记者：

那倒是。他需要借助君主的威望才能实现迁都。

《周易》作者：

是这样。我们之所以强调要有所依托，就是说六四要依附国君来安排迁都。

六　关于益卦之九五爻

记者：

益卦九五爻的爻辞是："有孚惠心，勿问，元吉，有孚惠我德。"请解读一下。

《周易》作者：

这句爻辞中没有什么不好懂的字或词，翻译成白话就是：怀有一种真诚施惠天下的心愿，肯定预示吉祥，天下万民也必将真诚地感恩戴德。

记者：

大意是这样。作为一个统治者，应该时时刻刻以民众的利益为核心，要经常诚实地施惠于百姓，百姓也会感念君主的恩惠，最终来报答他。

《周易》作者：

没错。做有利于别人的事情，就是有利于自己；做有利于人民的事情，最终也将有利于统治者。

七　关于益卦之上九爻

记者：

益卦上九爻的爻辞是："莫益之，或击之，立心勿恒，凶。"请解读一下，感觉有点风向不对。

《周易》作者：

你的感觉很敏锐！上九之人与九五之人完全是两种不同类型的人。九五之人知道，只有把人民的利益处理好，人民才会来报答他。而上九则不然，上九阳刚，位居益卦顶点，以至于贪得无厌。这样，上九只为重利益，必然意志摇摆不定，"立心勿恒"说的就是他。他从来没想过要为民众的利益做贡献，反而要求民众为他做贡献。久而久之，必然物极必反，他会成为过街老鼠，人人喊打。

记者：

孤家寡人一个啦。

《周易》作者：

是的，对这种独夫民贼，没人会帮助他，周边所有的人都会攻击他。

记者：

这种贪得无厌、目光短浅的人比比皆是，他们的下场也常常是非常凄惨的。尽管如此，还有很多人要学他们。

《周易》作者：

只有当人民揭竿而起推翻他们的时候，他们才会明白的。

第四十三章　夬卦䷪：论锄奸之道

引　子

本卦之前一卦是益卦，主题是论损上益下。本卦的主题是论锄奸之道。

夬（guài）卦由八卦中的乾卦和兑卦两个部分所组成，乾在下，兑在上。根据《易传》，乾象征天，兑象征水，因此，夬卦所象征的形象便是“泽上于天”，即洪水滔天。

《周易》的作者们说，益卦寓意受益，受益过度便会出现如同溃堤决口之灾难。夬卦通过洪水滔天之象寓意天下遇难，奸佞小人盘踞核心、为所欲为。面对如此困境，正义之君当同心协力、运筹帷幄、巧设机关，以灭杀小人。顺便说一下，“夬”本意为拉弓时戴在大拇指上的护套，引申为决断、铲除，本卦之寓意由此可见一斑。

一　关于夬卦之卦辞

记者：

夬卦之卦辞似乎是《周易》中比较长的一句卦辞，这句卦辞是：“扬于王庭，孚号有厉。告自邑（yì），不利即戎，利有攸往。”请你解读一下。

《周易》作者：

我们先来说一说夬卦卦辞中的几个关键字词。“夬”是卦名，意为决断；“扬”是宣扬、宣布；“王庭”是朝廷；“孚”是诚信；“号”是号令；“厉”是危险；“邑”是城镇、村落；“即戎”就是用兵、动用武力，泛指军事活动；“攸”是助词，相当于“所”。

记者：

你解释得这么细，我相信这句卦辞就好翻译多了。

《周易》作者：

你不妨说说看。

记者：

夬卦的卦辞可以翻译成：在朝廷上宣布决定，真诚地告诉大家面临危险。从城中发出告示，不利于用兵，有利于前往。

《周易》作者：

不错！

记者：

不过个中究竟我仍然觉得不明朗，还是想请你点拨一下。

《周易》作者：

夬卦有五个阳爻和一个阴爻，阳爻人多势众，力量强盛；阴爻形单影只，孤苦伶仃。

记者：

这说明什么呢？

《周易》作者：

这说明阳刚之君占据主导地位，他们决定联手对付阴险小人。

记者：

似乎有点这个意思。

《周易》作者：

按照这个意思，我们来看卦辞中的几句话，你会觉得它们非常形象。

记者：

请讲。

《周易》作者：

“扬于王庭”就是在朝廷上宣布对小人的制裁；“孚号有厉”是指真诚地告诉大家，小人的势力虽然面临崩溃，但仍然不能掉以轻心，要防止其死灰复燃；“不利即戎”是指对小人的制裁应采取公正公平的手段，以达到教育人民的目的。若采取武力，则不能达到应有的效果。

记者：

这么一解释，就明白了。我相信，有计划、有步骤、有目的地对小人采取措施，一切都会好起来的，不必过分迷信武力。滥用武力，后遗症也是非常严重的。

《周易》作者：

所以“利有攸往”嘛！

二　关于夬卦之初九爻

记者：

夬卦初九爻的爻辞是：“壮于前趾，往不胜为咎。”请解读一下。

《周易》作者：

本爻辞中的“前”，有的人说是前面，有的人说是向前行进，均可；“趾”是指脚趾头；“咎”是指灾殃。这句爻辞翻译成白话就是：脚指头强壮，前往不能取胜，从而造成灾殃。

记者：

如果我没记错的话，大壮卦初九爻的爻辞，好像也有“壮于趾”这几个字。

《周易》作者：

你的记性不错，但大壮卦初九爻是“壮于趾”，而本爻是“壮于前趾”，仅多一个“前”字，一字之差。

记者：

请继续解读。

《周易》作者：

夬卦之初九爻是阳爻，处于阳位，他又处于下卦也就是乾卦的最下位，寓意阳刚者存在着急躁冒进的心理取向，“壮于前趾”说的就是这个意思。但是，初九居夬卦之开始，势单力薄，又没有人来与之相呼应，因此，他无法对上六阴爻采取真正有作用的措施。所以，如果他贸然前往，挑战上六，就不可能取得胜利，甚至会造成灾殃。

记者：

该爻辞的主旨仍然是强调谨慎行事，切忌冒动。

《周易》作者：

是这么回事。万事之初，尤其必须谨慎，“慎始”就是这个意思。

三　关于夬卦之九二爻

记者：

夬卦九二爻的爻辞是：“惕号，莫（mù）夜有戎，勿恤。”请解读一下。

《周易》作者：

本爻辞中的“惕”是警惕、小心；“莫”通“暮”，指傍晚时分；“戎”是指敌人；“恤”是指忧愁、担心。这句话翻译成白话就是：警惕呼号，夜里有敌人侵犯，不用担心。

记者：

为什么不用担心呢？

《周易》作者：

九二是阳爻，居于阴位，又处下卦之中位，这说明阳刚者刚而能柔，同时能够坚守中庸之道，恪守正义法则。因此，他能心怀警惕，谨慎行事，及时发现敌情并发出警报，因而不可能出现令人担忧的事情。

记者：

对一个如此谨慎行事、做事正派的人来讲，确实令人非常放心。

《周易》作者：

本爻辞中的“莫夜有戎”，就是说明九二每时每刻都在担心受到敌人的进攻。因此，即使出现敌人深夜来袭的突发事件，他也能够及时报警，从容应对，并有效予以化解，也就没什么可担心的。

四　关于夬卦之九三爻

记者：

夬卦之九三爻有点晦涩难懂，请你说一说。

《周易》作者：

夬卦九三爻的爻辞是：“壮于頄（kúi），有凶。君子夬夬独行，遇雨若濡，有愠（yùn），无咎。”其中，“頄”是颧骨的意思；“夬夬”是刚毅果决的意思；“若”是而；“濡”是沾湿；“愠”是愤怒、生气的意思。

记者：

请你把这句爻辞翻译一下，再说说它的寓意。

《周易》作者：

这句爻辞翻译成白话就是：颧骨强壮，有凶险。君子果决地独自前行，遇到下雨，身上被淋湿，有人对他生气，没有灾殃。

记者：

这段话到底想表达什么意思？

《周易》作者：

我来慢慢给你讲。九三是阳爻，居于阳位，他又处下卦也就是乾卦的顶端，这说明九三这个人在处决小人的事情上态度非常果断。爻辞中以颧骨强壮来说明这个意思。

记者：

你刚才说过，夬卦的宗旨是强调要谨慎行事，九三这种将愤怒的情感表达于脸部的做法，是不是与这个宗旨相违背？

《周易》作者：

没错。九三这种怒形于色的做法，不符合这个宗旨，所以说有凶险。

记者：

从卦符结构上看，似乎九三阳爻与上六阴爻之间存在着一定的应和关系，也就是说，九三这个人与他要铲除的小人之间存在某种应和关系。

《周易》作者：

是的。正因为他们之间可能存在应和关系，所以人们怀疑他们之间有某种私情，会串通起来干坏事，因而人们对九三的所作所为感到愤怒。

记者：

既如此，那为什么说最终的结果还是好的呢？

《周易》作者：

这归根到底取决于九三的为人。

记者：

怎么讲？

《周易》作者：

如果九三与上六之间真的存在某种勾结，那么他必然遭到众人的打压，下场不会好到哪里去。好在九三虽然遭受众人的怀疑，但他与上六之间确实不存在任何勾勾搭搭的情况。他欲铲除上六的意志绝对坚决，没有丝毫的改变，所以最终大家都能解除对他的怀疑，同仇敌忾，共同打击敌人。

记者：

所以，他没有遭遇灾殃。

《周易》作者：

是的，就是这个意思。

五 关于夬卦之九四爻

记者：

夬卦九四爻的爻辞让人觉得怪怪的，不好理解。

《周易》作者：

夬卦九四爻的爻辞是："臀无肤，其行次（zī）且（jū）。牵羊悔亡，闻言不信。"这句爻辞中的"次且"通"趑趄"，意思是想前进又不敢前进，犹豫不决。这句话翻译成白话就是：臀部没有皮肤，其行动犹豫不决。若能牵系着强壮的羊，悔恨必将消失，可惜听了忠言，又不按照忠言行之。

记者：

这句爻辞的中心思想到底是什么？

《周易》作者：

九四爻是批评一些人做事不果断，又听不见忠言，因而给自己带来了麻烦。

记者：

请你详细解读解读。

《周易》作者：

九四以刚居阴，又脱离了下卦乾卦而进入上卦，说明他刚健不足、柔弱过度，明显没有铲除小人的果断意志。这种犹豫不决的情绪，就如同一个人臀部受伤、失去皮肤，既坐不下又行走艰难。

记者：

“牵羊悔亡”是什么意思呢？

《周易》作者：

这是我们给九四之人指出的一条出路。在普通人看来，羊是刚健强壮之动物，可以比喻为本卦中的九五爻。“牵羊”意思是有九五的相助，有了九五之君的相助，就可以弥补九四的阳刚不足。

记者：

这倒是个好主意呀。

《周易》作者：

很可惜，九四一意孤行，不愿听从人们的劝告而独断专行。

记者：

九四这样做，到底前途咋样？

《周易》作者：

我们虽然没有对九四的前途进行预判，但可以预料他不会有什么好下场的。

六　关于夬卦之九五爻

记者：

九五爻的爻辞是：“苋（xiàn）陆夬夬，中行，无咎。”不知道是什么意思？

《周易》作者：

本爻中的“苋陆”即商陆，是一种看似弱小，但实际上生命力极强的植物。这是比喻敌对势力或者小人难以根除。

记者：

那这句爻辞的完整意思是什么呢？

《周易》作者：

这句爻辞翻译成白话就是：坚定地挖除苋陆之草，由于行于中道，所以没有灾祸。

记者：

寓意是什么？

《周易》作者：

九五阳爻在这一卦中处于最上方，是本卦的主爻，也是决断小人命运的主角。九五与小人上六最接近，看似面临危险，但九五是阳爻，居阳位，且处于上卦的中央位置，这意味着他性格刚毅中正。在他的领导下，人们一定会同仇敌忾，彻底铲除上六这个无耻小人。

七　关于夬卦之上六爻

记者：

夬卦上六爻的爻辞是："无号，终有凶。"请你解读一下。

《周易》作者：

此爻辞中的"号"是号令、号召。这句爻辞的意思是：无法号令众人，最终有凶险。

记者：

上六是个无耻小人，我相信，他的最终结局肯定很凄惨。

《周易》作者：

是这样。上六阴爻居夬卦之极，说明阴柔无耻小人窃据高位，也说明众阳刚之士铲除上六这个小人的时机已经到来。随着阳刚势力的进一步强盛，上六之人也就成为孤家寡人。他势单力薄，无法再向众人发号施令，所以说他终将会有凶险。

第四十四章　姤卦䷫：论相遇之道

引　子

本卦之前一卦是夬卦，主题是论锄奸之道。本卦的主题是论相遇之道。

姤（gòu）卦由八卦中的巽卦和乾卦两个部分所组成，巽在下，乾在上。根据《易传》，巽象征风，乾象征天，因此，姤卦所象征的形象便是“天下有风”，即风在天空下吹动。

《周易》的作者们借助此卦提出：唯有天地相遇，才使万物蓬勃生长；唯有男女相遇，才能繁衍后代。人与人之间、物与物之间只有彼此相遇，才能相互发生作用，从而推动事物持续性进化。而孤阴独阳，则必导致万物凋零。当然，万物相遇还有一个机缘巧合问题，姤卦谈论的就是这个主题。

一　关于姤卦之卦辞

记者：

姤卦之卦辞是：“女壮，勿用取女。”请解读一下。

《周易》作者：

“姤”，是卦名，意思是相遇或遇到。卦辞中的“勿用”意思是不宜、不适合；“取”通“娶”。本卦辞翻译过来就是：女子很强壮，不适合娶她为妻。

记者：

什么意思呢？女子很强壮，为什么就不能娶作妻子呢？

《周易》作者：

姤卦由一个阴爻和五个阳爻组成，寓意一阴与五阳相遇，也可表述为一女遇五男，此乃“柔遇刚”。而刚柔中正才最符合相遇之道，这种“柔遇刚”之格局，必然暗藏凶险，需要引起警惕。

记者：

这层意思直接表达不就可以了吗？为什么还要用“女壮，勿用取女”来说明呢？这对女性是不公平的。

《周易》作者：

在我们那个时代，女性如果太强就意味着阴盛阳衰、女强男弱，这确实容易给家庭带来不稳定。不知道你们这个时代如何？

记者：

应该是好多了。虽然男强女弱还是更常见一些，但双方都希望家庭关系和谐。

《周易》作者：

所以啊，《周易》强调阴与阳之间应该保持合理的比例。无论是阳太过强，还是阴太过强，都会带来问题的，只不过问题有大小而已。

二　关于姤卦之初六爻

记者：

姤卦初六爻的爻辞是：“系于金柅（nǐ），贞吉。有攸往，见凶，羸豕孚蹢（zhí）躅（zhú）。”有点拗口，请解读一下。

《周易》作者：

别急，我们先从关键字词说起吧。

记者：

只能如此啦。

《周易》作者：

本爻中，“系”意思是拴缚；“柅”是挡住车轮以不使其转动的木块；“贞”意思一是指贞问，一是指正；“攸”是助词，相当于所；“羸”是指瘦弱；“豕”意思是猪；“孚”通“浮”，意思是轻浮、浮躁；“蹢躅”，即“踯躅”，意思是在一个地方来回走动。

记者：

请翻译一下吧。

《周易》作者：

翻译过来意思就是：拴系在车轮下面用金属制成的刹车块上，占卜问事，吉祥。有所前往，会有凶险，瘦弱的猪轻浮躁动，来回走动。

记者：

即便是翻译过来，意思也不好理解啊。

《周易》作者：

我给你好好说说，你就明白了。

记者：

多谢！

《周易》作者：

这句爻辞的重点在前半句。初六是阴爻，又处于下卦之初，象征一个柔弱的女子。

记者：

一个柔弱的女子当如何安排自己的生活呢？

《周易》作者：

一个柔弱的女子，当专心系于阳刚之人，便可以获得吉祥。

记者：

谁是你所说的阳刚之人呢？

《周易》作者：

就是九四，九四就是爻辞中所说的“金柅”。金柅乃金属制动器，需要他担纲独断之时，他便会立即出手，绝不含糊。初六只要与九四捆绑在一起，由九四主导大局，其结果肯定是吉祥的。

记者：

那爻辞中所说的那头猪到底是怎么回事？

《周易》作者：

这头猪也是一个比喻。我们刚才所说的那个柔弱女子，如果不能专心于九四，而是心猿意马，她就会像猪一样来回挣扎，不知道自己的归宿到底在哪里。如此下去，结局必然凄惨无比。

记者：

初六爻还有别的寓意吗？

《周易》作者：

基本就是我刚才讲的。本爻也是一个提醒……

记者：

提醒什么呢？

《周易》作者：

好多事情，隐藏着很多隐患，一般人看不出来。如果不能见微知著，及早采取措施予以防范，等到壮大起来以后，再去想办法，一切都晚了。

二　关于姤卦之九二爻

记者：

姤卦九二爻的爻辞是："包有鱼，无咎，不利宾。"不知道是什么意思，请解读一下。

《周易》作者：

此爻辞中的"包"通"庖"，即厨房；"鱼"，阴物，喻初六。本爻辞翻译过来就是：厨房里发现了一条鱼，无所咎害，但不宜用来宴请宾客。

记者：

如何理解？

《周易》作者：

九二是阳爻，居于中位，而初六作为阴爻处于九二的掌控之下，故说"包有鱼"。既然厨房里有鱼，人就有美食可吃，必然不会有什么问题。

记者：

那你们为什么又说"不利宾"呢？

《周易》作者：

九二是一个非常清醒之人，他深知初六本与九四相应和，而并非完全属于自己所有，故他并不把鱼据为己有，用来宴请宾客，而是把初六留给了九四。意思就是这样。

三　关于姤卦之九三爻

记者：

姤卦九三爻的爻辞是："臀无肤，其形次且，厉，无大咎。"请解读一下。

《周易》作者：

该爻辞中的"次且"，也就是趑趄，意思是犹豫不决，想前进又不敢前进。

记者：

寓意是什么呢？

《周易》作者：

九三居下卦之极，寓意其有点过刚不中；上没有应和，下没有与其相遇之人，本应安分守己，循规蹈矩，但九三却存在与初六媾和之想……

记者：

怎么看得出呢？

《周易》作者：

这一想法虽然只是一个闪念，却让九三心猿意马、进退失据，就如同臀部没有皮肤，坐也难，走也难，进也忧，退也忧。

记者：

但为什么最终是"无大咎"呢？

《周易》作者：

九三毕竟是阳爻居阳位，可以说居位得正，这寓意九三经过一番仔细权衡之后，决定知错就改，所以最终"无大咎"。

五　关于姤卦之九四爻

记者：

姤卦九四爻的爻辞是："包无鱼，起凶。"请解读一下。

《周易》作者：

该爻辞中的"起"意思是兴起、产生。这句爻辞翻译过来就是：厨房中失去了一条鱼，会产生凶险。

记者：

厨房中为什么会失去一条鱼呢？

《周易》作者：

刚才我们已经说过，初六这条温柔的小鱼已经进了九二的厨房，所以九四的厨房就不可能再有什么鱼了。

记者：

为什么这条鱼不翼而飞了呢？

《周易》作者：

前面说过，九二是“包有鱼”，九四自然就“包无鱼”了，且九四与初六相隔九二、九三，从而无法与初六应和。其中固然有初六的问题，如初六不遵守遇合之道，不走正路，心浮气躁，但也与九四有关。

记者：

怎么讲？

《周易》作者：

那是因为九四爻位不中不正，本身已经失去了驾驭初六的能力。他失去初六，是应有的报应。

记者：

更深层次的寓意又是什么呢？

《周易》作者：

君主疏远了人民，人民自然会疏远君主，君主的下场存在诸多不妙，非常的危险。

六　关于姤卦之九五爻

记者：

姤卦九五爻的爻辞是：“以杞（qǐ）包瓜，含章，有陨自天。”请解读一下。

《周易》作者：

本爻辞中的“杞”指杞柳，是一种比较矮小的树木，枝条细长柔软；“包瓜”，一种解释是指匏瓜，即葫芦，一种是说把瓜包裹起来。我认为把“包瓜”

解释为“把瓜包裹起来”比较好；“含章”是指含有文采；“陨”意思是落下。本句爻辞翻译成白话应该是：用杞柳的枝叶包裹着瓜，隐含文采，从天上掉下来。

记者：

不知道这句爻辞的寓意是什么？

《周易》作者：

九五是阳爻，他居于上卦之中位。本卦是姤卦，有阳刚尊者行中正之道、求贤纳才之象。

记者：

也就是说，从九五阳爻之卦象上看，他是一位伟大的阳刚之君，有包容天下贤才之德。

《周易》作者：

没错。爻辞中的“以杞包瓜”是以杞柳的枝叶包瓜来形容九五的敬贤之心。这里的“杞”是指九五，“瓜”是指贤才。九五能够发自内心地尊敬贤才，所以贤才最终才会从天而降。

记者：

作为统治者能有包容天下贤才之心，贤才自然会与之合作的。

《周易》作者：

是这样。夏朝末年，商汤诚心求贤，终于得到贤人伊尹的尽力辅佐，从而得以伐桀灭夏，建立商朝。

七　姤卦之上九爻

记者：

姤卦上九爻的爻辞是：“姤其角，吝，无咎。”请解读一下。

《周易》作者：

本爻辞中的“角”是指兽角，当然了，也有人说这个“角”是指角落，也有人说“角”是指顶撞、侵犯，还有人说是指斗殴；“吝”是悔恨；“无咎”是没有灾殃。这句爻辞翻译成白话就是：碰到兽角上，有令人悔恨之事，但没有灾殃。

记者：

寓意是什么？

《周易》作者：

上九阳爻居姤卦之最上端，下无可应和之爻，处境并不太好。

记者：

那“姤其角”是不是指碰到了动物的角？

《周易》作者：

是这个意思。动物的角通常很锐利，碰到动物的角并非好事，因此爻辞中说“吝”，也就是说会有令人悔恨之事。但碰到动物的角，并不是说就一定会受到伤害，所以说没有灾殃之事发生。

第四十五章　萃卦䷬：论会聚之道

引　子

本卦之前一卦是姤卦，主题是论遇合之道。本卦的主题是论会聚之道。

萃卦由八卦中的兑卦和坤卦两部分所组成，坤在下，兑在上。根据《易传》，兑象征泽，坤象征地，因此萃卦所象征的形象是“泽上于地”，即水泽在地的上面。

萃指草茂盛生长，引申义是指不同类型的事物聚集、聚拢。《周易》的作者们说，相遇之道是学问，相遇之后如何精诚团结、成就天下大事，更是一门学问，也是人生之最大追求。本卦所研究的就是这方面的问题。

一　关于萃卦之卦辞

记者：

萃卦的卦辞是：“亨，王假（gé）有庙。利见大人，亨，利贞。用大牲吉，利有攸往。”请解读一下。

《周易》作者：

该卦名“萃”意思是会聚、聚合。卦辞中的“假”通“格”，指至、到。这句卦辞翻译成白话是：亨通，君王前去宗庙祭祀。利于去见大人，亨通，有利于占卜问事。祭祀时用大的牲畜作为祭品则吉祥，利于有所前往。

记者：

请说说本卦的中心思想。

《周易》作者：

萃卦所谈的是会聚之道，它包括三个方面的内容。

记者：

愿闻其详。

《周易》作者：

第一，要团结众人、凝聚人心，且必须采取有效的措施。

记者：

卦辞中所谈的君王到宗庙祭祀，是不是你所讲的有效措施之一呢？

《周易》作者：

是的。君主去宗庙祭祀，这本身就是一项极其重大的集体活动，参加的人肯定是男男女女、老老少少应者云集。同时，君王在祭祀时，又可以借助神的名义号令天下，指挥人民做事。

记者：

请继续。

《周易》作者：

第二，会聚必须在德才齐备之人的指挥下，“利见大人”说的就是这个意思。一个群体，只有团聚在有德才的高人周围，才会有凝聚力和战斗力。

记者：

那是必须的，否则只能是一盘散沙。

《周易》作者：

第三，会聚要真心诚意、顺天从命。在祭祀的时候，要用大的牲畜作为祭品，这样才能达到天人感应的目的，使天命得以彰显。

记者：

从卦象上可否再解读一下？

《周易》作者：

萃卦是下坤上兑。坤之德是柔顺，兑的特点是和悦，既柔顺又和悦，当然能吸引众人前来相聚。

记者：

可以自圆其说。

《周易》作者：

从萃卦的爻位结构来看，九五阳爻居上卦之中位，六二阴爻居下卦之中位，象征阳刚者居中正之位，与阴柔者相应和。居上者公正无私、不偏不倚，在下者柔顺随和、心悦诚服，如此一来，就能做到上下同心同德、团结和睦。

二　关于萃卦之初六爻

记者：

萃卦初六爻的爻辞是：“有孚不终，乃乱乃萃，若号，一握为笑。勿恤，往无咎。”不知道是什么意思，请解读一下。

《周易》作者：

我们先来把其中的关键词说一说，你就会明白的。这句爻辞中的“萃”，有两种解释：一种是聚集，另一种是通“悴”，是憔悴的意思，我的解释是第一种；“若”是而；“一握”指顷刻之间；“恤”是担忧；“咎”是灾殃。这句爻辞翻译成白话是：有诚信，但不能保持至终，从而造成聚合混乱，并且大声嚎哭，很快又破涕为笑。不用担忧，前往没有灾殃。

记者：

牛头不对马嘴，不知道是何所云。

《周易》作者：

初六是阴爻，他与九四阳爻正相应和，本该应与九四相聚。但是，由于初六对九四的诚信不能自始至终地保持下去，从而导致其行为失控，甚至与互不相干的人聚在一起，引发混乱。所以，我们说结果非常糟糕。

记者：

初六为什么不能对九四保持诚信，以至于与他人胡乱聚集呢？

《周易》作者：

初六之上有九四、九五两个阳爻，他本该与九四相应和。但他看到九五居至尊之位，便舍弃九四贪求九五。所以，我们说他诚信不够，胡乱相聚。初六这样做的根本原因在于此人诚信不恒，思想混乱。

记者：

思想乱了，行动当然乱了。但你为什么又说他破涕为笑而“无咎”呢？

《周易》作者：

初六缺乏诚信，胡乱结交朋友，发展下去必然会有过错。但是，从另一方面来讲，如果初六能够回心转意，或者改弦易辙，诚心诚意地与应该与之相应和的九四相互配合，那么九四之人一定会愉快地与之会聚，两者将尽释前嫌、握手言欢、破涕为笑。所以初六不必忧虑，而应该大胆地去找九四。只要这样做了，就没有灾祸发生。

三　关于萃卦之六二爻

记者：

萃卦六二爻的爻辞是："引吉，无咎，孚乃利用禴（yuè）。"不知道如何解读？

《周易》作者：

这里面的关键词是"禴"，指在春天搞的一种祭祀活动，其形式过程比较简单。在夏商时代，这种祭祀比较普遍。这句爻辞翻译成白话就是：受人引导而相聚，吉祥，没有祸害发生，只要心怀诚信，即便是简单的祭祀，也利于敬献神灵。

记者：

本爻的主题是什么呢？

《周易》作者：

主题是：君子之聚应当是团结，而不是勾结。

记者：

从何看得出这个意思呢？

《周易》作者：

六二乃持中守正之臣，他是完全忠实于九五这个阳刚之君。六二也知道如果平白无故地去见阳刚之君，必然会给别人留下谄媚求宠的话柄，所以他轻易不去与九五相聚，而是等待九五的召唤。六二这样做，正是他柔中美德的体现，所以我们说他"无咎"。

记者：

我赞同你的这个看法。

《周易》作者：

六二不主动讨好九五，说明此人很正。他对任何人，包括对那些比他地位高、财富多的人都一视同仁。这样的人是真诚之君，他做的任何事都能得到神灵的认可。因此，像他这样的人，如果去举行祭祀活动，即便祭品很少，神灵也不会怪罪于他的。

记者：

我记得孔子有云："君子周而不比，小人比而不周。"意思是说，君子是为了道义而相互团结，并不是为了私利而相互勾结；小人是为了私利而相互勾结，并不是为了道义而相互团结。是不是有点这个意思？

《周易》作者：

是的。

四 关于萃卦之六三爻

记者：

萃卦六三爻的爻辞是："萃如嗟（jiē）如，无攸利。往无咎，小吝。"请解读一下。

《周易》作者：

这句爻辞中没有什么难的字，翻译成白话，意思就是：聚集在一起，忧叹不已，得不到任何利益。去做事没有灾殃，但会有小小的令人悔恨之事。

记者：

这句爻辞的意思是什么呢？请你说一说。

《周易》作者：

这句爻辞的意思其实已经很清楚了。六三是阴爻，居于阳位，他所处的位置非常不好。六三上无应和之爻，象征他没有可以相聚的对象，所以，六三自然会忧愁叹息，并得不到任何利益。

记者：

那为什么他去做事还无咎呢？

《周易》作者：

六三处于九四阳爻之下，当无合适的对象时，他便去与九四相聚。六三与九四相聚，意味着阴柔者顺从阳刚者，所以这样做没有什么灾殃。当然了，六三与九四相聚，毕竟不太合适，有违相聚之道，所以会有小问题出现。我们说他有

“小吝”，意思就在这里。

五　关于萃卦之九四爻

记者：

萃卦九四爻的爻辞是：“大吉，无咎。”这句话意思很好理解，但我必须请你解读一下，为什么九四爻是大吉？还有，九四既已大吉，为什么还要加上“无咎”两个字？

《周易》作者：

萃卦是下坤上兑。以君臣关系来说，坤象征民众，九四阳爻位居坤卦之上，象征其大得民心，受到民众的普遍拥戴，所以大吉。

记者：

既然是大吉，为什么又加上“无咎”两个字？很明显，你们对九四之人的未来持保留态度。

《周易》作者：

关于这个问题，有两点需要说明一下：一、九四是阳爻，但居于阴位，说明他所处的位置有问题；二、九四阳爻虽然大得民心，但与九五比起来，他处于臣位，而不是君位。你要知道，处于臣位却大得民心，确有功高震主之嫌，弄不好，会给自己带来麻烦，所以我们说他只是“无咎”而已。

记者：

经过你这么一解释，就基本上讲得通了。

《周易》作者：

在中国历史上，周公的处境与此爻的寓意相似。周公是周文王的儿子，周武王的弟弟。周武王去世以后，继位的周成王年幼，周公代成王执政，成为周朝实际上的统治者。周公此举招来很多人的猜忌，甚至有人借机发动叛乱。在这种情况下，周公忍辱负重，不但平定了叛乱，稳定了周朝的统治，而且等成王成年后，他就还政于成王。周公的行为受到天下民众的赞美，周成王也消除了对周公的误解。周公死后，周成王以隆重的天子之礼予以安葬。

六　关于萃卦之九五爻

记者：

萃卦九五爻的爻辞是："萃有位，无咎，匪孚。元永贞，悔亡。"感觉有点不好理解。

《周易》作者：

我们先来把这句爻辞翻译成白话，然后再做解读。

记者：

可以。

《周易》作者：

这句爻辞翻译成白话是：聚集财富以保有其位，没有灾殃，但是，不能让众人信服。占问长期之事的吉凶，没有令人后悔之事。

记者：

请解读一下。

《周易》作者：

九五是阳爻，居上卦之中位，象征着阳刚尊者居中守正。但是，人们对九五爻爻辞的理解也是多种多样的。

记者：

主要争论在哪里呢？

《周易》作者：

首先是关于"萃有位"。有人说这是指九五爻居于萃卦之中位，有人说是指聚敛财富以保有其位，也有人说是指聚合而拥有其位，还有很多的说法；其次是关于"元永贞"。有人说是关于占问长期之事的好坏，有人说是坚持始终不渝的正道，也有人说是开始持有正道，还有很多的说法。

记者：

这么多的说法，真让人感到坠入雾里云端呢！

《周易》作者：

对九五爻的理解，应该和对九四爻的理解结合在一起。

记者：

从何说起呢？

《周易》作者：

九五阳爻在萃卦中象征着君主，但刚才我们已经说了，九四德高望重，颇得民众的拥戴，这必然会对九五之位构成一定的威胁。所以，九五为了保存其地位，就必须利用权力集聚财富。当然了，这种做法也必然遭到众人的反感。爻辞中的“匪孚”，就是说九五的所作所为不能让众人信服。

记者：

但最终结果还是差不多的嘛。

《周易》作者：

是的。正如我们刚才讲的，九四能够恪守臣道，不至于对九五造成威胁，所以九五还是可以常保其位，不至于有悔恨之事发生。所以，我们说“元永贞，悔亡”。

七　关于萃卦之上六爻

记者：

萃卦上六爻的爻辞是：“赍（jī）咨涕洟（yí），无咎。”感觉好像和哭泣有关。哭哭啼啼又能无咎，是什么意思？

《周易》作者：

“赍咨”是叹息，“洟”是哭泣。这句爻辞翻译成白话就是：叹息哭泣，但没有什么灾祸。

记者：

上六为什么要发出感叹并哭泣？是不是因为他居于萃卦之极，与六三又无法相应，加之他又处在九五之尊之旁，很难赢得君主的信任，因而孤独，只好唉声叹气、哭哭啼啼呢？

《周易》作者：

正是。上六所处的位置确实不妙，对下无人与之相应，加之他又处在君主之旁，极易遭受君主的猜忌，所以颇有危机感。

记者：

既然境遇如此不好，为什么是“无咎”呢？

《周易》作者：

上六是个清醒之人，我们说他悲叹、哭泣是个比喻，说明他认识到自己的处境不妙。既然能够认识到这一点，他做起事来自然就会相当谨慎，而不会被邪恶所害。同时，他对自己的处境保持戒备心理，也从反面说明他能够克服自己身上的毛病，从而去寻找最理想的合作对象予以团结。因此，他最终会与志同道合者相聚在一起，共创自己的事业，所以我们说他“无咎”。

第四十六章　升卦䷭：论顺势而升

引　子

本卦之前一卦是萃卦，主题是论会聚之道。本卦的主题是论顺势而升。

升卦由八卦中的巽卦和坤卦两个部分所组成，巽在下，坤在上。根据《易传》，巽象征木，坤象征地，因此，升卦所象征的形象便是“地中升木”，即树木在大地上生长。

升就是上升的意思，升卦有“得时应”“培养实力”和“获后援”三种含义。在《周易》中，表示上升的卦有三个，即晋卦、升卦和渐卦。从成长的顺利程度观之，升卦最吉；就势而论，旭日东升的晋卦最佳，但存在些许危险和偏差。晋卦强调要顺应光明，而升卦则强调要顺应大道和自然规律，强调顺性而生，依时而长，顺势而升。《周易》的作者们说，升卦位于萃卦之后，寓意顺畅无忧、蓬勃向上，如同幼苗破土而出，将成长为栋梁之才。值处顺势上升之时，人应该勇敢前进，成就大业。

一　关于升卦之卦辞

记者：

升卦之卦辞是：“元亨，用见大人，勿恤。南征吉。”请结合这句卦辞，把升卦的中心思想说一说。

《周易》作者：

升卦的主题是上升，卦辞中的“元亨”是指大为亨通；“用”是利；“恤”是担忧。这句卦辞翻译成白话就是：大为亨通，利于去见大人，不用担忧。向南征伐会吉祥。

记者：

请说说它的寓意。

《周易》作者：

升卦的初六、六四、六五、上六爻皆为阴爻，象征着阴柔者的地位不断上升；升卦下巽上坤，象征着谦逊而柔顺；九二阳爻居下卦之中位，与居上卦之中位的六五阴爻相应和，象征着阳刚者持守中道，而与阴柔者相应。阴柔者的地位不断上升，象征着一个人的职位不断升迁；职位不断升迁，就会与有才德、有品位的高人相见，自然就不用担心或者忧虑。一个人的事业发展处于上升之势，万事顺遂，所以寓意吉祥。

记者：

为什么说南征寓意吉祥呢？

《周易》作者：

南征也就是向南征伐。

记者：

为什么此处说的是南征，而不是东征、西征、北征呢？

《周易》作者：

房屋朝南意味着面向阳光，南方与北方相比，意味着温暖，因此，南方有温暖之意。在南方，万物能得到更充足的阳光，有了充足的阳光，万物的生长自然会更加顺畅。所以，我们说“南征吉”。

二　关于升卦之初六爻

记者：

升卦初六爻的爻辞是：“允升，大吉。”请解读一下。

《周易》作者：

该爻辞中的“允”是当、宜的意思。这句爻辞翻译成白话就是：宜于上升，大为吉祥。

记者：

请解读一下。

《周易》作者：

升卦具有树木从土地中生长的象征，初六就是树木生长的起点。树苗吸收了地中的养分和水分，自然就要向上生长，这是事物发展的自然规律。初六之人正处于上升的良好时机，所以，我们说他应该上升。

记者：

从卦象结构上来看，初六和六四并不相应，这是否会影响到他的上升呢？

《周易》作者：

初六虽然和六四并不相应，但他与九二、九三两个阳爻存在着呼应。初六本身能够得到地气之滋养，具有蓬勃的生长力，加上他得到二阳的庇护，能与其志同道合、共同发展，因此，他不可能遇到什么障碍的。

三　关于升卦之九二爻

记者：

升卦九二爻的爻辞是："孚乃利用禴（yuè），无咎。"请解读一下。

《周易》作者：

这句话中的"禴"在前面讲过，是指夏商时代一种较为简单的祭祀。把这句爻辞翻译过来就是：只要心怀诚信，即使是简单地进行祭祀，也会得到神灵的关照，因而没有灾祸。

记者：

如果我没记错的话，本爻辞与萃卦六二爻的爻辞非常相似，都是以"孚乃利用禴"为比喻。请问，这两个爻有什么差异呢？

《周易》作者：

萃卦之六二爻"有孚于上"，是表示六二与九五诚心相聚。他不是为了私利，而是愿意以诚信为本，效忠于九五之君。

记者：

明白。

《周易》作者：

本卦是升卦，说明九二之人愿意与六五相聚，其目的就是求得上升。九二属于阳刚，且居中位，并得到六五的支持，可见，他的上升已不成问题。

记者：

既然不成问题，那结果肯定是吉祥吧？

《周易》作者：

九二是一个头脑清醒，且富有教养的人，他充分认识到要以阳刚之诚，以赤诚之心去感动六五。他之所以不用重礼搞祭祀，就是为了避免六五的猜忌。如果他能够注意到这一点，就不会有不好事情的发生。所以，我们说“无咎”。

记者：

九二之人处理问题很得体、很到位。

《周易》作者：

九二是阳刚之人，他处于中位，说明刚居柔位，且刚柔相济，所以，他能够把问题处理好，而不至于太过阳刚而引起高居君位之人的猜忌，从而给自己带来灾难。

四　关于升卦之九三爻

记者：

升卦九三爻的爻辞只有三个字，不知道寓意是什么？

《周易》作者：

升卦九三爻的爻辞是：“升虚邑。”意思就是上升顺畅，走进空城。

记者：

寓意是什么呢？

《周易》作者：

寓意是九三之人上升的道路非常顺畅，但前途未卜。

记者：

从何说起呢？

《周易》作者：

阳为实，阴为虚，本爻中的“虚邑”就是空城，即九三作为阳刚之臣迅速上升，如入无人之境。

记者：

就是说九三发展非常顺利，道路、前途一片光明。

《周易》作者：

是这样。但是，也并非完全没有值得顾虑的事情。

记者：

此话如何理解？

《周易》作者：

九三以刚居刚，说明其阳刚有过度之嫌。如果他不能处理好这个关系，他的前途吉凶如何，确确实实难以断定。一切全看他能否把握住自己。

记者：

有道理！即便是顺风顺水，也应谨小慎微。

五　关于升卦之六四爻

记者：

升卦六四爻的爻辞是："王用亨于岐山，吉，无咎。"不知道这句爻辞又该如何理解？

《周易》作者：

该爻辞中的"亨"与"享"是相通的，意思是祭祀。这句爻辞翻译成白话是：君主在岐山祭祀神灵，吉祥，没有咎害。

记者：

本爻辞的寓意是什么？

《周易》作者：

六四的地位非常微妙，上面就是六五。六五是至尊之君，六四是六五的近臣，他不可能再有官职和地位的升迁。

记者：

那当然。

《周易》作者：

一方面身处君位之侧，另一方面又处于上升之时，这必然就产生了矛盾。如何处理好这个矛盾是一个大学问。

记者：

毫无疑问。很多人就是因为处理不好这个关系而招致杀身之祸。

《周易》作者：

对处于像六四这样微妙地位的人来说，一切都要顺应事物发展的规律。对下要能够顺民心，对上要能够顺君意，将自己的赤诚之心下致于民，上达于君。一句话，对这种地位独特的人来说，能够把至尊之君的事情处理好，就可以获得吉祥。

记者：

这个道理好明白。不知道本爻辞中的“王用亨于岐山”如何理解？

《周易》作者：

这是用周文王在岐山祭祀的例子来说明我们刚才所讲的道理。

记者：

请解释一下。

《周易》作者：

周文王是殷商之臣，他随时会遭受殷商之君的嫉恨。他不能过早地追求自己的发展，而只能在家乡岐山进行祭祀，且不能去祭拜天，否则，会给他带来杀身之祸的。

记者：

周文王不愧是智慧之人，他用自己的智慧处理好与殷商君王的关系，最终推翻了殷商之君的统治。

《周易》作者：

所以，我们说他“吉，无咎”。

六　关于升卦之六五爻

记者：

升卦六五爻的爻辞很简单，请解读一下。

《周易》作者：

升卦六五爻的爻辞是：“贞吉，升阶。”意思是：守持正道，可获吉祥，登上台阶，以就尊位。

记者：

怎么理解呢？

《周易》作者：

“升阶”意味着登上台阶，就任天子位。升卦由初六开始上升，到了六五便达到尊位，他的志向得到了完全的实现。但是，六五是阴柔之君，他必须守持正道，才能确保自己的江山不会出问题。所以，我们告诫他要“贞吉”。

七　关于升卦之上六爻

记者：

升卦上六爻的爻辞是：“冥升，利于不息之贞。”如何解释？

《周易》作者：

该爻辞中的“冥”是昏昧的意思。这句爻辞翻译成白话就是：在昏暗不明中升进，利于永不停息地守持正道。

记者：

怎么理解呢？

《周易》作者：

上六以阴柔上升至极限，他不懂得物极必反、升极必降的道理。因此，我们说他是昏昧不明者，“冥升”就是这个意思。

记者：

既然是昏昧不明者，应有凶险之事发生。但你却说他“利于不息之贞”。看来，上六若能够固守正道，不再不停地上升，还是会有不错结果的。

《周易》作者：

没错。我们之所以这样说，就是要告诫上六之人，不能骄傲自满，要学会克服自满的情绪，要学会自我贬损。否则，一味地放纵自己的意志，其后果就会走向反面。

第四十七章　困卦䷮：论解困之道

引　子

本卦之前一卦是升卦，主题是论顺势而升。本卦的主题是论解困之道。

困卦由八卦中的坎卦和兑卦两个部分所组成，坎在下，兑在上。根据《易传》，坎象征水，兑象征泽，因此，困卦所象征的形象便是“泽无水”，即泽中没有水。

《周易》的作者们说，泽本是储水之地，竟至漏涸无水，进而导致田地荒芜，居室空乏，一派穷困破败之象。胸无大志之人，面对奇困之境，往往会自暴自弃，坐等末日之来临。而有志之人，必不服命运之摆布，励精图治，排除困厄，而最终致命遂志，成就人生。

一　关于困卦之卦辞

记者：

困卦之卦辞是：“亨，贞，大人吉，无咎。有言不信。”请解读一下。

《周易》作者：

“困”卦的主题是论述穷困；“贞”是占卜问事；“咎”是灾殃。这句卦辞翻译成白话就是：亨通，大人占问得吉兆，没有灾殃。说的话没有人相信。

记者：

一看到卦的名字就让人绝望，谁也不希望生活在穷困之中。

《周易》作者：

困难是一件谁都唯恐避之不及的事，但不同的人对待困难的态度不一样。态度决定一切，不同的态度会有不同的后果。

记者：

那倒是。

《周易》作者：

无志之人在面临困难的时候，他们不是垂头丧气、怨天尤人，就是为非作歹、铤而走险。相比之下，面临困境，君子的态度就不一样：他们会在坚持固有原则的前提下，想尽一切办法来克服困难、摆脱困境。在这个过程中，他们既磨炼了自己的意志，又增长了自己的才干。因此，对那些有志之人来讲，困难是难得的财富，有了这些财富，他们做事就无往而不胜，所以说吉祥，没有灾殃。

记者：

那你们为什么又说处于这种状态的人说话没人相信，是怎么回事呢？

《周易》作者：

刚才我们已经说过，对于有志之人来讲，面对困难从来不是去埋怨，而是直面问题，设法克服。但是，实话实说，人一旦处于困境，必然就会遇到很多不如意的地方。在这种特殊的时候，事业无成、人微言轻，很难取信于别人，即便是有志之人也无法摆脱这种尴尬的境地。

记者：

那如何应对呢？

《周易》作者：

在这种情况下，最好的应对办法就是埋头苦干，为最后摆脱困境积累能量，而不是把精力放到四处向别人诉说自己的困境和不幸，或者逢人就宣扬自己将来如何如何地有出息，以梦想求得别人的同情和理解。

二　关于困卦之初六爻

记者：

困卦初六爻的爻辞是："臀困于株木，入于幽谷，三岁不觌（dí）。"感觉不好理解，请解读一下。

《周易》作者：

本爻辞中的"株"指树桩，是露出地面的树根；"幽"是昏暗；"觌"是见的意思。这句爻辞翻译成白话就是：因臀部触碰到树桩而受困，进入幽谷，三年不见天日。

记者：

寓意是什么？

《周易》作者：

初六是阴爻，但居于阳位，说明他所处的位置不正。初六处在困卦的开始，说明他作为一个阴柔者力量非常弱小，无力摆脱困境。爻辞中所讲的“臀困于株木”，就暗示他陷入困境，难以自拔。“幽谷”是指昏暗不明的深谷，初六掉进深谷，也象征他陷入绝境，找不到出路。“三岁不觌”则更加说明他受困的时间将会很长，短期内难以脱困。

三　关于困卦之九二爻

记者：

困卦九二爻的爻辞是：“困于酒食，朱绂（fú）方来，利用享祀，征凶，无咎。”不知道是什么意思？请你解读一下。

《周易》作者：

本句爻辞中的“绂”，指古代祭服的饰带。这里用“朱绂”比喻荣禄与爵位。爻辞翻译成白话是：酒食困乏时，荣禄就要降临了，此时利于祭祀，以求神明保佑，若有所行动，将会有凶险，但没有灾难。

记者：

这句爻辞想表达什么意思呢？

《周易》作者：

简言之，它告诉人们：君子要安贫乐道。

记者：

这句爻辞中，有一句话是“困于酒食”，是不是说这个人很穷，没有酒、没有饭吃，生计都难以维持？

《周易》作者：

没错，这是事实。但是，九二是阳刚之君，他根本不在乎贫穷；相反，他安贫立志，穷且益坚，把贫穷看成是促成其艰苦奋斗获取荣华富贵的资本。

记者：

我明白你们的意思，你们是提醒那些有志之士，即便是遇到艰难困苦之事，也千万不要消沉；要相信眼前的困境只是黎明前的黑暗，只要坚持下去，就会迎来光明的前程。但问题是，怎样坚持呢？

《周易》作者：

九二是阳刚之人，因为他秉持中庸之道，能够处理好方方面面的关系，所以才不会遇到各种麻烦。

记者：

爻辞中说“利用享祀，征凶”，又是什么意思呢？

《周易》作者：

这是提醒。九二身上的荣华富贵刚刚获得，此时做事千万要小心谨慎，不能有什么大动作；否则，就会失去已有的东西而重新陷入困境。

四　关于困卦之六三爻

记者：

困卦六三爻的爻辞是：“困于石，据于蒺（jí）藜（lí），入于其宫，不见其妻，凶。”此爻显然是个凶爻，连妻子都见不着了。请解读一下。

《周易》作者：

本爻中的“据”是用手按着；“蒺藜”是一种植物，其果实上有尖刺；“宫”是房屋、住宅。这句爻辞翻译成白话是：被石头绊倒，手按在蒺藜上，回到家中，见不到自己的妻子，有凶险。

记者：

此爻为什么充满着如此凶杀之气呢？

《周易》作者：

六三爻是困卦中最不祥的一个爻。六三之所以如此，是基于以下三个原因。

记者：

哪三个原因？

《周易》作者：

一、六三是以阴爻居阳位，居位不正；二、六三凌驾于九二阳爻之上，有阴柔者欺凌阳刚者之象；三、六三上面受到九四阳爻的阻挡，说明他想摆脱目前的困境，几乎无路可走。爻辞中的石头是指九四阳爻，蒺藜是指九二阳爻，“宫”是指六三之位。如此一来，六三前进时被石头绊倒；跌倒后想爬起来，不料又把手按到了带刺的蒺藜上；遭受挫折后想回家休息休息，却发现家中妻子又不见了，真可谓倒霉之极，凶险之极。

五　关于困卦之九四爻

记者：

困卦九四爻的爻辞是：“来徐徐，困于金车，吝，有终。”请解读一下。

《周易》作者：

这句爻辞翻译成白话就是：徐徐而来，受困于金车，虽然小有不利，但最终会有好结果。

记者：

寓意是什么呢？

《周易》作者：

我一点一点给你解释。

记者：

好的。

《周易》作者：

九四与初六相互应和，初六困于幽谷之中，以九四之立场与心态，他应该前往相助，以拯救初六于水火之中。

记者：

既然九四觉得有义务去救助初六，那就应该当机立断，及早采取措施伸以援手，但为什么他拖拖拉拉，“徐徐”而来呢？

《周易》作者：

九四以阳爻居处阴位，居位不正，力量有限，加之“困于金车”，所以难以迅速前来，不得不“徐徐而来”，也就是不得不慢慢来。

记者：

“困于金车”，是什么意思？

《周易》作者：

“困于金车”，就是被“金车”所困，此处的“金车”就是指把初六和九四阻隔开来的九二。

记者：

九二为什么是“金车”呢？

《周易》作者：

九二是阳刚之爻，相当于金属，本卦中的下卦是坎卦，象征车轮，所以我们说九二是“金车”。

记者：

既然有这么多困厄，为什么说最终结果还是好的呢？

《周易》作者：

九四救助初六虽然行动迟缓，但邪不压正，他最终是能够排除九二的阻碍，而达到目的的。

六　关于困卦之九五爻

记者：

困卦九五爻的爻辞是：“劓（yì）刖（yuè），困于赤绂（fú），乃徐有说（tuō），利用祭祀。”感觉不好理解，请解读一下。

《周易》作者：

要解读这句爻辞，首先得把其中的几个关键字词说一下，否则非常不好理解。

记者：

是的。

《周易》作者：

这句爻辞中的“劓”与“刖”是古代的两种刑罚，劓在前面讲过，是割掉鼻子，刖则是把脚砍掉。“赤绂”通“朱绂”，即高官厚禄。

记者：

遭受如此惨烈的刑罚，说明此人遭遇的困难是相当的大，是吗？

《周易》作者：

是的。九五身处困卦之中，加之以阳爻居处阳位，说明阳刚者做事太过虎猛，从而给自己带来巨大麻烦，众叛亲离，危机重重。

记者：

一会儿说阳刚者遭受割鼻砍足之刑，一会儿说其被高官厚禄所困，是不是就是说九五的处境非常糟糕。

《周易》作者：

是的。但是九五毕竟位处中正，所以最终不会太过悲惨的。只要他坚持，慢慢地就会摆脱困境，而见到阳光的。

记者：

问题是九五该做什么呢？

《周易》作者：

形势相当的险恶，九五不适合做太多的事情，最适合他做的就是做些祭祀神灵和祖先的事情。通过这种精神上的修炼，以获得众人的拥戴。只要如此而为，他终将获得不错的结局。

七　关于困卦之上六爻

记者：

困卦上六爻的爻辞是："困于葛藟（lěi），于臲（niè）卼（wù），曰动悔有悔，征吉。"感觉非常的晦涩难懂，请解读一下。

《周易》作者：

这句爻辞中偏字、难字是多了些，如果把这些字弄明白了，意思也就好理解了。

记者：

请讲。

《周易》作者：

这句爻辞中，"葛藟"是一种植物，它会附着于物并将其缠绕。

记者：

请继续。

《周易》作者：

“臲卼”，指不安定的样子；“动悔有悔”，意思是动辄有悔，从而心中悔悟。结合对这几个词的解释，我们可以对这句爻辞做如下翻译：被葛藤缠住，处于不安定的状态中，意识到只要一动就会出现令人后悔之事，从而心中悔悟，出征则非常吉利。

记者：

寓意是什么？

《周易》作者：

不复杂。上六阴爻处于困卦之极，按照物极必反的规律，说明上六已经距离脱困不远，因此只要向前，就前程无限。

记者：

所以你说“征吉”。

《周易》作者：

是的。不过，上六虽然前程吉祥，但毕竟仍然处于极度的困境之中，仿佛被葛藤缠住一样，心中难以安定；而且，葛藤遍地都是，你只要一行动，就会被缠住。

记者：

那该如何是好呢？

《周易》作者：

唯一的办法就是：时时保持一颗知悔思过、知错就改之心，绝不轻举妄动。如此一来，就不会遭遇不利。

第四十八章　井卦䷯：论修身养性

引　子

本卦之前一卦是困卦，主题是论解困之道。本卦的主题是论修身养性。

井卦由八卦中的巽卦和坎卦两个部分所组成，巽在下，坎在上。根据《易传》，坎象征水，巽象征木，因此，井卦所象征的形象便是“木上有水”，即用木制的器具把水汲上来，表示巽木入下而坎水上升。

《周易》的作者们说，人的道德修养，如井的不断修缮一样，是一个不断提升的过程。人唯有持之以恒地加强道德修炼，才能逐步走向完善，才能最终做到无私奉献，利国利民。

一　关于井卦之卦辞

记者：

井卦之卦辞是：“改邑不改井，无丧无得，往来井井。汔（qì）至亦未繘（jú）井，羸其瓶，凶。”感觉此卦辞比较复杂，有点不好理解，请你解读一下。

《周易》作者：

说清楚了关键字词，意思就好理解了。本卦辞中的“改”指迁移、变更；“邑”是城镇、村落；“井井”，有多种说法，一种说法是指水井，一种说法是打井，一种说法是从井中取水，一种说法是秩序井然，一种说法是指不变，一种说法是指洁净；“汔”，有两个意思，一是指接近，二是指干涸；“繘”是指从井中取水用的绳索，“繘井”即挖井、淘井；“羸”是倾覆、败坏之意；“瓶”是取水用的瓦器。这句卦辞完整地用白话讲就是：村邑可以迁移，而井不会迁移，井水总是恒定的，不会因人们是否使用而减少或增加，人们来来往往地从井中取水。

取水时将瓦器提至井口，未出井口就因倾覆而毁坏，有凶险。

记者：

本卦辞的中心思想是什么？

《周易》作者：

本卦辞的中心思想是：以水井的特点和取水的方法为比喻，说明君子在道德修养方面必须持之以恒、善始善终。

记者：

希望你细细解读一下。

《周易》作者：

在古代，水井在生活中是不可缺少的。我们通过对水井的观察，发现它具有三个特点，也正是在对这些特点进行分析的基础上，我们对人的道德修养提出了一些建议。

记者：

井有哪三个特点呢？

《周易》作者：

一是固定性。“改邑不改井”，村庄和村民可以迁徙来迁徙去，但水井却无法改变，它一旦挖好，就会永远固定在那里，这是固定性。二是恒常性。不管人们如何取水，水井总是保持它相对稳定的水位，不因取水而少，亦不因不取而多，“无丧无得”说的就是这种现象。

记者：

那第三个特点是什么呢？

《周易》作者：

第三个特点是，水井能养人，能给广大人民的生活带来方便。正是通过对这些特点的分析，我们想告诉人们，要像水井一样，保持恒常的德行，而不能变来变去，否则必然会给自己带来麻烦。

记者：

意思已经非常明白。再请你结合卦符结构补充说明一下。

《周易》作者：

井卦是下巽上坎，巽为木，坎为水，所以意味着“巽乎水而上水”，即取水的器具入水把水取上来。井卦中的九二、九五两个阳爻分别居下、上卦之中位，明显是阳刚者坚持正道，坚持持久的道德修炼的意思。所以，井卦便具有恒久、稳定之意。

记者：

明白。还有别的意思吗？

《周易》作者：

井卦下巽上坎，象征着“木上有水”，因此也有“君子以劳民劝相”之意。

记者：

“劳民劝相”？如何解读？

《周易》作者：

井水有养人益人之功用，而这一功用的实现，需要付出劳动，需要把井水从井中提上来。作为君子，不能坐而论道，而要付出行动，去做有利于人民的事情；唯有做类似取井水这样很小的事情，才能真正地获得民众的认可。同时，打水也是一件需要很多人合作的事情，因此，我们也劝诫人们要相互帮助。

二　关于井卦之初六爻

记者：

井卦初六爻的爻辞是：“井泥不食，旧井无禽。”感觉意思是说，井里有泥，不能给人们提供饮水的便利，老的井就连飞鸟都不过来。

《周易》作者：

这句爻辞的意思和你说的差不多，那就是：井里有泥，井水不可食用；废旧的井周围没有禽鸟。它想表达的意思就是：无论是人还是物，一旦年久失修，就必然会被人们所放弃。

记者：

是这个意思。

《周易》作者：

井里的泥太多了，很长时间没有人来清理，这个井就成了一口废井。从卦符结构来看，初六之人处于井卦的最初位置，说明他能力尚浅，不能为人所用。这寓意人要从基础做起，要让自己有能力为他人做事。

三　关于井卦之九二爻

记者：

井卦九二爻的爻辞是："井谷射鲋（fù），瓮敝漏。"请解读一下。

《周易》作者：

这句爻辞中的"井谷"是指井底低洼处；"射"是注；"鲋"是小鱼；"瓮"是指古代取水用的器具。这句爻辞翻译过来就是：井底出水的小口有水射出，但仅仅被用来养些小鱼，纵使有取水的瓮，也是又漏又破，无法取出水来。

记者：

寓意什么呢？

《周易》作者：

此爻寓意有两点：第一点，九二所面临的处境比初六要好一些。在初六这个阶段，井是废井，人也没有什么本事。而到了九二这个阶段，井中开始有点水了，虽然只能够用来养小鱼，但毕竟比没水要好得多。这说明人成长到一定阶段，他的能力在增长，他的人生价值在提升，但毕竟还处于初级阶段。第二点，我们用"取水的罐子又漏又破"说明在这个阶段，人要做成事情，就必须有他人的配合与支持。因为水再少，如果用好的罐子也能够取得到水。说到底，人在能力不济的时候，要加强自己的道德修养，要用自己的诚信来获得他人的支持和帮助。只有这样，他的发展才有可能，否则就不会有希望。

四　关于井卦之九三爻

记者：

井卦九三爻的爻辞是："井渫（xiè）不食，为我心恻。可用汲，王明，并受其福。"请解读一下。

《周易》作者：

本句爻辞中的"渫"是淘去污泥；"为"是使；"恻"是悲伤；"用"是以。这句爻辞翻译成白话就是：井水已洁净，却没有人来饮用，这使我感到伤心。可以来汲取这井水，若君王圣明，可使大家共享其福泽。

记者：

请说说这句爻辞的寓意。

《周易》作者：

九三以阳爻居阳位，又与上六的阴爻相应和，可以说九三秉性阳刚，所处的位置正确，能够发挥作用。爻辞中讲的“井渫可用汲”就是说，井水已经干净了，可以饮用。

记者：

既然水已经干净了，可以饮用，为什么还是没人来饮水呢？

《周易》作者：

九三只是居于井卦下卦的上位，他还没有取得像九五那样以阳爻居中位的特殊位置，因此，他的作用还是有限的。也就是说，他虽然有一定的能力，但还不一定能受到重用。“井渫不食”，就说明了井水虽然已经干净，但不被人饮用，寓意千里马得不到伯乐的赏识。

记者：

九三是千里马，那能够赏识他的伯乐是谁呢？

《周易》作者：

毫无疑问，他的伯乐就是九五，也就是国家的统治者。如果国家的统治者是个英明的君主，他就会重用贤臣；如果他是昏君，那么即便你品德再好，能力再强，也不会被重用。

五　关于井卦之六四爻

记者：

井卦六四爻的爻辞是：“井甃（zhòu），无咎。”不知道是什么意思？

《周易》作者：

该句爻辞中的“甃”是修砌井壁的意思。这句爻辞翻译过来就是：修砌井壁，没有灾殃。

记者：

道理很好理解，井再好，修修也不会有什么坏处的。

《周易》作者：

六四是阴爻，居于阴位，位置是没问题的。但是，六四与初六都是阴爻，不相应和，加之本身阴柔无力，足见其功力未到，而不可急于求成。我们之所以建议他要不断地修砌井壁，就是因为他在修炼方面还没有达到炉火纯青的地步，还需要继续努力，百尺竿头更进一步。

六　关于井卦之九五爻

记者：

井卦九五和上六两个爻的爻辞都很短，意思似乎也好理解，请先说一下九五。

《周易》作者：

井卦九五爻的爻辞是："井洌，寒泉食。"爻辞中的"洌"意思是水清，水清澈自然就是好水，好水就可以为周围的人提供更好的生活。

记者：

为他人提供清水，只有才德兼备的人才能做到。

《周易》作者：

可以这么说。九五以阳刚的秉性居于中正之位，他品德高尚，处事清明，没有利己之私心，而是愿意滋养万物，造福大众。一个国家，如果君主英明，天下便可大治了。

七　关于井卦之上六爻

记者：

请你把上六爻的爻辞也说一下。

《周易》作者：

上六爻的爻辞是："井收勿幕，有孚，元吉。"这句爻辞翻译成白话就是：井修好以后不要盖上井口，心怀诚信，大吉大利。

记者：

大功告成，应该福泽万民了。

《周易》作者：

是的。上六爻本卦位处最上端，相当是井口的位置。他与民众相互信任，不用盖子把井盖上，这样才有利于让周边的人随时使用。

记者：

这寓意什么呢？

《周易》作者：

这寓意上六之人是非常高尚的人，他不存私利、奉献于人。有了这样无私奉献的精神，他一定能够获得众人的支持，他的未来一定非常美好。所以，我们说他是“有孚，元吉”。

第四十九章　革卦䷰：论变革之道

引　子

本卦之前一卦是井卦，主题是论修身养性。本卦的主题是论变革之道。

革卦由八卦中的离卦和兑卦两个部分所组成，离在下，兑在上。根据《易传》，离象征火，兑象征泽，因此，革卦所象征的形象便是“泽中有火”，即湖泊池沼中有火。

《周易》的作者们以火泽相对、二女同居之象，引申至天地变革、社会变革。变革是去故，同时也是创新，变革是推翻旧世界，更是建设新世界。

一　关于革卦之卦辞

记者：

革卦的卦辞是：“巳日乃孚，元亨，利贞，悔亡。”请解读一下。

《周易》作者：

革卦的主题是变革、革命。“巳日”，是祭祀之日，“巳”通祭祀的“祀”。这句卦辞翻译成白话是：在祭祀神灵时表示诚信，大为亨通，有利于占卜问事，没有令人后悔之事。

记者：

这句卦辞的寓意是什么呢？

《周易》作者：

这句卦辞的寓意有三个层面：第一个层面是说，变革、革命具有某种必然性。

记者：

从此卦的卦符结构上如何解释呢？

《周易》作者：

革卦是下离上兑，离是火，兑是泽，故此卦象征着水火不容，水与火之间相互争斗。此卦中的“离”代表中年女子，“兑”代表少年女子，这寓意两个女子同居一室，志向不相同，必然有矛盾；既然有矛盾，变革就是必然的。

记者：

第二层意思是什么？

《周易》作者：

第二层意思是说：变革是有原则的，这个原则就是诚信，就是正义。唯有建立在诚信、正义基础上的变革，才会获得众人的支持，才会取得圆满的成功。

记者：

明白。那第三层意思呢？

《周易》作者：

第三层意思就是：任何形式的变革必须讲究一定的时机，讲究措施的正当性与否，而不能随意为之。

记者：

明白。你刚才谈到变革要合乎正义、合乎道德，所谓的正义和道德如何理解呢？每一个变革者都会说，他们的变革是合乎正义、合乎道德的。

《周易》作者：

关于变革所坚持的原则，不同的人会有不同的看法。但在我们看来，任何形式的变革都必须顺应天道的要求，顺应民众的要求。如果违背天理，违背民心，任何形式的变革都不可能成功。

二　关于革卦之初九爻

记者：

革卦初九爻的爻辞是：“巩用黄牛之革。”不知道是什么意思？

《周易》作者：

本爻辞中的“巩”是指把某种东西包裹起来、捆起来。这句爻辞翻译过来就是：用黄牛的皮革牢牢捆绑起来。

记者：

什么意思呢？

《周易》作者：

这是建议人们在变革之初不要轻举妄动。

记者：

为什么呢？

《周易》作者：

变革是除旧布新的大事，不是一般人能做到的。

记者：

难道你是说初九难以承担这个重任？

《周易》作者：

从卦象上看，初九在革卦之初，与上卦的九四不能相应，变革形势不明朗，对谁都是个大难题。就初九来说，他处于革卦之最下面，说明他所处的地位无法领导变革。就其才学来说，他虽然是阳刚之才，但是他处于象征火的离卦之中，说明此人城府不够，躁动有余，缺乏适应变革的能力。无论如何，他都不应该轻举妄动，也不要幻想有所作为。

记者：

基本意思我明白。不过，你为什么要用“黄牛之革”来做比喻呢？

《周易》作者：

黄色在中国传统文化中是中色，代表处事中庸、温顺而不过激；牛的皮又是坚硬之物，寓意做事要有恒心，不能见到一点点困难就放弃。

三　关于革卦之六二爻

记者：

革卦六二爻的爻辞是：“巳日乃革之，征吉，无咎。”这句爻辞是什么意思？

《周易》作者：

“巳日”，就是祭祀之日。这句爻辞翻译过来意思就是：在“巳日”这个特殊的日子进行变革，行动起来必有吉祥，也因而不会有咎害之事发生。

记者：

这句爻辞要给人们什么启示呢？

《周易》作者：

要抓住时机进行变革，不能拖拖拉拉、犹豫不决。这就是这句爻辞给我们的启示。

记者：

从何看出有这层含义呢？

《周易》作者：

六二是阴爻，他所处的位置是中位，说明他秉性柔顺，能够办事公正。从主观上来讲，这样的人具有变革大业的主观条件。但是……

记者：

请继续讲。

《周易》作者：

六二推进改革，进行革命，还需要外部的支持。六二的意志非常强，但人很柔顺，他与九五相呼应，这说明他推进改革能够获得九五的支持。六二凭借这些优越的条件实行变革，一定会获得成功。

记者：

你们说话总喜欢绕来绕去。六二面临的形势很好，他推进改革自然万事顺畅，怎么又说“征吉，无咎”呢？这让人感觉有点不好理解。

《周易》作者：

这也没什么，这是一种提醒。六二毕竟是阴柔之士，天生有一种软弱的性格，做事情不果断，容易瞻前顾后，到了变革之时，也很难采取变革的措施。我们之所以说“征吉，无咎”，是告诉他要大胆地前进，加速进行改革，否则就又有麻烦事了。

四　关于革卦之九三爻

记者：

革卦九三爻的爻辞是："征凶，贞厉。革言三就，有孚。"一会儿凶，一会儿厉，总感觉这不是一个寓意太好的爻。

《周易》作者：

本句爻辞中的"革言"就是关于变革的言论；"就"是成、合；"革言三就"，就是指对革新的言论，必须经过反复多次的研究、探讨，进行审慎、周密的考察安排，从而证明变革切实可行。这句爻辞翻译成白话就是：急于行动，必然有凶险，坚持正确的道路，以防备有隐患之事发生。有关变革的言论，必须经过反复多次的审慎研究，才能得到人们的理解与信任。一句话，推进改革不能急于求成。

记者：

毫无疑问应该这样，欲速则不达。

《周易》作者：

九三以阳刚之才居阴位，他所处的位置并不好，这说明九三是个容易激动的人，说他是个愣头青也不为过。这样的人一旦成为推进改革的领导者，便很容易急躁冒进，其结果可想而知。

记者：

改革在条件具备时，必须迅速推进；如果条件不具备，硬是进行改革，为改革而改革，那必然会带来意想不到的后果。

《周易》作者：

是的。对九三来讲，他要做的就是认真研究自己的改革方案，对各种各样的可行性做周密的研究。如果通过这些研究证明改革可行，就大刀阔斧地推进；反之，如果这种改革被证明不可行，不能得到人们的理解和信任，就不必勉强推进这些东西。要三思而后行，否则一着不慎、全盘皆输。

五 关于革卦之九四爻

记者：

革卦九四爻的爻辞是："悔亡。有孚改命，吉。"不知道是什么意思？

《周易》作者：

这句爻辞中的"改命"，就是革命、变革之意。这句爻辞翻译成白话就是：悔恨消失。得到大家的信任来推进改革，吉祥。

记者：

此句爻辞的寓意是什么？

《周易》作者：

寓意是：对变革要充满信心。

记者：

当然应该如此。

《周易》作者：

九四已经进入上卦，说明推进变革的道路已经畅通，变革的行为已经得到民众的理解与信任，因而不会再有怨恨之事发生，前途无疑一片光明。所以，我们预言这样的改革会吉祥。

记者：

你刚才所解释的这层意思，从卦象上能得到佐证吗？

《周易》作者：

九四以阳刚之质居阴柔之位，说明他所处的位置有点问题，处理不好，会有悔恨的事情发生。但是，九四毕竟是阳刚之君，有领导推进革命之才德，而且又有外力之相助，因此只要他能够抓住变革的时机，推进改革，就一定能够促使人们放弃怨恨。

六 关于革卦之九五爻

记者：

革卦九五爻的爻辞是："大人虎变，未占有孚。"是什么意思呢？

《周易》作者：

这句爻辞中有一个关键词需要注意，那就是“虎变”。关于“虎变”有好几种解释：一种解释说是指变得像老虎，寓意变得尊贵；另一种说法是，像老虎一样随季节改变老虎皮的样子；而我则认为，所谓“虎变”，是指像老虎一样威猛地推进变革。这句爻辞翻译成白话就是：大人像老虎一样威猛地推进变革，不用占卜问事，大人之举，必有诚信。

记者：

如此说来，这样做的结果肯定会成功的。雷厉风行必有好的结果。

《周易》作者：

是这样。九五是阳爻，居上卦之中位，有阳刚尊者行正确道路之象，所以，我们以“大人”称之。

记者：

九五这个位置在《周易》中非常特殊，九五之尊基本都是君主之类的人物。

《周易》作者：

九五之人，居于尊位发号施令，正像商汤王和周文王领导民众推翻反动的统治。这样的行为，不用去咨询谁，其必然体现着某种诚信和正道，肯定会成功的。

七　关于革卦之上六爻

记者：

革卦上六爻的爻辞是：“君子豹变，小人革面。征凶，居贞吉。”上面提到“虎”，这里又来个“豹”，如何解释呢？

《周易》作者：

在已经推进的变革中，九五推进的变革我们称为“大人虎变”，这是最高层面的变革。本爻即上六爻中的“君子豹变”，则是指那些支持、辅佐君主而推进的变革。相对来说，大人推进的“虎变”是根本，而君子推进的“豹变”是必不可少的辅助，唯有两者相辅相成，社会的变革才能取得根本性的成功。

记者：

那“小人革面”是什么意思呢？

《周易》作者：

所谓“小人革面”，是指当改革大局已定时，那些原来对改革抱有怀疑和各种抵触心理的人，逐步放弃了对改革的怀疑，洗心革面，而最终投向了社会的改革事业。

记者：

你的意思是说，这些所谓“革面”的小人，原来并不赞成改革，他们只是面对势不可挡的改革潮流，不得不站到了改革的一边。

《周易》作者：

是这样。作为统治者要善于分辨哪些人是真心支持改革，哪些人是不得不顺从于改革，这样有利于他在推进关键性的改革举措时，采取正确的应对措施。

记者：

道理没错。改革大局已定，那为什么又说“征凶”？

《周易》作者：

此处的“征凶”是指对外用兵会有危险。上六爻提醒人们，一般在经过大的变革之后，需要经过较长的时间来休养生息、巩固民心、发展经济，不宜对外大规模地用兵。反之，如果误判形势、穷兵黩武，则往往会使国家陷入更大的灾难之中。

记者：

改革难，守成更难。“居贞吉”就是说要巩固改革才会吉祥吧？

《周易》作者：

正是如此。

第五十章　鼎卦䷱：论革故鼎新

引　子

本卦之前一卦是革卦，主题是论变革之道。本卦之主题是论革故鼎新。

鼎卦由八卦中的巽卦和离卦两部分组成，且巽在下，离在上。根据《易传》，巽象征木，离象征火，因此，鼎卦所象征的形象便是“木上有火”，即木头在燃烧。

鼎既是炊具，又是礼器。就深层次寓意来说，鼎卦寓意建立新社会，巩固新局面。与革卦所进行的改革相比，“鼎新”大业实行起来要顺风顺水得多。

一　关于鼎卦之卦辞

记者：

鼎卦的卦辞似乎很简单，请你解读一下。

《周易》作者：

鼎卦之卦辞是：“元吉，亨。”“鼎”是卦名，象征“鼎器”。鼎作为器物之象征，具有两方面意思。

记者：

请说说。

《周易》作者：

鼎作为器物，一是指烹饪之器物，二是指古代统治者用以象征权力的器物。卦辞“元吉，亨”的寓意是：统治者拥有鼎器，必然意味着他掌握着国家的统治大权，并能利用权力敬拜神灵、培养贤人、革新图强。若如此，必然是大吉大利，万事亨通了。

二　关于鼎卦之初六爻

记者：

鼎卦初六爻的爻辞是：“鼎颠趾，利出否（pǐ）。得妾以其子，无咎。”请你解读一下。

《周易》作者：

此爻辞中的“颠”意思是倒；“趾”意思是足；“否”是指不善之物、污秽之物；“以”意思是与。本爻辞的字面意思是：鼎倾倒，鼎足朝上，利于清除其中的污秽之物。得妾生子，必无害处。

记者：

寓意是什么呢？

《周易》作者：

初六居于鼎卦之初，仿佛鼎的足。鼎足唯有结实牢固，才能支撑全鼎，否则，鼎就难以立足。初六以阴爻居处鼎足之位，众知阴为虚，故意味着鼎足不够结实。

记者：

有点意思。鼎足一旦不结实，鼎就会站立不稳的。

《周易》作者：

一点不假。鼎足不稳，必然会导致鼎颠倒，确实不是好事。但是，鼎颠倒过来，则有利于把鼎中的废物残渣清除出去，而把更有价值的东西放进来，吐故纳新的意味一目了然。“利出否”就是这个意思。

记者：

爻辞说“得妾以其子”，想表达什么意思呢？

《周易》作者：

这一句只不过是用具体的例子来佐证前几个字所要表述的思想。

记者：

请解释一下。

《周易》作者：

在我们那个时代，一个男人有妻有妾非常普遍，妾与妻相比，属低贱者，仿佛初六阴爻居鼎卦之最低位置。妾地位虽低贱，但妾如能生子，生下来的儿子可继续宗祧，则是贵者，所以“无咎”。

三　关于鼎卦之九二爻

记者：

鼎卦之九二爻读起来感觉怪怪的，一会儿说鼎中食物满满的，一会儿又说仇人得了病，结果又是吉祥如意，请你解读一下。

《周易》作者：

九二爻的爻辞是：“鼎有实，我仇有疾，不我能即，吉。”意思是：鼎中满满，仇人嫉恨，不能近我，吉祥。这句爻辞没有什么难以理解的生僻字，但的确有“吉”有“仇”。先说所谓的吉祥问题。从卦象上看，九二爻是阳爻，居处下卦之中位，上与六五阴爻相应和，寓意九二作为阳刚者持守中道，且能与阴柔尊者心心相印，既如此，结果便会吉祥的。

记者：

按照一般的解经原理，这个能自圆其说。

《周易》作者：

从鼎卦的角度来说，九二处于鼎足之上，相当于鼎腹的部位。九二爻是阳爻，阳寓意实，故进一步寓意鼎中盛满食物。有了食物，自然可以养育很多人。对于国家统治者来说，国库充实，自然可以培养更多德才兼备的人为国家所用，国家治理自然就会顺当许多。

记者：

这个也可接受。你解释解释“我仇有疾”怎么讲，此句颇让人感到困惑。

《周易》作者：

人们之所以对本句爻辞的理解存在很大争议，主要集中在一个字上。

记者：

是“仇”字吧。

《周易》作者：

是的。对“仇”字的理解至关重要。有人把“仇”字理解为配偶……

记者：

好多人都这么理解。

《周易》作者：

如果把“仇”字理解为配偶，有一个问题就出现了，自己的配偶生了病，理当去悉心照料，但依照爻辞，竟然说一旦配偶生病，就“不我能即”，即我不能靠近她，显然不近人情，也不合逻辑。

记者：

那如何解释这个“仇”字方才顺当一点呢？

《周易》作者：

我把这个“仇”字解释为“仇人”，或者说是敌人、对手。敌人、对手一旦被打败，就会甘拜下风、逃之夭夭，不敢来抢夺我的食物，自然也就不会再让我为之操心。这不就顺了吗？

记者：

那本爻的寓意是什么呢？

《周易》作者：

鼎中有食物，移动它需要特别小心，故寓意做事必须格外谨慎，不要与不同道者在一起做事，否则必败。

四　关于鼎卦之九三爻

记者：

鼎卦九三爻的爻辞依然让人感觉很混乱，鼎耳脱落，好东西也吃不到，结果竟然又是吉祥。请你解释解释。

《周易》作者：

好多人都有此感觉。

记者：

鼎卦九三爻的爻辞是：“鼎耳革，其行塞。雉膏不食。方雨，亏悔，终吉。”乍听起来，此爻说的事似乎也不是好事，但为什么也是“终吉”呢？

《周易》作者：

这句爻辞中有几个关键字词需要重点说一下：“革”意思是变化；“雉”意

思是野鸡，“雉膏”意思是野鸡汤，泛指精美的食物；“方”意思是将要，此处解释为“等到”最恰当。这句爻辞直译出来就是：鼎耳有所变化，行动受阻，不便举起移动。鼎中虽有精美的食物，却没有人前来享用。只有等到下雨之时，悔恨才会消除，最终获得吉祥。

记者：

鼎耳发生了变化，说明鼎耳不是发生脱落，就是受到损坏，这是否说明九三之人遇到麻烦，或此人存在某方面的问题？

《周易》作者：

你说得一点没错。九三身为阳爻，又居处阳位，虽然居位正确，但是明显太过亢进。正因为如此，才会导致鼎耳发生变动，以至于虽然鼎中食物满满，却没有人前来享用。这寓意九三之人纵然具有阳刚之才、阳刚之美，但因种种内在原因，也无法得到机会付诸实践。

记者：

通俗地说，就是英雄难有用武之地呗！究其原因是内在的，九三太过刚烈，无法为尊者所包容。

《周易》作者：

就是这个意思。

记者：

既然如此，为什么又说结果是“终吉”呢？

《周易》作者：

这是提醒，或者说是警示。九三之人就其本质来说不是坏人，只是一些缺点太过明显。如果他能处理好与周围人的关系，阴阳和谐，自然会获得机会，实践自己的天才与智慧。

五 关于鼎卦之九四爻

记者：

鼎卦之九四爻，听起来似乎是一个很不好的预言。

《周易》作者：

是的。鼎卦九四爻的爻辞是：“鼎折足，覆公餗（sù），其形渥（wò），凶。”

在这里，“覆”意思是倒、倒出；“公”意思是王公大人；“餗”是指鼎中的食物；“渥”意思是沾湿、沾润。整句爻辞的意思是：鼎足折断，把王公大人的美食都倒了出来，鼎身上沾满了食物，有凶险。

记者：

寓意何在呢？

《周易》作者：

九四是一个心比天高，但能力极端有限、没有多少出息的人。他德薄而位尊，智小而谋大，力少而任重，总之，此人是一个严重德不配位、才不配位的人。

记者：

九四何以如此倒霉呢？

《周易》作者：

这是有原因的。

记者：

请说说看。

《周易》作者：

九四身为阳刚之人，就其能力来看，虽多少有点，但他居上卦之下，对上要承受六五之委托，故他肩负的担子很重。

记者：

想必他是难负其重的。

《周易》作者：

是的。再从卦象上看，九四爻是与初六爻相应的，也就是说九四爻还承担着施德于下的责任，这也是他所无法承担的。我们在前面已经说过，初六之人早就忙得人仰马翻、手忙脚乱，也是不可能给九四之人任何支持的。

记者：

你的意思是：九四之人，虽有一些能力，但他所追求的远远超过他的位置，这是典型的自不量力、好高骛远，也是典型的人不配位。人不能谋求自己不该谋求的东西，否则，后果不堪设想。

六　关于鼎卦之六五爻

记者：

鼎卦之六五爻似乎很好理解，也很吉利，请解读一下。

《周易》作者：

鼎卦六五爻的爻辞是："鼎黄耳，金铉（xuàn），利贞。"爻辞中的"铉"是横贯鼎耳以举鼎的器具，该爻直译出来就是：鼎器有黄色的鼎耳，加上金属制的贯穿鼎耳、用来抬鼎的杆子，吉祥。

记者：

一句话，就是顺顺当当，不会出什么问题呗。

《周易》作者：

是的。六五属于阴爻，本身中虚，但鼎耳的位置适中，又配上刚实坚硬的金属鼎杠，抬起鼎的时候，自然能保持平衡，而不会倾斜。在如此有利的条件下，结果不可能不好。

七　关于鼎卦之上九爻

记者：

请说说上九爻吧。

《周易》作者：

鼎卦上九爻的爻辞是："鼎玉铉，大吉，无不利。"本爻的寓意比六五爻更好。上九是阳爻居阴位，象征刚柔相济，就如坚硬又温润的玉，刚毅而又不失温情，结果自然大吉大利。

记者：

在我的印象中，上六或上九这个位置是一个奇特的位置，它寓意事物的发展走到了极端，应该向相反的方向发展，但为什么在鼎卦中似乎看不到这种迹象？

《周易》作者：

井卦也是如此。井卦和鼎卦的最上端位置都寓意事物发展到了极致的完成形态，因此它便不存在物极必反的可能性了。不过，这些或许是少有的特例。

第五十一章　震卦䷲：论处乱不惊

引　子

本卦之前一卦是鼎卦，主题是论革故鼎新。本卦之主题是论处乱不惊。

震卦由八卦中的两个震卦叠加组合而成，震象征雷，故震卦所象征的形象是“洊（jiàn）雷”，通俗地说，就是雷接连不断地滚滚而来。

《周易》的作者们说，震卦中的雷寓意颇多，或如春雷乍起，万物重新开始生长；或如疾雷震动，可使天下之人无不感到畏惧，驱使人洗心革面，改过自新；或如巨雷震动，人们莫不感到震惊，尤其是对那些心地不善、劣迹斑斑的小人，简直是大难临头，无所逃避。但对那些胸怀坦荡之人，则完全可以闻惊雷而不惧，面不改色心不跳。雷声滚滚，也有发布号令、制定法规要震彻天下的寓意。面对国规国法，人人震惊，谁也不敢有丝毫的懈怠。

需要特别说明的是，震卦揭示的是心理而不是事理，是心态而不是事态。

一　关于震卦之卦辞

记者：

震卦的卦辞中有好几个生僻字，请你先把这几个字词说一说，再将卦辞的寓意好好解读一下，越细越好。

《周易》作者：

震卦的卦辞是：“亨。震来虩（xì）虩，笑言哑（è）哑。震惊百里，不丧匕鬯（chàng）。”这句卦辞中，“虩虩”，是恐惧的样子；“哑哑”，是笑声；“匕”，不是匕首的“匕”，而是古代一种形似汤勺的取食用的器具；“鬯”，是古代祭祀时用的一种酒，味香。

记者：

请你先把这句卦辞用通俗的语言说一下，再说说它的寓意。

《周易》作者：

震卦卦辞的字面意思应该是：亨通。雷声之震，令人感到恐惧，但人们很快又谈笑自若。巨大的雷声使百里之内都感到震惊，但祭神者却没有洒落一滴汤匙里用来祭祀的酒。

记者：

有点意思。我虽然不完全懂，但有一点是很清楚的，那就是：同样是面对雷电交加的场面，不同人的感受是不同的。

《周易》作者：

你的说法不能说没有道理。雷虽然能够让人感到恐惧，但是，这种恐惧能够给人们以警示，提醒人们要小心行事。此外，遇到一些让人惊惧的事情，可以督促人们行为要符合规则。唯有行为符合规则，才能够做到心安理得，不再感到恐惧。当然了，面对突然到来的事件，对人也是个重大的考验。有些人一旦面对重大事件，便如惊弓之鸟。但是，对那些心理素质好、为人正派、德才兼备的人来说，他们可以镇定自若、从容不迫地去做他们的工作。这些人干什么事都会吉祥如意，即便是让他们担任国家的统治者，他们也会不负使命担当。

记者：

说到底，震卦的落脚点还是劝人们要加强德行方面的修养。德行修养好了，面对天大的事情也会坦然处之，而不会紧张得如惊弓之鸟。

《周易》作者：

是这样。

二　关于震卦之初九爻

记者：

震卦初九爻的爻辞是："震来虩虩，后笑言哑哑，吉。""震来虩虩""笑言哑哑"这八个字在卦辞中出现过。为什么一开始听到雷的声音感到很恐惧，而后面却又是谈笑自若呢？中间发生了什么？

《周易》作者：

在回答你的问题前，我们先说说这句爻辞的表面意思。这句爻辞直译就是：雷声震动，人们一开始恐惧不安，然后又谈笑自若，吉祥。雷声震动，说明人们遇到了大事，这些大事足以震撼人的心灵。人们为什么会感到恐惧？那是因为不知道如何应对这些大事。当人们能够通过自我道德修炼，使自己的行为完全符合国家的法律与人伦规则之后，便不再害怕这些重大事件的发生。于是乎，当雷声再响之时，人们便不再感到恐惧不安，而是谈笑自若。也正因为人们加强了自我的修炼，从而避免了灾祸的发生，也就吉祥无忧了。

三　关于震卦之六二爻

记者：

震卦六二爻的爻辞是："震来厉，亿丧贝，跻（jī）于九陵，勿逐，七日得。"请解释一下。

《周易》作者：

本爻辞中的"厉"是指危险，"震来厉"指十分危险；"亿"是指数目极其庞大，当然了，有人说"亿"是意料、猜测的意思，也有人说"亿"不过就是个感叹词，同"噫"；"贝"在古代是指货币；"跻"是登，登上高山的登；"九陵"是指高高的山；"逐"是指追求。

记者：

通过你的解释，我觉得这句爻辞的字面意思应该是：雷声震动，十分危险，丢失了大量钱财，登上高陵，不用追寻，七天之内会失而复得。感觉这句爻辞中有内在的矛盾，请你解读解读。

《周易》作者：

六二是阴爻，他居阴位，说明他既有中德，又得正道，善于处理困境中的问题。但六二以阴爻凌驾于初九阳爻之上，对初九的冲击最大，受到初九的挤压也最大，因此，六二的处境并不好。

记者：

你的意思是说，虽然六二是个好人，但他所面临的环境不好？

《周易》作者：

没错。我们说他会丢失大量钱财，说明他所面临的处境是非常不好的。但是，像他这样守正道又拥有高尚品德之人，上天是不会总让他陷于困境而找不到出路的。只要他坚守正道，过程虽然有些曲折，但前途是光明的。

四 关于震卦之六三爻

记者：

震卦六三爻的爻辞是："震苏苏，震行，无眚（shěng）。"这句爻辞不好理解，请你解读一下。

《周易》作者：

这句爻辞中有两个"震"，第一个"震"是指雷声，第二个"震"是惊惧之意；"眚"是指灾祸。六三爻爻辞的字面意思是：雷声震动，恐惧不安，惊恐地前行，但没有灾祸。

记者：

寓意是什么呢？

《周易》作者：

六三是阴爻，但是居于阳位，居位明显是不中不正，所以，他听到雷声震动，心中必然是恐惧不安。

记者：

那为什么他最终还是不会有灾祸呢？

《周易》作者：

六三上面是九四阳爻，下面是六二阴爻，不存在凌驾于阳刚之上的不当行为，再加上六三听到雷声以后，能够谨慎地处置自己的行为，所以他不会有灾祸。

五 关于震卦之九四爻

记者：

震卦九四爻的爻辞非常短，请解读一下。

《周易》作者：

九四爻的爻辞是："震遂泥。"在这里，"遂"是坠落的意思；"泥"是指淤泥。爻辞的意思是：雷声震动，因恐惧而陷入泥泞之中。

记者：

为什么九四会陷入泥泞之中？

《周易》作者：

那是因为九四虽然秉承阳刚之德，但他以阳爻居处柔位，不中不正，无法施展本性，未能将内在的东西发扬光大，于是就陷入了泥泞之中。

记者：

从卦象上看，九四被上下四阴围困，足见其危难之甚。

《周易》作者：

没错。

六　关于震卦之六五爻

记者：

再请你继续解读一下六五爻。

《周易》作者：

六五爻的爻辞是："震往来厉，亿无丧有事。"这句爻辞中，"亿"是指大；"有"是一个助词，没有什么实际含义；"事"是指事情，具体是指祭祀活动。这句爻辞的字面含义应该是：雷声震动，往来不停，有危险，但对事情不会有影响。

记者：

为什么会做如此解读？

《周易》作者：

六五下为九四阳爻，有凌驾于阳刚之上的问题；上为上六阴爻，同性相斥，故上下往来皆有危险。但是，六五阴爻居于阳位，又居上卦之中位，有阴柔者持守中道、积极有为的意思。这种情况对做任何事情都不会有太大的影响，总体来说，也不会有什么坏事发生。

七　关于震卦之上六爻

记者：

震卦之上六爻相对来说比较长，请你解读一下。

《周易》作者：

上六爻的爻辞是："震索索，视矍（jué）矍，征凶。震不于其躬，于其邻，无咎。婚媾有言。"在这里，"索索"是指恐惧的样子；"矍矍"是指彷徨四顾的样子；"躬"是自身；"婚媾"是指嫁娶；"言"是指责怪之言。这句爻辞的字面意思是：雷声震动，令人恐惧，双眼彷徨四顾，出征会有凶险。雷电没有击中自己，而是击中了其邻居，没有灾殃。在婚姻大事上，则受到了责怪。

记者：

上六差点被雷击中，处境堪忧啊。

《周易》作者：

上六处于震卦的最高端，他所面临的雷霆之威可想而知。"索索""矍矍"都是形容雷霆之下人们惊恐不安、四下张望的状态，这比以前的状态严重得多。

记者：

那风险肯定也是最大了？

《周易》作者：

在这种状态下，做任何事情都有凶险。好在雷霆没有落到上六身上，而是落到他的近邻身上。这说明上六虽然面临糟糕的环境，但如果他能预先采取防范措施，就不会有灾祸。

记者：

那为什么说上六在谈婚论嫁上会受到责怪呢？

《周易》作者：

上六处于极度恐惧的状态，加上他又缺乏柔中美德，此时谋求婚姻，必然会发生言语的争执。所以说，此时不宜谈婚论嫁。

记者：

你说得有点拗口，但我想此爻的意思无非就是强调：人虽然面临的环境很糟糕，或许自身也存在着这方面或那方面的不足，但是，如果能够见到别人的遭遇而有所警觉，就可能防患于未然、逢凶化吉。

《周易》作者：

可以这么讲。要善于通过别人的教训来吸收一些经验，未雨绸缪，方能成就天下大事。如果等到灾难落到自己的头上，再去做一些反思，那就晚了。

第五十二章　艮卦䷳：论自我管控

引　子

本卦之前一卦是震卦，主题是论处乱不惊。本卦之主题是论人的自我管控。

艮卦由八卦中的两个艮卦组合而成，根据《易传》，艮象征山，因此艮卦所象征的形象便是“兼山”，即两山重叠。在六十四卦中，两雷、两风、两水、两火、两泽之间都有相互交应的可能，唯独两山对峙，彼此不存在任何交应之可能性，故艮卦便有了停止、退守、互不迁就、互不相涉之寓意。就前后顺序而论，万事万物都不可能总是处于震动状态，总有停下来休养生息的时候，故震卦之后自然便是艮卦了。

《周易》的作者们说，修身养性，当诉诸内心来加强对不良欲望的自我管束。事当做则做，不当做则不做，做就要善始善终。就言语之道而论，话当讲则讲，不当讲则永远不讲，讲则言之有序、言之有理。尤其是，言谈举止必须“不出其位”，且要经常反躬修己。

一　关于艮卦之卦辞

记者：

艮卦的卦辞是：“艮其背，不获其身。行其庭，不见其人，无咎。”这句卦辞有点不好理解，请你解读一下。

《周易》作者：

“艮”是卦名，有人说，这个字的意思是谨慎，也有人说是注视，等等。但我认为最好的解释是止，停止的止。

记者：

明白。

《周易》作者：

此句卦辞中的“获”，是得到的意思，也有人说是保护的意思。我认为是指获得、看见。

记者：

请你通俗地说一下这句卦辞的意思。

《周易》作者：

这句卦辞的意思是说：背部止而不动，见不到对方的身体。在庭院中行走，见不到对面的人，所以没有灾殃。

记者：

“对面的人”是谁呢？

《周易》作者：

“对面的人”是一种象征性的说法，它是比喻人们的欲望。人如果背对欲望，不去转身看它，就会心如止水。

记者：

这倒是。如果连欲望见都见不着，人自然就不了解这种欲望的价值之所在，人心就不会乱，就不会有各种各样的邪念和贪欲；没有邪念和贪欲，就不可能有灾祸。

《周易》作者：

所以说“无咎”嘛。

二　关于艮卦之初六爻

记者：

艮卦初六爻的爻辞是：“艮其趾，无咎，利永贞。”请你解读一下。

《周易》作者：

这句爻辞中只有一个字需要说一下，那就是“趾”，是脚趾的意思。这句爻辞通俗地讲就是：止住脚趾的行动，就没有灾祸，利于占问长久之事。

记者：

寓意是什么？

《周易》作者：

初六在艮卦的最下位，相当于人的脚趾。人在行动时，脚趾是先动的，使脚趾停止，那么人的所有行动在没有发生前就会停止。这样，人就不可能沿着错误的方向走下去，人的行为自然就不会带来灾祸。

记者：

也就是防患于未然，把不好的事情消灭在最初阶段。

《周易》作者：

没错。很多事情变得越来越糟糕，往往与一开始没有控制好节奏有关。如果从一开始就采取行之有效的措施，问题就不会发展到不可收拾的地步。很多人心术不正、随心所欲，该做的做，不该做的也做，迎接他的，除了灾难，不会有别的东西。

三　关于艮卦之六二爻

记者：

六二爻的爻辞是："艮其腓（féi），不拯其随，其心不快。"请你解读一下。

《周易》作者：

这句爻辞中，"腓"是指腿肚子，也可以指小腿；"拯"是向上举；"随"是跟随的意思。这句爻辞翻译过来就是：小腿行动受阻，不能向上追随，于是心里不愉快。

记者：

寓意是什么？

《周易》作者：

刚才说过，"腓"是腿肚子，是小腿。六二在下卦的中位，就相当于腿肚子；下卦的主爻是九三，就相当于人的腰。行动由腰部主导，腿跟随人的腰而行动。六二位居下卦的中位，说明其性格比较柔和，品德中庸，但九三则不同。

记者：

九三如何呢？

《周易》作者：

九三是阳刚之人，又居阳位，做事十分刚强，往往太过偏激。在这种情况下，作为需要跟随九三的六二该怎么做？

记者：

你讲。

《周易》作者：

六二拯救不了九三，因为他的力量太柔弱，不足以改变九三的所作所为；加之他又无法阻止初六的行动，因此，他只好勉强追随九三去行动。面对一个不听其劝告的九三，六二必然心中不快。

记者：

听你解读，感觉六二就是一个大臣，九三就是一位君主，而初六不过就是一位为他们服务的随从。在这里，六二既无法改变君主的意见，又无法改变随从的一些行为。他只有稀里糊涂地追随君主而行事了，所以他不可能高兴起来。

《周易》作者：

没错。勉强追随他人，必然给自己带来心灵上的痛苦。

四　关于艮卦之九三爻

记者：

艮卦九三爻的爻辞听起来有点撕心裂肺的感觉，请你解读一下。

《周易》作者：

艮卦九三爻的爻辞是："艮其限，列其夤（yín），厉熏心。"在这里，"艮其限"的"限"是指界限，人体上下的界限在腰部，故"限"也可以理解为腰；"夤"是脊背的肉；"列"是分裂的"裂"的本字。这句爻辞通俗地说就是：止住腰的行动，撕裂了脊背的肉，身处危险，心如火焚。

记者：

请解读一下。

《周易》作者：

九三处在上下卦之间，相当于人体的腰。你仔细看看，九三是阳爻且居刚位，但不在中位。这说明什么问题呢？

记者：

根据我的理解，这说明这个人过于刚强、过于偏激。他居关键位置，却不能当直则直，当屈则屈。

《周易》作者：

你的说法有点儿道理。九三横在四个阴爻的中部，如果他不能处理好与上下的关系，他的任何行为必然导致整个系统陷于瘫痪。面临这样的境地，人必然处于万分危险之中，心中便会像被火焚烧似的不安。

五 关于艮卦之六四爻

记者：

艮卦的六四、六五和上九爻的爻辞都很短，请你解读一下。

《周易》作者：

是这样。艮卦六四爻的爻辞是："艮其身，无咎。"字面的意思是：止住身体上部的行动，没有灾祸。为什么这么说？六四相当于腰以上的位置，其为阴爻居阴位，位置非常得当。这说明六四之人知道在该行的地方行，在该停的地方立即停止。也就是说，他能够控制好自己的行动，既不盲动，也不懒惰，所以没有灾祸。

六 关于艮卦之六五爻

记者：

请解读一下艮卦之六五爻。

《周易》作者：

艮卦六五爻的爻辞是："艮其辅，言有序，悔亡。"它的意思是说，要止住自己的口舌，不胡言乱语，言谈有条理，这样就没有悔恨了。在这句爻辞中，"辅"是能够发音、说话的器官，"艮其辅"就是指能够控制说话的器官。在艮卦中，六五位置居中，说话中肯，条理分明，故不可能有什么悔恨的事情发生。

七　关于艮卦之上九爻

记者：

艮卦之上九爻也非常简单，请你说一说。

《周易》作者：

艮卦上九爻的爻辞是："敦艮，吉。""敦"是敦厚的意思，"敦艮"是止于敦厚，也就是说，以敦厚而告终。这句爻辞的意思应该很明白。

记者：

什么叫"止于敦厚"？

《周易》作者：

上九处于艮卦的最上方，又是阳爻，它是"止"的终极，也就是最高级。到了这个阶段，一切都停止了。

记者：

一切都停止了？那岂不是失败了吗？

《周易》作者：

错！就人事来说，人发展到一定程度，都会走向反面。人到了高位容易贪图享受，学业在进修接近终了时容易荒废。此爻寓意在接近终极阶段的时候，一定要保持敦厚之德。一旦把这种美德保持到最后，人就不可能出现不好的事情，所以说吉祥。一句话，"止于敦厚"是指永远保持敦厚，永远保持敦厚就不可能不吉祥。

第五十三章　渐卦䷴：论循序渐进

引　子

本卦之前一卦是艮卦，主题是论自我管控。本卦之主题是论循序渐进。

渐卦由八卦中的艮卦和巽卦两部分组成，艮在下，巽在上。根据《易传》，艮象征山，巽象征木，因此，渐卦所象征的形象便是“山上有木”，即山上有树木在生长。山寓意止且稳，树寓意长且缓，综合起来，此卦寓意凡事都应当循序渐进，方可成功，而顽固不化与过度激进都不利于事物的健康成长。

顺便说一下，本卦是以女孩长大出嫁进入一个新的人生阶段来阐述这个道理的。万物如此，人生如此，美德的培养、民风的形成与国家制度的完善，何尝不是如此呢！

一　关于渐卦之卦辞

记者：

渐卦的卦辞是：“女归吉。利贞。”“渐”是渐进的意思，指事物要循序渐进地向前发展；“归”指归宿，这里指女子出嫁。停滞不发展不好，冒进、冲动也不好，这个我知道，但你们为什么要以女子出嫁来表达这个意思呢？

《周易》作者：

我们以女子出嫁作喻，是基于以下两个原因：一是古代女子出嫁，经历纳采、问名、纳吉、纳征、请期、亲迎这样六个步骤。其中，纳采指男方在请媒人提亲并获女方答应后，备礼准备向女方求婚；问名指请媒人问女方的名字和出生年月日；纳吉是男方去宗庙占卜，若获吉兆，表示婚事可成；纳征指男方择日将聘礼送给女方；请期指男方择定婚期，并备礼告知女方，求其同意；亲迎指男子亲自去女家迎娶。由此可见，古代女子出嫁是极其慎重的，而这样做的目的，是保障婚后夫妻关系的稳固。女子出嫁一事极其恰当地反映了渐卦的渐进之义。

记者：

另一个原因是什么？

《周易》作者：

渐卦是下艮上巽，艮为阳卦，巽为阴卦，有阴阳交媾、男欢女悦之象。此外，巽卦寓意顺，艮卦寓意止，可象征女子顺利地到男方安家。因此，渐卦的结构也与女子出嫁相合。你明白了吗？

记者：

明白了。下面请你把渐卦的卦辞细细解读一下吧。

《周易》作者：

渐卦的卦辞意思很简单，那就是：女子出嫁，吉祥。有利于占卜问事。渐卦有初六、六二、六四这三个阴爻，初六以阴居阳，居位不正；六二、六四则皆为以阴居阴，居位得正。因此，渐卦的这一卦画结构仿佛阴柔者由不正之位向前行进，行至正位就安居不动。此正符合“女归吉”之义，故寓意循序渐进，最终走向成功。

记者：

有点这个意思。渐卦还有什么寓意呢？

《周易》作者：

渐卦的六二、六四为阴爻居位得正，象征阴柔者遵行正道。同时，九五阳爻居上卦之中位，象征阳刚尊者持守中正之道。这正是“利贞”的极好体现，获得渐卦者终不会陷于困境的。当然了，从此卦卦象来看，山上的树木不是一下子就长大的，而是有一个从小到大的渐进过程；君子受此启发，明白美德的培养及民风的形成也需要一个长期的过程，从而坚持不懈地修养自己的美德并改善风俗。

二　关于渐卦之初六爻

记者：

渐卦初六爻的爻辞是：“鸿渐于干，小子厉，有言，无咎。”请你解读一下。

《周易》作者：

爻辞中的“鸿”是指鸿雁、大雁；“干”是水边；“小子”指小孩；“言”是指怨言。根据对这几个关键字的解释，初六爻爻辞的字面意思应该是：鸿雁渐渐来到水边，犹如不成熟的小孩会经常遇到危险，他会受到别人的批评，但最终没有灾祸。

记者：

请你把寓意解读一下。

《周易》作者：

初六是渐卦的开始，若想向上前进，就应该像鸿雁迁徙一样循序渐进、行稳致远。此外，初六是阴爻，处于下卦的最下端，他像乳臭未干的小孩子，体力较弱，不知天高地厚，难免会犯一些急躁的毛病。

记者：

年纪轻轻，却急躁冒进，这样很难做成事情，甚至会带来麻烦的。

《周易》作者：

你说得没错。按道理说，初六这个位置应当与六四相应，但初六和六四都是阴爻，相互排斥。尤其是六四没有力量来援助初六，同时又嫌初六太过柔弱，跟随不上自己。所以，六四就像大人训斥小孩子一样对初六进行批评。但是，从渐进这个角度来看，初六的行为如鸿雁、如孩童，只要是量力而行，就没有什么过错。相反，如果你要求初六不会爬就要学会走路，不会走就要学会跑，这反倒是害了初六。

记者：

根据你的解释，这句爻辞是暗示那些刚刚迈上事业道路的人，要学会量力而行，千万不能做一些与自己力量不相称的事情。勉为其难，最终会把自己带入难堪的境地。

三　关于渐卦之六二爻

记者：

渐卦六二爻的爻辞是：“雁渐于磐，饮食衎（kàn）衎，吉。”请解读一下。

《周易》作者：

爻辞中的“磐”，是指水边的大石头；“衎衎”，是指和乐的样子。把这句爻辞通俗地解释一下，就是：大雁渐渐飞到磐石之上，稳固安全，并且有吃有喝，和乐欢畅，占卜问事，吉祥。

记者：

寓意是什么？

《周易》作者：

在这里，我们需要把这一句与初六爻结合起来，就更好理解了。初六是鸿雁逐步走到水边，而六二则是到了水边的石头上，这意味着什么呢？

记者：

请说。

《周易》作者：

这意味着一个人获得了安稳之所。如此一来，他生活无忧，自然吉祥如意。

记者：

六二何以有这么好的环境呢？

《周易》作者：

首先，六二之人是靠自己的努力而获得今天的生活。六二为阴柔居中之臣，象征其道德上没有什么瑕疵；他与九五相应和，是以阴辅阳、以臣辅君。也正是在六二之人的支持下，国家的治理才取得巨大成功，国泰民安。既如此，国家自然会给这样的人士以非常好的物质待遇。这不是很正常的吗？

四　关于渐卦之九三爻

记者：

九三爻的爻辞是：“鸿渐于陆，夫征不复，妇孕不育，凶。利御寇。”此爻似乎预示着凶险。

《周易》作者：

没错。这句爻辞中，“征”是外出，“复”是返回的意思。从字面上讲，这句爻辞的意思是：大雁渐渐飞到较平的山顶上，这个时候丈夫外出一去不复返，妻子失贞怀孕却无颜生育，有凶险。不过却有利于防御强寇。

记者：

感觉这句爻辞很矛盾。为什么面临凶险却还有利于防御强敌呢？

《周易》作者：

这可以从卦象中得到解释。

记者：

好。

《周易》作者：

九三以刚阳之质居于阳位，面对渐卦这个大的背景，很明显，这是刚阳太过。刚阳太过就说明九三之人做事莽撞，经常是不撞南墙不回头，什么时候都不知回头是岸。九三过于冒进，脱离了同类，最终成了孤家寡人。

记者：

既然如此，为什么还说有利于防御外敌呢？

《周易》作者：

这是一种虚拟的说法，用以诫勉九三。九三毕竟拥有刚阳之气，如果他能够谨慎地运用好其刚其强，能够循序渐进地推进自己的事业，不为邪念所动，就有利于防御外敌入侵，做成自己想做的事。所以，爻辞说“利御寇”。

五　关于渐卦之六四爻

记者：

六四爻的爻辞是：“鸿渐于木，或得其桷（jué），无咎。”请你解读一下。

《周易》作者：

这句爻辞中的“桷”是指平直的树枝。这句爻辞从字面解释，意思就是：大雁渐渐飞到高高的树木上，或许能够获得一个平直的树枝栖息，从而不会受到伤害。

记者：

大雁能够飞到平直的树枝上，应该说是平安无事了，所以说“无咎”。

《周易》作者：

你说错了。大雁是水禽，它的脚趾是连着的，不能握住树枝，无法栖居于树上。现在大雁飞到了树上，到了不该到的地方，应该说其处境非常危险。

记者：

我理解错了。

《周易》作者：

从六四爻所处的位置看，他的居位也很危险。六四虽然以阴居阴，处得其位，但是他与初六是同性相克，难以得到外界的援助，加之他凌驾于九三之上，以阴压阳，居位其实并不好。

记者：

既然处境很危险，为什么还说“无咎”呢？

《周易》作者：

不管怎么说，六四的居位还是柔正的。他居上卦又上承九五之阳，说明此人有柔顺之美德，同时又能谦逊地待人。因此，他还是会得到一些人的支持。此人虽处于险恶的境地，但可转危为安，恰如那只大雁，它虽然栖于高高的树上，但如果能够获得支持，它也能够活下来，从而平安无事。道理就在这里。

六　关于渐卦之九五爻

记者：

渐卦九五爻的爻辞是：“鸿渐于陵，妇三岁不孕，终莫之胜，吉。”大雁逐渐飞到陵墓附近，妻子三年不能怀孕，感觉此爻很不好。

《周易》作者：

你理解错了。本爻中的“陵”并非陵墓，而是山陵；“莫”意思是没有谁。这句爻辞翻译成通俗的语言是：鸿雁渐渐飞到山陵上，妻子三年不怀孕，但最后谁也不能胜过她，吉祥。

记者：

这句爻辞怪怪的，请你解释一下。

《周易》作者：

九五是爻位中最好的位置，对于鸿雁来讲，山陵也是非常理想的选择。到了山陵上，鸿雁也可以说是找到了最好的位置。

记者：

明白你的意思。你是说，当鸿雁飞到山陵上的时候，它就获得了一个非常好的归宿，在这里，它可以从容地安排自己的事业。

《周易》作者：

没错。但是，不管是那些普通的百姓，还是那些身处九五之位的君主，他们要做成一件事情，都是很不容易的。爻辞中以生育子女为例，说的就是如此。

记者：

从爻辞中能看出这层意思？

《周易》作者：

请你认真地看一下渐卦的卦象。在渐卦中，九五虽然与六二心心相印，但是中间有九三和六四阻挠。尤其是九三，他阳刚太过，咄咄逼人，从而使六二无法与九五相聚。妻子三年没有怀孕，或许与此有关。

记者：

你这是不是扯得太远、太富于想象了？

《周易》作者：

关于卦象的解读，各人有各人的说法，我的解读也只是一家之言。如果你不同意，你也可以提出你的看法。

记者：

明白。还是说说你的看法吧。

《周易》作者：

九五之君与六二之人都是非常好的人，他们是正当的配偶。虽然他们遇到了外部力量的阻挠，但最终还是得以组成家庭，达成夙愿，所以结果是吉祥的。

七　关于渐卦之上九爻

记者：

上九爻的爻辞是："鸿渐于陆，其羽可用为仪，吉。"此爻的意思似乎很好理解，没有什么生僻字。但是，有一点想请你着重地说一说。

《周易》作者：

不用说，我知道你想问什么，那就是此爻中有一句是"鸿渐于陆"，你肯定会问此爻中的“鸿渐于陆”与九三爻中的“鸿渐于陆”意思是不是完全一样。

记者：

你猜对了！它们的意思完全一样吗？

《周易》作者：

核心思想差不多，但还是有一些明显的差距，那就是：在九三爻中，鸿雁到的是比较低的地方；而到了上九爻中，鸿雁是到了相当高的地方，意思有所不同。

记者：

上九爻的字面意思不用你说，我也能看得出来，那就是：鸿雁逐渐飞到了高高的平地上，它的羽毛可被用作典礼上的装饰品，吉祥。

《周易》作者：

你说得不错。你知道这句爻辞的寓意是什么吗？

记者：

这一点还得请你讲一讲。

《周易》作者：

在渐进过程中，上九已处巅峰，但他又处巽卦之上，而巽卦是探讨谦卑的卦，由此说明上九之人居高不傲、为人谦卑。另外，上九本是阳爻，但他却居处阴位。这个独特的位置决定了他不可能过分地显示其阳刚之气，也预示着他会以谦逊的态度对待一切，绝不会摆出高高在上的架势。

记者：

很多爻一旦到了上九这个位置，就会走到它的对立面，有些不好的东西就会出现。但渐卦中的上九爻所显示的精神，似乎没有这层含义。

《周易》作者：

没错，渐卦上九爻所显示的精神是居功而不傲。无论是君主、臣子还是普通人，都应当将上九之人作为世人的表率与楷模。爻辞中说它的羽毛可以用作装饰品，足见上九的精神之美是永存的。

第五十四章　归妹卦䷵：论婚嫁之道

引　子

本卦之前一卦是渐卦，主题是论循序渐进。本卦之主题是论婚嫁之道。

归妹卦由八卦中的兑卦和震卦两部分所组成，且兑在下，震在上。根据《易传》，兑象征泽，震象征雷，因此归妹卦所象征的形象便是“泽上有雷”，即大泽上有雷声。

“归”的本意是女子出嫁，引申为归宿、回家。婚姻关系乃“天地之大义，人伦之终始”，如果《周易》遗漏了这一块，那就不可能是“万经之首”的《周易》了。即将步入婚姻殿堂之人，如获得此卦，一般会备感忧郁。在《周易》中，拥有如此非常不好征兆的，唯有归妹卦与否卦。需要特别说明的是，归妹卦并非暗喻人们要拒绝婚姻，而是强调婚姻必须基于正确的道德与伦理原则。如果仅仅基于单纯的情欲，或违背常规，依靠某种错误的手段，贸然组成家庭，祸害必然随之而至。

一　关于归妹卦之卦辞

记者：

归妹卦之卦辞是：“征凶，无攸利。”请结合归妹卦的卦象予以解读。

《周易》作者：

归妹卦中的“归妹”，意为嫁女；“攸”，助词，相当于“所”。这句卦辞翻译成白话就是：出征肯定有凶险，得不到什么利益。

记者：

这是一个非常不好的卦。

《周易》作者：

是的。

记者：

为什么会这样？

《周易》作者：

我们之前谈过否卦是一个很不好的卦，因为否卦是下坤上乾，下阴上阳，地在下，天在上，阴阳之气根本无法相交。

记者：

难道归妹卦也是如此？

《周易》作者：

是的。归妹卦上震下兑，震为阳卦，兑为阴卦，下阴上阳，也有天地阴阳不交之象。所以说，这两个卦的征兆都非常糟糕。

记者：

是否还有别的解释？

《周易》作者：

有的。一些学者说，归妹卦象征少女欣悦地随长男而动，寓意女子不待嫁娶就私献终身之意。此种行为在我们那个时代非常不合礼仪，因而不可能有什么好的结果，所以“征凶，无攸利”。

二　关于归妹卦之初九爻

记者：

归妹卦初九爻的爻辞是：“归妹以娣（dì）。跛能履，征吉。”这句爻辞看起来似乎不复杂，请你解读一下。

《周易》作者：

本爻辞中的“娣”是出嫁女子的妹妹，她作为陪嫁，与姐姐同嫁一夫。在中国古代，诸侯迎娶时，有正夫人的妹妹以“娣”的身份从嫁的风俗。妹妹随姐姐同嫁一个丈夫，其地位也很尊贵，不同于妾。如果姐姐死了，妹妹就可以继为正室。

记者：

那为什么以跛足之人来做比喻？

《周易》作者：

初九在归妹卦的最下方，地位很低。爻辞以跛足人走路做比喻，意思是说，陪嫁过来的妹妹地位虽然很低，但是她能够恪守道德，秉承丈夫的意旨，协助姐姐管理好家务。所以，这样的家庭不会乱，结果是好的。

记者：

这句话如果做进一步延伸性的思考，那就是说，在很多工作中，一些人虽然不占有核心的地位，但只要他们能够摆正好自己的位置，不争宠，不争先，做好自己该做的事情，同样能够把工作做好。你看是不是这个意思？

《周易》作者：

可以这么讲。

三　关于归妹卦之九二爻

记者：

归妹卦九二爻的爻辞是："眇（miǎo）能视，利幽人之贞。"这句爻辞有点怪怪的，请你解读一下。

《周易》作者：

在这句爻辞中，"眇"，是指瞎了一只眼，只能看到近处的东西；所谓的"幽人"，是指洁身自爱的隐士。九二爻的爻辞直译过来就是这样的意思：一只眼睛虽瞎，但仍然能看见东西，有利于洁身自爱之人自己恪守正德。

记者：

是什么意思呢？

《周易》作者：

九二是阳刚之人，所处的位置也非常好，是中位；对于一个女子来讲，这个位置说明她有坚定的贞操与中正的德行。爻辞说瞎了一只眼，指的是与九二爻相匹配的她的丈夫，也就是六五之人。此人是阴柔小人，他是阴爻，却居阳位，显然居位不正。这样的人，虽然娶了非常好的贤妻，但不能让她发挥贤内助的作用，就像一个眼睛有残疾的人一样，虽然能够看东西，但是看不远。尽管九二的婚姻非常不好，但其能够做到洁身自爱，恪守良好的道德。本爻辞强调的就是这个意思。

记者：

如果把这句爻辞的意思做引申解释，那就是说，对一些洁身自爱的人来说，他们虽然不能找到与自己相匹配的人来合作，但是，他们能够恪守良好的道德，做到慎独，绝不会因为与自己相匹配的人存在矛盾而自暴自弃，或见异思迁。你看这种解读对不对？

《周易》作者：

没问题的。

四　关于归妹卦之六三爻

记者：

归妹卦之六三爻、九四爻似乎都很简单，请你解读一下。

《周易》作者：

归妹卦六三爻的爻辞是："归妹以须，反归以娣。"此爻辞中的"须"，就是指姐姐。这句爻辞直译便是：女子出嫁，想以姐姐的身份成为嫡夫人，但最终还是以妹妹的身份跟从姐姐出嫁为娣。这句爻辞的意思就是强调，为人处事，应该知道自己的定位，不能做非分的妄想。唯有如此，才符合规矩和伦理。否则，随意的僭越，都会给自己带来意想不到的麻烦。

五　关于归妹卦之九四爻

记者：

请解读一下九四爻吧。

《周易》作者：

归妹卦九四爻的爻辞是："归妹愆（qiān）期，迟归有时。"此句中的"愆"是过期的意思，这句爻辞直译出来就是：待嫁女子延误了婚期，等待出嫁的时机。

记者：

寓意是什么呢？

《周易》作者：

很简单，寓意是：在婚姻大事上，不能急于求成，即便错过时期，也要耐心等待心仪之人。唯有建立在两情相悦基础上的婚姻才是道德的。

六　关于归妹卦之六五爻

记者：

归妹卦六五爻的爻辞是："帝乙归妹，其君之袂（mèi），不如其娣之袂良，月几望，吉。"感觉有点儿不好理解，请你解读一下。

《周易》作者：

"帝乙归妹"，在泰卦六五爻中也出现过。

记者：

是的。"帝乙"是商朝的一位帝王，本爻辞中所说的"君"又是哪位君主呢？

《周易》作者：

"君"，并非哪位君主，而是指女君，具体是指帝乙的妹妹。本爻辞中的"袂"是指衣袖，在这里引申为衣饰；"月几望"在小畜卦中也出现过，意思是月亮接近满月。

记者：

有了你对几个关键词的解释，这句爻辞的字面意思就非常明朗了，那就是：帝乙下嫁妹妹，其所穿的服饰还不如陪嫁女子的服饰华贵，月亮接近圆满，占卜问事，吉祥。

《周易》作者：

从字面上解释，意思就是你所讲的，但其寓意要比你讲的深刻许多。

记者：

愿闻其详。

《周易》作者：

六五乃阴爻，代表着女性的温柔；此爻居处君位，说明其品德高尚，心灵非常之美。按照俗人之见，这样的女子出嫁，本该极度的奢华，否则不足以体现皇家的威严与富贵。

记者：

帝王的妹妹出嫁，应该尽显尊贵。

《周易》作者：

但六五并不这么干。她虽然出身豪门，但从不去追求表面的华贵。她出嫁时穿的衣服竟然比不上一般陪嫁姑娘穿的衣服。

记者：

纡尊降贵，十分难得啊。

《周易》作者：

对于内心高贵的人来说，精神与心灵上的追求才是第一位的，俗世的追求不值一提。他们的道德恰似满月一般纯净、高雅。一句话，在真正的高雅之人看来，品德上的修炼是第一位的，其他的追求统统靠边。

七　关于归妹卦之上六爻

记者：

研究完归妹卦之六五爻，该说最后一个爻了。

《周易》作者：

归妹卦的最后一个爻是上六爻，爻辞是："女承筐，无实。士刲（kuī）羊无血，无攸利。"此句中的"实"是指筐中之物，而"刲"是指宰杀。整句爻辞的字面意思便是：女子手里拿着竹筐，但却无物可盛。男子杀羊，却未见羊血，无任何有利之事。

记者：

女子手里拿着筐，但空无一物；男子宰羊，但不见出血，这显然意味着"竹篮打水一场空"，一切都是枉然。本爻的寓意是不是说这场婚姻最终并非以大团圆收场？

《周易》作者：

是的，一场无言的结局！上六属阴，中虚无实，又居极端之位，加之下爻并无与之对应之阳，表示婚姻没有结果，非常不利了。

第五十五章　丰卦䷶：论盛衰之间

引　子

本卦之前一卦是归妹卦，主题是论婚嫁之道。本卦的主题是论盛衰之间。

丰卦由八卦中的离卦和震卦两部分所组成，且离在下，震在上。根据《易传》，离象征火或电，震象征雷，因此丰卦所象征的形象便是“雷电皆至”，即雷电交加。

《周易》的作者们说，“丰”是一个象形字，甲骨文的“丰”是“豊”，本是指盛有贵重物品的礼器，故丰卦的引申含义便是丰满、丰盛、硕大和丰富。丰卦的盛大非同一般，它是一种如日中天般无与伦比的绝对盛大，对这种境界，人们皆趋之若鹜。同时，《周易》的作者们特别提醒，日有升降，月有盈亏，盛大的表面是荣光，盛大的另一面便是忧虑和惆怅。任何人做事都当适可而止，要想保持永远的盛大，就必须见好就收，不能一味地野蛮生长。

一　关于丰卦之卦辞

记者：

丰卦的卦辞是：“亨，王假（gé）之，勿忧，宜日中。”请你解读一下。

《周易》作者：

丰卦之“丰”意为丰盛、盛大；卦辞中的“假”通“格”，是至、到的意思，当然了，也有人说是宽大的意思；“日中”是指日在中天。这句卦辞直译过来，意思是：亨通，君主亲自前来，不用担忧，宜于像日在中天那样。

记者：

字面意思是这样。请你解读一下寓意。

《周易》作者：

丰卦下离上震，离象征火或电，震象征雷。两者的结合，象征着人以正大光明之德指导自己的行为，这样的人必然能够取得伟大的成就。雷电双至，代表着事业的荣光。

记者：

你的意思是说，取得丰卦的人，往往代表着那些正大光明之人，他们能够取得了不起的成就，以至于帝王都来捧场。

《周易》作者：

是这样。但是，此卦还有另一层寓意，那就是：此卦提醒人们，太阳到了中午，就会向西偏斜，月亮圆满后，又会亏缺。万事万物都不可能永远保持盈满的状态，到了一定的时候，它必然会走向下坡路。

记者：

我相信，这是提醒人们在从事伟大事业的过程中，一定要保持谦虚谨慎、戒骄戒躁的态度，要时时处处防患于未然，不能被胜利冲昏了头脑。唯有这样，才能让自己的事业尽可能长久地发展下去。

《周易》作者：

就是这个意思。

二　关于丰卦之初九爻

记者：

丰卦初九爻的爻辞是："遇其配主，虽旬无咎，往有尚。"有点不好理解。

《周易》作者：

这句爻辞中，所谓"配主"，一种说法是相匹配之主，也就是本卦中的九四阳爻，一种说法是相匹敌者；"虽"，是虽然的意思；"旬"，一种说法是通"均"，也就是均等之意，一种说法是十日；"咎"，是指灾殃；"尚"是崇尚、尊崇的意思，当然，也有人说"尚"是奖赏的意思。根据这些解释，我们不难看出这句爻辞的字面意思是：遇到了与自己相配的主人，尽管两者均为阳刚，但不会带来祸害，如果前往必然会得到推崇和赞美。

记者：

字面意思应该是你所讲的，寓意是什么呢？

《周易》作者：

这里面也包含着两层含义。第一层是，初九之人能够与他的主人也就是九四相互配合、相互支持，并进而能够取得事业上的成功。

记者：

一般来说，相对应的两个爻，如果是一阴一阳，则阴阳相互补充；如果是同阴或同阳，他们之间就会相互对立、相互斗争。在本卦中，初九是阳爻，九四也是阳爻，这两强相遇，必有纷争，你怎么说他们之间还能够相互支持呢？

《周易》作者：

初九与九四势均力敌，虽然不相应，但如果能与在其之上的九四合作，就能形成二阳并进的局面。

记者：

初九如果能够得到九四的支持，必然是如虎添翼。

《周易》作者：

但是，初九如果处理不好与阳刚高人的关系，动辄挑战高人的权威，力图压倒高人，一旦破坏了这个均等之势，他不仅不会获得高人相助，还可能失去原有的优势，从而招致灾难。

记者：

很多人年轻气盛，如果遇到能够包容他的高人，事业必然如日中天、红红火火；但如果他太过气盛，也必然会得罪众多的高人，那些高人不仅不会助推他，反而会落井下石，置他于落败的境地。

《周易》作者：

就是这个意思。

三　关于丰卦之六二爻

记者：

丰卦六二爻的爻辞是：“丰其蔀（bù），日中见斗，往得疑疾，有孚发若，吉。”有点不好理解，请你解读一下。

《周易》作者：

这句爻辞中，“蔀”是掩盖、蒙蔽的意思；“斗”，是指北斗星；“若”，句末语气词，没有什么实际意思。这句爻辞直译过来，意思是：盛大之时却掩盖了光明，犹如太阳正当中午却见到了北斗星，如果前往必然招致猜疑，幸亏能以一片赤诚之心获得信任，最终获得吉祥。

记者：

请说一下寓意。

《周易》作者：

在本卦中，六二与六五是对应关系。六二是阴爻，且居下卦之中位，由此可见，六二之人虽然在事业上没有达到盛大的状态，但他是光明正大之人。与之相反的是，六五虽然身为本卦的主爻，但他却是以阴柔之才窃居尊位，是个“昏暗之君”。六二的光明遭到了昏暗的遮蔽，本爻辞中说大白天却看到了北斗星就是这个意思。

记者：

那六二如何处理好与六五的关系呢？

《周易》作者：

对于六二来讲，他不可能不去拜访六五，因为六五身居高位。但是，六二也知道，他前往必然招致猜疑，弄不好还会遭到陷害。

记者：

那如何处理？

《周易》作者：

没有别的办法，只有用自己的一片赤诚之心去感化六五。如能够感化成功，促使六五醒悟过来，猜疑就会变成信任，结果肯定会好的。

记者：

通过你的讲解，我感觉此爻强调的是，人不管面对什么样的人，无论是明主还是昏君，都应该以诚相待。要学会以自己的赤诚之心去感化周围的一切，从而引导周围的一切一起往高层次上发展。

《周易》作者：

可以这么解读。

四 关于丰卦之九三爻

记者：

丰卦九三爻的爻辞是："丰其沛，日中见沬（mèi），折其右肱（gōng），无咎。"请解读一下。

《周易》作者：

此爻辞中的"沛"通"旆（pèi）"，指遮蔽之物；"沬"是无名小星；"肱"是手臂。这句爻辞直译过来，意思是：盛大之时光明被遮蔽，犹如太阳正当中午却见到了无名小星，只好折断右臂，不会招致灾害。

记者：

这句爻辞的寓意是什么？

《周易》作者：

这句爻辞说明九三所面临的环境非常糟糕。

记者：

何以见得？

《周易》作者：

与六二比比你就知道了。六二的光明虽被掩盖，但还能看见较亮的北斗七星，而九三的光明完全被黑暗所代替，连天上的无名小星都能看得清清楚楚。

记者：

六二因与六五不能应和，所以处境不好，这很好理解，但九三与上六阴阳正好相配，为什么九三所面临的处境更加糟糕呢？

《周易》作者：

上六是阴爻，处于最阴暗的场所；九三虽然充满着刚阳之气，却遭受到至昏至暗的境遇，宛如日当中午却被夜幕死死笼罩。这说明九三之人虽有才能却无法施用，实在让人为之叹息。

记者：

无所作为就无所作为吧，为什么还要把右臂折断呢？

《周易》作者：

上六之人是个昏君，对那些聪明的人来讲，仅仅无所作为还不足以保护自己，而是必须采用自我伤残的办法才能让昏君放心。

记者：

面对这样的昏君，贤能之辈很是痛苦啊！

《周易》作者：

没错。在特定的时期，人要想生存下去，就必须做出巨大的牺牲。留得青山在，不怕没柴烧，道理就在这里。

五　关于丰卦之九四爻

记者：

丰卦九四爻的爻辞是：“丰其蔀，日中见斗，遇其夷主，吉。”请你解读一下。此爻感觉与本卦六二爻的爻辞差不多。

《周易》作者：

九四爻爻辞的前两句，与六二爻完全相同；爻辞中的“夷主”，是指同等且性格平和之人。

记者：

九四似乎也是要获得君主的帮助才能吉祥。

《周易》作者：

差不多。本爻的核心思想是：九四之人面临相当不好的处境，唯有寻求与自己志同道合的人进行合作，才能取得成功。反之，如果遭遇离心离德之人，事业必败无疑。

六　关于丰卦之六五爻

记者：

丰卦六五爻的爻辞是：“来章，有庆誉，吉。”请你解读一下。

《周易》作者：

爻辞中的“来”是到来；“章”是光明之意。本爻辞翻译成白话就是：光明到来，有吉庆和美誉，吉祥。本爻的寓意便是：六五之人，如果能自显其光明之德，必定会得到吉庆和荣誉。

七　关于丰卦之上六爻

记者：

丰卦上六爻的爻辞是："车其屋，蔀其家，窥其户，阒（qù）其无人，三岁不觌（dí），凶。"此爻中偏僻字很多，似乎是说凶险的事情。

《周易》作者：

在这句爻辞中，"蔀"是遮蔽的意思；"阒"是寂静的意思；"觌"是见到的意思。这句爻辞直译出来就是：拼命扩大房屋，反而遮蔽了自己的居室，从门缝里窥视，寂静而不见人气，如果长时间看不见人露面，就必定有凶险。

记者：

感觉这是个死气沉沉的地方，为什么会到这个境地呢？

《周易》作者：

上六之人遭受如此的厄运，并非偶然。他以阴柔之质居于丰卦之极，必然居高自傲、志得意满、飞扬跋扈。他利用攫取来的财富，拼命地扩大自己的房屋，把自己的家建得富丽堂皇。

记者：

这有什么问题呢？

《周易》作者：

如果拥有一种开放的心态，房子盖得再好，也不是什么坏事，但是，上六有高处深藏之象。他拼命地扩大自己的房屋，不与他人合作，不与外界交往，使自己独立于整个社会之中。

记者：

这样的人背离了社会，自然也会被社会所抛弃的。

《周易》作者：

没错。人们会逐渐与他疏远，甚至没有人再与他交往。从门户中向里窥视，只见深宅大院，幽深寂静，杳无人迹。这样无人问津、无人相助，是非常危险的。

记者：

如果把这种寓意引申到国家层面，那就是说国家越强大，就越应该以良好的心态与世界来往。如果它居高自傲，广设壁垒，久而久之，再强大，也会被世界所抛弃，也会走向没落之路的。

《周易》作者：

但愿不会如此。

第五十六章　旅卦䷷：论行旅之难

引　子

本卦之前一卦是丰卦，主题是论盛衰之间。本卦之主题是论行旅之难。

旅卦由八卦中的艮卦和离卦两部分组成，艮在下，离在上。根据《易传》，艮象征山，离象征火，因此，离卦所象征的形象便是“山上有火”，即山上有火在燃烧。这把火或许是在山区的旅行者为防范野兽而点燃的篝火，也不由得让人们联想起那些居无定所、漂泊不定的外出旅行者和他们所遭遇的险境和艰难。

此外，艮也有固定不动、稳如泰山之意，而离则有附丽、依附之意，故旅卦也象征人依附某处而住下来，意指外出旅行之人找到落脚之地。

古今学者大多把本卦与旅行联系起来进行研究，也有人认为此卦还兼具对国家司法活动方面的暗示与善意的提醒，寓意国家及其政府应该及时处理民间纠纷、化解矛盾，不得懒政、无为。

一　关于旅卦之卦辞

记者：

现在我们开始研究旅卦的卦辞吧。

《周易》作者：

旅卦的卦辞是：“小亨，旅贞吉。”这句卦辞中没有生僻字，应该很好理解，直译意思应该是：小有亨通，旅行时能坚守正道，可获吉祥。

记者：

请说说这句卦辞的寓意。

《周易》作者：

让我们先从旅卦的卦符说起。旅卦有三阳三阴，乃阴阳平衡之卦。有此基础，说明得卦之人不会遭遇令人后悔之事，也就是说情况坏不到哪里去。

记者：

也就是说是个好卦呗？

《周易》作者：

也不尽然。此卦中，初六、六二上承九三、九四，柔下刚上，刚趋上，柔趋下，刚柔不济。

记者：

说明什么呢？

《周易》作者：

刚柔不济，说明外出旅行非常不容易，非常的艰难。吃喝困难不用说，甚至连住的地方都可能没有。或许更糟糕的是，在外流浪弄不好会遇到野兽，一命呜呼。

记者：

外出旅行，是为了散散心、看看风景，感觉不好，就打道回府吧。

《周易》作者：

你说得太轻描淡写了。外出是不得已而为之的流浪，绝不是什么散散心、看看风景。

记者：

不得已而为之？

《周易》作者：

是的。某人不得不离开家乡，到处流浪，那是由此人的不当行为所引起的。此人做事鲁莽，不计后果，凡事都要走极端。

记者：

这是否暗示此人在事业上是在走下坡路呢？

《周易》作者：

你这样理解也没错。

记者：

走到这一步，那还有希望摆脱困境吗？

《周易》作者：

有。因过分的狂傲，失去了自己的根据地，不得不流离失所，不得不寄人篱下，谁都不愿意落魄到这一步。但是对于那些不愿意自暴自弃的人来说，并没有走到穷途末路。就卦象符号看，阴柔由阳刚相伴，且六五以柔德居中得位，兼有九四阳刚相助，说明旅卦之人还是有希望的。

记者：

不容易。具体如何做呢？

《周易》作者：

获得旅卦的人，应该恪守中正之道，不能自暴自弃、胡作非为，更不能依然如以前一样狂傲不羁、为所欲为。此外，如果是那些具有伟大志向的潜在政治家获得此卦，这些人还必须最大限度地团结周围的人，支持者多了，也有利于摆脱目前的困境。

记者：

明白。一些学者还从此卦中挖掘出对于刑罚适用方面的寓意。

《周易》作者：

各人有各人的看法，很正常。一些人根据旅卦的卦象说，山上的火一烧起来，就立即会呼啸而过，而不会久留在某一处，此卦也警示国家司法管理人员要迅速了结诉讼案件，不能久拖不决。对这种说法，我们表示理解，但总觉得有点勉强。

二　关于旅卦之初六爻

记者：

旅卦初六爻的爻辞是："旅琐琐，斯其所取灾。"请你解读一下。

《周易》作者：

"琐琐"是指猥琐卑贱的样子；"斯"意思是此、这。这句爻辞直译出来，意思就是：出门旅行时举止猥琐，这是他自取的灾祸。

记者：

寓意是什么呢？

《周易》作者：

初六之人，以阴柔之德、阴柔之才处于旅卦的开始阶段，且以阴居阳。居位不妥，说明此人寄居在外，远离家乡；阴柔之质，说明此人缺乏阳刚之气，缺乏强力意志，故其性格柔弱，目光短浅，难成大事。

记者：

性格决定命运，初六之人肯定是一个没有多少出息的人。

《周易》作者：

初六之人，是个落魄的外漂之人，外漂不可怕，可怕的是举止猥琐。他胸无大志，一天到晚想干的都是一些粗鄙不堪的事情，看到的都是一些蝇头小利，从而招致人们的厌恶。久而久之，他就会走到绝境。

三　关于旅卦之六二爻

记者：

旅卦六二爻的爻辞是："旅即次，怀其资，得童仆，贞。"请你解读一下。

《周易》作者：

在本爻辞中，"即"就是住；"次"乃客舍之意；"资"乃钱财之意；"贞"乃正之意。

记者：

根据你对几个关键字的解释，本爻辞直译出来意思就是：行旅在外，有适当的客舍可以居住，身上带着钱财，还得到童仆的照料。此句爻辞听起来，感觉此人的境遇与初六完全不一样，寓意着什么呢？

《周易》作者：

初六之人是一个庸庸碌碌的俗人，他如果不经过一番脱胎换骨式的自我革命，是毫无希望的。而六二之人则大有不同。他不仅有不错的住处，拥有够花的钱财，还有很称心的童仆为其提供服务，其处境相当的不错了。从卦象结构上分析，也说明了这一点。

记者：

说说看。

《周易》作者：

六二是阴爻，他所处的位置是阴位，足见其处位得当；加之其以柔见长，做事讲究中正，说明此人的处境肯定不错。

记者：

六二会不会就是改过自新、洗心革面后的初六呢？

《周易》作者：

有可能。任何人，处境再糟糕，只要愿意改造自己，彻底铲除自己身上的陋习，上天是会给予其机会的，不会把他一棍子打死。

记者：

明白。有如此吉祥的处境，六二该是一个有福之人了，是吗？

《周易》作者：

谈不上。

记者：

为什么？

《周易》作者：

正如你说的那样，六二或许就是从初六脱胎而来。这些人的处境虽有一些变化，往往也是暂时收敛其心的结果。一旦处境好一些，这些人便会被眼面前的情况冲昏头脑，又会飘飘然而得意忘形。本爻辞针对的就是这一点，要求这样的人不断调整自己的行为。

记者：

一个人的处境是由自己的行为所决定的。钱财随时会丢失，童仆随时会跑掉，唯有自己的心与自己相伴。如果能恪守正道、中道，无论到了哪里，即便是深山老林，也不会孤苦伶仃、无人呵护的。反之，一个无耻小人，骗得了别人一时，骗不了别人一世。这些人即便身处闹市，迟早也会遭人唾弃，迟早也会是孤家寡人一个。

《周易》作者：

说得好！

四　关于旅卦之九三爻

记者：

初六是个猥琐不堪的小人，出门遇到麻烦，无人搭理，那是必然的。六二的情况则大大改善，要住处有住处，要钱有钱，要仆人有仆人。我相信，到了下一个阶段，处境应该更好吧？

《周易》作者：

错。我刚才已经说过，六二之人为人处事要远远好于初六之人，但六二之人终究还不是一个上乘的贤人，最多算是一个中流的君子而已。一旦缺少外界的提醒与敲打，此人立即就会旧病复发、故态重演的。九三就是他的未来。

记者：

九三爻阳爻居阳位，非常得体，其居位情况甚至要好于六二，为什么与之对应的人面临的情况却很糟糕呢？

《周易》作者：

我们的哲学历来崇尚中庸，这个原则对于那些流离失所、漂泊无居之人尤其重要。六二之人，以柔为上，身居中位，虚心对待他人，自然会得到好的回报。九三之人，身居上位，居高临下，盛气凌人，最终把本是不错的阳刚之气推到极端，其结局不会好到哪里去的。

记者：

我知道你的意思，九三之人代表着那些阳刚之气特别过盛的人。他们不知道如何处理与周围人的关系，而是依仗权势与蛮力傲视天下，自然也会被别人所抛弃。

《周易》作者：

是啊，你看，九三爻的爻辞是：“旅焚其次，丧其童仆，贞厉。”翻译成白话意思就是：旅行时，大火烧了馆舍，失去了童仆，危险很大。可见九三的下场十分糟糕。

五　关于旅卦之九四爻

记者：

旅卦九四爻的爻辞是："旅于处，得其资斧，我心不快。"似感前后有点矛盾。

《周易》作者：

在回答矛盾不矛盾之前，容我先来把这句爻辞的字面意思说一下。

记者：

好啊。

《周易》作者：

本爻辞中的"处"是指处所、暂居之地，不是家、久留之地；"资斧"，释义颇多，但一般作盘缠、旅费讲。本爻辞的字面意思是：漂泊之人客居他乡，虽然获得旅费，但内心深处高兴不起来。

记者：

在外漂泊之人，内心深处是很难真正高兴的。究其原因，一是独在异乡为异客，不要说境遇不佳的旅行者，就是非常成功的人士，也会饱受思乡之折磨。二是身处异乡，为了生存下去，必须按照当地的要求，去学习一些基本的生存本领。相比之下，所谓的爱好、兴趣等都不得不降到次要地位。身份的缺失、个人兴趣的放弃，往往是漂泊之人不得不付出的代价。

《周易》作者：

是啊！

六　关于旅卦之六五爻

记者：

旅卦六五爻的爻辞是："射雉，一矢亡，终以誉命。"感觉不好理解，请你解读一下。

《周易》作者：

本爻辞中，"雉"意思是野鸡，在古代多被视为吉祥之物而用在礼仪方面；

“誉”意思是美誉；“命”是指帝王的赏赐。直译出来，本爻辞的意思是：射野鸡，一支箭射中，最终名利双收。

记者：

说说深层次的寓意吧。

《周易》作者：

关于本爻，主要有两种解释。

记者：

请讲。

《周易》作者：

一种解释是：一箭就把野鸡射死，最终必将名利双收。寓意是：人如果具有某种独特的能力，必然会获得最好的结果。另一种解释是：射杀野鸡，或许会有箭射出去打不到野鸡的情况发生，但最终不会无功而返。寓意是：从事任何事情，都要做出努力，即便短期难见成效，但只要坚持，终将会取得成功。

记者：

你的意见是什么呢？

《周易》作者：

我倾向于第二种解释。有志之人要想成就伟大的事业，就必须有一种敢于付出的心理准备，不能太过关注一时之得失。人只要坚持付出，孜孜以求，终将取得胜利。反之，如果对任何事情都斤斤计较，不愿意做任何长期的投入，一丝一毫的损失都感到痛心疾首，这样的人是不可能获得成功的。

七　关于旅卦之上九爻

记者：

旅卦上九爻的爻辞是：“鸟焚其巢，旅人先笑后号咷（táo）。丧牛于易，凶。”听起来上九的命运很糟糕，请你解读一下。

《周易》作者：

这句爻辞中的“咷”是哭的意思；“易”比较复杂……

记者：

再复杂也请你解释一下。

《周易》作者：

“易”，与“埸”（yì）相通，一说是指田界、疆界；一说是指中国古代北方的一个民族，具体指狄人；一说是一个国家，即有易国。对本爻辞来讲，哪种解释都差不多。如选择第一种解释，本爻辞的字面意思应该是：鸟儿的巢穴被火烧掉，漂泊之人先笑后哭，牛在边界地区丢失，有凶险。

记者：

此人的处境真是凄惨。怎么能落到这步田地呢？

《周易》作者：

上九在上卦之最高位，此人对待任何人的态度都傲慢无比。人在旅途，却以傲慢的态度对待周围的人，其结果可想而知。此人的房子被焚烧，财富得而复失，各种灾难接踵而至，这是对其傲慢的惩罚。本爻辞提醒人们：人在旅途，当谦虚对待所有人，绝对不可居功自傲。否则，灾难不远矣。

第五十七章　巽卦䷸：论顺从之道

引　子

本卦之前一卦是旅卦，主题是论行旅之难。本卦的主题是论顺从之道。

巽卦由八卦中两个完全一样的巽卦所组成，巽象征风，风连绵不断，无孔不入。随着风的不断吹动，万物也因之而运动，因此，巽卦象征随顺、服从，象征对长者与权威的尊重。此外，风不断吹动，也有对被吹拂者予以调理的意思，这意味着教化，意味着推行法令，布施仁政。

一　关于巽卦之卦辞

记者：

巽卦的卦辞是："小亨，利有攸往，利见大人。"请解读一下。

《周易》作者：

这句卦辞中，只有一个字需要说一下，就是"攸"。其实这个字也没有什么特殊的意思，只是一个助词，相当于"所"。这句卦辞直译成白话，意思就是：小事亨通，利于有所前往，利于见到贵人。

记者：

希望你结合卦象结构解读一下。

《周易》作者：

巽卦上下皆为巽卦，巽为风，意味着顺，故巽卦上下皆有顺从之意。上下皆顺，国家就可以如风一般不断发布命令，而且这些命令也会得到顺利执行。

记者：

请继续。

《周易》作者：

巽卦之九五阳爻，居上卦之中位，象征阳刚之人坚持中正之道。初六、六四两个阴爻，都位于阳爻之下，象征着阴柔者对阳刚者的顺从。阳刚者持守中正之道，阴柔者愿意服从阳刚者，如此一来，从阴柔者的角度来看，由于得到阳刚者的呵护与支持，其所欲推进的事业必然前途光明。

记者：

为什么说只能是“小亨”，而不能成就大业呢？

《周易》作者：

两个原因：一、阴柔者与阳刚者比较起来，属于弱势群体，在阳刚者主导的世界里，要想成就伟大的事业，简直是难于上青天。二、顺从也应该有一个度，一味顺从别人的人，是很难有大的作为的。故说“小亨”。

二　关于巽卦之初六爻

记者：

巽卦的初六爻是：“进退，利武人之贞。”请解读一下。

《周易》作者：

本爻中，所谓“进退”，是指不轻易决定进退；所谓“武人”，是指勇武之人。这句爻辞直译出来，意思就是：不轻易决定进退，勇武之人占卜问事，肯定有利。

记者：

寓意是什么呢？

《周易》作者：

初六爻是阴爻，处巽卦之初，说明初六之人非常柔弱……

记者：

柔弱之人做起事来肯定优柔寡断。

《周易》作者：

是的。在面临进退选择之时，初六之人肯定是顾虑重重，难以果断做出什么决定的。

记者：

那终究不是长久之计啊！

《周易》作者：

对性格如初六的那些人来说，最需要的就是增补阳刚之气以弥补阴柔之气之不足。否则，太过柔弱，阴柔之气太重，该决断不决断，任何事情都做不了的。

三　关于巽卦之九二爻

记者：

巽卦九二爻的爻辞是："巽在床下，用史巫纷若，吉，无咎。"爻辞字不多，但感觉有点不好理解。

《周易》作者：

八卦中的巽卦，从卦符来看，一阴二阳，与我们睡觉用的床颇为相似：阳爻似床席、床板，阴爻似床腿。另外，巽象征风，也象征木，故以巽喻床。"巽在床下"，寓意是九二非常的谦虚、温顺，宛如人趴在床下一样。

记者：

小孩子常常趴在床下，给我的感觉是，这些孩子太过柔弱。

《周易》作者：

九二本是阳性，居位是阴，他居巽卦下卦之中位，秉守低调温顺。当然啦，或许九二之人能力确实太弱，他也不得不对他人低三下四、唯唯诺诺。

记者：

也或许是一种生存技巧吧，本性不错，能力也强，但处处示弱，不愿意争强好胜而已。

《周易》作者：

或许是吧。

记者：

"用史巫纷若"，是什么意思？

《周易》作者：

此句描述的是九二之人的生存之道，很是高明。

记者：

请说。

《周易》作者：

“史”和“巫”是古代的两种重要职业，“史”掌管卜筮，“巫”掌管降神除灾。人能力弱一点不可怕，但如果一味守弱，唯唯诺诺，不知道利用外力助之，悉听命运摆布，那就是一个废物。九二之人不一样，他是一个高人，一方面他守住才美不外现，谦逊待人，处处示弱而不逞强；另一方面他善于聘请专业人员为其出谋划策，为其化难消灾。他让“史”与“巫”两人多说话，就是一种最高明的表现。

记者：

明白。

《周易》作者：

顺便说一下，本爻辞中的“纷若”具繁多之意，说明九二之人聘请的外力很是雄厚，也说明九二之人不是孤军奋战。遮强示弱，善用高参，是一种高超的生存技巧。

记者：

请你把爻辞翻译一下吧。

《周易》作者：

这句爻辞翻译成白话就是：卑顺地待在床下，用众多的史巫来敬祝神灵，吉祥，没有灾殃。

四　关于巽卦之九三爻

记者：

巽卦之九三爻和六四爻都比较短，请你解读一下。

《周易》作者：

九三爻的爻辞是：“频巽，吝。”这句爻辞中没有什么不好懂的字，其意思是：频频顺从，有小麻烦。

记者：

那它的寓意是什么？

《周易》作者：

九三阳爻居阳位，明显是过于刚强。此爻又处下卦的最上位，由此可见，九三之人是一个骨子里特别傲慢的人。但是，此人又很狡猾，他知道如果对外过于强势，就会招致别人的不信任，会给自己带来麻烦。于是，他改头换面，频频以一种假装的谦逊来对外进行交往，久而久之就会被别人发现，从而招来羞辱。

记者：

它表达的深层次意思就是说，一些人虚伪得很，本性狂傲却要假装谦虚，这种谦虚是不可取的，迟早会给自己带来麻烦的。

《周易》作者：

没错，就是这个意思。

五　关于巽卦之六四爻

记者：

谈完了九三爻，现在请你说说六四爻。

《周易》作者：

六四爻的爻辞是："悔亡，田获三品。"明白了"田获三品"是什么意思，整句爻辞的意思你就明白了。

记者：

"田获三品"到底是什么意思？

《周易》作者：

"品"是等级的意思。古代王侯打猎，猎获的野兽分三等，射中野兽的心脏为"上杀"，晒干后可作祭品；射中野兽的大腿为"中杀"，可以宴请宾客；射中野兽的肠子为"下杀"，只能猎手自己食用。由此可见，"田获三品"就是说，打猎能够得到各种各样的猎物，说明很有成效。

记者：

明白。请你说说这句爻辞的寓意是什么。

《周易》作者：

六四是阴柔之人，体单力薄，在巽卦中比较孤单，加之上下都被阳爻所挟持，可以说，他的位置非常不好，会经常出现令其后悔的事情。但是……

记者：

会有什么转机呢？

《周易》作者：

有一点值得肯定，那就是六四是阴爻，他的居位是阴位，应该说得位很正，加之他处在巽卦上卦的最下位，可见其态度中正兼备，终将得到人们的理解和支持。因此，最终可能给他带来后悔的事情都没有发生，作为一种奖励，他还能够斩获好多猎物。也就是说，他可以建立不错的功业。

六 关于巽卦之九五爻

记者：

巽卦九五爻的爻辞是："贞吉，悔亡，无不利。无初有终。先庚三日，后庚三日，吉。"请你解读一下。

《周易》作者：

这里面没有什么难的字和词，它的字面意思也好理解，那就是：占卜问事，吉祥，忧悔消失，没有不利。虽然开头不好，但结果好。庚日的前三天、后三天吉祥。

记者：

它的寓意是什么呢？

《周易》作者：

九五是阳刚之人，对于主旨是谦逊的巽卦来说，终究会发生让人后悔的事情。但是九五之人在上卦中得位中道，结果自然会好的，令人担忧的事情迟早会消失。

记者：

"庚日"是什么日子？

《周易》作者：

关于这一点，我得给你说一说。"庚"与"更"同音，有变更的意思。古时以天干地支记载时间，每隔十天就有一个庚日。庚日的前三日是丁日，"丁"有叮嘱的意思；庚日的后三日是癸日，"癸"与"揆"是通用的，它的意思是衡量。

记者：

经过你的解释，我基本明白，那就是说，无论是庚日的前三天还是后三天，做任何事情都必须反复叮嘱、权衡利弊，然后再行动。

《周易》作者：

你说得没错。事物变更之前，必须叮嘱人们要知道各个细节，绝不能马马虎虎；事物变更之后，要衡量得失，慎重处置事件，不能做完就算了。只有这样，才能确保事情做得天衣无缝。

七　关于巽卦之上九爻

记者：

巽卦上九爻的爻辞是："巽在床下，丧其资斧，贞凶。"不太好理解，请你解读一下。

《周易》作者：

这句爻辞无难解之字，直译就是："谦逊到了极点而屈于床下，丢失了钱财，凶险。"从卦符上看，上九本属于阳刚之人，处在本卦的最上位，如果在别的卦里，或许是个好现象，但在本卦里却不是好事情。

记者：

这是什么原因呢？

《周易》作者：

本卦是巽卦，它的核心思想是谦逊。一个人用谦虚的态度对待别人，这没有什么不对，但如果身居高位却把谦虚发展到极致，如本卦中所讲，趴到床下去，则未免太过分了。上九之人这样做，必定包藏着祸心。他的这种虚伪一旦被别人识破，人们就不会来支持他，就不会信任他，他就像在旅途中丢了旅费的人一样，行动十分艰难，甚至走向穷途末路。

记者：

我同意你的判断。物极必反，谦虚过度并不是什么好事。在虚伪之心的主导下，人会丧失基本的决断力，进退都找不到出路，这样的人不会有好下场的。

《周易》作者：

就是这个意思。

第五十八章　兑卦☱：论相处之道

引　子

本卦之前一卦是巽卦，主题是论顺从之道。本卦的主题是论人与人之间如何友好相处，即论相处之道。

兑卦由八卦中的两个兑卦组合而成，兑象征泽，象征美丽的湖面。两湖相连，相互流通，彼此滋润，自然水乳交融。

《周易》的作者们说，兑卦象征君子之间互相给予喜悦和快乐。这种和谐的关系不仅能够促进自身的发展，也能促进整体的发展。

一　关于兑卦之卦辞

记者：

兑卦的卦辞是："亨，利贞。"似乎很简单，请你解读一下。首先，请你说说，"兑"这个字是什么意思？

《周易》作者：

"兑"字在我们那个时代，除了具有交换的意思外，还有相互交流，进而带来喜悦的意思。因此，兑卦就是与喜悦有关的卦。

记者：

请结合卦象说一说。

《周易》作者：

你再好好看看卦象。兑卦中的九二、九五两个阳爻，分别处于下卦和上卦的中位，说明阳刚者坚持中道，无比刚强，不会轻易受到不当势力之左右。你再看看，兑卦中的六三、上六两个阴爻，分别处于上下卦的上位，上位也就是外围，代表着对外。内心阳刚而对外温柔，这是一种什么境界？

记者：

一般而言，内心强大之人，对外待人接物往往也是咄咄逼人、盛气凌人；外人虽然不敢挑战，但心中是非常不舒服的。而你说的这种人，内心无比强大，却能做到以柔善待四方，必然会让他人觉得很舒服。如此一来，无论是修身养性，还是齐家治国平天下，必然会无往而不胜的。

《周易》作者：

如果将此道理引用到治国理政，其意义的确不可小觑。国家治理当以民众利益为核心，民众利益处置好，民众必然发自内心地拥戴政府。由此可见，无论是待人处事，还是治国理政，“兑”即“悦”的价值都无比巨大。

二　关于兑卦之初九爻

记者：

兑卦初九爻的爻辞是：“和兑，吉。”请解读一下。

《周易》作者：

爻辞中的“和”，乃平和之意。本句爻辞翻译成白话就是：温和喜悦，吉祥。

记者：

寓意是什么？

《周易》作者：

初九乃阳爻居于阳位，说明其居位得正，无可挑剔。但是，他地位较低，既不与九二相和又不与九四相应，所以处于甘于孤独、自得其乐的状态。这样的人不会谄媚权贵，自然也不会招致别人的猜疑。与这样的人相处，必然是如沐春风，如饮甘露。故温和而喜悦，故吉祥无比。

三　关于兑卦之九二爻

记者：

初九爻说完，说说九二爻吧。九二爻的爻辞是：“孚兑，吉，悔亡。”请解读一下。

《周易》作者：

九二之人经常会面临着这样一个小矛盾，一方面，九二是阳爻，但处阴位，居位不正，说明九二之人会遭遇令人后悔之事；另一方面，九二虽居位不正，但其又位处下卦之中位，说明他能做到恪守中庸，不偏不倚。这样的人对待任何人、任何事都心怀坦荡、公正无私，做什么事都会有好结果的，所以吉祥。顺便补充一下，爻辞中的“孚兑”，意指因诚信而喜悦。整句爻辞翻译出来就是：诚实喜悦，吉祥，没有令人后悔的事发生。

四　关于兑卦之六三爻

记者：

初九爻、九二爻都是寓意吉祥之爻，六三爻如何呢？

《周易》作者：

兑卦六三爻的爻辞是：“来兑，凶。”与本爻对应之人是匪徒，是小人，不会有好下场的。

记者：

何以见得？

《周易》作者：

六三是阴爻，但其所居处的位置是阳位，说明此人居位不正，属于心术不正之人，迟早会遭遇令人后悔之事。你再看，六三爻介于两个阳爻之间，说明此人为人不尊，上下迎合。故说“凶”。与此对应之人，不是纵情过度的男女，就是四处讨好的谄臣。补充一下，如把此爻翻译一下，意思便是：前来谋求喜悦，有凶险。

五　关于兑卦之九四爻

记者：

兑卦九四爻稍微比较难理解一些，请你解读一下。

《周易》作者：

九四爻的爻辞是："商兑，未宁，介疾有喜。"其中，"商"具商酌、考虑之意；"介"乃隔绝、根除之意。此爻辞直译出来，意思就是：会商和悦之事，结果未定，心中久久不得安宁，疾病祛除，自然欢喜不已。

记者：

寓意如何？

《周易》作者：

九四之人所处的位置有点特殊。

记者：

特殊在什么地方？

《周易》作者：

刚才我们已经分析过，六三之人并非君子，乃小人一个，他为了满足自己的欲望，阿谀奉承，左右巴结。

记者：

这与九四何关？

《周易》作者：

九四所碰到的就是六三这种小人。你仔细看看，九四上与九五之尊为邻，下与六三小人为邻。如果九四之人居位得正的话，自然无须做过多考虑，但恰恰九四阳居阴位，得位也有些问题，阳刚之气似乎显得有点不足。因此，面对各种选择，他往往也是犹豫不决。此爻说明九四之人面临着巨大的选择困惑，迟迟难以做出决定，所以他内心不得安宁。

记者：

我相信，九四最终会做出正确的决策。

《周易》作者：

是的。九四毕竟属于阳刚之人，经过一番复杂的思想斗争之后，他最后终于决定与六三这类小人划清界限，而与九五君子站到一起。如此选择，绝对正确。命运面前，选择决定未来，好的选择，决定了九四百病全除，前程一片光明。"介疾有喜"，说的就是这个意思。

六　关于兑卦之九五爻

记者：

兑卦九五爻的字数并不多，但其暗示的道理似乎很重要。

《周易》作者：

是的。它谈的是关于诚信的“度”的问题。

记者：

请说说看。

《周易》作者：

九五爻的爻辞是：“孚于剥，有厉。”此爻中，“剥”乃剥除之意，这句爻辞直译过来，意思就是：信任那些剥除阳刚正气的阴柔小人，有危险。

记者：

九五之人处于至尊之位，一旦他信任小人，后果必然不堪设想，所以结局非常的危险。此爻的寓意就是如此。

《周易》作者：

同意你的看法。对君子，即便予以无限的信任，也是没问题的；而对无耻的小人，一旦予以信任，那就会陷入万劫不复之境地。也就是说，诚信固然是一种很好的美德，但这种道德的适用也不是无条件的。这就是道德价值的相对性。

七　关于兑卦之上六爻

记者：

上六爻的爻辞只有两个字，请你顺便说一下吧。

《周易》作者：

好的。兑卦上六爻的爻辞是：“引兑。”“引”，勾引、引诱之意，用引诱的方法获取别人的喜欢，显然是小人所为。对这样的小人，能离多远就离多远。

第五十九章　涣卦䷺：论聚散之道

引　子

本卦之前一卦是兑卦，主题是论相处之道。本卦的主题是论聚散之道。

涣卦由八卦中的坎卦和巽卦两部分所组成，坎在下，巽在上。根据《易传》，坎象征水，巽象征风，因此，涣卦所象征的形象是“风行水上”，即风在水面上吹拂。

涣卦寓意风行水上，水波离散。依照一般之理解，涣散终究不是什么好事。但《周易》的作者们认为，水波散而不乱，井然有序，形散而神不散，这寓意离散也没有什么不好。本卦所论便是关于聚与散之间的辩证法。

一　关于涣卦之卦辞

记者：

涣卦的卦辞是：“亨，王假（gé）有庙，利涉大川，利贞。”请你解读一下。

《周易》作者：

“涣”是指水势盛大，也有涣散的意思。在本卦辞中，“假”通“格”，是至、到的意思；“有”，语气助词，无实际含义。

记者：

根据你对各个关键词的解释，本卦卦辞的字面意思应该是：亨通，君王来到宗庙祭祀先祖，有利于渡过大江大河，对于占卜问事，吉祥。

《周易》作者：

涣卦字面意思就是你所讲的，深层次的寓意包括两个方面：其一，要辩证地看待散与聚的关系……

记者：

散就是散，聚就是聚，如何辩证地看待它们之间的关系呢？

《周易》作者：

散与聚的关系应该是这样的：事物的发展变化，往往是有聚有散。水聚集于湖中，在阳光和风的作用下，蒸发为水汽，这就是所谓的散。但是雨水又给湖泊补充了新的水源，这就是聚。聚散就是如此相互依存、相互转化。

记者：

那如何做呢？

《周易》作者：

这就是我下面要讲的内容。

记者：

好。

《周易》作者：

其二，要在聚散的相互转化中寻求大发展、大突破，就必须凝聚人心，整合资源，积极有为。

记者：

明白。

《周易》作者：

本卦中，英明的君主祭祀祖先，其目的就是通过这种祭祀，以唤起人们同宗同族的感情，这种感情一旦被唤起，人们就会重新团结在明君的领导之下。如此一来，天下大事便可成就，国泰民安就是必然的结果了。

记者：

此卦确实不错，但是不是还应有些善意的警示呢？

《周易》作者：

当然有了。万事分合交替，分久必合，合久必分。身处大一统的环境之中，千万不能得意忘形，而必须警示自己，随时做好应对各种不利形势出现的准备。

二　关于涣卦之初六爻

记者：

涣卦初六爻的爻辞是："用拯马壮，吉。"请解读一下。

《周易》作者：

这句爻辞中没有需要特别解释的字和词，其字面意思是：前来拯救的马很强壮，吉祥。

记者：

深层次寓意是什么？

《周易》作者：

深层次的寓意有两个：其一，初六处于涣卦之初，涣散刚刚开始，在这个时候，如果能采取得力措施，也是很容易力挽狂澜的。如果不能抓住这个时机，放任涣散继续发展下去，等到局势失控之后再来采取措施，就悔之晚矣。其二，时机的把握很重要，但更重要的是要学会借助强大的外力，来帮助自己解决问题。本爻辞中，那匹强壮的马就代表着外力，很多人一事无成就是孤军奋战所致。抓住时机与利用外力都很重要，一个都不能少。

三　关于涣卦之九二爻

记者：

涣卦九二爻的爻辞是："涣奔其机，悔亡。"请解读一下。

《周易》作者：

该爻辞中的"涣"可具体理解为洪水泛滥；"机"通"几"，几案、小桌子之意，也可以解释为台阶。整句爻辞的字面意思便是：洪水泛滥，滚滚而来，迅速奔向几案，便无后悔之事。

记者：

初六爻说当处于涣散之初，要学会利用外力来拯救自己，而到了九二爻中，洪水来了，却不去寻找更强大的外力，而是爬到几案上，这是为什么呢？

《周易》作者：

你有所不知，在初六爻中，涣散之态仅仅是个苗头，初六之人尚有充足的时间去考虑如何寻求帮助的问题。而到了九二阶段，情况就不同了，滚滚洪水汹涌而来，九二之人已经无法从容地去选择外力了。

记者：

那如何办呢？

《周易》作者：

最现实的办法，就是依靠最能为自己所利用的力量，而这种力量自然就是那些与自己最为亲近的力量。好高骛远、挑肥拣瘦，只会让自己在面对滚滚洪水时束手无策，其结果只能是坐以待毙。

四　关于涣卦之六三爻

记者：

涣卦六三爻的爻辞是："涣其躬，无悔。"请你解读一下。

《周易》作者：

此爻辞中的"躬"是自身的意思。整句爻辞的字面意思是：大水冲到身上，不后悔。其深层次含义是：六三爻是阴爻，居于阳位，与上九阳爻相应和，象征着阴柔者会得到阳刚之人的帮助。通俗地说，人虽然遭遇了很多困难，但因冥冥之中有高人在暗中帮助，也会摆脱困境，而不会有什么麻烦的。一句话，此爻揭示了外力存在对于发展之极端必要性。

记者：

你的解释我不反对，但也有人有不同的解释。

《周易》作者：

不妨说来听听。

记者：

有人把"涣其躬"解释为忘身无私、成就他人之意。这种解释认为六三之人之所以无怨无悔，坦然面对一切，那是因为他能够把自己的利益置之度外，而把成就他人，尤其是成就那些注定能给予其莫大帮助的人，作为自己的价值所在。

《周易》作者：

有一些道理，不过我觉得有些牵强。一家之言，听听也无妨嘛。

五　关于涣卦之六四爻

记者：

涣卦六四爻的爻辞是："涣其群，元吉。涣有丘，匪夷所思。"请你解读一下。

《周易》作者：

先说一下其中的关键字"群"吧。"群"，指同类、朋党、小团体、小集团。整句爻辞的意思是：涣散那些小群体，大吉大利。涣散那些如山丘似的小群体，不是一般人根据常情所能想象的。

记者：

深层次含义是什么？

《周易》作者：

六四阴爻居于阴位，位置极佳，且上承九五之君。与六四对应之人，是一位公正无私的大臣，他不仅能够解散自己的朋党，还能铲除各种有碍统一的小群割据势力。这一切都是为了整体乃至国家的利益。

记者：

做到这一点真不容易啊！

《周易》作者：

是的，要做到这一点确实不容易。这不仅要求六四能大公无私，还要求六四具有大政治家的抱负。平常人真是无法做到的！

六　关于涣卦之九五爻

记者：

涣卦九五爻的爻辞是："涣汗其大号，涣王居，无咎。"请你解读一下。

《周易》作者：

这句爻辞中的关键词有："汗"，指出汗，比喻政出有令，言而有信；"号"，指呼号、命令、号召；“王居”，指君王家囤积的财富。结合这几个关键词和其他爻，这句爻辞直译出来意思就是：汗出如水流，奔走呼号，大水冲向王宫，没有灾殃。

记者：

听起来有点拗口，请通俗地解释一下。

《周易》作者：

九五爻所处的位置非常好，阳爻居阳位，与之对应之人，大多为德高望重之人。当面临社会涣散之际，这些人往往能迅速采取措施，发布号令，根除社会弊端，以聚敛人心。不仅如此，这些人还能慷慨大度，把私家聚敛的财富分发给百姓。看似千金散去，但换来的是人心的归拢。有了人心的归拢，天下何事成就不了呢？

七　关于涣卦之上九爻

记者：

涣卦上九爻的爻辞是：“涣其血，去逖（tì）出，无咎。”请你解读一下。

《周易》作者：

本爻辞中，有几个关键词必须搞清楚，“血”通“恤”，忧患、忧伤之意；“去”，去除之意；“逖”通“惕”，警惕、忧愁之意。本句爻辞直译出来意思就是：消除了流血的伤害，远远地避开忧愁，没有什么过错。

记者：

深层次的含义是什么？

《周易》作者：

它提醒人们，面对社会涣散的局面时，必须设法消除一切灾难，才能确保人心得到重聚。如果不能果断采取措施，消除这些足以给国家和社会带来灾难的隐患与灾难，国将不国，家将不家。就这么简单。

第六十章　节卦䷻：论节制之道

引　子

本卦之前一卦是涣卦，主题是论聚散之道。本卦之主题是论节制之道。

节卦由八卦中的兑卦和坎卦组成，兑在下，坎在上。根据《易传》，兑象征泽，坎象征水，因此，节卦所象征的形象是“泽上有水”，也就是说泽的上面有水。

《周易》的作者们说，节水成泽，水多了，就会流出。这个卦象象征着必须节制，当然了，过分节制也会自讨苦吃，甚至导致穷途末路。恰到好处的节制方是最具理性的选择。

一　关于节卦之卦辞

记者：

节卦的卦辞是：“亨。苦节，不可贞。”请你解读一下。

《周易》作者：

在这句卦辞中，“苦节”是指以节制为苦，当然了，也有人说“苦节”是过分苛刻、严厉的意思。

记者：

节卦卦辞的字面意思应该是：亨通。以节制为苦，不适合占卜问事。

《周易》作者：

从节卦的卦象不难看出，泽上有水，说明泽中的水已满溢出来了。为了不使其造成灾害，就必须加筑堤坝予以控制。君子由此受到启发，认识到如果人的行为没有规矩，就会放荡不羁，从而严重危害社会的安定。

记者：

所以，就需要建立规章制度、建立法制、确立道德标准，来约束人们的行为。

《周易》作者：

正是如此。我需要给你补充的是，我们现在把“节”理解为节制，实际上“节”本意是竹节。竹子都分为数节，每一节都有适中的长度，所以“节”也引申为节制、限制、节俭、衔接、关联，等等。

记者：

我还是第一次听说“节”的本意是竹节，但根据你的解释，确确实实，把“节”解释为节制，意思非常顺畅。不难看出，节卦的寓意是提醒人们做任何事情都要掌握好分寸，治国理政一定要有规矩，让人们的行为都有所约束。如果每个人都滥用他们的自由，这个社会就没有希望了。

《周易》作者：

有很多人认为，所谓自由就是为所欲为。他们以节制为苦，希望在做事的时候不受任何限制。这样的人，经常是放纵过度，胡作非为，受其损害的，不仅仅是国家和社会，就他们本身来讲，也经常会因为滥用自由而遭受灭顶之灾。但本卦还隐含着另外一层意思。

记者：

还有何意？

《周易》作者：

一方面，社会没有节制肯定不好，但另一方面，按照《周易》物极必反的原理，过度节制同样也没有好处。

二　关于节卦之初九爻

记者：

节卦初九爻和九二爻的爻辞在文字上差不多，但意思完全相反，请你解释一下。

《周易》作者：

你说得没错。节卦初九爻的爻辞是：“不出户庭，无咎。”九二爻的爻辞是：

“不出门庭，凶。”为什么都是“不出庭”，对初九来说意味着没有灾难，而对九二来说，则意味着灾难？该如何解释呢？

记者：

请讲。

《周易》作者：

对初九爻来说，初九阳爻处于阳位，居位是得当的。同时，它处在节卦之初，又位于下卦兑卦的最底部，这意味着初九势单力薄；而节卦的上卦为坎卦，坎卦意味着危险，初九是个明白人，他明白，如果盲目出行，必然导致凶险。所以，他“不出户庭”，这与他的地位和势力是相对应的。这样，一切祸患都不会降临，所以“无咎”。

三　关于节卦之九二爻

记者：

但为什么到了九二就有危险了呢？

《周易》作者：

九二阳爻居于阴位，他所处的位置是不当的，说明他过分克制。初九势单力薄，不宜外出，没有灾难；九二势力已经积累到一定程度，阳刚过盛，正是积极有为的大好时节。他若拘泥于节制，不思变通，就错失了大好的发展机会，所以他有祸患发生。你明白了吗？

记者：

我基本明白。大意就是说，人在什么时候采取行动，与他所处的环境及其自我的力量有关，机会不到时，力不能及时，不能盲目做事；反之，条件具备，该为而不为同样是糟糕的选择。

《周易》作者：

是这个道理。

四　关于节卦之六三爻

记者：

节卦六三爻的爻辞是："不节若，则嗟（jiē）若，无咎。"请解读一下。

《周易》作者：

在六三爻中，关键字是"嗟"，它的意思是叹息。六三爻的字面含义是：因自己不节制而叹息，就不会有灾难。它的深层次含义是：一个人不节制，并不可怕，可怕的是，他认识不到这个毛病。如果他能够意识到过错，并加以改正，那就不会有坏的结果。

五　关于节卦之六四爻

记者：

节卦六四爻的爻辞是："安节，亨。"请解读一下。

《周易》作者：

六四爻爻辞的字面意思应该是：安于节制，亨通。它的深层次含义是：人要满足于自己的位置，规范自己的行为，不去做那些越轨的事情。如此一来，他必然有一个美好的未来。

六　关于节卦之九五爻

记者：

节卦九五爻的爻辞是："甘节，吉，往有尚。"请解读一下。

《周易》作者：

"尚"，崇尚、尊崇之意。九五爻爻辞的字面意思是：以节俭的生活为甜美，结果必定是吉祥如意，这样的人到了哪里都会受别人的尊重。

记者：

赞同。

《周易》作者：

无论是生活，还是工作，适当的节制会让人感到舒适。如果是贵为君主，能够用节制来规范国家的管理，不伤财，不害民，他必然获得好的结果。

七　关于节卦之上六爻

记者：

节卦之六三爻、六四爻、九五爻都非常简单，感觉上六爻也不是太难。请你解读一下。

《周易》作者：

既然你觉得上六爻也好理解，那请你先说一说，我来给你把把关。

记者：

上六爻的爻辞是："苦节，贞凶，悔亡。"在这里，"苦节"就是以节制为苦。将这句爻辞通俗地解释一下，那就是：不愿意节制，那么占卜问事肯定不好，但最终凶险会消失。虽然有凶险，但因为上六阴爻居于阴位，他所处的位置还是属于正道的，他也能够做到知错就改，所以最终不会出现令人后悔的事情。不知道这个解读对不对？

《周易》作者：

关于上六爻有多种解读，你的解读是其中一种。还有一种解读是，"苦节"中的"苦"，是过分的意思，所以这句爻辞的意思是：一旦节制走向过度，结果也非常不好，但没有悔恨。

记者：

具体是如何解释的呢？

《周易》作者：

上六处于极高的位置，寓意节俭过了头。但这些人并不为自己可能遇到的问题而感到后悔，这就是"悔亡"的意思。

记者：

你刚才讲的好像是那些守财奴所具有的性格。在这些人眼中，只要守住钱财，虽死无悔。

《周易》作者：

没错。我以前听说过一个故事，这个故事说，一个守财奴被老虎咬住了，他的儿子来救他，弯弓搭箭正要射死老虎，这时这个守财奴却说："我儿小心，不要伤了虎皮，否则，就不值钱了。"你看看，这样的人，怎能不死于虎口！这就是这些守财奴所面临的下场。

记者：

这两种解释，意思相差悬殊。你同意哪一种呢？

《周易》作者：

我倾向于你的解释，但也不完全排斥第二种解释。或许还有更好的解释。

第六十一章　中孚卦䷼：论恪守诚信

引　子

本卦之前一卦是节卦，主题是论节制之道。本卦之主题是论恪守诚信。

中孚卦由八卦中的兑卦和巽卦两部分组成，且兑在下，巽在上。根据《易传》，兑象征泽和河流，巽象征风，因此，中孚卦所象征的形象是泽上有风，即大泽上有风在吹。

《周易》的作者们说，“风”是信风，即在每年相同的时间都会从同一个方向吹来的风。这就是风所具有的诚信。人的诚信不应该是狭隘的，而应该是广博的，即便是对那些十恶不赦的罪犯也该如此，只要这些人能有悔悟之心。

一　关于中孚卦之卦辞

记者：

中孚卦的卦辞是：“豚鱼，吉。利涉大川，利贞。”请你解读一下。

《周易》作者：

“豚鱼”，意思是小猪和鱼。这句卦辞翻译成白话就是：用小猪和鱼作为祭品进行祭祀，吉祥。有利于渡过大江大河，有利于坚守正道。

记者：

那请你把中孚卦的寓意好好解释一下。

《周易》作者：

好。首先我告诉你，“中孚”中的“孚”字与“孵化”的“孵”字是相通的。

记者：

有什么寓意吗？

《周易》作者：

鸟孵蛋是有固定日期的，轻易不会拖延，小鸟应该是哪一天出生就必然会在哪一天破壳出生。这寓意信守时间，恪守承诺。

记者：

对中国文化影响甚大的儒家学说提出了“仁、义、礼、智、信”五德，把仁排在第一位，信排在最后一位。你如何看？

《周易》作者：

这不是说诚信不重要，而是说诚信是做人的道德底线，人是不可以突破这个底线的。

记者：

明白，请继续。

《周易》作者：

从卦象上来看，中孚卦的六个爻组成了一个古代符契的形象。

记者：

细细看，还真是那么回事。

《周易》作者：

古人订立契约时，将内容写在竹板上，然后把竹板断成两块，双方各持一块，当两块竹板能够完整地对在一起时，契约才生效。所以说符契是诚信的证据。

记者：

有点意思。

《周易》作者：

此外，从内外卦看，泽上有风，这个风就是指信风。

记者：

何谓信风？

《周易》作者：

信风就是指在每年相同的季节从同一个方向吹来的风。

记者：

依然强调诚信呗。

《周易》作者：

是的，中孚卦从不同角度反复强调诚信的重要性。不仅如此，该卦还特别强调没有尊卑贵贱的诚信。

记者：

什么意思？

《周易》作者：

中孚卦强调，人们讲诚信，不能仅仅局限于针对某些事、某些人。在诚信问题上，应该人人平等、事事平等。

记者：

道理没错。

《周易》作者：

即便是对那些犯罪者，纵然这些人罪孽深重，如果他们在受到刑罚惩处之前能够做到改过自新，想重新做人，也要讲诚信，不能动辄违背诺言，把这些人统统予以处死。

二　关于中孚卦之初九爻

记者：

中孚卦初九爻的爻辞是："虞，吉。有它，不燕。"请你解读一下。

《周易》作者：

先解释其中的关键字吧。

记者：

好。

《周易》作者：

"虞"，是安的意思，当然了，有人说是指古代安神的祭礼，也有人说是考虑的意思；"有它"，指另有他事，也有人说是指有意外之事；"燕"，通宴会的"宴"，是指安定。

记者：

根据你对几个关键字的解释，我想中孚卦初九爻爻辞的字面意思应该是：安守不动，吉祥。另有他事，则不安定。

《周易》作者：

字面意思你的解释没错。初九爻处于阳位，这意味着他的居位是没问题的。加之初九处于中孚卦的开初，说明初九爻有安守本分、讲究诚信这些特征。人如果摆正自己的位置，同时又能讲诚信，没有不成功的。

记者：

那还有别的意思吗？

《周易》作者：

那就是一种提醒了。

记者：

怎么讲？

《周易》作者：

初九爻与本卦的六四阴爻相应和，表明初九爻抱有一种改变初衷的可能。说得通俗点，条件具备，初九爻有可能不再坚守诚信。

记者：

那结果会如何？

《周易》作者：

初九爻如果改变初衷，也就是说他不再安守本分、恪守诚信，那他的结果一定不会好。这就是一种警示。

三　关于中孚卦之九二爻

记者：

中孚卦九二爻的爻辞是：“鸣鹤在阴，其子和（hè）之。我有好爵，吾与尔靡之。”请你解读一下。

《周易》作者：

在这句爻辞中，“阴”通“荫”，是指树荫；“爵”是饮酒的工具，此处借指酒浆；“靡”指共享。这句爻辞的字面意思是：鹤鸟鸣叫在树荫处，它的同类以声相和。我有甘美的酒浆，我愿意与你共同分享，以求同乐。

记者：

这句爻辞听起来让人觉得很舒服，似乎有一种大团结、大和谐的气氛。

《周易》作者：

没错。鹤鸟的同类以声相和，说明这是发自内心的最真诚的意愿。一个人拥有了财富和地位，也愿意与他人分享这些东西，说明此人能善言善行，即便是在千里之外，也会有人对他予以响应。当然了，如果不具备这种诚信之德，而是恶言恶行，即使是在千里之外，也会有人反对他。

记者：

同意。

《周易》作者：

人和人之间存在着一种相互感应，善人会得到善人的响应，恶人也会得到恶人的响应。

四　关于中孚卦之六三爻

记者：

中孚卦六三爻的爻辞是："得敌，或鼓或罢，或泣或歌。"请你解读一下。

《周易》作者：

在这句爻辞中，"得敌"是指树立其对立面；"罢"通"疲"，是疲惫不堪的意思。这句爻辞的通俗解释就是：内心不诚，树立其敌人，忽而击鼓进攻，忽而疲惫败退，忽而因惧怕敌人反攻而悲泣，忽而因敌人不加侵害而欢歌。

记者：

它的寓意是什么？

《周易》作者：

这句爻辞比较好理解。六三是以阴柔之质居于阳位，说明其居位不正，心意不诚。"得敌"说明六三是一个很不安分守己、藐视周边人的人，只要有一丝一毫的可能，他就会对周围的人发动进攻。

记者：

这样的人也可以说很有进取心嘛。

《周易》作者：

如果周边的人不如六三，六三就有可能对其发动进攻。但事实上，六三周边的人，无论是在道德层面上，还是在实力层面上，都高于六三。如此一来，虽然是六三向这些强者主动发起进攻，但最终失败者仍然是六三。

记者：

原来六三之人是个小人。

《周易》作者：

没错。在日常生活中，像六三这样的小人不在少数。他们心意不诚，私心杂念太重，多方投机钻营，言行无常。这些人白白浪费了自己的许多精力，还经常弄得落荒而逃。

记者：

真正的君子应该是不以物喜，不以己悲，能坦然面对一切，而不会像六三这类小人一样。

《周易》作者：

没错。

五　关于中孚卦之六四爻

记者：

中孚卦六四爻的爻辞是："月几望，马匹亡，无咎。"请你解读一下。

《周易》作者：

"月几望"之前我们说过，是月亮接近满月的意思。

记者：

"马匹亡"，意思应该是马丢了。

《周易》作者：

不是。

记者：

那是什么意思呢？

《周易》作者：

在我们那个时代，一般多用单音词，而像“马匹”这样的复音词很少使用。因此，“马匹亡”是指马的配偶丢失了。就整个句子来看，六四爻爻辞的意思是：月亮接近圆满，马失去配偶，结果没有过错。

记者：

寓意是什么呢？

《周易》作者：

这里谈的是关于道德选择的问题。为什么这么说呢？且容我慢慢道来。

记者：

好啊。

《周易》作者：

在本爻辞中，六四所处的位置是月亮将隐而未隐的这个时间段。你知道，九五是至尊之位，有点像满月，六四接近九五，所以说“月几望”。“月几望”有两种意味。

记者：

哪两种意味？

《周易》作者：

从好的一面来说，接近九五之尊，说明一个人从做大臣的角度已经做到了极致。从坏的方面来看，我们通常说，月亮一旦到了满月，它就离残月不远了。六四之人临近九五，说明他到了一个非常危险的位置，在这个时候，虽然他接近君主，权力达到极限，但如果他控制不好自己的欲望，做一些不该做的事情，就可能会面临灭顶之灾。

记者：

这句爻辞的最终意思是什么？

《周易》作者：

对于六四之人来说，他面临一个重大的选择，这个选择就是：他是继续按照原来的思路，在其成长的基础上继续发展，挑战君主之位，还是保持稳定的心态，安居臣下的位置，以理顺好与君主的关系。

记者：

爻辞中“马匹亡”，是不是意味着六四之人主动断绝与自己同盟的关系，而选择完全忠于君王呢？

《周易》作者：

是这么回事。人在社会上总会面临定位的问题，如果他被自己的欲望冲昏头脑，觊觎一些不该觊觎的位置，就会大难临头。一句话，选择决定一切。

六 关于中孚卦之九五爻

记者：

中孚卦九五爻的爻辞是："有孚挛（luán）如，无咎。"请你解读一下。

《周易》作者：

这句爻辞中"挛"的意思是牵挂、牵系；"如"是语气助词，没有什么特殊的含义。这句爻辞的字面意思和深层次含义差不多，意思是说：用诚信之德广系天下人之心，这样的人堪为九五之尊，与这样的人相处，你不会担心。这样的人以他的诚信立足于天下，无往而不胜。与之相比，上九爻所对应的人就不行了。

七 关于中孚卦之上九爻

记者：

上九爻的爻辞是："翰音登于天，贞凶。"请你解读一下。

《周易》作者：

"翰音"是指声音飞得很高很高。你当知道，声音一旦飞得很高，必然是显得相当虚。与这个爻相对应的人，他们缺乏最基本的诚信，一味地追求那种华而不实的虚名，矫揉造作。这种人很难有所作为，与这样的人相处，你迟早会深受其害。所以，当你遇到那些追求虚名而毫无诚信的人，一定要远离之。

第六十二章　小过卦䷽：论小有过失

引　子

本卦之前一卦是中孚卦，主题是论恪守诚信。本卦之主题是论小有过失、小有过越。

小过卦由八卦中的艮卦和震卦两部分所组成，且艮在下，震在上。根据《易传》，艮象征山，震象征雷，因此，小过卦所象征的形象是“山上有雷”，也就是说山上有雷震动。

过是经过、度过、过度、超越的意思，小过卦寓意小有过失、小有过越。在小有过错的时候，适合做阴柔、微小之事。如能保持谦恭卑柔的心态，就可以改变局面。向上行大志容易出现悖逆，向下施行小事，则会安顺。向上过越非常凶险，向下过越则越来越吉祥。

《周易》的作者们说，小过卦警示人们注意和提防小过小错，否则，会有不测的灾祸发生。就成就事业而论，做事情要步步小心，走小路才能取得成功。

一　关于小过卦之卦辞

记者：

小过卦的卦辞是：“亨，利贞。可小事，不可大事。飞鸟遗之音，不宜上，宜下，大吉。”请你解读一下。

《周易》作者：

在解读小过卦卦辞的字面意思和深层寓意之前，我们先来解读卦辞中关键的字和词。

记者：

好。

《周易》作者：

“小过”是卦名，意为小为超过、小有过失。在这句卦辞中，“贞”是占卜问事的意思；“可”是适宜的意思；“遗”是遗留、留下的意思。

记者：

根据你对这些关键词的解释，我想可以对这句卦辞的字面意思进行概括了，那就是：亨通，占卜问事，结果是好的。适合做小事，不适合做大事。鸟飞过留下叫声，不应向上，而应向下，大为吉祥。

《周易》作者：

这是这句卦辞的字面意思。

记者：

那它的寓意是什么呢？

《周易》作者：

我分几个层次说一下吧。

记者：

好。

《周易》作者：

小过，有小者超过、小有过失的意思。小过卦由四个阴爻和两个阳爻构成，很明显，阴爻的数目多于阳爻。《周易》是以阳为大、以阴为小，所以小过卦从卦象来看，就有小者超过大者的意思。

记者：

小者超过也就是指阴者超过呗。

《周易》作者：

小者超过除了指阴爻的数目超过阳爻外，也有超过“中”的意思。“中”是指居中不偏，居中不偏就是常规，就是常道。“小过”则是超越了常规，就是超越了常道。超过常规、常道总是不好的，所以“小过”必然存在着过失的成分。

记者：

我明白这句卦辞的意思，它暗示获得此卦的人，可能存在着在一些小节方面做得不好的地方。

《周易》作者：

没错。人做事无非是做大事或者是做小事，过失虽然小，毕竟是有过失，所以这类人只适合做小事，而不适合做大事。一个人如果不能意识到自己这方面的毛病，而盲目地去做一些大事情，那结果必败无疑。

记者：

卦辞中说“飞鸟遗之音”，这是什么意思？

《周易》作者：

这句话不过是对“可小事，不可大事”的补充说明。总结起来讲，小过卦的卦辞是提醒人们：存在一些虽然不大但可以置事业于失败境地的过失，在这个阶段，人们适合做一些无关大局的事情，而不能贸然做一些大事情，否则会给自己带来灭顶之灾。

二　关于小过卦之初六爻

记者：

小过卦初六爻的爻辞就几个字，即：“飞鸟以凶。”请你解读一下。

《周易》作者：

在这句爻辞中，“飞鸟”是向上飞的鸟；“以”表示结果。这句爻辞的字面含义是：鸟逆势上飞，结果是凶险的。

记者：

这句爻辞的意思感觉很好理解，也就是说，人在特定的阶段，应该保持守势，而不应该采取攻势，否则会引来灾祸。

《周易》作者：

没错。小过卦的初六爻以阴爻居阳位，明显它没有摆正好自己的位置，加之他与九四阳爻相对应，这两个原因导致初六必然蠢蠢欲动。但是，他或许不知道，他的位置是处于下卦即艮卦之中。艮是山，山以静为主，因此初六并不宜动。

记者：

经过你的分析，与初六爻相对应的人，从主观上讲很想有所作为，不甘平庸。但是，他所处的位置又不适宜主动出击，而是应该采取守势。这明显就是个矛盾，该如何处理好这个矛盾呢？

《周易》作者：

之前在解释小过卦卦辞的时候，我们就已经说过，处于这个阶段的人，只可做小事，不可做大事；处于这个阶段的鸟，只可向下飞，不可向上飞。飞鸟如果不知天高地厚，强行向上飞，就是越位，它一定会撞上天罗地网，或者遭到弓矢的射击。它所受到的这种对待，不是外力所致，而是它不自量力、盲目行事造成的。

三　关于小过卦之六二爻

记者：

小过卦六二爻的爻辞是："过其祖，遇其妣（bǐ）。不及其君，遇其臣。无咎。"请你解读一下。

《周易》作者：

这里面有几个关键词需要解读一下。"妣"是已经去世的母亲的意思，这里指祖母；"及"是追上的意思。这句爻辞的字面意思是：越过祖父，遇到了祖母。没有赶上君主，遇到了臣子。没有灾殃。

记者：

这句爻辞非常不好理解，它的深层次寓意是什么？

《周易》作者：

很多人都说这句爻辞非常不好理解，其实不是那么回事。这句爻辞说的道理非常简单，那就是：人应该各守其位，不能随意越过他的位置去做事。

记者：

经过你这么一点拨，我感觉好像是那么回事。

《周易》作者：

本爻中所谈到的六二这个人，他的功业既可以超过他的祖父，也可以超过他的祖母，但这并不会带来什么不好的东西。但是，如果他的功业大大地超过了他的君主，那问题就大了，因为他的君主不但不会奖赏，还有可能加害于这个人。

所以，对六二之人来说，如果他想获得更大的发展，他就不要期盼做超越君王的事情。他可以去寻找君主下面的大臣的帮助而成就他的事业，这是最好的路径。如果他企盼建立太大的功业，乃至于超过君主，那就必然会给自己带来麻烦。很多人因为功高盖主，最后落得个家破人亡的下场。这些就是教训。

四 关于小过卦之九三爻

记者：

小过卦九三爻的爻辞是：“弗过防之，从或戕（qiāng）之，凶。”请你解读一下。

《周易》作者：

这句爻辞中，“从”是随从的意思，也有人把这个字解释为放纵；“戕”是伤害、残害的意思。这句爻辞通俗的含义就是：不愿做过多的防范，一味跟从别人，将会受到伤害，有凶险。

记者：

这句爻辞听起来比较容易理解。它的意思是不是提醒人们要注意防范他人，不能随便跟风？

《周易》作者：

就是这个意思。九三是阳位，与九三对应之人，一般来说，都有一个致命的弱点。

记者：

什么弱点？

《周易》作者：

自视强大，从来不把那些小人放在眼里，既不屑于谨小慎微，也不屑于严加防备。

记者：

很多大人物都有这个毛病。

《周易》作者：

有病却不自知，大难临头而自己毫无觉察，这样的人必然会受到他人的伤害。

记者：

自然的。

《周易》作者：

一个人，如果要想有所作为，就不能盲目地跟从别人。如果盲目地跟在别人的屁股后面，就不能把握住自己的命运；如果自己无法分辨是非，就不可能知道风险在哪里。这样的人，不可能一帆风顺，迟早要遭遇灾祸的。

五　关于小过之九四爻

记者：

小过卦九四爻的爻辞是："无咎，弗过遇之。往厉必戒，勿用永贞。"请你解读一下。

《周易》作者：

我们先解释几个关键词。"厉"，危险；"戒"，戒备；"用"，这里相当于利；"永贞"是指占问长远之事的吉凶。

记者：

根据你对几个关键词的解读，我们不难看出本爻辞的字面意思是：不会有祸害，不过分刚强，就能够遇到阴柔。如果前往，则含有凶险，一定要心存戒惧，此爻不利于占问长远利益的吉凶。请你说一说它的寓意是什么？

《周易》作者：

九四虽然是阳爻，但他居于阴位，应该说并非太过刚健。因此，他能够遇到他想得到的阴柔之物。如此一来，他的工作应该很顺畅，而不会招致祸害。但是……

记者：

但是什么呢？

《周易》作者：

但是，九四爻毕竟阳居阴位，应该说他的位置是错位，是不适当的，这就说明他的存在有不公正之嫌。他如果忘乎所以，主动前往争取他所想要得到的东西，就必然会遭受意想不到的祸害。

六　关于小过卦之六五爻

记者：

小过卦六五爻的爻辞是："密云不雨，自我西郊。公弋（yì）取彼在穴。"请你解读一下。

《周易》作者：

"密云不雨，自我西郊"在前面小蓄卦的卦辞中出现过，在此就不多说了。在本爻中，只要注意"弋"这个字，就可以啦。"弋"，是指用细绳系在箭矢上，然后把箭射出去。本爻辞的字面意思应该是：阴云密布而不降雨，云气的升腾起自我们城邑的西郊。王公贵族竭力射取那隐藏在洞穴中的狡猾的野兽。

记者：

它的深层次含义是什么？

《周易》作者：

阴阳结合才能下雨，阴云密布而不降雨，说明六五阴柔过盛，以阴柔而居尊位，高高在上，缺乏阳的呼应，也进而说明与六五对应之人孤立无援，难有大的作为。

记者：

既然不能有大的作为，那后面为什么说要去射取野兽呢？

《周易》作者：

人阴性太强，位高权重，没有阳的配合，难有大的作用。人身处九五之位，虽难以施惠于天下百姓，但作为君主，他还是可以做一些与他的位置相适应的事情。消灭一些野兽，也是对百姓有利的嘛！当然啦，此处的野兽并不是通常人们所讲的野猪、野狗等，而是代表社会中存在的各种弊端。抓野兽也可以理解为进行一些改革方面的事情，通过改革来除掉社会中的一些弊端，从而为建立一个良好的社会做出一点贡献。

七　关于小过卦之上六爻

记者：

小过卦上六爻的爻辞是："弗遇，过之，飞鸟离之，凶，是谓灾眚（shěng）。"感觉这句爻辞中充满着凶煞之气，不知这种感觉对不对？

《周易》作者：

在回答你的问题之前，我们还是先解释几个关键字词的意思。

记者：

好的。

《周易》作者：

"离"通"罹"，指遭遇不幸；"灾眚"指灾难。这句爻辞从字面来讲意思是：没有相遇，行为过度，飞鸟遭遇射杀，有凶险，这就叫作灾难。

记者：

看来上六爻对应之人必定大难临头。

《周易》作者：

可以这么说。首先，上六爻是阴爻，它居小过卦之极，这就说明上六之人不能恪守最基本的行为规则。其次，上六应该与九三阳爻配合，但是，上六却只顾向上发展，而不愿意去与九三相适应。这就说明上六行为过度，严重背离小过卦所强调的"不宜上，宜下"的原则，这样的人必然遭遇灾祸。飞鸟被捕捉射杀，就是个比喻，它就是对那些不知天高地厚、摆不正自己位置之人的严重警告。

第六十三章　既济卦䷾：论慎终如始

引　子

本卦之前一卦是小过卦，主题是论小有过失。本卦之主题是论慎终如始。

既济卦是由八卦中的离卦和坎卦两个部分所组成，离在下，坎在上。在这里，离象征火，坎象征水，因此，既济卦所象征的形象是“水在火上”，即水在火的上面。

《周易》的作者们说，“既”是成功、完成，“济”是渡河，“既济”便是成功渡河的意思。人一旦将细节之处做到尽善尽美，就会成就天下大事，小过卦之后便是既济卦，原因就在于此。既济卦与乾卦似乎存在着某种神秘的联系，从乾卦开始，历经六十余卦，人该进入大功告成的境界了。既济卦是六十四卦中最完美的一卦，是万物经过变化而达到阴阳平衡的极佳状态。

当然，《周易》的作者们也提醒说，既济只是人生的一个驿站，而不是人生的终点。人一旦取得成功，就容易陷入懈怠和傲慢，懈怠与傲慢则往往会导致人失去自知之明，人没了自知之明，随时随地都会面临失败。所以，成功难，守成更难。唯有居安思危、慎终如始，方能永远立于不败之地。

一　最美不过既济卦

记者：

很多人都说，既济卦是《周易》六十四卦中最完美的一卦，你是否同意这种说法？

《周易》作者：

这种说法没什么问题。

记者：

理由是什么？

《周易》作者：

理由大体有三：一、既济卦的排列方式完全符合阳奇阴偶的规则，各爻均在正位。二、卦中各爻都有相应相和者，没有一个爻处于孤立之中。三、从卦象上看，外卦为水，内卦为火，坎水润下，离火炎上，水与火相交相和，处于极端的平衡与和谐状态。

记者：

如此说来，既济卦的寓意肯定也是非常的好，难怪人家说既济卦是最完美的一卦。

《周易》作者：

所以说嘛！

二　关于既济卦之卦辞

记者：

既济卦的卦辞是："亨，小利贞。初吉，终乱。"请你解读一下。

《周易》作者：

没问题。首先，从卦名上看，"既"是已经的意思；"济"是成功的意思。其次，这句卦辞中有几个词需要注意一下："小"，是指很小的事情；"终"有两种解释，一种是最终，一种是终止。

记者：

有了你的解释，既济卦卦辞的意思应该是：亨通，小事上非常顺利。开始时吉利，最终时出现祸乱。

《周易》作者：

你的表述没问题。

记者：

寓意何在呢？

《周易》作者：

刚才我们已经说过，既济卦是《周易》六十四卦中最完美的一卦。此卦上下之间秩序井然，就社会与人事来说，意味着天下一片太平，人人各安其位，个个安居乐业，长幼有序，尊卑有等，社会和谐之极。

记者：

所以，你们把这个卦命名为既济卦，也就是说有大功告成的意思？

《周易》作者：

可以这么讲。取得此卦之人无论是做人还是做事，肯定是万事亨通，顺风顺水。

记者：

那卦辞中为什么单单只提小事呢？难道大事难成？

《周易》作者：

你理解反了。我们的意思是说，事情既已成功，则一切皆可亨通，连小事都可亨通，那大事就更不用说了。

记者：

明白。在卦辞中，你们说最初吉祥，但最终又有祸乱，这是不是自相矛盾？

《周易》作者：

一点都不矛盾。贯穿《周易》的是一种辩证的思想，事物的发展总是遵循着物极必反的原则，盛极必衰，衰极必盛；治极必乱，乱极必治；分久必合，合久必分。这是一种不变的规律。任何事物的发展都是没有止境的，当你取得成功时，切不可居功自傲。很多人就是做成了一两件事之后，就认为大功告成、万事大吉，而最后往往落得个一败涂地的下场。一句话，即便在大顺大吉之际，也应该居安思危、防微杜渐。

记者：

明白你的意思。刚才你提出，对“终”字有两种解释，它们对解释整句卦辞有影响吗？

《周易》作者：

基本上没影响，但有一些细微的差别。

记者：

愿闻其详。

《周易》作者：

如果把“终”字解释为最终，那是从结果的角度来讲的；如果把这个字解释为终止，那就是从过程的角度来讲的。从结果的角度来讲，很好理解。从过程的角度来讲，它的意思是说，做任何事情都不能不思进取、停滞不前，而应该与时俱进，不断把事业推向前进；否则，就会有祸乱出现。不进则退，这是历史的规律，谁也阻挡不了。

三　关于既济卦之初九爻

记者：

既济卦初九爻的爻辞是："曳（yè）其轮，濡其尾，无咎。"请你解读一下。

《周易》作者：

在这句爻辞中，"曳"是拖、拉的意思；"濡"是沾湿的意思，古人以坎为狐，"濡其尾"是指狐狸的尾巴在涉水时沾湿了。解决了这几个关键词，我们就可以知道这句爻辞的字面意思是：拖住车轮，使之缓行，沾湿小狐的尾巴，使之缓渡，没有灾祸。

记者：

车子就应该快速地往前走，为什么要拖住车轮不让它快速前进呢？小狐想渡河，但一旦其尾巴沾到水，就不能快速渡河了，为什么要沾湿它的尾巴呢？

《周易》作者：

这里面是有意味的。初九处于既济卦之初，以阳当位，又上应六四，一切都是很畅通的。但人处于好的环境，就会忘记居安思危、慎终如始的道理，做起事情来就会行事鲁莽，这是非常危险的。

记者：

我明白你的意思。你的意思是说，本爻辞是提醒人们，当处于初创时期，一定要谨慎，绝对不能轻举妄动。

《周易》作者：

没错。古往今来有很多伟大的政治家和军事家，当他们取得事业成功的时候，往往被胜利冲昏头脑、忘乎所以，对新的形势难以做出正确的判断，从而断送了自己的大好前程。对那些春风得意之人进行不断的敲打，是对他们最好的爱护。

四 关于既济卦之六二爻

记者：

既济卦六二爻的爻辞是："妇丧其茀（fú），勿逐，七日得。"请你解读一下。

《周易》作者：

这句爻辞中有一个字需要注意……

记者：

哪一个字？

《周易》作者：

这个字就是"茀"，是车幔的意思，也就是车四周的帐幕。

记者：

这句爻辞的字面意思好像是：妇人丢失了车幔，不用去追寻，七天后就会复得。

《周易》作者：

你对字面意思的解释没问题。你知道这句爻辞的寓意吗？

记者：

我感觉这句爻辞好像是讲了一个小故事：一位妇人丢失了车幔，无法出门了，但她用不着急着去寻找，因为将会有拾金不昧的好心人给她送回来，过不了几天她就能失而复得。不知道我的感觉对不对？

《周易》作者：

确实是如此，与六二爻相对应的是一位柔顺淑贤的妇人，她德高望重、心地善良，好人终有好报。但是，这里面还有更深层次的意思需要我们去探讨。

记者：

请讲。

《周易》作者：

人丢失了东西，谁也不会一心等什么好心人送上门来，而是会极力去寻找。这句爻辞劝人不要去寻找，言外之意，就是劝说人们在建功立业之初，做任何事情都要恪守中正之道，不可盲目行事。有很多人控制不了自己的情绪，当事情还不成熟之时，就贸然采取行动，结果不仅得不到别人的帮助，还会把自己的前程葬送掉。一句话，这句爻辞劝人们要以大局为重，不要计较一点点小的损失，而要努力克制自己，以寻求更好的时机，以便成就大业。

记者：

也有人说，“茀”通“鬄”，不是你所说的车幔，而是指古代妇女头上的装饰品。

《周易》作者：

也可以这么解释，但这不影响我们对该爻寓意的解释。

五　关于既济卦之九三爻

记者：

既济卦九三爻的爻辞是：“高宗伐鬼方，三年克之，小人勿用。”请你解读一下。

《周易》作者：

高宗是殷王朝历史上一位颇有作为的君主，鬼方是当时北方的少数民族。当然了，也有人说鬼方是当时北方的一个国家的名称。不过，这句爻辞中有一个字需要特别注意……

记者：

哪一个字？

《周易》作者：

这个字就是“伐”。

记者：

“伐”就是讨伐，就是对外发动战争呗。

《周易》作者：

不是这么简单。在我们那个时候，这个字非常严谨，它代表着正义之师讨伐不义之师。

记者：

我明白你的意思。你们认为高宗对鬼方的讨伐是正义的，是应该予以肯定的。

《周易》作者：

没错。本爻辞用通俗的语言解释就是：殷高宗讨伐鬼方，持续三年终于攻克了它，不可以任用小人。

记者：

我关心这句爻辞深层次的寓意是什么。

《周易》作者：

深层次的含义大概是两点。第一点是，即便是正义的战争也需要三年时间才能取胜，任何事情都不会是一帆风顺的，战争更是如此。这句爻辞提醒人们，面对强敌，要做好打持久战的准备，悲观论不对，速胜论也不对，唯有坚持持久战，才能打败敌人。

记者：

还有什么寓意呢？

《周易》作者：

第二个深层次的意思就是，小人勿用。所谓小人，就是指那些无德无能之辈。这些小人没有能力，也没有修养，干不成大事，如果你把很重要的事情委托给他们，结果必败无疑。这就要求人们在使用人才的时候，一定要摒弃那些无德无能之辈，而要善于发现那些德才兼备的人。只有这样，才能保证事业取得最终的成功，而不会导致事业的惨败。

六　关于既济卦之六四爻

记者：

既济卦六四爻的爻辞是："繻（rú）有衣袽（fú），终日戒。"请你解读一下。

《周易》作者：

在这里有几个字需要特别注意："繻"是彩色的丝帛，这里指华美的服装；"袽"是败絮，这里指破陋的衣服。还有一个字需要注意，那就是"有"，所谓"有"，是指变化的可能性。

记者：

基于你对几个关键字的解释，我想这句爻辞的字面意思是：华美的衣服终将会变成破烂不堪的衣服，应当整天戒备可能发生的祸患。

《周易》作者：

你对这句爻辞字面意思的理解没错。这句爻辞从更深层次上讲，意义更值得关注。

记者：

请你详细地说一说。

《周易》作者：

六四爻居上卦之始，表明将要变化但未变化。不过，与六四爻相对应的人有很深的哲学素养，他从华美的衣服终将会变成破烂不堪的衣服中，悟出这样一个道理。

记者：

什么道理呢？

《周易》作者：

静止是相对的，变化才是绝对的。今天是新衣服，明天就变成旧衣服，所以应该居安思危，终日保持警惕，以防患于未然。

记者：

《周易》中多次提到君子应该时时保持警惕，防止骄傲自满。

《周易》作者：

没错。表面上看来，既济之时各种矛盾都已经得到解决，一切畅通，实际上此刻只是解决了旧有矛盾。旧有矛盾被解决并不意味着没有矛盾，因为新的矛盾正在酝酿、产生。所以，一个有智慧、有理想的人，无论是处在事情未成之时，还是处在事业成就之时，都不应该有须臾的懈怠，而应该时时在意、处处小心，每时每刻都保持高度的警惕。只有这样，才能处于不败之地。

七　关于既济卦之九五爻

记者：

既济卦九五爻的爻辞是："东邻杀牛，不如西邻之禴（yuè）祭，实受其福。"请你解读一下。

《周易》作者：

这句爻辞中有一个词需要特别关注，这个词就是"禴祭"。

记者：

“禴祭”是什么意思呢？

《周易》作者：

其中的“禴”字在前面的萃卦中出现过，“禴祭”就是指一种祭品简薄的祭祀。

记者：

明白了这个词，我想这句爻辞的字面意思应该是：东边邻国杀牛之祭是盛祭，不如西边邻国简薄的祭祀好，西边邻国更能获得神灵所赐予的福泽。

《周易》作者：

你对这句爻辞的字面解释没问题。但关键是，我们必须理解这句爻辞更深层次的寓意。

记者：

那是当然。

《周易》作者：

这句爻辞中所谓的“东邻”和“西邻”并不是实指，而是指两种不同的处世之道。祭祀一般有两种情况：一种情况是，在举行祭祀的时候，大手大脚地花钱，但是缺乏诚意；另一种情况是，虽然所用的祭品非常少，但富有诚意。前者往往不能获得神灵所赐予的福泽，而后者则容易得到这种福泽。

记者：

我理解这句爻辞的意思，就是说，盛祭未必能得到神灵的祝福，薄祭也未必不能得到神灵的关照。关键是这个祭祀者是否能够心怀诚敬、慎修其德。

《周易》作者：

没错。面对神灵，很多人是临时抱佛脚，他们祭祀带有很强的功利心，这种人不管杀多少头牛和羊，都无济于事。但是，当人诚心诚意地去祭拜神灵的时候，即便他所带的祭品甚少，神灵也会赐福于他。

记者：

这点我明白。但有一点需要请你做出解释。

《周易》作者：

请讲。

记者：

在很多卦中，九五是非常好的爻，对此做出不好预言的也比较少，但在既济卦中似乎有所不同？

《周易》作者：

你的感觉是对的。在通常情况下，九五之爻在事物的创建和发展阶段，确确实实充满着阳刚之气，极富希望。但是本卦是既济卦，也就是说，这个九五爻是出现在事物的完成状态中，这种情况与事物处于发展状态中有所不同。

记者：

不同点在什么地方？

《周易》作者：

大功告成之际，那些身居九五之尊的君主们大多会产生骄奢之心，以致失去诚意。这些人往往认为凭借自己的权力和财富就可以为所欲为，当他们做了很多对不起神灵的事的时候，心中有鬼，总认为可以用财富摆平一切。这实在是痴心妄想。

八　关于既济卦之上六爻

记者：

既济卦最后一爻也就是上六爻的爻辞是："濡其首，厉。"请你解释一下。

《周易》作者：

这句爻辞中的"厉"是指有危险。整句爻辞的字面意思是：小狐渡河沾湿头部，有危险。

记者：

字面意思我也明白，深层次的含义是什么？

《周易》作者：

要理解这句爻辞的深层寓意，需要联系本卦其他爻的思想。

记者：

请你详细地说一说。

《周易》作者：

既济卦的卦辞警告说"初吉终乱"，初九爻说要"曳其轮，濡其尾"，六二爻说“妇丧其茀”而“勿逐”，九三爻强调“小人勿用”，六四爻强调“终日戒”，九五爻强调“西邻之禴祭”胜于“东邻杀牛”，本爻强调小狐渡河头部被沾湿，以至于无法过河。这些爻辞无不强调要维持一个成功的局势简直是难于登天。纵观本卦的所有爻，我们再次强调无论是为人还是做事，都应该在存在之时想到灭亡，平安之时想到危险，完成之际想到局势会逆转。一切都应该从变化的角度考量，才能防患于未然。一句话，要警钟长鸣、慎终如始。唯有如此，才能避免步入险境而身败名裂。

第六十四章　未济卦䷿：论慎始慎终

引　子

本卦乃《周易》之最后一卦。本卦之前一卦是既济卦，主题是论慎终如始。本卦的主题是论慎始慎终。

未济卦由八卦中的坎卦和离卦两部分构成，坎在下，离在上。根据《易传》，坎象征水，离象征火，因此，未济卦所象征的形象是“火在水上”，即火在水的上面。

既济卦表示事已成，未济卦表示事未成。既济卦是水在火上，火可以煮食，水也可以把火浇灭；未济卦是火在水上，水在火下，如此布置，火无法烧开水，水也无法浇灭火，二者无法相交，无法互补互助，其意思是时运未到，秩序必然混乱难控。人们常用“时运不济”来形容运气不佳，这其中的“不济”就是“未济”。既济之时，要慎终如始，未济之时，则要慎始慎终，须臾不可轻慢大意。

需要特别指出的是，既济卦、未济卦两卦在《周易》六十四卦中的地位极为特殊，仅次于乾、坤两卦。

一　既济卦、未济卦的地位很特殊

记者：

在《周易》中，乾卦与坤卦的地位非比寻常，这点人们似乎没有什么不同的看法。但有人说，既济卦与未济卦的地位也同样非同寻常，这种说法你同意吗？

《周易》作者：

同意这个说法，既济卦与未济卦在《周易》六十四卦中的地位仅次于乾卦与坤卦。

记者：

为什么呢？

《周易》作者：

任何事物的发展都是一个有始有终、终而复始、生生不息的过程，而这个过程是由阴阳相聚所形成的天地为起始的，故《周易》便以乾、坤两卦为开始。

记者：

乾卦与坤卦的地位自然是别的卦所不能比的。

《周易》作者：

是的。

记者：

这个好理解，但这与既济卦、未济卦的地位有何关联呢？

《周易》作者：

天地生成万物，遂有万千变化出现。

记者：

自然界如此，人类社会也如此；物质世界如此，精神世界也如此……一切变化都是无始无终地不断延续，永远没有终点。

《周易》作者：

话不能这样说。事物变化再复杂，总有穷尽之时，矛盾总有解决的时候，所以，经过一段时间无数次的阴阳消长、盛衰反复，最终便会出现一个阴阳和谐、矛盾消失、大功告成、万事亨通的既济时代。

记者：

你说得也有道理，总不能无休无止地延续下去吧。

《周易》作者：

是的，但这种和谐不会太过长久地存在下去。

记者：

怎么讲？

《周易》作者：

矛盾的消解是暂时的，而变化是永恒的，旧矛盾解决，新矛盾随之出现，一切都会回到开始、回到从前。开始与变化是万事万物的常态，所以我们以未济卦作为《周易》的最后一卦。通过这种安排，你也应该知道既济卦与未济卦在六十四卦中的地位了吧。

二　关于未济卦之卦辞

记者：

未济卦的卦辞是："亨。小狐汔（qì）济，濡其尾，无攸利。"请解读一下。

《周易》作者：

先说说关键字吧。

记者：

好。

《周易》作者：

在这句卦辞中，"汔"是接近、将要的意思；"济"，指渡水；"濡"，指沾湿；"攸"，助词，相当于"所"。

记者：

根据你对关键词的解释，这句卦辞的字面意思应当是：亨通。小狐快要游到对岸时，尾巴被水沾湿，得不到什么好处。

《周易》作者：

你对未济卦卦辞的字面解释没错，但它深层次的意思很复杂。

记者：

请讲。

《周易》作者：

未济卦的六个爻，皆是阳爻处于阴位，阴爻处于阳位，无论是阳爻，还是阴爻，居位都不恰当……

记者：

这意味着什么呢？

《周易》作者：

居位不当，意味着名不正，名不正意味着言不顺，言不顺则意味着事不成。

所以，获得未济卦之人，属于想做事但很难成功那一类人。

记者：

明白。

《周易》作者：

我们把未济卦列到既济卦之后，说明事物的发展不会有彻底终结的时候，旧的过程结束了，新的过程就会重新开始。因此，事物的发展即便取得了一定的成功，也千万不能认为就万事大吉了。同样，事物的发展虽然波波折折，难以成功，但事物必然会朝着成功的方向前进……

记者：

从何处能够看出此卦意味着向成功的必然迈进呢？

《周易》作者：

未济卦虽然各爻位置失当，但三阳三阴，阴阳还算平衡，说明只要处置得当，结果还是不错的。未济卦对人生最深刻的启发应该是：人生总是处在成功与不成功之间，人要善于学会掌握时机，发现规律，积蓄能量，促进事物从潜在成功向现实成功的转变。

三　关于未济卦之初六爻

记者：

未济卦初六爻的爻辞是："濡其尾，吝。"请解读一下。

《周易》作者：

该爻辞的字面意思应当是：小狐渡河，被水沾湿尾巴，令人遗憾可惜。

记者：

深层次的寓意是什么？

《周易》作者：

小狐的尾巴比较大，渡河必须先翘起尾巴，尾巴一旦湿了，就不易渡河。本爻辞用小狐尾巴湿了，比喻说明人做事功败垂成，没有好结果。本爻以阴爻之才德居下坎卦之最底部，说明小狐才智一般，地位卑下。但小狐自己并不这么认为，说明与之对应之人缺乏自知之明，明知道不能去渡水，却要鲁莽行事，不可能不失败。这是初六之人成就不了大事的原因。

记者：

明白。难道什么事不做就好？

《周易》作者：

本爻的主题是鼓励人去渡河，而不是鼓励人原地不动，一事无成。人需要苦心修炼自己，积攒力量，蓄势待发；条件一旦具备，就应立即付之行动，成就大业，到那时就不会遭遇不测了。

四　关于未济卦之九二爻

记者：

请接着说下一个爻，也就是九二爻。

《周易》作者：

未济卦九二爻的爻辞是："曳其轮，贞吉。"字面意思是：拖住车轮，占卜结果大吉大利。

记者：

深层次的寓意是什么？

《周易》作者：

从卦象来看，九二阳爻居下卦之中位，上与六五阴爻相互应和，这意味着九二之人虽然饱含阳刚之气，但此人处事低调，作风正派，因而颇受阴柔长者之接纳和认可。如此一来，九二之人做起事情来，就不可能不顺畅。因此，此爻对应之人乃谦谦君子，此人行事温和，极少遭遇强力反对，助之者甚多，故其会取得成功。这是第一层意思。

记者：

第二层意思是什么？

《周易》作者：

尽管有了刚才的一些分析，但九二毕竟处于下卦即坎卦之中，无论就其德行，还是就其才干，其层次相对较低。因此，九二取得成功还是较为困难的。

记者：

那九二之人该如何做呢？

《周易》作者：

正确的做法是：审时度势，不冒进，相机行事。“曳其轮”，就是这个意思。如果能做到，成功在望；做不到，可能车毁人亡。这就是第二层寓意。

五　关于未济卦之六三爻

记者：

未济卦六三爻的爻辞是：“未济，征凶，利涉大川。”初听起来，似感前后矛盾。

《周易》作者：

矛盾在什么地方？

记者：

此爻前面说“征凶”，后面又说“利涉大川”，这个矛盾不是很明显吗？既然“征凶”，就不可能“利涉大川”，我怀疑“利涉大川”之前是不是漏掉一个字……

《周易》作者：

什么字？

记者：

这个字就是否定性的“不”。

《周易》作者：

在解答你的疑问之前，我先对该爻做出解释。这句爻辞的字面意思是：未济之时，向外征伐是凶险的，但对渡过大河非常好……

记者：

深层次寓意是什么？

《周易》作者：

从爻位上来看，六三之人正处于河流中间。任何人都会明白，河流中间是最危险的位置，身处这个位置的人，首要的任务应当是自救……

记者：

那倒是，自身不保，何来去讨伐别人！

《周易》作者：

你说得对，六三之人，如果不集中精力，拯救自己于湍急的河流之中，而是去谋划进攻别人，这不是找死是干嘛？所以我们说“征凶”。

记者：

那为什么你们又说“利涉大川”呢？

《周易》作者：

实际上，《周易》中提到“利涉大川”的卦至少有六处之多。无论是在吉卦还是在凶卦中，凡是提到“利涉大川”，无不是遇到的事情非常艰难，克服起来难于登天。在本爻中，如何自救是六三之人面临的最大问题。因此，六三必须把精力用于自救，而不是胡思乱想别的事情，更不要妄想去进攻别人。这是最好的选择，更是唯一的选择，故说“利涉大川”。

六　关于未济卦之九四爻

记者：

未济卦九四爻的爻辞是：“贞吉，悔亡，震用伐鬼方，三年有赏于大国。”请解读一下。

《周易》作者：

在这句爻辞中，几个关键词的意思分别是：“悔”，后悔、遗憾；“亡”，消亡、不存在；“震”，一说指“以雷霆之势”，一说是某人之名，疑为周朝的一个将军；“大国”，强大之国，具体一点就是指商朝。

记者：

如此来说，此爻的意思当是：占卜问事结果很好，遗憾、后悔荡然无存，当以雷霆之势攻伐鬼方，苦战三年，得到大国的赏赐。

《周易》作者：

字面意思确是如此，你知道此爻的寓意吗？

记者：

不好说，请你解释一下。

《周易》作者：

就爻位论之，九四阳爻，居于阴位，显然属于居位不正。因此，与此爻对应之人必然会遭遇令人悔恨之事……

记者：

也就是说，此人命运之中当有大不顺之事发生？

《周易》作者：

是的。好在九四已经走出坎卦，且居于离卦之初，说明他已经走出危险，这预示着混乱的局面将成为过去，天下安定团结、万民欢愉的曙光已经来到。所以说不会再有令人后悔之事出现，所以说吉祥。

记者：

可喜可贺！不过我相信，胜利的局面肯定来之不易。

《周易》作者：

你说得没错。人们常说，前途是光明的，道路是曲折的。

记者：

我相信如此。

《周易》作者：

九四之人能得到如今的好结果，是历经数年南征北战、浴血拼杀而得来的，胜利来之不易。

记者：

上天不会亏待有志之人，他的付出终将会得到好的回报。

《周易》作者：

不是得到重重的赏赐，就是建国封侯，这是必然的。

七　关于未济卦之六五爻

记者：

未济卦六五爻的爻辞是："贞吉，无悔，君子之光，有孚，吉。"请你解读一下。

《周易》作者：

爻辞中的"光"意思是光明、光辉，该爻辞的字面意思应该是：占卜问事，吉祥，没有后悔之事，君子之德光芒万丈，诚信有加，大吉大利。

记者：

寓意是什么呢？

《周易》作者：

本爻居上卦之中位，又与九二阳爻相互应和，这象征着六五之人是阴柔者居于尊贵位置，他能恪守中庸之道，诚信对待九二阳刚之下属……

记者：

这样的人一定会得到下属的大力辅助的。

《周易》作者：

是的。结合刚才的分析，我们将知道，六五之人德高望重、礼贤下士，这样的人为人处事、建功立业，必然成功。

记者：

我相信如此。该爻辞说六五之人“有孚”，也就是讲诚信，你们为什么特别强调诚信这种品德呢？

《周易》作者：

诚信就是言而有信、说到做到，它是所有品德中最好的品德。《周易》中有四十二处提到“孚”，凡与“孚”有关之人和事，都是吉祥的，都是有利的，最起码也是不会有令人后悔之事发生的。

八　关于未济卦之上九爻

记者：

未济卦上九爻的爻辞是：“有孚于饮酒，无咎。濡其首，有孚失是。”请解读一下。

《周易》作者：

本爻辞中的“是”意思是正、正道、规矩。整句爻辞的字面意思应该是：在饮酒之事上坚守诚信，没有灾殃。纵情滥饮，被酒淋湿了头，虽然有诚信，但也会失去正道。

记者：

这句爻辞的深层次寓意是什么呢？

《周易》作者：

上九乃阳爻，居未济卦之最顶部位置，按照物极必反的原则，事物已经由未成状态转化为已成状态，天下又是一片太平景象。天下太平了，大家饮酒庆贺，人人坦诚相待，这样做无可厚非，不会有任何不好的事情发生。

记者：

但是，如果喝酒没有节制，喝着喝着就控制不了自己，以至于把酒浇到头上。这说明人走到了理智的反面。

《周易》作者：

做事必须要有分寸，要有节制。凡事一旦过头，都会物极必反，各种各样的灾祸必将再次到来。

著后记：人生与思想

一

如果要用最短的语言来概括我的前半生，就是两个字：极端。

法国古生物学家德日进说他所感悟的是“两极之间的痛苦”，而我所感觉到的是两极之间的和谐与幸福。

我在“文革”开始前的1965年出生在江苏北部一个极端落后的农庄，我的家被前后左右几条河流分隔在一个极端孤僻的地方，周围的河流水很多，用几根木棍搭的桥摇摇晃晃，随时都有塌下去的危险。对于小时候的我来说，似乎出一次家门都是一件天大的事。在就读高中之前，我只到县城去过一次。至于北京、南京、上海，在我的头脑中不过就是一些名词术语而已。

不过，那时我得到了当时对很多人来说都是极端不可能得到的东西，那就是一个方方正正的收音机。白天干过农活或放学后，我便喜欢躺在院子中用几根棍子和一些绳子捆绑支起来的软床上。至今依然记得那时的月亮是那么的干净和清澈，那时候我的眼睛也特别的好，凭借月光就可以读书。

回顾过去的五十余年，我也在人生的两个极端之间来回爬行。到底哪端是魔鬼，哪端是天使，我确实也不知道。

就平生的活动范围来讲，出生于农村的自然安排，决定了我必然要不断回到生我养我的苏北老家。那里虽然说离周围的大中城市，如上海、南京等并不算远，但由于其地理位置实在是偏僻得很，交通极端落后，因此直到现在，依然保存着与中国几百年以前极为相似的状态：狭窄的乡间道，败落的农舍，人们漠然无助的眼神，以及赌博、酗酒、东家长西家短的古旧习气，这些依然没变。当然，自然的风光还是挺美的。古老的村落犹如坐落在一片原始森林之中，高高的白杨树到处都是。尤其是在春天，到处是各种野花，其秀丽妩媚之态丝毫也不亚于北京植物园里的景色。我总喜欢回到那个地方，父母健在是第一位的原因。到那片土地上待几天，也是一种修身养性，别样地放松一把。过去如此，将来也是如此。

作为另一个极端，阴差阳错，23 岁以后，我就一直浪迹在中国最繁华的都城北京。虽然说我自 1988 年 8 月 28 日来到北京，在此整整生活了近 30 年之久，但直到今天，我也从未把自己看成是一个城市人，内心深处总觉得自己是一个“客家人”。都市的那种繁华，那种典雅，那种让人晕眩的政治气味，那种达官贵人纸醉金迷的生活，与我毫不相干。我只是喜欢这儿唾手可得的图书，以及几处难得的山水宝地。平生最大的爱好就是在周末怀揣自己喜欢看的书，到香山、八大处、北海公园、玉渊潭、陶然亭、怀柔雁栖湖畔坐上几个小时。兴致好的时候，看看书，没有兴致的时候，就在草地上躺一躺，信马由缰，海阔天空，胡思乱想一番。

一端是偏僻至极的乡村，另一端是繁华无限的都市。正是在这两端之间不断爬行，我的生命得以延续，也正是在这种延续之中，我拓展着自己对存在与生命的思考。

我生命的另一个两端，一端是居于庙堂之高的中南海，另一端是处于江湖之远的建筑工地。哲学上有一句话叫偶然决定一切，这句话套到我身上一点不错。我从来就不是一个规规矩矩学习的好学生。在南京师范大学期间，我的每门课基本上都在 70 分左右。80 分以上的科目凤毛麟角。全班那么多人都拿过奖学金，我一次也没拿过。不仅如此，我还被当时的班主任勒令在全班同学面前做过检讨。我一直认为这次事件对我很不公平，也是我人生不大不小一个污点。原因在于与我一起做检讨的几个同学好像是因为偷同学的东西而被勒令做检讨的，与他们一起做检讨实在是一种耻辱。每每想起南京师范大学，脑海中总不免泛起这些非常不愉快的联想。但不管怎么说，南京师范大学毕竟是我人生的一个跳板，是我人生历史不可或缺的组成部分，没有它就不可能有后来的一切。

之后我又北上求学去了中国政法大学。离开中国政法大学以后，我工作的第一个单位是中共中央办公厅秘书局，这个多多少少有点神秘的地方，还真让人有一种“上书房行走”的感觉。“居庙堂之高则忧其民，处江湖之远则忧其君”，特殊的工作让我每天考虑的都是与社稷江山和天下苍生有关的问题。后来移师新华社，其感觉依然大同小异。

进入21世纪后，我也与许多不满足于机关生活的人一样投身商海，先是到几家金融公司做管理，后又到一家房地产公司寻求发展机会。干了几年，总觉得受人左右不是个滋味，也与我下海的初心背道而驰，于是后来干脆辞职，自己去寻找建筑项目。在建筑行业接触的人也与以前大不相同，这个行业真是难得见到一两个有点趣味的人。不过这也是一个不需要太多智慧的行业，倒是可以保留更多的脑力用于学术研究，这也就是我一直在两个极端间徘徊的原因。

二

科学与宗教也可以说是两个极端，普通的教科书可能会告诉读者，科学与宗教存在着诸多矛盾与冲突，似乎科学只有不断摆脱宗教的羁绊才能取得进步，否则将寸步难行。而在一些极端的人士看来，科学与宗教之间简直就是水火不相容的。19世纪下半叶的两位美国学者约翰·威廉·德雷珀（John William Draper）和安德鲁·迪克森·怀特（Andrew Dickson White）就是典型代表。德雷珀在其所著的《科学与宗教的冲突史》（*History of the Conflict between Religion and Science*，New York：D. Appleton，1875）一书中，把科学的历史形容为“两种彼此敌对力量冲突的描述，其一是人类智能发展的动力，其二是由传统信仰和人类利益而来的压力”。德雷珀描绘宗教与科学的关系所用得最多的字眼就是“挣扎”“仇恨”和“一种苦毒致命的仇恨”。他控诉天主教会“以火烧和刀杀的酷刑”和“沾满血的手”来“凶狠地镇压一切现代化的改进”。而怀特在其所著的《基督教世界科学与神学论战史》（*A History of the Warfare of Science with Theology in Christendom*，New York：Dover Publications，1960）中更是把科学与宗教看成互不相容的水火关系。在怀特看来，“在所有现代历史中，所谓以宗教利益为出发点对科学的侵扰，无论动机是如何认真，都会带给科学和宗教极端的邪恶”。即便不是把科学与宗教之间的关系看作一场战争，也是把科学看成与宗教和哲学没有多少关联性的东西。

美国学者罗伯特·所罗门（Robert C. Solomon）在其《大问题：简明哲学导论》

(*The Big Questions: A Short Introduction to Philosophy*, Harcourt College Publishers, 2006）中如此写道："哲学、宗教和科学一直都是紧密相关的。它们虽然各有侧重，但目标都是一样的，那就是强调思想和认识的重要性，强调理解我们这个世界，从某种更宏观的甚至是从宇宙的角度来审视我们生活的重要性。"对此我是同意的。在我的学术生活之中，对宗教和对科学的学习与研究处于一种等量齐观的水平。我喜欢学习科学，物理学、化学、数学、生命科学、遗传学、人类学都是我的最爱。好多东西虽然看不懂，我也喜欢看。知识就是一种感觉，看多了自然就会明白，久而久之就会悟出许多东西。到了醍醐灌顶、大彻大悟的时候，就是你构筑体系进而著书立说的时候了。

从学术研究方法论上，我也一直穿行在两大极端之间。一个极端是我一直希望在某个专业，如哲学、刑法学这个领域能悟出一些创造性的东西，另一个极端总是希望尽可能多地了解所有学科的知识，希望自己成为无所不知的所谓通才。

我也喜欢研究宗教。那些高深莫测、晦涩难懂的宗教典籍和有关的学术专著，如影随形般陪伴着我的周围。很多朋友对我说，像你这样把这些截然不同的东西放在一起看会把你逼疯的。而在我看来，完全不是这么回事。我在科学中看到宗教的影子，在宗教中寻觅到科学的痕迹。综观人类文明历史，宗教、神学、哲学与科学一直在发生互动，也正是在这种互动中解决了一个又一个世纪难题。人类所面临的若干重大问题都是在科学与哲学、与宗教的互动中得到解决的。美国科学史学家罗伯特·默顿（Robert K. Merton）在其《17世纪英格兰的科学、技术与社会》(*Science, Technology and Society in 17th Century England*, Bruges: St. Catherine Press, 1938）中提出了著名的"默顿命题"，即"由清教主义促成的正统价值体系于无意之中增进了现代科学"。著名科学作家洛伦·艾斯利（Loren Eiseley）说过这样一句话："在一些历史上罕见的奇特运作中，基督教文明以清楚明确的方式孕育了实验科学的本身。"

笔者也正是在英国大气学家詹姆斯·洛夫洛克（James E. Lovelock）提出的"盖亚假说"中，找到了将科学与宗教有机结合在一起的平衡点。这个假说把宗教典籍认为的万物都有生命看成科学，把科学中的若干理论看成了必须予以信仰的宗教教条。随着对于科学与宗教的研究的不断深入，我越来越感觉到"盖亚假说"中隐含的巨大学术价值。可以说，我们人类能够观察到的和没有观察到的宇宙，本身就是一个有思想、有感情、有意识、有欲望的“活体”。这个宇宙世界之所以是一个活体，原因在于构成这个世界的基本元素是一种有生命、有意识的基本元素——“智子”。

作为一个个体的人，与拥有几乎无限长年龄的宇宙比起来，真是渺小到极端。作为几乎无限小的个体要完全把握几乎无限大的宇宙，是根本不可能的。“朝菌不知晦朔，蟪蛄不知春秋”，用庄子的这句话来形容这种情形绝不为过。但是，依赖于人类智慧的无限叠加，人类也必然会一步一步走向宇宙世界的最隐秘之处。

屈原在二千多年之前就发出了“天问”。任何文化创造，任何学术行为，无论是艺术的还是科学的，最终极的追求都是要彻底地理解宇宙的本质和人的存在这两个伟大的主题。思考宇宙和人类的本质和起源，是一个民族之所以伟大的标志；对一个人来说，也是其精神境界和情操高尚的体现。可以毫不夸张地说，在人类所有文化活动中，恐怕谁也找不出比这两个主题更伟大的主题了。唯有赋予宇宙以生命，才更有利于理解宇宙。也唯有从宇宙的角度，才更有利于理解生命本身。

假说起始于神话，成熟于宗教，系统化于哲学，实证化于科学。当然，这个过程也充满着无数的风险。稍有不慎，就有可能落入万劫不复的地狱之中。“我自己只求满足于生命永恒的奥秘，满足于觉察现存世界的神奇的结构，窥见它的一鳞半爪，并且以诚挚的努力去领悟在自然界中显示出来的那个理性的一部分，即使只是其极小的一部分，我也就心满意足了。”这是爱因斯坦的心声，自然也是我的心声。

三

如今呈现的“开放的思想”丛书，是我几十年思考宇宙与人类这个伟大主题的阶段性成果。量子力学的测不准原理（uncertainty principle）决定了人类对世界的认识存在着一个永远都达不到的边界区域。我企图探寻人类所有的知识领域，这个极端的幻想，也注定了我对每个问题的研究必然存在各种不足与误判。我心知肚明！须臾也不敢狂妄自诩能穷尽什么人间真理。但我愿意做出承诺：我将用我的生命来继续这种思考，直到自己生命烟消云散的那一天！

最后，我必须说几句最重要的话。回顾自己的前半生，我不得不承认我是天底下最幸运的人，每当我遇到生活中令人头疼的沟沟坎坎时，总会得到贵人相助，学术活动也是如此。父母、妻子魏晓莉、女儿李瑞琪对我给予了最毫无保留的支持，没有他们的理解和支持，粗枝大叶的我生活上必然是一团糟的，想做成什么像样的事根本不可能。我小学、高中、大学、研究生期间以及工作后相识的老师、同学、同事、朋友们，对我也是有求必应，只要我提出什么需要帮助的事，总会得到他们无私而迅速的响应。我感念上苍，让我生处这样一个充满爱的环境。因此，我必须对如下尊敬的老师、同学、朋友们表达我最真诚的感谢，并祝福他们好人一生平安：

江平、曹子丹、夏锦文、何秉松、赵景文、马吉祥、姜正成、周潞嘉（老舟）、袁超、马先斌、杨明法、程合红、王清、徐建、王加栋、李家伟、许剑秋、徐耀中、陈虹伟、张德勤、陈健全、徐蕾、王辉阳、郭君正、唐旭东、张怡宁、王妍予、贾丽红、李濡岐、王华、黄姗、晋璧东、肖钢、侯正新、杨瑞勇、侯小波、周五一、朱云波、杨雪冬、楚海鹏、楚海建（排名不分先后）。

李华平
2017 年 11 月 11 日于北京